文化中的哲学与哲学中的文化

——杨生平学术论文集

杨生平　著

人民出版社

责任编辑:宫　共
封面设计:源　源

图书在版编目(CIP)数据

文化中的哲学与哲学中的文化:杨生平学术论文集/
　杨生平 著. —北京:人民出版社,2020.5(2022.1重印)
ISBN 978-7-01-021979-0

Ⅰ.①文… Ⅱ.①杨… Ⅲ.①文化哲学-文集　Ⅳ.①G02-53

中国版本图书馆 CIP 数据核字(2020)第 051158 号

文化中的哲学与哲学中的文化

WENHUA ZHONG DE ZHEXUE YU ZHEXUE ZHONG DE WENHUA

——杨生平学术论文集

杨生平 著

人民出版社 出版发行
(100706 北京市东城区隆福寺街99号)

北京兴星伟业印刷有限公司印刷　新华书店经销

2020 年 5 月第 1 版　2022 年 1 月第 2 次印刷
开本:710 毫米×1000 毫米 1/16　印张:34.75　字数:482 千字

ISBN 978-7-01-021979-0　定价:94.00 元

邮购地址 100706　北京市东城区隆福寺街 99 号
人民东方图书销售中心　电话 (010)65250042　65289539

序

    无论从人类历史发展还是从科学研究角度看，文化问题都是一个十分重要且复杂的问题。正如英国文化批评家威廉斯（Raymond Williams）所说："英文里有两三个比较复杂的词，culture 就是其中的一个，部分的原因是这个词在一些欧洲国家语言里，有着极为复杂的词义演变史。然而，主要的原因是在一些学科领域里以及在不同的思想体系里，它被用来当成重要的观念。"① 据了解，目前仅在西方就有 200 多种文化定义。美国著名文化学家克罗伯（A.L.Krober）与克拉克洪（Clyde Kluckhohn）在《文化：一个概念定义的考评》中就详细列出了从 1871—1952 年间西方已有的 165 种文化定义，并从描述性、历史性、行为规范性、心理性、结构性、遗传性和不完整性七个方面对它们进行了分类。② 可以说，目前文化已成为政治学、经济学、历史学、行为科学、心理学、生态学和生物学等众多学科研究的核心思想与概念。文化的哲学研究需要在充分吸收这些学科研究成果且对这些学科文化理论立论基础进行检查的条件下，对文化问题进行历史性的、社会性的和整体

---

① [英] 雷蒙·威廉斯：《关键词：文化与社会的词汇》，刘建基译，生活·读书·新知三联书店 2005 年版，第 101 页。

② A.L.Krober and Clyde Kluckhohn，Cultuer：a critical review of concepts and definitions，New York：Vintage Books，1952，pp.82-142.

性的分析与思考，并从文化外在性（即文化他律）与文化内在性（即文化自律）两个方面揭示文化的特殊性质与发展规律。

一、文化的基本含义与历史演变

尽管文化概念是繁多复杂的，但这并不影响人们对它有相对清晰与共识性的理解，即文化有广义与狭义之分。广义的文化是指人类在社会实践中所形成的物质生产与精神生产的能力以及所创造出的物质成果与精神成果的总和，包括物质文化、制度文化、行为文化与精神文化；狭义的文化专指精神文化。就广义文化而言，尽管文化存在于物质产品（如茶文化、饮食文化与建筑文化等）、制度与行为之中（任何制度与行为规则都是根据特定文化而成，并以一定规范形式加以实施），但精神文化仍然是它们的核心与灵魂。文化概念的繁多复杂不仅是由文化本身决定的（因文化问题几乎涉及人类实践与认识的所有领域，故而不同领域的学者都会碰到文化问题的认识与理解问题），更是由社会与历史发展决定的。因不同历史时期凸显的文化重要性不同以及同一历史时期人们所处社会地位的差异，因而他们对文化性质与文化作用的理解自然就会有所不同。所以，在文化概念的理解与分析上，对它们进行一定程度的文化社会学考察是十分必要的。根据威廉斯的考察，跟英文 culture 最接近的拉丁文是 cultura，其源头可追溯到拉丁文 colere，是居住、栽种、保护和朝拜的意思，渐渐演变为农事方面照料动植物成长的含义，是一个表示"过程"的名词。16 世纪初，它又渐渐延伸出"人类发展历程"的含义，具有"心灵陶冶"的意思。在 18 世纪中叶之前，"文化"作为一个独立名词在西方并不受重视，直到 18 世纪中叶它渐渐与 civilization（文明）联系在一起并逐步受到人们的重视。此时，"文化"与"文明"实际上成了彼此可以互换的术语。其基本含义"（一）指的是抽象意涵——'变成 civilized（有礼貌）与 cultivated（有教养）的一个普遍过程'；（二）指的是启蒙时期的历史学家——通过 18 世纪流行的普遍历史观——所确立的 civilization 的意涵——作为一种描述人类发展的世俗历史过程。"① 由此也就确定了西方现代文化基本内涵。当这种含义逐步成为西方文化主流理解的同时，另一种文化内涵理解几乎也同时出现，那就是从卢梭以后直到浪漫主义的理解。浪漫主义以文明是一种外在力量、其结果只能导致人的精神失落为由，将文化与文明对立起来，认为文化是一种与"外在"发展迥然有别的"内在"的或"精神"的过程，从而将文化与宗教、艺术、家庭和人生联系在一起。在这一过程中，赫尔德（Herder）的《论人类的历史哲学》是有重要意义的。他不仅反对欧洲文化决定论，还提出了复数的 culture，认为文化指的不是关于普遍人性的某种宏大的、一贯的叙事，而是多样性的特定生活方式，每一种都有其独特的发展规律。赫尔德关于文化是生活方式的思想深深影响了德国人类学家克莱姆（D.F.Klemm），并进一步影响着以后人类学家对文化的思考与理解。克莱姆在《人类文化史通论》中按文化是生活方式的理解追溯了人类的发展，并以"文化进化"方式将其分为野蛮、驯化和自由三个阶段。这一思想又深深影响了著名人类学家泰勒（E. B.Tylor）的文化思想。于是，就有了他在《原始文化》中关于文化的著名定义。他说："文化，或文明，就其广泛民族学意义来说，是包括全部的知识、信仰、艺术、道德、法律、风俗以及作为社会成员的人所掌握和接受的任何其他的才能和习惯的复合体。人类社会中各种不同的文化现象，只要能够用普遍适用的原理来研究，就都可成为适合于研究人类思想和活动规律的对象。一方面，在文明中有如此广泛的共同性，使得在很大程度上能够拿一些相同的原因来解释相同的现象；另一

① ［英］雷蒙·威廉斯：《关键词：文化与社会的词汇》，刘建基译，生活·读书·新知三联书店 2005 年版，第 104 页。

方面，文化的各种不同阶段，可以认为是发展或进化的不同阶段，而其中的每一阶段都是前一阶段的产物，并对将来的历史进程起着相当大的历史作用。"① 这个定义一直影响到今天人们的文化研究。

对于文化在西方的演变及其含义的变化，威廉斯曾这样总结说："在此之前，这个词（指文化——笔者注）基本上是指'培育自然的成长'，此后类推为指人类训练的过程。后面这个用法，在 18 世纪到 19 世纪初期却变成自成一义的'文化'，通常是指某种事物的文化，这时它的第一个意思是'心灵的普遍状态或习惯'，与人类追求完美的思想观念有密切关系。第二个意思是'整个社会里知识发展的普遍状态'。第三个意思是'各种艺术的普遍状态'。其后，又有第四个意思：'文化是一种物质、知识与精神构成的整个生活方式'。众所周知，这个词后来还成为一个或是经常引起敌意，或是令人困惑的字眼。"② 那文化为什么会有如此的演变，上述含义之间又有没有什么内在关系呢？对此，也许可以作如下解读：

其一，与文明是相对野蛮而言的概念一样，文化是相对于自然的概念。文化最早"栽种"或"培育"的含义说明，其起源于自然并在自然中发展自身。作为自然的一部分，人之所以高于其他自然存在物，是因为人具有意识。人的意识使之以认识自然界其他事物的特征，利用其内在规律培育它们，最终为人的生存与发展服务，并逐步将这一过程运用于人类自身以及整个社会发展。人类培育包括自身在内的自然的方式是"知识"，于是就有了文化表示"心灵的普遍状态或习惯"以及"整个社会里知识发展的普遍状态"的含义。文化观念演变历程同时说明，在文化问题研究上既要反对机械决定论，又要反对唯意志论。正如英国文化批评家伊格尔顿（Terry Eagleton）所说："文化的观念意味着一种

---

① [英] 爱德华·泰勒：《原始文化》，连树声译，上海文艺出版社 1992 年版，第 1 页。
② [英] 雷蒙德·威廉斯：《文化与社会》，吴松江等译，北京大学出版社 1991 年版，第 18 页。

双重拒绝：一方面是对有机决定论的拒绝，另一方面则是对精神的自主性的拒绝。对于无论自然主义还是唯心主义，这都是一种回绝：它反对前者坚持超越和废除决定论的自然中存在着决定论，并且反对后者，坚持认为即使最高尚的人的主体性，其卑微的根源也在于我们的生物学和自然环境之中。"①

其二，文化既是一个描述性概念，又是一个评价性概念。就描述性来说，它是指正如泰勒所说的以民族生活方式为核心的、包括全部的知识、信仰、艺术、道德、法律、风俗以及作为社会成员的人所掌握和接受的任何其他的才能和习惯的复合体。由于文化与人们追求完美的思想观念相关，尽管每个民族形成的文化无优劣之分，但文化却有先进与落后之别。因此，任何民族文化在形成后都不可能是亘古不变的，在受到内力与外力影响下会逐步改变自身，而改变的标准则是他们认为并能接受的"先进文化"。西方关于文化与文明的争论实际上就反映了这一问题。他们所说的文化与文明的对立其实不是一般意义上的文化与文明对立，而是特定文化与特定文明的对立。他们早先理解的与文明同一的文化事实上并不是终极的先进文化，而是资产阶级在反对封建神学过程中以人的解放为前提，以人的主体性建立为基础，借助于工业文明的发展，以理性为核心建立的一套文化与社会发展的秩序体系（即资本主义意识形态）。尽管这套秩序达到了解放人性和丰富人们物质生活的目的，但却导致了人们精神失落与人际关系的冷漠。因而，浪漫主义者就以能体现人的主观精神的文学、艺术等的新文化定义与之对抗。尽管这一时期思想家们对文化认知有了明显进步（认识到文化的先进性与落后性以及文化与人的发展关系等），但也存在明显的局限。这一局限主要表现在两个方面：一方面，把西方资本主义文明当成人类文化的最后样态（这一思想影响至今）；另一方面，表现出了明显的文化决定论。正

---

① ［英］特瑞·伊格尔顿：《文化的观念》，方杰译，南京大学出版社 2003 年版，第 5 页。

如恩格斯批判的那样："旧的、还没有被排挤掉的唯心主义历史观不知道任何基于物质利益的阶级斗争，而且根本不知道任何物质利益；生产和一切经济关系，在它那里只是被当作'文化史'的从属因素顺便提一下。"①

其三，文化既是一个历史概念，又是一个社会概念。文化的历史性既表现在如上文所说不同历史时期有不同文化内涵上，还表现在文化的发展是一个不断进步的过程。也许不同民族对文化进步的理解会有所不同，而且文化一旦形成会有很强的稳定性，但这不妨碍文化进步是一个客观的过程且文化进步有共同性。这种共同性既表现在文化的外部（即文化他律），又表现在文化的内部（即文化自律）。为了实现这种进步，文化会有阵痛甚至一定程度的撕裂过程。这主要是因为文化培育人性完美发展的过程存在着物质性与精神性、社会性与个人性的矛盾。解决这些矛盾无疑需要兼顾彼此，但物质性与社会性问题的解决已是被历史证明的精神性与个人性问题解决的基础，所以，根本性的"以文化人"过程只能通过历史不断发展与进步逐步解决。在此，文化社会性特征是十分重要的。它说明在同一社会因阶级阶层不同，所引起的生活方式及其文化也不相同。阶级阶层文化差别问题已不完全是一个文化问题，需要在彼此尊重的前提下通过社会问题的解决以及文化政策的调整、教育教化方式的改进等综合措施逐步解决。

二、文化整体价值逐步凸显与
中西方文化价值观特点

从历史发展角度看，文化价值明显显现往往表现在两个时期：一是

---

① 《马克思恩格斯选集》第3卷，人民出版社1995年版，第365页。

人类从野蛮到文明转变时期，二是人类物质文明发展到足以满足人们基本生活需要时期。前者是因为那时人类征服自然与改造社会的能力较弱，故而他们的言行必然要受到特定文化的引领与指导；后者是因为当人类基本物质需要相对解决后，精神文化需要就渐渐表露出来。从目前世界发展潮流与现状看，尽管还有大量欠发达国家与贫困人口，因西方社会已经进入第二个时期并以它们强大的经济、政治与军事力量影响全球，因而也使全球范围内文化作用逐步显现。

从克罗伯与克拉克洪《文化：一个概念定义的考评》中 165 种文化定义时间表可以看出，从 1871—1921 年文化仅有 7 种定义，而 1922—1952 年（该书出版）文化定义则高达 158 种。这已足够说明文化在 20世纪上半叶的重要影响。可事实是从 20 世纪中叶起一直到今天，文化表现出了更大的影响。用美国文论家詹明信（Fredric Jameson）的话说，正在发生的是"文化向整个社会范畴的一种大规模的扩张，直到我们社会生活中的一切——从经济价值和国家权力到实践到心理结构——可以说在某种原始但却未曾理论化的意义上已经变成了'文化的'"。[1]随着二战结束后，民族解放运动的发展和西方包括女权主义、种族主义和绿色环保等在内的新社会运动兴起，人们不约而同地将政治斗争的焦点锁向文化问题。加之，人类学的发展以及后现代主义关于"文本之外无他物"和相对主义观念的盛行，文化已成为政治斗争的重要战场，文化政治也随之兴起。正如伊格尔顿所说："'文化战争'这个短语，暗示民粹主义者与精英主义者、经典的监护人与差异的信徒，以及绝对的白人男性与被不公平地边缘化的人们之间的白热战。然而，一般文化与具体文化之间的冲突，不再仅仅是一场有关定义的战斗，而且是一种全球性的斗争。它是个现实政治的问题，而不仅仅是个学术问题。它不单单

---

[1]　Fredric Jameson, Postmodernism, or the Cultural Logic of Late Capitalism, New Left Review no.146 (July, 1984), p.87.

是斯丹达尔（Stendhal）与圣菲尔德（Seinfeld）之间的斗争，或者在英语系的走廊上研究弥牛顿式的尾韵的乡下人与写作关于手淫著作的聪明的年轻人之间的斗争，它是新千年世界政治格局的组成部分。我们将会看到，尽管文化不是政治至上的，但是它却与这样的一个世界息息相关，在这个世界上，三个最富有者的财富加在一起等于一亿最穷的人财富的总和。涉及了诸如种族清洗这类问题的，正是事关紧要的文化战争，而不是拉辛（Racine）和肥皂剧的相关优点。"[1] 不但如此，生活文化的影响力也与日俱增。首先，文化已经转变成一项产业，其在国民经济发展中的比重渐渐增大；其次，随着消费社会的来临，物质产品的文化附加值渐渐增大，相当多物质产品的市场走向越来越取决于文化象征意义；再次，人们的生活方式、消费方式、休闲方式与娱乐方式也渐渐成为一项可以包装的产业，其基本价值理念的影响力与作用力越来越大。换言之，随着社会发展以及物质产品不断丰富，文化在生产与消费中的作用渐渐增大，文化整体价值逐步凸显。

尽管后现代主义否定文化有先进与落后之分，主张文化相对主义，尽管西方社会内部也存在着激烈的文化对抗与文化矛盾，但不可否定的是在这场涉及全球的文化斗争中西方文化仍然是主导，西方文化影响力也最强。首先，以自由、民主为核心的资本主义意识形态空前活跃。不可否认，"二战"以后随着国家干预资本主义问题出现和苏联社会主义政治体制弊端暴露，新自由主义和西方政治思想深深地影响着全球。一时间，"历史终结论"和"意识形态终结论"呼声不绝于耳，以自由、民主和人权为核心的西方价值被吹捧为适合全球发展的"普世价值"。"历史终结论"代表者福山（Francis Fukuyama）在其代表作《历史的终结与最后的人》封面上就打上了这样的字样："自由民主的理念已经无可匹敌，人类历史的演进已经走向完成。"其次，西方生活文化影响力

---

① ［英］特瑞·伊格尔顿：《文化的观念》，方杰译，南京大学出版社 2003 年版，第 60 页。

也空前增强。随着以美国为代表的西方文化产业发展与壮大，美式电影、音乐、文艺和音响等影响力明显增强。他们在取得巨大利润的同时，也在向全球传播与渗透西方式的生活方式、娱乐方式与休闲方式。一时间，人们谈论音乐必然指向格莱美，谈论电影必然指向好莱坞，谈论科学必然指向诺贝尔，等等。难怪一些西方人相当自信地说，只要有"三片"（麦当劳的"薯片"、好莱坞的"大片"和英特尔的"芯片"）就可以称霸天下。

客观地说，在这场全球文化斗争与文化对抗中，西方文化价值观有一定的合理性与生命力。它们在助推市场经济发展与民主政治建设上有其独特的价值，其快捷、方便、休闲与娱乐的世俗文化也有利于人性的发展与个性的解放。但与此同时，其缺点也明显存在，西方文化整体价值观弊端也渐渐充分暴露。可以肯定地说，西方文化基本价值观危机渐渐到来。从意识形态方面看，自新自由主义流行以来，西方社会乃至全球贫富分化日趋严重，经济发展一直处于萎靡不振状态。西方式的民主也带来了两方面问题：一方面是西方社会以胡萝卜加大棒的方式在亚洲与非洲等地强行推广西方式民主，其结果不仅未能如愿，还把不少国家带入长久的战火之中，使这些国家一直处于动荡不安的状态；另一方面是长久的西方式民主强化了西方社会民粹主义倾向抬头，社会撕裂现象渐渐呈现。目前美国总统大选候选人之间相互恶语攻击且民众能够接受就是明显表现。面对西方自由民主带来的棘手问题，连原先为此感到十分自信的福山也不得不在其新著《政治秩序和政治衰败：从工业革命到民主全球化》中修正自己的观点，认为"强政府"比法治、民主更加重要。

就生活文化而言，西方文化也有如下问题：首先，在人与自然关系上，它表现为人类中心主义。自古希腊哲学家普罗泰哥拉提出"人是万物的尺度"后，尽管西方哲学也有一定程度的变化，但人类中心主义基本价值已经确立。在西方人看来，人是世界的中心，人类可以通过无限征服自然、改造自然的方式使自然更加适合人类发展。这一思想为西方科技发展与生产力进步创造了有利条件，但与此同时也付出了生态平衡严重破坏的惨烈代价。尽管从目前欧美发达国家情况看，绿水蓝天似乎成了常态，但这一状况并没有从根本上扭转西方人对自然的无限征伐与滥用，更何况他们通过把加工产业转移到第三世界国家的方法让这些国家承受生态平衡破坏的苦果。此外，西方人类中心主义的思想还表现在他们过度依赖科技进步上，似乎认为人类没有攻不破的难题，只要人类有需要就可以通过科技突破的方式来实现。科技无限度发展使它渐渐脱离了人类中心主义轨道，甚至突破人类道德的基本底线，让人类在过分依赖它的过程中渐渐走向一个前途莫测、善恶难辩的未知世界。

其次，在人与人的关系上，它表现为个人主义。西方式的自由、民主与人权等是以个人自由、民主与人权为前提的，尽管这种思想为个人自由独立发展以及个人价值的实现提供了很好的理论前提与制度保障，但随着这种个人式的自由民主思想的发展，人与人之间关系问题渐渐紧张，人情冷漠已成常态。面对人间冷情、世态炎凉与精神缺失，相当多的西方人似乎相信人要过两种生活（即工作与日常交往中的"世俗生活"与精神信仰的"宗教生活"）已成为正常人生活的"公理"①，并向全球推广这样的生活方式。且不说西方式的宗教信仰能否被其他民族与国家人民接受，单就这种"世俗生活"与"宗教生活"永久式分离方法就无法让人们真正享受到人间温暖与来自彼此之间心灵相通的友情，更不用说激发与调动各种力量建构真正的人间乐园。

再次，在人与自身的关系上，它表现为物质主义。尽管西方进入后工业社会后民众的精神需要不断增强，但这种精神需求的实现方式是通过物质主义来解决的。一方面，西方社会通过不断提高物质购买档次

---

① 在当代西方似乎有一种不成文的说法，我们且把这种说法称为"宗教制造"。它认为人应该有信念信仰，而信念信仰必须通过宗教的方式来完成，因此，那些没有宗教信仰的无神论者就是一帮可怕的人群。

的方式将不同人群加以区隔（所谓名牌、豪宅与限量版等就是明显表现）；另一方面，通过不断提升产品形式或不断给产品升级的方式诱使消费者不断更换消费产品。这种通过物质购买实现的精神需求及人群区隔，不仅未能真正满足人们的精神需求，更造成了大量能源、资源与产品的浪费。此外，物质主义方式还使人们的审美需求仅仅停留于感官刺激与愉悦之中，带动并振兴了一个产业——整容业——的发展。与科技发展后果一样，整容、整形业发展在改变人的身体存在样态同时，也把人类带向迷茫的未知世界。对此，法国思想家鲍德里亚（Jean Baudrillard）曾作这样评论："被性化的身体现在面临着一种人为的摆布。这种人为的命运也就是性的界线的彻底消失。所谓性的界线的消失不是指解剖学意义上的，而是在更为广泛的乔装打扮的意义上，也就是指性的符号之间相互交往的游戏层面。……总之，涉及人的身体和性的问题，随着外科医术和各种人造技术的发展，人的身体和性都只是变成为像假牙和假肢那样的东西。所以，性的模式转变为性的区别的彻底消失，性的区别的消失又到处成为诱惑力发生作用的场所，这样的状况也就是符合逻辑的。"①

　　谈到西方文化价值，自然要涉及中国文化价值特别是中国优秀传统文化价值问题。这也是美国著名政治家亨廷顿（Samuel Phillips Huntington）在《文明的冲突与世界秩序重建》中念念不忘且谈论的核心问题之一。公允地说，有着五千多年历史的中华文化不仅塑造了中华文明，也为人类文明发展作出了杰出贡献。且不说中华文化让中国一度成为四方来贺、八方来朝的世界强国，仅对西方国家发展与文明的建构来说就有着不可磨灭的贡献。历史资料显示，自13世纪意大利旅行家马可·波罗（Marco Polo）游历中国回国发表《马可·波罗游记》后，富庶、稳定和和睦的中国就令相当多西方人深深向往，由此欧洲人几乎

---

① 转引自高宣扬《后现代论》，中国人民大学出版社2005年版，第232—233页。

做了整整五百年的中国梦。资料证明，以儒家为代表的中国传统文化对狄尔泰（Wilhelm Dilthey）、莱布尼兹（Gottfried Wilhelm Leibniz）等启蒙思想家思想的形成起到十分重要的作用。到了 20 世纪，中国传统文化的世界作用再度显发，以日本、韩国为代表的"亚洲四小龙"将儒家思想与市场经济融合起来创造了新的发展奇迹。自 20 世纪中后期以后，随着全球化发展和西方文化在全球盛行带来的精神失落，不少学者多次呼吁以儒家精神拯救世界。正如一些学者所论证的那样，与西方文化不同，中国传统文化有如下鲜明特征：

首先，在人与自然关系上，它强调天人合一。中国早期哲学著作《周易》在卦爻安排上就明显体现了"天时、地利、人和"思想，并提出"天行健，君子以自强不息；地势坤，君子以厚德载物"。道家代表老子说："人法地，地法天，天法道，道法自然。"① 孔子也说："天何言哉？四时行焉，百物行焉，天何言哉？"② 中国文化强调的"天人合一"并非让人完全被动顺从自然，而是要在尊重自然规律的前提下利用自然、改造自然。荀子曾说："大天而思之，孰与物畜而制之？从天而颂之，孰与制天命而用之？望时而待之，孰与应时而使之？"③ 当然，"天人合一"也具有明显的尊重自然、爱护自然"民胞物与"思想。北宋张载说："乾称父，坤称母；予兹藐焉，乃混然中处。故天地之塞，吾其体；天地之帅，吾其性。民吾同胞，物吾与也。"④ 其次，在人与人关系上，它强调整体主义。《礼记·礼运》中说："大道之行也，天下为公。选贤与能，讲信修睦，故人不独亲其亲，不独子其子，使老有所终，壮有所用，幼有所长，矜寡孤独废疾者，皆有所养。男有分，女有归。货恶其弃于地也，不必藏于己；力恶其不出于身也，不必为己。是故谋闭

① 《道德经·道经》第二十五章。
② 《论语·阳货篇》。
③ 《荀子·天论》。
④ 《正蒙·乾称》。

而不兴，盗窃乱贼而不作，故外户而不闭，是谓大同。"① 孔子主张"仁爱"，强调"仁者爱人"，"己欲立而立人，己欲达而达人"。② 老子也说："圣人无常心，以百姓心为心。善者，吾善之；不善者，吾亦善之，德善。"③ 可以说注重社会整体发展与人际关系和谐的整体主义已构成中华文化的鲜明特征，它在推动中华民族发展的同时，也培育了中华儿女的家国情怀。再次，在人与自身关系上，它强调精神人格。以儒家为代表的中国文化十分重视人的精神存在，孟子说："无恻隐之心，非人也；无羞恶之心，非人也；无辞让之心，非人也；无是非之心，非人也。"④ 并以养"浩然之气"等方法提出了一套行之有效的培育人的精神人格的方法。这些措施与方法已构成中华文化独特的精神气质。这些特征恰好是当今世界发展所欠缺且迫切需要解决的问题。⑤

文化价值观对文化发展是十分重要的，具有积极文化价值观的民族与国家不仅有利于其未来社会与人民的健康发展，还可以在目前如此激烈的国际社会竞争中取得持久的发展良机。当然，文化价值观不能代替一切，要使它变成强大的现实力量还有大量的工作要做。

三、文化发展是自律适应他律 又以他律作用自律的过程

文化研究一个值得注意的现象是，无论从文化发展史还是从目前文化现状看，真正影响较大且持久的文化往往是古老的传统文化。如此

---

① 《礼记·礼运》。

② 《论语·雍也》。

③ 《道德经》第四十九章。

④ 《孟子·公孙丑上》。

⑤ 此部分观点请参阅拙文《中国传统文化的基本特征及其价值》，《新视野》2016年第5期。

说，并不是要否定新文化的作用，也不是要否定传统文化具有变化性，只是想说任何优秀的传统文化一旦形成就都具有坚强的韧性。尽管其器物、制度甚至行为方式方面的文化特征会有改变，但其以信念、信仰为核心的核心价值观却难以改变。这也是亨廷顿提出"文明冲突"理论的一个重要理由。另外，文化总是同民族相连的，当它与现在民族国家思想联系在一起时，其稳定性更强。当代美国著名的民族主义理论家本尼迪克特·安德森曾说："民族归属，或者，有人会倾向于使用能够表现其多重意义的另一字眼，民族的属性以及民族主义，是一种特殊类型的文化的人造物。想要适当地理解这些现象，我们必须审慎思考在历史上它们是怎样出现的，它们的意义怎样在漫长的时间中产生变化，以及为何今天它们能够掌握如此深刻的情感上的正当性"，"这些人造物之所以在 18 世纪末被创造出来，其实是从各种各自独立的历史力量复杂的'交汇'过程中自发地萃取提炼出来的一个结果；然而，一旦被创造出来，它们就变得'模式化'，在深浅不一的自发状态下，它们可以被移植到形形色色的社会领域，可以吸纳同样多形形色色的各种政治和意识形态组合，也可以被这些力量吸收。"①

这个问题实质上就是文化特质问题，也是文化自律问题。文化研究只有真正弄清文化特质与其独特发展规律问题，才能理解文化、利用文化和发展文化。对此，赫尔德、斯宾格勒（Oswald Spengler）和汤因比（Arnold Joseph Toynbee）等曾用"文化有机体"思想加以说明。这一思想实际上就是把文化当成一个自组织、自调节、具有文化目标的结构—功能系统的"文化体"去理解，这对于阐述特定文化内部与外部既复杂又统一的关系是有益的，但它却未能清楚地揭示文化自身的特质与独特规定性。在此，美国人类学家格尔茨（Clifford Geertz）关于文化

---

① ［美］本尼迪克特·安德森：《想象的共同体——民族主义的起源与散布》，吴叡人译，世纪出版集团、上海人民出版社 2011 年版，第 4 页。

是认知与情感地图和集体良知母体的看法是有一定启迪意义的。他说："我主张的文化概念实质上是一个符号学的概念。马克斯·韦伯（Max Weber）提出，人是悬在由他自己所编织的意义之网中的动物，我本人也持相同的观点。于是，我以为所谓文化就是这样一些由人自己编织的意义之网，因此，对文化的分析不是一种寻求规律的实验科学，而是一种探求意义的解释科学。"① 正如上文所说，文化是相对于"自然"而言的概念，人们在"培育"自然促进自身成长的过程中，既要认清自然，又要认清自我，并把两者有机结合起来。认清自然，最终形成的是自然知识与自然科学；认清自我，自然就要认清社会（最终形成的是社会知识与社会科学），又要认清"人"自身尤其是其精神世界（最终形成的是人文知识与人文科学）。人的意识独特的知、意与情特征，使之能形成求真、求善和求美的意志，并使它们以特定的方式最终统一起来。这也许就是我们需要理解的、区别于其他事物而具有内在特质的"文化"。

面对陌生、异己的自然，人类需要认识与改造两个世界，即自然世界与人自身的世界。表面上看，认识与改造自然世界似乎最为重要，因为人类只有认识自然与改造自然，才能解决生存与发展问题。其实对人类来说，认识与改造自身世界更加重要。虽然人与动物同样具有趋利避害的本能，但作为具有精神性的动物，人显然把"安身立命"的问题看得更根本，以求设定并完成人生价值与人生意义的实现。所谓"宁为玉碎，不为瓦全"的意义正是这种文化精神的写照。因此，任何民族的文化都具有明显的人文精神内涵。人类的生存既需要认知地图，也需要情感地图。前者可以更好地指导人类认识世界与改造世界，后者可以确立人类生活安身立命之本。可这不是两张地图，而是二者融为一体的一张地图。这就决定人类对待自然的态度不是简单地单向适应、认识与改造，更是要适合人类价值与生命意义的适应、认识与改造自然。所以，

---

① [美] 克利福德·格尔茨：《文化的解释》，韩莉译，译林出版社 2008 年版，第 5 页。

一般民族文化都体现为科学精神与人文精神的统一，甚至表现为人文精神统摄科学精神的价值取向。随着人类认识自然与改造自然能力增强，民族文化的内在结构会发生一定程度的变化，但其人文价值的基本取向却具有较强的稳定性。因为，尽管人类对自然（包括人的肉体存在）和社会认识与改造能力不断增强，但生命的有限性却不会改变，正是这生命有限性确保着民族文化独特人文精神的恒定性。这也是为什么众多思想家十分重视人文传统与教化的原因。

文化体与文化特质思想说明，一种成熟的文化是以核心人文精神影响下的有机整体形式去面对与适应外部世界的，当它与外部世界发生矛盾与冲突时，它会对自身加以调适，以便更好地处理文化与外部世界的关系。但并不是所有的文化都能很好地调节这种关系，这既取决于文化精神所能承受的"文化空间"，又取决于外部力量的性质与大小。如果一种文化所能承受的文化空间较大且对抗的外力较小，文化调适工作就能很好地进行；如果一种文化所能承受的文化空间较小且对抗的外力较大，那一般文化调适工作就难以顺利进行，需要进行深度文化改造。这也是斯宾格勒和汤因比认为"文明"会衰败的原因。这一问题实质上涉及文化发展与外部因素作用（即文化他律）的关系问题。影响文化发展的外部因素很多，包括经济、政治、社会以及国外因素和全球因素等。这里需要讨论的是文化与意识形态的关系。

意识形态是相对于"经济基础"而言的，它是对以特定经济基础为核心的社会综合发展的整体反映。外力对文化体的影响发展到一定阶段就会表现为特定意识形态对文化体的影响。文化体为了延续自身的生存与发展就必须把特定意识形态植入自身之中。此时，发生的影响力表现为两个方面：一方面，以特定意识形态为中心重构民族文化的核心精神，并以弥散的方式影响整个民族文化；另一方面，整个民族文化以聚合的方式向特定意识形态靠拢，并以意识形态确定的核心价值观为标准改造并发展自身，并使民族文化打上特定意识形态的烙印。斯宾格勒和汤因比等提出的文化有机体及其发展规律的思想是有积极意义的，但其悲观结论却是有问题的，从某种意义上表现了他们"文化决定论"的局限。的确，特定文化体与特定意识形态之间会发生根本的碰撞，甚至会彻底改变一种文化体的内容与形式，但并不意味着这种文化体会彻底衰亡。这可以从文化体与意识形态影响的范围与文化体发展一般规律可以看出。相对于文化影响一切与人相关的世界而言，意识形态主要影响的则是包括特定社会经济、政治、社会与主流社会意识等较小的范围。尽管意识形态对其未能直接影响的文化范围也有间接影响，但这些范围的文化影响则明显表现为特定民族文化的内容与形式。在此，威廉斯关于文化"主导""残余"与"新兴"的划分方法是有启迪意义的。他说："任何一种文化都包含着来自过去的合理因素，但这些合理因素在当代文化过程中的位置却变化无常。我一向认为，对于那些完全被看作是过去的因素的'古旧'事物，人们应该以一种审慎的特殊方式加以研究和考察，甚至应该有意不时地使之'复活'。而我用'残余'一词所称谓的事物却截然不同。确切地说，残余乃是有效地形成于过去，但却一直活跃在文化过程中的事物。它们不仅是（也常常全然不是）过去的某种因素，同时也是现在的有效因素。如此说来，某些无法以主导文化的术语加以表达和确认的经验、意义和价值，却依然在以前存留下来的社会的和文化的基础（这些基础是由原先某些社会的和文化的习俗机构或构形组成的）之上得以保存并被实际应用。"①

另外，意识形态与文化体的关系并不只是表现为意识形态对文化体的单线影响，还表现为文化体对意识形态的影响，并在相互作用中渐渐形成新文化体。文化体对意识形态的影响既表现在内容上，又表现在形式上，从而最终使特定意识形态表现为特定民族的言说。比如，尽管

---

① ［英］雷蒙德·威廉斯：《马克思主义与文学》，王尔勃等译，河南大学出版社 2008 年版，第 18、130—131 页。

以儒家为代表的中华文化不能拯救中国和发展中国，但这并不妨碍我们用中华优秀传统文化资源丰富与发展马克思主义。我们可以从中国古代的"大同"社会与共产主义社会、中国传统思想中的"民为贵、君为轻"思想与马克思主义的群众路线与人民性主张以及中国古代思想家重视人的身心和谐与马克思主义关于人的自由全面发展思想等比较研究中，发展出带有民族精神与民族特色的马克思主义。尽管儒家的"内圣"开不出经济繁荣、政治民主与社会和谐的"外王"，但我们可以将《礼记·大学》中的"八目"——格物、致知、诚意、正心、修身、齐家、治国、平天下——加以现代演绎与开发挖掘，从"格物、致知"中开发出现代中国文化的"科学"精神，从"诚意、正心、修身"中开发出现代中国文化的"民主"精神。显然，这已是一种不同于西方式的、内生式的科学与民主精神。

文化自律与文化他律特征说明，文化发展既要考察到文化的特点，又要考察到外部影响，最终以文化自身独有的方式丰富和发展文化。从目前全球发展状况看，人们已充分认识到文化的重要性并形成了民族文化自觉，但现有的国际经济下政治秩序使全球文化发展举步维艰。这主要表现了文化发展中霸权与平等的博弈。以美国为首的西方国家企图在全球推广西方文化，并把西方文化当成唯一能代表全球未来发展的文化，而众多发展中的国家则希望以平等与尊重的方式发展全球文化。文化全球化发展的必然自然会形成全球共同文化，但这个共同文化肯定不是以一国文化为基础的全球文化，而是既尊重历史发展规律又尊重不同民族文化、一中有多和多中有一的全球文化。这自然需要有公平、合理的国际经济政治秩序为前提。尽管离这一秩序的建立还有很长的路要走，但作深入思考并积极推广这一思想还是十分必要的。在此，威廉斯提出的"文化共同体"思想是有建设性意义的。他说："共同文化的观念以一种特殊的社会关系形式，使自然成长的观念与扶持自然成长的观念结合在一起。如果只取前一种观念，是浪漫个人主义的典型；如果只取后一种观念，是集权主义训练的典型。……我们强调自然成长，是要指出整体的潜力，而不是为了指出支配模式能方便地征用的某些被选择出来的力量。但是我们同时也强调社会现实，也就是对自然成长的扶持。任何文化在整体过程中都是一种选择、一种强调、一种特殊的扶持。一个共同文化的特征在于这种选择是自由的、共同的，或者是自由的、共同的重新选择。扶持则是一种以共同决定为基础的共同过程，而且共同决定的本身包含着生活与成长的各种实际变化。自然成长以及对自然成长的扶持是一个互相协调的过程的一部分，保证这种过程的基本原则是生命平等的原则。"①

---

① ［英］雷蒙德·威廉斯：《文化与社会》，吴松江等译，北京大学出版社 1991 年版，第 415—416 页。

目　录

序 ……………………………………………………………………… 1

上编　文化理论与文化实践

论传统文化基本特征及其评价 …………………………………… 3

中国传统文化的基本特征及其价值 ……………………………… 12

中国传统文化批判继承需要有科学态度 ………………………… 25

超越式继承：从中国道路的选择看传统文化的发展 …………… 37

从文化自觉到文化自信与文化自强 ……………………………… 49

文化中国：文化强国的价值坐标 ………………………………… 64

社会主义核心价值观知行合一的实践建构 ……………………… 75

论城市精神与美好生活 …………………………………………… 86

全球化文化问题的不同层次 ……………………………………… 99

全球化进程及其发展走向 ………………………………………… 108

　　——一种意识形态的考量

文化全球化研究述评 ……………………………………………… 131

文化全球化的双重逻辑与当代中国文化建设 …………………… 141

全球化时代的文化身份与中国文化主体性建构 ………………… 150

中编　文化中的哲学

"五四"精神是爱国进步精神 ································· 165
　　——兼评种种"五四"精神观
后殖民主义话语下中国问题研究 ························· 179
话语理论与中国特色社会主义话语体系构建 ·········· 188
赛义德东方主义理论 ····································· 201
"软力量"辨义与当代中国软力量构建 ················ 216
亨廷顿"文明冲突论"评析 ···························· 232
鲍德里亚对马克思拜物教理论的误识及其方法论根源 ·· 244
全球化背景下恐怖主义的文化反思 ···················· 260
威廉斯文化唯物主义视域下的文化观念 ··············· 272
试析威廉斯文化社会学理论 ···························· 283
詹明信后现代大众文化探析 ···························· 298
詹姆逊文化全球化理论评析 ···························· 312

下编　哲学中的文化

后现代主义：晚期资本主义的文化主导 ··············· 327
　　——佩里·安德森《后现代性的起源》评析
作为大众文化意识形态的后现代主义 ················· 346
论后现代主义及其对中国文化影响 ···················· 358
作为现代社会意识形态的大众文化 ···················· 370
　　——约翰·B.汤普森现代文化理论评析
试析格尔茨文化观 ······································· 386
试论曼海姆的乌托邦思想 ······························· 399

曼海姆论保守主义思想探析 …………………………………… 413

利奥塔叙事知识与科学知识及其关系评析 …………………… 427

作为理性对立面的意识形态 …………………………………… 440

作为文化体系的意识形态 ……………………………………… 461

　　——格尔茨文化意识形态探析

试论哈贝马斯批判解释学 ……………………………………… 475

论利科对马克思主义意识形态理论的批判 …………………… 490

马克思主义不只是一种"阐释学" …………………………… 506

　　——评詹明信马克思主义历史理论

参考文献 ………………………………………………………… 521

后　记 …………………………………………………………… 530

上　编

文化理论与文化实践

论传统文化基本特征及其评价

"凡是民族的都是世界的","越是古老的越是弥足珍贵的",一时间成为人们街谈巷议的话语。确实,历史上没有像如今这样这么热衷于传统文化。连美国著名政治学家、哈佛大学教授亨廷顿(Samuel Phillips Huntington)享誉全球的"文明冲突"理论也是基于如此得出的。在亨廷顿看来,冷战结束便意味着意识形态冲突的终结,却不意味着世界矛盾的终结;自此以后,世界矛盾又会以文化冲突方式表现出来。因为,在他看来,可以用种种方式改变一个国家或民族的经济与政治制度,甚至改变他们的生活方式,但却难以改变一个民族的信念与信仰。相反,随着经济全球化浪潮的不断深入,文明冲突将会表现得愈演愈热①。这里姑且不论亨廷顿"文明冲突"论断言是否准确,但他提出的一个民族传统文化(特别是其信念与信仰)难以改变却是事实。面对这样的问题,我们自然要问:传统文化是怎样形成的,它是如何作用于人的思想与行为的,人们应该怎样对待和评价传统文化?

---

① [美]塞缪尔·亨廷顿:《文明的冲突与世界秩序的重建》,周琪等译,新华出版社 2002年版。

一、传统文化基本特征

文化是什么？这是一个有着众说纷纭、仁者见仁的问题。一般说来，人们把文化理解为人类在认识自我、改造自我和认识自然、改造自然过程中所创造的物质产品与精神产品的总和。它有广义与狭义之分。狭义的文化主要是指观念形态的文化，如政治法律思想、艺术、伦理、宗教和哲学以及风俗习惯等；广义文化是指一切含有精神性质的东西，如茶有茶文化、饮食有饮食文化、服饰有服饰文化等等。虽说茶、服饰与饮食等都是物质，但如何制造和如何使用它们，却有着十足的文化意蕴。在这里有着高雅与低俗、时尚与粗犷之分。这样，又可把文化细分为物质文化、行为文化（人的行为不仅受文化指导，其生活方式就是一种文化）、制度文化（任何制度都是在文化的引导下建立起来的）和观念文化（或精神文化）①。文化的内涵说明，凡是人类认识特别是改造过的地方都会打上文化的印记。也就是说，文化无处不在，无时不有。文化的四个层面划分虽然让人们清楚了文化的内涵与外延，但没有说明文化为什么会存在，它又是如何产生的问题。对此，美国人类学家格尔茨的观点有一定启迪意义。他认为文化是人类认知和情感地图以及集体良知的母体②。就像在大海上航行一样，最可怕的并不是路途遥远，也不是惊涛骇浪，而是在茫茫大海上找不到前行方向。无论对原始人群还是对现在人们来说，面对浩瀚无边的大千世界，人类都是渺小的。人类在此浩瀚空间中要想找到一席生存之地甚至不断扩大空间，自然需要一张清晰的地图。好在人类有智慧，依靠它能不断绘制地图。对人类来说，

---

① [英] 爱德华·泰勒：《原始文化》，连树声译，广西师范大学出版社2005年版。
② [美] 克利福德·格尔茨：《文化的解释》，韩莉译，译林出版社2008年版，第5页。

需要认知两个世界，并把这两个世界认知的结果综合在一起绘制一张清晰的文化地图。这两个世界分别是自然世界和社会世界（包括自我世界）。人类需要在认识自然世界中建设社会世界，又需要在社会世界构建中去面对改造自然世界时需要承受的一切。由于人类初期对自然力量认识不够，因而大多原始文化在绘制认知和情感地图时都以提升精神人格为取向、限制肉体欲望甚至牺牲肉体生命为代价建构集体良知。如宗教中的"原罪""禁欲"与"天堂"，中国传统文化中的"宁为玉碎，不为瓦全""杀身成仁"等等。换句话说，若用现在的观点看，虽然不同民族原始文化中具有真正科学意义上的认知成分并不多，但它却成功建构了一张将客观世界与精神世界统一起来的理想地图。也许外人对此不屑一顾，也许这张地图其实并不能领航他们到达真正的彼岸。但这些都不重要，重要的是这个民族的人们深信这张地图就行，而且它在一定意义上也能自圆其说并引导他们的生活。文化地图的意义不只是解决人们认识与改造自然世界的问题，更是解决人们认识与改造社会世界特别是自我精神世界的问题。它需要重点解决人们的精神所托、情感所系与生活所归。只有精神问题解决了，并以此去绘制认识自然世界与包括自我世界的社会世界地图，才算是一张真正成功的地图。换句话说，如果一张地图只解决认知自然世界问题，却不能解决认识社会世界特别是自我精神世界问题，让人们精神无所寄托，那它就不是一张有用的地图。一旦一种原始文化得到一个民族根本认同，它就会潜移默化为该民族所有人认识世界、评判世界的标准，即渐渐内化为一个民族的集体意识与集体良知。

传统文化的坚固性自然跟该民族实施的教化与制度化有关。一个民族一旦确定并认同一种文化，它会用全方面教化方式向全民族成员渗透，将它制度化、习惯化与风俗化，并一代一代传承下去。除此之外，传统文化物质化也是其坚固性的重要表现。马克思曾经说过，"动物只是按照它所属的那个种的尺度和需要来构造，而人却懂得按照任何一个种的尺度来进行生产，并且懂得处处都把固有的尺度运用于对象；因此，人也按照美的规律来构造。"① 这就是说，人在改造世界的时候，既懂得按客观世界的规律去改造事物，更会把美的规律与情感寄托作用于其中。这样，一种客观事物既能达到为我所用的目的，又能达到美的享受与情感所系的目的。如房子本只是为居住所用，但人们之所以要装修，自然是想让它也达到美的享受的效果。一些人不愿意装修或不愿意迁出老宅子，并不是意味他们不愿意享受新生活，只说明了他们对老宅子有一份牵挂。因为这里存有让他们不舍的故事与寄托。传统文化物质化不仅能让人们触景生情，更能让人们借景生情。重见旧景自然能勾起人们怀念之情（怀念的不只是物，更是人与事以及当年的生活方式），而借景生情更能让人们不断油然而生往日的生活与遐想。杜甫一首《春望》便是生动表达。"国破山河在，城春草木深。感时花溅泪，恨别鸟惊心。烽火连三月，家书抵万金。白头搔更短，浑欲不胜簪。"作为地图的文化与文化四个层面划分说明，传统不仅构筑着人们的精神家园（情感地图），更是改造世界与人自身的方式。经过一个民族文化改造的世界自然会深深打上这个民族的文化烙印，经过一个民族文化熏陶的人们自然也会深深烙上这个民族的文化印记。电视片《舌尖上的中国》之所以能在那么多海外华人中引起强烈反响，甚至有人看完后热泪盈眶，这既说明物质文化能引起人们无限怀念与回忆，也说明物质文化和精神文化一起深深影响并改造着一个人。人们有时候可以欺骗自己的思想，也可以欺骗自己的情感，但却难以欺骗自己的身体。饮食文化影响的不仅是人的味觉与嗅觉，它更已成为人的身体构造中不可或缺的一个部分。

传统文化影响很深很大并不意味着传统文化不可改变，经济全球化纵深发展使传统文化表现出以下两个鲜明特征：其一，文化的统一性

---

① 《马克思恩格斯文集》第 1 卷，人民出版社 2009 年版，第 162 页。

与多样性。由于世界交流越来越密切，人们对先进性文化成分越来越有共识性认识。这样，人们就在物质性文化以及部分制度性文化方面逐步产生统一性认识，并用它们去改造民族社会与文化。由于文化对物质性存在（尤其对经济）影响越来越大，而审美多样性又决定物质文化越有民族多样性就越有存在价值。于是，全球化过程中文化的统一性就和多样性并举存在。其二，文化的一元性与多元性。由于经济全球化的实质是以资本为龙头的资本主义生产方式全球化，文化在统一性与多样性并存同时又出现了文化一元性与多元性的对抗。资本向全球化文化的渗透决定着传统文化发展趋势必然是工具理性张扬、价值理性失落。也就是说，当资本向文化领域渗透时，人们必然更多地会把传统文化与经济利益紧密结合起来并以此求得利润最大化。可这样的结果必然使民族信念与信仰受到根本冲击。当这种冲击发展到一定程度时（即当人们渐渐意识到认知地图与情感地图矛盾时），民族传统文化就会彻底反弹，以此抗拒资本对人们精神的侵蚀，保护精神家园。与此同时，以美国为代表的西方国家又把自身的价值观强加给其他民族，于是，作为精神信仰的文化在全球就表现为一元性与多元性对抗。一方面，以美国为代表的西方国家向全球推广其价值观；另一方面，其他国家又以捍卫传统文化的方式抗拒西方价值观。

二、传统文化评价

文化与文明既有联系又有区别。联系在于文明是从文化演进而来，文明是一种文化或一种文化的一部分；区别在于文明有先进与落后之分，而文化却没有绝对的优劣。一般来说，文明是一个褒义词，文化是一个中性词。文明与科学紧密相连，而文化却不能直接与科学挂钩。只有经过科学证明的文化才能称得上文明；而科学也有一个不断进步与发展的过程。这样文明就有了先进与落后之分。相比原始人群的茹毛饮血与刀耕火种，农业文明本就是一种进步，可与工业文明特别是后工业文化相对，它又显然落后了。

既然文明来源于文化，那它为什么具有了文化不具有的性质？这还得从文化的产生说起。正如前文所说，作为一种文化特别是有着悠久历史的传统文化，它是一个民族认知与情感地图。它解决的不仅仅是人们如何认识客观世界与改造客观世界的问题，更是解决人们是如何认识自我世界特别是自我精神世界的问题。从精神世界的角度说，不能轻易断定一种精神文化是先进还是落后的。如同样信仰宗教，我们就不能轻易断言其中哪一种宗教更好（因为，宗教都是奠定在无法用科学证明的基础之上的。既然都难以用科学证明，那就不存在孰好孰坏的问题）。同样是音乐，我们也不能轻易断言西洋音乐与中国民乐哪一个更好（当然，若从制作与欣赏角度看，我们是可以区分阳春白雪与乡里巴人的）。我们不能因为欣赏"小桥流水人家"，就否定"西风古道瘦马"的审美价值。"小桥流水人家"自然有阴柔之美，但"西风古道瘦马"也有粗犷之美。也许有人会用"萝卜白菜各有所爱"的方式解读精神信仰与审美追求。其实事情也没有这么简单。凡是被多数人认同或推崇的信仰或艺术作品都是有一定规律可循的，它们至少从制作上是十分艰难和复杂的，从效果上讲是弘扬真善美，鞭挞假恶丑的。邪教就不是真正的宗教，"三俗"作品就不是真正艺术作品。

在情感地图上，有两点需要说明：其一，说情感地图难以验证，并不意味着所有情感地图都得不到验证。同样是一种信仰，马克思主义的共产主义就是可以证明的，所以我们称它为科学信仰。其二，说情感地图难以验证，并不说明精神信仰与审美艺术就跟文明没有任何关系。这还得从一种精神信仰或一种审美作品推行的过程与效果来观察。如果一种精神信仰是强制推行并达到摧残人性的目的，或虽表面上充实了人的精神生活但实质结果却是达到维护少数人统治大多数人的目的，那它就不仅称不上文明，相反还要被称为反文明。同样，胖瘦程度与手脚尺寸大小本不是衡量人体美的唯一标准（它们各有各的美法），但若是因"楚王好细腰，而国中多饿人"或因迎合社会需要不得不忍痛缠裹小脚，这种"存天理灭人欲"的方式也是反文明。正是在这层意义上，我们说文化虽没有绝对优劣，但却有好坏。这里的好坏不但就一种文化内容而言，还针对其推行过程及其产生的效果而讲。对于那些从内容、推行过程与基本效果方面表现得较好的文化，尽管没有得到科学严格证明，但长期历史发展及其验证几乎证明了其存在价值。因此，从这个意义上讲，称它们为"文明"也不为过。这也是不少思想家常在"文化"与"文明"概念之间互换的原因。

既然是地图，任何文化自然得有认知自然、社会与自我方面的内容。而这些方面的内容与文明之间的关系就比较直接了。比如，一种文化能否引导人们科学地认识自然、改造自然，取得生产力发展；一种文化能不能促进社会效率与公平统一，推进社会自由、平等与民主；一种文化能否让个人做到身心统一，自由发挥其潜能，使人达到自由全面发展，所有这些都跟科学相关。我们把促进认识自然和改造自然的文化称为自然科学（包括技术），把促进社会发展的文化称为社会科学，把促进个人发展的文化称为人的科学。一种文化中包含的自然科学、社会科学与人的科学成分越多，这种文化的优越性就越强，就是一种好的文化；反之，就不是好的文化甚至是坏文化。

当然，片断式地评价一种传统文化显然是不合适的，毕竟传统文化不是支离破碎的，而是一个有机结构组成的整体。在这个整体中做到有效认识自然和有效认识自我的统一是其根本。由于不同文化在处理这两者关系时表现出的特点不同，由此就有了像英国历史学家汤因比等所说的"文化圈"和"文化类型"问题[①]。有的文化可能更侧重于自我认

---

① ［英］阿诺德·汤因比：《历史研究》上卷，郭小凌等译，上海人民出版社 2010 年版。

识并把这方面思想过多投射于自然认识，因而表现出其精神思想充盈但科学思想不足的特点；有的文化可能更侧重自然认识并把这些方法过多投射于自我认识，因而表现出科学思想丰富但精神思想匮乏的特点。当然，能较好处理这两者关系的文化也有，像这样的文化就可能成为经久不衰、影响深远的文化。其他与其类似的文化以它为中心加以建构，最终形成以它为核心的文化圈。由此，德国哲学家雅斯贝尔斯说道，公元前800年至公元前200年是人类文明的"轴心时代"。在轴心时代里，各个文明都出现了伟大的精神导师—— 古希腊有苏格拉底（Socrates）、柏拉图（Plato），中国有孔子、老子，印度出现了《奥义书》和佛陀，他们提出的思想原则塑造了不同的文化传统，而且更重要的是他们虽然远隔万里，但却有许多相通的地方。[①]"生活在轴心期三个地区之外的人们，要么和这三个精神辐射中心保持隔绝，要么与其中的一个开始接触；在后一种情况下，他们被拖进历史。"[②]不同文化都要经过历史的洗礼，只有那些能成功应对历史发展与历史变迁的文化类型才能存活下来。这也是为什么四大古国文明目前只剩下唯一没有断流的文明——中国文明的原因。即使存活下的文明，也需要吐故纳新，不断更新与充实自己，这样才能表现出旺盛的生命力。毕竟时代在变化，一种文化即使再好，它也不能完全预测几百年甚至几千年的世界变化。就西方文化而言，它虽能促进自然科学与社会科学发展，但其个人主义价值观却严重制约了它的发展。许多西方社会重大社会问题之所以间断性出现并寻找不到根本解决办法，不得不说跟这种思潮的盛行有关。而就中国文化而言，虽然在"养德"问题上有明显优势，但难以推进科学的发展也不得不说是其明显缺陷。

---

① ［德］卡尔·雅斯贝尔斯：《历史的起源与目标》，魏楚雄等译，华夏出版社1989年版，第7—8页。

② ［德］卡尔·雅斯贝尔斯：《历史的起源与目标》，魏楚雄等译，华夏出版社1989年版，第14页。

　　面对全球化进程中文化的统一性与多样性以及一元性与多元性特征，每个民族都要有明确的文化自省与文化自觉，保护和捍卫好自己的民族文化，以此保障人们的精神家园与情感纽带。但文化自觉不等于抱残守缺，更不等于故步自封，每个民族都需要大胆学习与借鉴其他民族文化的特点（尤其在认知地图方面），以此使民族文化得到创造性继承与创新性发展。与此同时，每个民族都必须参与国际斗争，力争建立公平合理开放的世界秩序。虽然民族精神信仰有很强的稳固性，但并不意味着它不能改变或得不到发展。当一个民族原有的情感地图已明显不适合其社会发展，这个民族自然就会调适其信念信仰，以此改变民族现状，促进其综合发展。民族信念与信仰的调适更应该以民族文化自觉与文化对话的方式进行，而不宜用武力或霸权的方式推进。目前世界之所以出现明显的文化对抗，一方面是因为当下世界还没有出现能让所有民族都共同接受的认知与情感统一地图，另一方面是因为一些西方国家以强权的方式推广他们信奉的价值观。其他民族之所以不接受西方价值观，一方面是因为西方价值观也存在明显矛盾（个人与社会矛盾、工具理性与价值理性矛盾等等），另一方面是因为一旦接受这种价值观，他们又会陷入新一轮被殖民之中。只有建立公平合理与开放的世界秩序，文化的认知与情感统一以及文化平等等问题才能得到根本解决。而这一秩序的建立自然需要所有国家与民族共同努力。文化交流与文化发展的最终目标应该如费孝通所言："各美其美，美人之美，美美与共，世界大同。"

中国传统文化的基本特征及其价值

　　评价中国传统文化是一件很复杂的事情，既要考虑到中国传统文化组成的不同内容与元素，又要考虑到这些文化内容与元素的作用过程及其效果；既要看到这些文化正面倡导的东西，又要看到这些文化自身无法涉及的盲点及其相应的负面影响；既要看到它在历史上的影响（包括国外影响），又要看到它在当前的意义。从总体上看，中国文化是积极进取的文化，它能在保持基本价值取向与风格的基础之上，随着时代发展不断吐故纳新。这里，我们只能从主流文化入手，对其基本特征进行简单分析，并作简要历史梳理说明其意义与价值。尽管不同时代主流文化不完全一样，但以儒家思想为核心并形成儒释道互补的主流格局几乎是目前对中国传统文化评价达成的共识。

一、中国传统文化的基本特征

　　首先，从人与世界的关系看，它彰显人文精神。与西方文化强调"人类中心"不同，中国文化主张顺应自然，适应自然，重视"天人合一"。老子说："人法地，地法天，天法道，道法自然。"① 当然主张道法

---

① 《道德经》第二十五章。

自然，并不意味着人在自然面前只能被动顺受，中国文化主张积极面对自然，发挥人的主动性。它认为虽然成事在天，但谋事却在人。孔子甚至主张，"知其不可为而为之"。想事成，不努力肯定不行，但光靠人的努力也同样不够，必须做到"天时地利人和"才可。中国文化的人文精神更是表现在如何处理人的精神家园上。与其他文化将人的精神家园重心设置在彼岸世界不同，中国文化则是把人的精神家园放在此岸世界，认为只要努力，在现实世界中就可以实现精神圆满。孔子说："未能事人，焉能事鬼……未知生，焉知死。"① 这种"重人生轻鬼神"的修养方式自然更是一种充满现实精神的人文关怀。儒家强调"人皆可成尧舜"，主张只要认真修行，人人皆可达到"圣人"境界。不但如此，即使本源于印度的佛教，自传入中国以后也被改造得更有人文情怀。禅宗是在印度佛教影响下中国自产的佛教，它主张人性即佛性，认为修炼不必居于庙寺，在家亦可修炼（即居士），提倡顿悟成佛。中国文化这些特点自然构成了其他文化无法比拟的优越性，但与此同时也形成了其难以逾越的屏障。虽然中国文化尊重自然，但它却没有形成一套如何尊重自然特别是在尊重自然的同时改造自然的办法（也就是说，中国文化注重实践，但缺乏一套系统的认识论体系）。

其次，从人与社会关系看，它奉行道德至上。儒家本是一套道德思想，它强调"仁者爱人"，"己欲立而立人，己欲达而达人"②，提倡以"仁义礼智信"的方法处理人际关系。自汉武帝以后，它便上升为国家意识形态，成为一种政治学说（即政治道德化）。与此同时，儒家的"礼""序"观念也被本体论化，成为一种人们不得不接受的世界秩序（从董仲舒的宇宙论化到程朱理学和陆王心学的本体论化）。从一般意义上说，将以"德"为核心的思想落实于全社会之中，可以使整个社会充

---

① 《论语·先进》。

② 《论语·雍也》。

满温情与人情，因而最终也会使它表现出强大的凝聚力与吸引力（人情社会自然让人们能体会到社会温暖，但同时也会导致找关系、走后门现象）。但由于儒家在中国封建社会之中维护的是封建等级秩序，这也就导致其不可否定的局限。另外，将道德秩序用于管理社会似乎还有一定道理，但把它用于管理社会经济与政治就不得不说有明显弊端了，它必然会影响中国古代经济发展与政治建设。正如德国著名社会学家马克斯·韦伯所说，以儒家为核心的中国传统文化是不可能导引出资本主义的。

再次，从人与自身关系看，它弘扬精神人格。中国文化十分注重人的精神，儒家强调通过"养浩然之气"充实人的精神，佛教强调通过修行达到成佛境界，道家强调通过顺任自然达到自由逍遥境界。而它们之间又有互补作用，不同人都可从中找到精神修炼与充实方式。所以，有人用"拿得起"（儒家的"有为"）、"放得下"（佛教的"空"）和"想得开"（道家的"无为"）来比喻中国文化儒释道互补状况，是有一定道理的。不仅如此，中国文化更注重精神修养的社会关怀。孟子说，"人之异于禽兽者几希，庶民去之，君子存之。舜明于庶物，察于人伦，由仁义行，非行仁义也"①，并把人格区分为"信善美大圣神"六种境界。道家强调清静寡欲，无为而无不为。老子说："圣人无常心，以百姓心为心。善者，吾善之；不善者，吾亦善之，德善。"②佛教在讲修炼成佛时，也主张用爱心、慈心、同情心去关爱众生，帮助他人，造福社会。这些无疑都是中国文化弥足珍贵的遗产。

---

① 《孟子·离娄下》第十九章。
② 《道德经》第四十九章。

二、中国传统文化与中国梦

就中国梦而言，一般人只知道它的直接含义——中华民族复兴之梦，却不一定想到其引申含义。既然是复兴之梦，那它自然还应有这样两层含义：一是说明目前中华民族并不强大，二是说明中华民族曾经强大过。如果没有强大过，又谈何复兴？若果真如此，人们自然又要反思另外两个问题：一是中华民族曾经靠什么强大，二是中华民族为何又是怎样走向衰落。只有搞清楚这两个问题，我们才算真正理解为什么我们今天如此急切地要实现中华民族伟大复兴以及我们又该怎样实现复兴。

谈到中华民族曾经的强大，自然不能不从《礼记·礼运》的"大同"谈起。《礼记·礼运》说："大道之行也，天下为公。选贤与能，讲信修睦。故人不独亲其亲，不独子其子。使老有所终，壮有所用，幼有所长，矜寡、孤独、废疾者皆有所养。男有分，女有归。货，恶其弃于地也，不必藏于己；力，恶其不出于身也，不必为己。是故谋闭而不兴，盗窃乱贼而不作。故外户而不闭。是谓大同。"正是这个"大同"理想引领着不少中国封建帝王和贤人圣士励精图治，奋发图强，创造了一个又一个人间奇迹，使中华民族一直屹立于世界民族之巅。从汉武盛世到开元盛世，从永乐盛世到康乾盛世，无不在人类历史上留下浓墨重彩的一笔。当然，中国历史上的辉煌离"大同梦"的实现还有一段距离，一方面缘于历史的间断性（中国历史上的盛世时间都不很长，之后都会有一段长时间的滑坡以及频繁的改朝换代斗争），另一方面缘于其等级森严，制度严酷。马克思就曾这样评价过康乾盛世："一个人口几乎占人类三分之一的大帝国，不顾时势，安于现状，人为地隔绝于世并因此竭力以天朝尽善尽美的幻想自欺。"[①] 正当清政府仍以天朝

---

① 《马克思恩格斯选集》第 1 卷，人民出版社 1995 年版，第 716 页。

大国自居，津津乐道于八方朝贺之时，西方列强用坚船利炮敲开了中国大门。

"大同梦"破灭了，但大同思想却没有终结。自鸦片战争以后，不少志士仁人都用它去建构自己的思想并试图以此再次圆梦。从太平天国到戊戌变法，再到辛亥革命，莫不如此。洪秀全把大同思想与基督教结合起来，试图建立他的"太平天国"。戊戌变法前后，康有为就曾专门写过一部脍炙人口的著作——《大同书》，希望通过它拯救中国亦拯救世界，并对大同进行了解读。他说："天下为公，一切皆本公理而已。公者，人人如一之谓，无贵贱之分，无贫富之等，无人种之殊，无男女之异。分等殊异，此狭隘之小道也。平等公同，此广大之大道也。无所谓君，无所谓国，人人皆教养于公产，而不恃私产，一内外为一，无所防虞，故外户不闭，不知兵革，此太平之道、大同之世。"① 孙中山更是直言不讳他的政治纲领——三民主义与大同的关系，并以"天下为公"为其响亮的政治口号。他说："我们三民主义的意思，就是民有、民治、民享。就是说国家是人民所共有，政治是人民所共管，利益是人民所共享。照这样的说法，人民对于国家，不只是共产，一切事权都是要共的，这才是真正的民生主义，就是孔子所希望的大同世界。"②

谈到大同，自然要涉及它与马克思主义的共产主义的关系。从根本上讲，它们自然不是一个层次上的概念。前者虽然也有比较明确的理念与具体的方法，但它毕竟只能算是一种抽象的理想，没有坚实可靠的现实与理论基础；后者则是奠定在科学基础之上（马克思恩格斯是通过对人类社会发展规律特别是对资本主义社会矛盾分析得出共产主义结论的）。因此，不能把两者混同，但这又不排除它们之间存有联系。从19世纪初空想社会主义传入中国，它的最早中文译名就叫"大同世界"。

---

① 康有为：《礼运注》，载《康有为全集》第5卷，中国人民大学出版社2007年版，第555页。
② 《孙中山全集》第9卷，中华书局1981年版，第394页。

马克思恩格斯在论太平天国时，曾转述西方在中国传教士的话说："欧洲近来流行的社会主义理想，中国很久以前就有了。"有资料证明，康有为曾接触过马克思主义的共产主义思想，但他却以这种学说"主张暴力，为中国人所不取"为由而放弃。所以，毛泽东作出了这样的评论："康有为写了《大同书》，他没有也不可能找到一条到达大同的路。"① 康有为没有找到，洪秀全、孙中山等同样也没有找到。因此，中国近代史上一次又一次争取民族独立与解放的斗争都以相继失败而告终。最终，中国共产党人找到了这条路，这才拯救中国人于水火并建设了新中国，把中国人民进一步带上改革开放和中华民族复兴之路。

如果说实现中华民族复兴是现代中国梦的话，那么，中国历史上实现大同梦想就是传统中国梦。这两者虽有质的区别，但也不可把它们完全对立起来。中国特色社会主义建设其中一个重大任务，就是不断把马克思主义理论与中国实际相结合。这个结合既包括把马克思主义理论与中国具体国情、民情相结合，也包括把马克思主义理论与中国文化相结合。若用这个思路去分析两种中国梦，那么，实现中华民族的伟大复兴不仅是圆了近代中国人的伟大梦想，也是圆了整个中华民族自古以来的伟大梦想。与历史上几大盛世相比，这次中华民族的伟大复兴更是在实现人民自由民主平等基础之上的综合振兴。因此，它的意义更明显，更重大。反过来，将传统中国梦的意义充实到现代中国梦之中，又会使它更具人文关怀。与美国梦的个人主义和欧洲梦的整体协同不同，中国梦是整体与部分的有机结合、群体与个人的有机结合。它既注重社会与自然多方面协调发展，又注重群体与个人的协调发展；它既注重个人的自由与独立，又注重人际和谐与人间温情。

---

① 《毛泽东选集》第4卷，人民出版社1991年版，第1471页。

三、中国传统文化与欧洲人的中国梦

中国传统文化不但影响着中国社会发展，也曾影响着西方社会发展。由于长达千年的中世纪黑暗统治，13 世纪的欧洲明显落后于中国。此时的欧洲经济十分萧条，思想禁锢异常严厉，急需一场经济腾飞与思想解放运动以实现社会变革。一般认为，文艺复兴起到了思想解放的目的，其口号是回到古希腊和古罗马，而文艺复兴思想又直接影响着 18 世纪欧洲启蒙运动。这里的关系自然存在，但有一点也同样不能忽视：即中国文化对欧洲启蒙运动的重要影响。在某种程度上甚至可以这样说：从 13 世纪到 18 世纪欧洲人做了近五百年的中国梦。

1275 年，意大利旅行家马可·波罗来到元大都，深深被中国富裕吸引，一待就是近 20 年。1295 年回国后，他把自己在中国的所见所闻记录下来，编写了《马可·波罗游记》。书中详细描述了中国财富的丰盈，宫殿的华丽，生活的奢华和都市的发达。由于这本书的出版正赶上欧洲印刷术革命，因此，流传极广，影响很大。中国的富裕深深吸引着众多西方政客和商人把贸易目光转向中国。意大利探险家哥伦布也正是受这本游记的影响，本想前往中国，却无意中发现了美洲新大陆。

随着"富裕中国"在欧洲的盛行，许多西方传教士也来到中国。传教士与商人不同，他们带来和带走的是文化。随着传教士对中国文化的介绍，"富裕中国"又增添了"美丽"成分，中国对欧洲的吸引力又增强了。意大利著名传教士利玛窦曾这样描述中国："在这样一个几乎具有无数人口和无限幅员的国家，各种物产又极为丰富，虽然他们有装备精良的陆军和海军，很容易征服邻近的国家，但他们的皇上和人民却从未想过要发动侵略战争。他们很满足于自己已有的东西，没有征服的野心。在这方面，他们和欧洲人很不相同，欧洲人常常不满意自己的政府，并贪求别人所享有的东西。"① 物质上的富裕与精神上的充实，让"中国"渐渐进入急待破旧立新的欧洲启蒙思想家的视野。德国著名哲学家、微积分的发明者莱布尼茨通过传教士了解中国后，十分感叹地说："我们无法用语言来形容，中国人为了使自己内部尽量少产生摩擦，把公共的祥和、人类共同生活的秩序考虑得何等周到，较之其他民族的法律不知要优越多少"②，"特别令我们欧洲人吃惊的是，在中国，农民和仆人之间也相互问候，如果多时不见，彼此十分客气，相敬如宾，这完全可以同欧洲贵族的所有社交举止相媲美"③。法国著名哲学家、启蒙运动领袖人物伏尔泰（Voltaire）更是把对儒家文化的推崇上升到建设欧洲人文思想的高度。伏尔泰十分崇拜孔子，甚至自称是孔子的弟子，认为"世界上曾有过的最幸福、最可敬的时代，就是奉行孔子的法律的时代，在道德上欧洲应该成为中国人的徒弟"。④ 他大声疾呼法国要以中国文化为标杆"全盘华化"。为了表现出对中国文化独特的情感，他刻意改编了中国元杂剧《赵氏孤儿》，取名《中国孤儿》，并把背景从春秋时期移到宋末元初。显然，伏尔泰想借吸收中国文化元素抨击当时欧洲的世袭贵族制度，重塑欧洲人文精神。

其实，莱布尼茨和伏尔泰在赞叹中国时并没有盲目赞美中国，他们都在不同程度上看到了中国社会与中国文化的弊端。莱布尼茨就曾明确指出中国人在思辨与科学方面明显不如欧洲，伏尔泰则指责中国人对传统过于推崇，以至丧失了进步能力，他甚至惊叹这样聪明的民族为何在科学与音乐方面表现得如此幼稚。当然，欧洲人热衷中国，醉翁之意不在中国梦，而在构筑他们的欧洲梦。事实看来，那时的中国也的确为

① 何兆武、柳卸林：《中国印象：外国名人论中国文化》，中国人民大学出版社 2011 年版，第 58 页。

② [德] 莱布尼兹：《中国新事萃编》，载乐黛云主编，孙小礼著《莱布尼兹与中国文化》，首都师范大学出版社 2006 年版，第 110 页。

③ [德] 莱布尼兹：《中国新事萃编》，第 111 页。

④ [法] 伏尔泰：《风俗论》上册，梁守锵译，商务出版社 1994 年版，第 253 页。

之提供了基础。试想一个长期受宗教神学统治、急需人性解放的民族，一旦发现有这样一个既如此富裕又似乎充满人情味的国家（莱布尼茨曾把中国儒学称为自然宗教），又怎能不欣喜若狂。但欧洲人建筑他们的欧洲梦，明显在立足自己基础上借鉴他人。如果说中国文化对启蒙思想"主体"（即人文精神）建构起了一定作用的话，那么启蒙思想的另一关键词——理性（即科学精神）则完全是他们自己的。可是，当欧洲人完成他们的欧洲梦后，他们眼中的中国梦就开始变味，此时他们便从对中国的赞美和迎合转向抨击和豪夺。孟德斯鸠（Montesquieu）就这样无情抨击中国："中国的专制主义，在祸患无穷的压力之下，虽然曾经愿意给自己戴上锁链，但都徒劳无益；它用自己的锁链武装了自己，而变得更为凶暴"①，"礼教构成了国家的一般精神，这就使中国人可能成为世界上最淳朴同时也是最奸诈的国家"②。现代经济学鼻祖、英国经济学家亚当·斯密在《国富论》中则从贸易不自由与贫富分化严重等方面，宣判中国经济衰落的必然。面对思想家的批判与引导，面对中国财富的巨大诱惑，西方政客与商人在中欧贸易的巨大逆差中终于发现了解决问题的钥匙——鸦片。渐渐地，他们感到用鸦片解决问题已经不能满足他们胃口，于是就发动了旷日持久的侵华战争。

历史车轮滚滚向前，得道多助，失道寡助。随着大英帝国的建立与衰落，欧洲梦也逐渐从顶峰降到低谷。20世纪随着美国的强大，美国梦又成为世界强音。可21世纪伊始，美国又渐露衰落势头，此时人们又开始寻找和议论起别的梦想。2004年美国学者杰里米·里夫金（Jeremy Rifkin）写了一本畅销书——《欧洲梦：21世纪人类发展的新梦想》。此书出版不久，他又把目光转向了中国，进一步认为中国梦才是人类未来的新希望。历史经验表明：别人的说法我们需要兼听，但关

① [法] 孟德斯鸠：《论法的精神》上册，张雁深译，商务出版社1961年版，第129页。
② 周宁：《永远的乌托邦》，湖北教育出版社2000年版，第161页。

键得有自己的判断，走好自己的路。

四、中国传统文化的当代价值

尽管中国传统文化发展经历了曲折，但它在当前仍然具有旺盛的生命力与时代价值。自 20 世纪 60 年代起，随着日本与亚洲四小龙的崛起，以儒家为代表的中国传统文化就引起了国际人士的关注。人们一般认为这些国家（地区）经济奇迹的创造，跟他们推行或信奉儒家文化有关。20 世纪 90 年代后，随着国家对传统文化的重视，久违的以儒家为核心的国学再次进入国人视野并受到热捧。近些年来，国学热潮有愈演愈烈的趋势。一时间，不少人以吟诗诵词，甚至恢复传统礼仪为时尚。客观地讲，国学热在国内的升温有历史必然性，也有合理性。随着物质生活水平的提高，人们渐感精神生活空虚、人际关系淡漠与社会文明行为缺失。对此，仅就儒家思想简析中国传统文化的当代价值。

首先，儒家思想有利于精神充盈。与人有物质需求因而要通过劳动创新物质财富来满足一样，人的精神需求的满足同样需要付出辛勤的劳作，只不过这种劳作是需要通过修炼或修养的方式来完成。在儒家看来，人最重要的价值以及人与动物最根本的区别就在于人有精神，但因人常受利益的诱惑与环境的影响，这种精神需求常常被忽视或淹没。孟子说："无恻隐之心，非人也；无羞恶之心，非人也；无辞让之心，非人也；无是非之心，非人也。"① 要想获得人的至高价值，做一个真正的、有意义的人，就既要有对人之为人的正确认识，更要有艰难的践行过程。这个过程需要从"格物穷理"开始。"格物穷理"既要格物、致知，也要诚意、正心与修身。光有前者，没有后者，是知而不行；光有后

————————

① 《孟子·公孙丑上》。

者，没有前者，是行而无知。只有两者结合，做到知行合一，才算真正完成了人之为人的修养过程。在一般儒家看来，修养是一个不断提升与演进的过程，做"真正的人"是起码标准，而达到"圣人"则是至高标准。孟子更是把人的修为分成"信、善、美、大、圣、神"六种人格。在儒家思想中，人的修养虽然注重的是道德境界，但它却不只有"至善"的效果，更有"真""善""美"统一的意蕴。

其次，儒家思想有利于人际和谐。由于儒家的精神修养说是以"仁"为基础的，因而它自然能促进人际关系的改善与社会风气的好转。孔子说："夫仁者，己欲立而立人，己欲达而达人"，"己所不欲，勿施于人"。不但如此，孔子还指出了"仁"的由近到远的实施方法。他说，"仁者爱人"，"爱必由亲始"。所以，"孝悌"是"仁之本"。孟子更是提出"老吾老以及人之老，幼吾幼以及人之幼"的思想。① 儒家不仅重视一般人际关系，也十分重视君民关系以及人与物的关系，并把"仁爱"思想贯彻到底。孟子说："君子之于物也，爱之而弗仁；于民也，仁之而弗亲。亲亲而仁民，仁民而爱物。"② 这种有着既爱他人又爱万物的"民胞物与"思想，可以使人与人之间、人与社会之间以及人与世界之间充满温情与感情。历史事实也证明，儒家思想滋养着中国文化的发展和中华文明的创造，培育了一代又一代封建明君与志士仁人，激发了众多后贤创作了像"先天下之忧而忧，后天下之乐而乐"，"为天地立心，为生民立命，为往圣继绝学，为万世开太平"等名言佳句，激励着无数中华儿女为实现"大道之行，天下为公"的"大同"梦想而奋斗。

再次，儒家思想有利于文明养成。中华民族是"礼仪之邦"。儒家不仅提出"仁爱"思想，更是通过"礼"和"仪"把它落实于人的行为之中。儒家文化的"礼"，既是一种修养，又是一种规范与秩序。作

---

① 《孟子·梁惠王上》。

② 《孟子·尽心上》。

为修养，它要求人们待人接物要至诚至敬；作为规范，它要求人们对不同人与物要有不同礼数；作为秩序，它要求人们在不同领域遵守不同规则。所以，"礼之用，和为贵"。作为礼的外在形式，"仪"对礼的实现起着十分重要的作用。"仪"既可以强化礼的内容，亦可以强化礼的效果。中国古代有各种礼仪，有祭天、祭地之礼仪，也有生活用膳和婚丧嫁娶等礼仪。不过，儒家更重视丧礼和祭礼，特别是父母的丧礼（即慎终）和追念祖先的祭礼（即追远）。孔子的学生曾子就说："慎终追远，民德归厚矣。"因为，"子生三年，然后免于父母之怀。夫三年之丧，天下之通丧也"①。孔子说："质胜文则野，文胜质则史。文质彬彬，然后君子。"②一个人在待人接物时，既要注意自己内心修养（即"质"），也要注意自己的言谈举止与衣着修饰（即"文"）。由此可见，儒家不仅提出了"仁爱"思想，更是通过"礼仪"由近及远、由内到外将它落实落细落小，处处规范并影响着人的言行。经过多年的盛行与发展，后继者更是把这些思想总结为通俗易懂、言简意赅的行为规范文本，如《三字经》《千字文》《弟子规》《女儿经》等。更值得一提的是，儒家思想非常重视幼儿教育。这些文本往往成为中国古代蒙学教育的经典范本。俗话说，"三岁看小，七岁看老"。幼儿时期的教育，对一个人一生文明举止的养成与健康心理的形成起着很关键的作用。历史事实也证明，儒家这些思想也确实对社会成员文明言行的养成起到了不可忽视的作用。

总之，中国传统文化博大精深，内容十分复杂，作用也有时间区隔，不能一概而论，必须在分类研究的基础之上进行总体阐述。仅就儒家思想而言，它不是万能的，也存在着明显的重义轻利、重精神人格轻社会人格、重私德轻公德等弊端。我们不能因今天精神匮乏就盲目推崇儒家思想，毕竟我们要在解决精神文明问题的同时也需要强大的物质文

---

① 《论语·阳货》。

② 《论语·雍也》。

明。可这些单靠儒家思想是无法根本实现的。试想在目前竞争异常激烈的全球化浪潮中，一个没有完整人格与独立精神的民族又如何能赢得足够发展的空间？因此，对以儒家思想为代表的中国传统文化，需要有一个去粗取精、去伪存真，进行创造性继承与创新性发展的过程。董仲舒的"正其谊不谋其利，明其道不计其功"，明显不合当下时宜，但经颜元改造后的"正其谊以谋其利，明其道而计其功"，则具有很强的现实价值。

中国传统文化批判继承需要有科学态度

近年来，随着"国学"热持续升温，传统文化研究渐渐成为热潮。客观上说，传统文化从多个方面影响并塑造着一个民族的人们，从生活方式到行为方式，从思想观念到信念信仰，它在培育一个民族的民族精神并促进其漫长历史发展的同时，也有着顽强的坚韧性。但传统文化良莠并存，需要科学甄别，批判继承。另外，我们不得不说的是，尽管传统文化十分重要，但相对于民族的生存来说，它还是第二位的。传统文化可以影响甚至决定人的行为，但当它与历史发展冲突之时，人们不会因维系传统文化而将民族带入死亡，而会改进传统文化甚至批判传统文化以维护民族生存。著名社会学家费孝通曾指出："文化的生和死不同于生物的生和死，它有它自己的规律，它有它自己的基因，也就是它的种子……种子就是生命的基础，没有了这种能延续下去的种子，生命也就不存在了。文化也是一样，如果要是脱离了基础，脱离了历史和传统，也就发展不起来了。因此，历史和传统就是我们文化延续下去的根和种子。"[1] 可他又说："文化自觉只是指生活在一定社会中的人对其文化有'自知之明'，明白它的来历、形成过程、所具的特色和它发展的趋向，不带任何'文化回归'的意思，不是要'复归'，同时，也不主

---

[1] 费孝通：《费孝通论文化与文化自觉》，群言出版社 2005 年版，第 308 页。

张'全盘西化'或'全盘他化'。自知之明是为了加强文化转型的自主能力","加强文化转型的自主能力,取得适应新环境、新时代文化选择的自主地位"①。他的思想对我们今天正确对待以儒家为代表的传统文化有着十分重要的参考价值。

一、新文化运动对中国传统文化批判意义及其评价

在如何看待中国传统文化问题上,有一个绕不开的话题,那就是如何看待新文化运动对中国传统文化的批判问题。作为五四运动思想准备的新文化运动(有人也把新文化运动称为"思想上的五四"),对整个中国传统文化进行了无情和彻底的批判。用新文化运动的巨匠鲁迅的话说,整个传统文化只剩下两个字:"吃人"。这种评价在现在看来似乎很不公允,于是有人就借此猛烈批判新文化运动,甚至从否定新文化运动的当代意义跨度到否定新文化运动的历史意义。对此,我们认为这种做法显然不妥。历史不是任人随意打扮的小姑娘。尽管历史事件的真正价值往往需要通过后来实践去评价,但历史事件的评价也不是没有标准的任意行为,特别是对历史重大事件的评价更应该客观、公正。尽管从今天的角度看,新文化运动对传统文化的批判有过激之处(它对传统文化采取了否定一切的态度),但我们并不能由此否定新文化运动的当代意义,更不能否定它的历史意义。新文化运动及其对传统文化的批判意义应该从以下两个方面去认识:

首先,新文化运动及其对传统文化批判价值应该从历史发展规律的高度去加以评价。虽然文化很重要,但相对于经济基础的决定作用来看,它显然是第二位的。因此,我们不能仅仅从文化角度去评价历

---

① 费孝通:《反思·对话·文化自觉》,《北京大学学报》1997年第3期。

史运动与历史文化，对历史运动与历史文化的评价更应该从当时以及目前的历史发展规律角度入手。据英国著名经济统计学家安格斯·麦迪森（Angus Madison）测算，从 1700 年到 1820 年，中国 GDP 不但排名世界第一，在世界的比例最高达到了 32.9%。美国学者保罗·肯尼迪（Paul Kennedy）在《大国的兴衰》（1988）中认为，中国经济总量世界第一的地位直到 1890 年才被美国取代。可就是在中国经济总量位列世界第一期间，中国的大门被西方列强用坚船利炮打开了。这说明什么？说明当时中国的综合国力不行，竞争力不行，也说明自此以后的世界已不是清政府自以为是的"天朝帝国"时代。不管当时的清政府愿意不愿意，它已经被迫纳入世界历史进程。而进入世界历史进程的国家，自己的一切就不能完全由自己做主。弱肉强食，是竞争世界的基本规律。落后就要挨打，而挨打则必思变。面对列强的侵略，当时清政府一时想不到万全之策，由此，只能做一次又一次的试探性改革。可每次试探性改革都是以失败而告终，从洋务运动器物文化层面的改革（即引进西方科学技术）到戊戌变法制度性的改良，再到辛亥革命的制度革命。鲁迅小说《药》是对辛亥革命失败的深刻且生动的揭示。小说主人翁华老栓不仅不理解辛亥革命，还要买人血馒头为他儿子华小栓治病。这不只说明当时的百姓生活愚昧，还说明辛亥革命因没有能发动群众，最终必然导致失败的命运。可要发动群众，光讲国家与个人前途命运是不行的，还需要解放他们的思想。因为经过长期封建社会的教化，尽管老百姓生活已陷入水深火热之中，但要他们推翻封建社会去建立一个没有皇帝的新社会仍然是不可想象的。因为封建社会在中国存在已有两千多年，其纲常礼教已深入人心。更何况在中国历史上还出现过多个盛世。相当一部分老百姓要么是逆来顺受，要么还奢望通过封建社会的改良再次出现盛世。辛亥革命失败后不久，袁世凯能恢复帝制就是深刻说明。因此，要推翻封建社会，首先就必须彻底否定为其辩护的文化。只有彻底砸碎旧世界，解放思想，才能建设一个新世界。马克思恩格斯在《共产党宣言》中指出："共产主义革命就是同传统的所有制关系实行最彻底的决裂；毫不奇怪，它在自己的发展进程中要同传统的观念实行最彻底的决裂。"① 尽管马克思恩格斯这里指的是从资本主义社会到社会主义社会，不同于辛亥革命期间中国的社会转型，但这"两个决裂"思想同样适用。另外，正如管子所说："仓廪实而知礼节，衣食足而知荣辱。"面对饥寒交迫的生活与"三座大山"的压迫，儒家的教化思想不仅拯救不了破烂的封建社会，还起着"存天理灭人欲"和奴化人民的效果。且不说面对连起码生活问题都解决不了的百姓能不能达到精神教化的目的，即使深受教化的人，碰到强权与暴力恐怕也只能是"秀才遇到兵，有理说不清"。因此，在物质生活没有基本解决之前，要实现儒家的理想社会是几乎不可能的。蒋介石自 20 世纪 30 年代起开展的"新生活运动"最终的失败，也进一步证明了这个道理（蒋介石新生活运动提出了"四维"——礼义廉耻、"八德"——忠孝仁爱信义和平）。

其次，新文化运动及其对传统文化批判价值应该从文化发展规律的角度去加以评价。一个社会的文化存在于社会多个层面，有器物文化、行为文化，也有制度文化与观念文化（包括风俗习惯）。单就观念文化来说，又有多样形态（如封建社会至少有儒释道法墨等流派）；而不同样态又有古今之分等（如同样是儒家思想，不同时期的解释及突出的核心思想就是有所不同的）。但这一复杂状态并不影响特定时期的文化是一个有机整体。作为这个有机整体的核心，便是这个社会的意识形态。从量上说，意识形态在这个庞大的文化有机整体中占的份额并不多，但它却规定并制约着其他文化形式的存在与发展。意识形态对其他文化存在的决定作用一般有三种形式：一是直接进入一种文化形式，把它直接变成意识形态的重要组成成分（如政治法律思想、道德、宗教和文艺等）；二是渗透性影响着一种文化形式，让这种文化形式间接受其

---

① 《马克思恩格斯选集》第 1 卷，人民出版社 1995 年版，第 271—272 页。

制约（如一些风俗习惯和一般日常行为）；三是以确定底线的方式规约着一种文化形式（如器物文化。虽然这种文化跟意识形态没有直接关系，但一定社会也不是什么器物文化都能盛行的）。美国哲学家弗罗姆（Erich Fromm）就曾通过对语言、逻辑与禁忌等问题的分析，深刻说明了意识形态是如何控制人们思想的。仅就语言问题，他指出："从某一方面讲，语言仍是经验生活的一种僵化的表述"，"在历史发展过程中，思想退化为意识形态；纯粹的语词取代人类的现实；这不是一个例外，而是一条规律。官僚主义操控着这些语词，从而成功地控制着人民，获得了权力和影响。结果往往是这样的：一方面，意识形态仍旧运用那些表达原始思想的语词，另一方面，却又有效地表达了那些思想的相反含义。"① 文化与意识形态的关系不同，社会变革时其存留方法自然不同。与意识形态关系很直接的文化自然会在变革后的社会遭到无情废弃，而与意识形态关系不很直接的文化在变革后的社会自然会得到存留。毫无疑问，儒家思想是封建社会的主流意识形态。因此，新文化运动对它进行无情批判是有历史必然性的。有人提出应该把以孔孟为代表的儒家学说与作为封建社会意识形态的儒教区别开来，这似乎有一定道理。虽然儒教思想也来源于儒家，但孔孟思想并没有像儒教那么强烈的为统治者服务倾向，反而更多一些民本色彩。不过，即便如此，也有如下两个问题：一是孔子也有像"民在鼎矣，何以尊贵""贵贱无序，何以为国"等等级思想；二是对历史人物或一种文化的评价不仅仅要考虑其本身的性质，还要考虑到其所承担的社会功能。总体来看，封建社会的君主都是以孔子为楷模的。所以，新文化运动的领袖李大钊才这样说："余之掊击孔子，非掊击孔子之本身，乃掊击孔子为历代君主所雕塑之偶像的权威也；非掊击孔子，乃掊击专制政治之灵魂也。"② 从这个角度看，新

① ［美］弗罗姆：《在幻想锁链的彼岸——我所理解的马克思和弗洛伊德》，张燕译，湖南人民出版社 1986 年版，第 98、123 页。

② 李大钊：《自然的伦理观与孔子》，《甲寅》日刊 1917 年 2 月 4 日。

文化运动对儒家的批判也有历史合理性。

当然，对传统文化的批判并不是要否定其一切。这里的批判主要是批判传统文化中为封建社会辩护的意识形态性，至于其他仍然还是要继承。即使就对传统意识形态批判来说，也不能采取历史虚无主义的态度，而是还要进一步区分出精华与糟粕，最终取其精华，去其糟粕。如对作为封建社会核心价值观的"三纲五常"来说，"三纲"明显是要抛弃，但"五常"经改造后还可使用。对传统文化批判性过程，犹如对待一座即将倒塌的高楼大厦一样。这座高楼大厦的主骨架就是传统文化中的意识形态，而其他砖与瓦则是传统文化中有价值的成分。对待这座高楼大厦显然不能用修修补补的方式来维系（因为它的主骨架已出问题），也不宜用轰炸的方法将其全部报废，正确的做法是推倒重来。推倒重来就必须重新建立新主骨架，然后再添砖加瓦。而这里的新主骨架就是新社会意识形态，这里需要的砖与瓦则更多来源于旧大厦推倒后留下的砖与瓦。

因此，无论是从当时历史条件来看，还是从今天社会建设角度看，新文化运动及其对传统文化的批判都具有正面价值，其历史意义不可低估。所不同的是，新文化运动处于破旧立新之际，而我们今天则处于已建设新社会主骨架，需要添砖加瓦之时。时机不同，对待传统文化的侧重点自然不同。前者更需要破，后者则更需要立。

二、中国优秀传统文化继承、转化和创新路径

当然，中国传统文化中有大量优秀资源，对此，在认真甄别的基础之上，应按照以下思路进行继承、转化和创新：

1. 当代中国必须坚定地确立社会主义意识形态文化的核心地位

文化几乎存在于与人相关的所有领域，从器物到行为，从制度到

观念。凡是人类实践所涉及的领域，都会打上文化烙印。人们用文化改造世界以便使它能更好地适应人类生存，同时还会尽量使它增添审美情趣，愉悦于人类生存。"世事洞明皆学说，人情练达即文章"。文化散布化状态并不影响特定时期文化是一个相对稳定的有机整体。从这个整体核心上看，它能否有效地指导人们认识世界、改造世界以及提供相应的精神寓所是关键。在此，美国人类学家格尔茨关于"文化是认知与情感地图以及集体良知母体"思想有重要的启迪意义①。尽管文化有审美与维系人际关系等多种功能，但比较而言解决认知与情感地图问题是其核心。它决定着一种文化的影响力及其存在价值。因为文化是指导人类生存与发展的依据，人类正是靠以认知为核心的文化成为万物之灵，并一代又一代地传承着历史经验，以此确保了人类社会不断进步。不过，光解决认识世界、改造世界的认知问题还不够，文化还必须解决作为人与动物根本区别的精神问题才行。当然，一种文化只解决人的精神问题，而不能解决人类认知问题同样也是不行的。因为这样人类也许因为没有正确认识自然与社会的规律，最终会受它们惩罚并导致民族灭亡的后果。即使一个民族的文化能暂时解决民族基本生存的问题，若它不能提供强大的竞争力，在当前竞争激烈的世界中也会沦入被动挨打的局面。中国近现代史就提供了这样残酷的例证。因此，只有正确解决认知与情感统一的文化，才是真正鲜活与有生命力的文化。这就是为什么历史上曾出现过多种文明但目前存活并不多的原因（美国学者亨廷顿认为目前世界存在"八大文明"）。当民族交流与交往不频繁、一个民族处于相对独立之时，民族文化的优劣取决于它能否解决人们面对自然、社会与精神所出现的问题。当民族交流与交往相对频繁、世界进入相互依存的世界历史之时，民族文化的优劣更取决于它能否提供一种综合解决经济、政治、社会与文化等问题的先进制度。制度文化是被当今世界历史发展

---

① ［美］克利福德·格尔茨：《文化的解释》，韩莉译，译林出版社 2008 年版，第 5 页。

证明为最重要的文化因素。只有采用先进的制度文化并以此为指导把它变成现实，才能既解决民族认识与情感问题，又能使民族国家在激烈的世界竞争中立于不败之地。以儒家为核心的中国传统文化虽然也有较系统的制度文化论述，但若抛开其为封建制度辩护的内涵之外，几乎不能提供太多现代先进社会制度内容，更谈不上供给所谓系统的现代先进制度体系。从目前世界现有的文化与中国近现代史历史发展的事实来看，唯有以马克思主义为指导的社会主义文化才能真正解决中国问题。这是已经被新中国成立与改革开放后中国发展的事实加以明确证明的事实。马克思主义的社会主义文化不仅通过建立先进制度的方式解决经济、政治与社会等方面认识问题，更给人们提供了认识与情感统一的地图。共产主义既是符合历史发展规律的人类必然发展趋势，也是"人人为我，我为人人"的理想社会，它是合规律性与合目的性统一的文化。尽管目前我们离它还十分遥远，但它却以分阶段的性质让人们触感到其优越性与价值性。以根本社会制度为核心的社会主义虽是一种文化，但它又不拥有一般文化的全部内涵。首先，它要求以物质方式确立其存在。作为对以物质方式为根本的世界历史发展规律的反映，社会主义不只以文化力量影响人的行为与社会发展，它更要求以建立根本社会制度方式去发挥其作用。文化作用再大，它也不如社会制度的影响力大。只有建立稳定的社会制度，才能使社会主义文化真正落地并充分发挥影响力。其次，它虽是一种文化，但不能代替文化的全部。作为一种意识形态，社会主义文化重点是解决社会根本制度以及包括经济、政治、社会与文化在内的基础制度问题，它不可能充分涉猎人们日常生活与一般人际交往领域，这些领域指导方式只能是以社会主义文化为核心创造性继承与发展包括传统文化在内的一切优秀文化的方式来完成。社会主义文化对日常生活文化的影响，是通过提炼核心价值观去引领与渗透等方式来实现的。以儒家为代表的中国传统文化在日常生活和一般人际交往等众多领域都有着丰富的资源，这些都可能通过创造性转化与创新性发展后来丰富与发展社会主义文化体系。

2.用社会主义核心价值观改进传统文化

儒家重"仁爱"和"礼仪"等都是我们今天有所缺失且需要继承和发展的东西，但在继承以前首先必须剔除其封建价值观内涵，并加以社会主义核心价值观改造。如儒家虽讲父子之爱、夫妇之爱、兄弟之爱和君臣之义，但它却强调君为臣纲、父为子纲和夫为妻纲之"三纲"。以等级为核心的仁爱思想显然不符合时代发展的潮流，必须以"平等、民主与自由"的思想对之加以改造。无论是父子、夫妇还是君臣，都是平等关系，在处理这些关系的时候除了爱护之外更应该相互尊重，确立民主的处理方式。"父母在，不远游，游必有方"自然是对亲情的一种维系方式，但父母也不能因此限制子女交往的需要和发展的权利。不同于儒家盛行的农业社会和熟人世界，现代社会更是一个多变与复杂的陌生人世界。对陌生人自然也应该尊重，但光靠尊重是无法解决这些复杂的人际关系的。因为，这里除了有一般的人际关系外，还掺杂着更多的利益、权利甚至尊严的拷量。对此，依靠"仁爱"为核心的道德思想显然是不够的，更需要有以"平等、民主与自由"为基础的"法治"保障。当然，对以儒家为代表的中国传统文化的改造首先必须是以广义政治价值观为核心的改造过程，但全部过程却不仅限于此。它应该包括对整个传统文化若干层次与环节的改造。如：一般来说，民间流行的处理日常人际关系的礼仪似乎与意识形态没有什么关系，其实也有一个改造过程。除了要剔除其严酷的乡规民约内容外，还需要简化礼仪。由于儒家主张的"礼"的实现往往是通过一定仪式达成的（"仪"对"礼"具有强化与固化作用），但这些复杂的仪式有时候也使百姓不堪重负。目前有不少农民工连春节都不敢回家，就是最好说明。农民是最重视乡土与亲情的，孔子曾说"礼失而求诸野"，现在他们却由"故土难离"演变为"故土难回"（因为目前农村还处于熟人社会，每逢过年过节要处理和应付的礼仪多得惊人），更不用说这些礼仪之中还有诸多封建迷信色彩。由此，简化礼仪既是解放生产力，又是解放人性。从这个角度看，我们也有必要对以儒家为代表的整个传统文化进行社会主义核心价值观的审视、批判和转换。

3. 用传统优秀文化滋养社会主义核心价值观

以儒家为代表的中国传统文明之所以是四大古国文明中唯一没有断流的文明，这跟它的包容性与修复性息息相关。儒家虽产生于封建社会（虽然孔孟不属于封建社会，但儒家思想的真正利用却起源于封建社会，之后又得到一定程度的丰富与发展），但它却不只属于封建社会。虽然德国社会学家马克斯·韦伯一再断言儒家文化与资本主义精神不能相容，但以日本和亚洲四小龙为代表国家和地区却较成功地将儒家思想与资本主义精神相结合，并取得了一定程度的成功。其实，从价值取向上看，儒家思想更能与社会主义精神相融合。虽然社会主义的集体主义与儒家的整体主义有很大不同，但它们却在注重社会与人类整体发展的关键问题上是相通的。因此，用儒家思想滋养社会主义核心价值观既有可能，更有必要。与社会主义文化是从人类社会发展角度切入对社会历史问题研究的取向不同（当然，社会主义文化也很重视人特别是个人发展问题。马克思曾明确指出共产主义既是"各尽所能，按需分配"的理想社会，又是"人的自由全面发展"社会），儒家思想是从个人行为角度切入研究社会发展和社会治理问题的（当然，它也有社会整体研究的取向。若人人皆能"克己复礼"，天下为公，即能达到"大同"社会）。这一不同特点说明，若能将儒家思想合理地援引到社会主义文化建设中来，它既可以丰富社会主义文化使其做到社会整体研究与个人行为研究统一，让社会主义文化在更好地指导社会发展的同时，也有益于个人文明言行的养成，也可以使社会主义文化充实于社会生活的方方面面，让它真正做到落实落细落小和落地（儒家文化作为一种对人日常行为的要求与规范，它渗透于社会领域一切方面，并以"礼"的形式加以巩固）。当然，这里我们更加关注的是儒家思想能否滋养社会主义核心价值观问题。虽然前文谈到必须对以儒家为代表的中国传统文化进行社会主义核心价值观的整体改造，但这并不影响它对社会主义核心价值观的滋补。虽然儒家思想存在明显"重义轻利""重精神人格、轻社会人格"和"重私德、轻公德"等弊端，但对其合理改造，它是可以避免这些弊端的。这自然要从儒家"内圣外王"之道谈起。尽管以牟宗三为代表的港台新儒学家在儒家现代复兴的问题上做了不少有益的工作，但他们那种想通过"内圣"的培养开出"新外王"局面几乎是不可能的事情。因为"内圣"是从个人做起，但"外王"更需要符合社会发展规律。尽管个人可以认识社会发展规律并把它内在化为个人的知识与修养，但不是每一个个人都能准确认识历史发展规律的，更不可能保证每一个人即使认识到历史发展规律，都能如愿将它内化为自己的修养的。更何况历史发展规律是变化的，任何一个人都不可能面对这种变化准确捕捉到"以不变应万变"之道。说"内圣"不能开"外王"，并不意味着"内圣"不能助"外王"。儒家"内圣"是从格物致知开始，经诚意正心，达到修身。虽然儒家的格物致知的"知"更多是指人生道理，但格物则不是简单与人生相关之"物"。孔子曾说，学稼，"吾不如老农"，学圃，"吾不如老圃"，并提出"三人行必有吾师"和"学而不思则罔，思而不学则殆"等思想，这些可以成功导引出追求"科学"思想。而且，这里导引出的"科学"还会有着人文色彩。因为，儒家一直认为格物一定要与修养有关，只有能增进修养的知识才是好的知识。换句话说，儒家思想的求知是要做到知识的工具理性与价值理性的统一。虽然孔子说"君子喻于义，小人喻于义"，但儒家并没有从根本上反对"求利"，相反还提出了不少类似"民以食为天"的思想。这样，就有可能将儒家思想中的"义"与市场经济中的"利"有效结合起来，倡导"君子爱财，取之有道"，以此克服目前诚信缺失和造假严重现象。若将孔子的"己欲立而立人，己欲达而达人"与现代民主思想结合起来，就可能使我国现代民主思想增添更多的内生和内在修养色彩。这样，民主就不仅仅是社会主义社会的本质要求，也是人之为人的根本要求。由此，既可能增强"法治"的有效性，又可为"普法"节约成本。若将孟子"穷则独善其身，富则兼济天下"与当今的社会治理和全面建成小康社会结合起来，那就会动员更多社会力量一起参与到"脱贫""共富"过程中来。另外，像"民惟邦本，本固邦宁"等思想，又可以进一步激发中国人民的"家国情怀"，促进国家能更好地做到"国强民富"。当然，经过两千多年发展的儒家思想博大精深，其中有无数我们今天可以利用和开发的资源，这些都需要慢慢研究、研讨、开发和提取。"功夫不负有心人"，只要有心，我们就可以做好这项工作，让儒家思想得到升华并在新的起点上发挥其应有光芒。若果真把这些思想激发和盘活起来，并用于"内圣"修养之中，那它一定有助于"齐家治国平天下"的"外王"形成。

总之，对待传统文化既不能一味否定，也不能盲目推崇，再优秀的文化资源也会有时代局限和理论盲点。优秀的文化资源也必须用正确的方式加以继承与利用，否则也会导致南辕北辙的效果。因此，在处理传统文化问题上不能感情用事，需要冷静客观的评估与合理有效的利用，既反对文化虚无主义，又反对文化复古主义。

超越式继承：从中国道路的
选择看传统文化的发展

随着科学技术和知识经济发展，文化在社会生活中的地位和作用逐渐凸显，由此也产生了文化与社会发展关系的新一轮争论。从国际上看，有鲍德里亚的消费社会理论、布尔迪厄（P.Bourdieu）的文化资本理论、詹明信的文化经济理论，也有亨廷顿的文明冲突理论、米勒（Wentworth Miller）的文明共生理论，当然还有约瑟夫·奈（Joseph Nye）的文化软实力理论和目前正在产生巨大影响的文化工业理论，等等。就国内来说，自五四运动起就有着"问题和主义"等有关文化与社会发展关系等重大问题的争论，改革开放后又先后有着文化激进主义、文化保守主义和大众文化、文化产业问题的争论。面对形形色色源自不同层次的文化争论，究竟应该如何看待和正确理解文化与社会发展关系呢？对此，笔者试图从中国道路与传统文化关系视角谈点粗浅看法。

一、中国道路是社会主义制度不断完善之路

鸦片战争以后中国艰难曲折的历史发展事实证明：封建君主的改良运动和资本主义道路在中国都行不通，只有社会主义才能救中国。这本是一个已被历史发展证实了的真理，可今天随着文化问题的凸显又引起

了新的讨论。一些文化激进主义者认为自辛亥革命后中国就引进了革命话语并使之渐渐成为主流话语，在这种主流话语的影响下，20世纪的中国是在"不断革命"中度过的。他们认为，这种革命话语不仅影响着中国社会发展，还导致了封建意识形态的复活。有人公开提出，革命运动被"传统的旧意识形态""改头换面地悄悄渗入"了，而"文革""把中国意识推到封建传统全面复活的绝境"，"封建主义披着社会主义衣装复活和变本加厉了"。① 于是，他们主张"告别革命"，认为新时代必须有新启蒙。而一些文化保守主义者则认为，自"五四"以后的新的文化运动使传统文化发生了断裂，摧毁了民族生命的"常数"。港台新儒家代表牟宗三在分析五四时期反传统之风形成的原因时就曾经说过："他们对于西方文化尚没有达到严复的那个程度，而只是道听途说，外感地纷驰于其五光十色，而现成地捡取其科学与民主，而对于中国文化，则已无严复的那种典雅的态度，而只是外在地直接地采取否定的态度。他们把科学与民主视为文化之全部，而此两者又是西方的，所以也是西方文化之全部，是中国所没有的，中国文化没有这两者，所以中国文化全是老的，而'老'以封建来规定，所以中国文化是封建的、过时的，全当否定。"② 由此，他谴责参加五四运动的学生是不肖子孙，是堕落的一代。20世纪90年代，"有人公开打出了'大陆新儒家'的旗号，主张在中国大陆'复兴儒学'，要用儒学取代马列主义作为中国现代化的指导思想。也有的学者，并不从正面反对马列，但在学术立场上接受了儒家的'道统论'，提出要重建'原道'，这个'道'就是儒家所说的'民族文化之常道'，或曰五千年中国文化一以贯之之道。"③

---

① 李泽厚：《中国现代思想史论》，东方出版社1987年版，第7页。
② 郑家栋编：《道德理想主义的重建——牟宗三新儒学论著辑要》，中国广播电视出版社1992年版，第74—76页。
③ 方克立：《现代新儒家研究在中国》，参阅《现代新儒家与中国现代化》，天津人民出版社1997年版，第260页。

那么，究竟应该如何看待文化与中国社会发展的关系呢？我们认为绝不能把中国社会发展问题简单地看成只是一个文化选择问题，否则就会陷入唯心史观的文化决定论。中国社会发展道路的选择是世界历史发展的必然，它是由不以人的意志为转移的客观规律决定的。如果非要寻找文化与中国社会发展关系的话，那也不是简单以什么西方文化或中国传统文化可以解释得了的，它应该是一种以制度为核心的意识形态文化。意识形态不仅有指"观念上层建筑"的含义，更有指包括经济、政治与文化等社会整体性质和发展的总体性含义。纵观 20 世纪上半叶中国种种文化问题的争论，其核心就是要不要以新意识形态指导对中国社会进行整体变革并以建立新社会制度的形式保证中国社会稳步而健康地发展。我们认为鸦片战争以后的中国问题并不简单是一个经济、科技、政治或文化单向度问题，而是一个包括所有要素在内的社会整体性质变革与发展问题。对于这个社会整体性质变革与发展问题，只有用先进的总体性意识形态才能解决。这样说，也并不意味着我们主张意识形态决定论。因为，我们这里说的意识形态作用问题是以马克思主义唯物史观为指导的。意识形态不能决定社会发展，社会发展是由以物质生产方式为主导的客观规律决定的，但意识形态却有着能动的反作用。正确意识形态可以对社会发展起积极推动作用，而错误意识形态则对社会发展起消极阻碍作用。历史事实证明：马克思主义的社会主义意识形态是正确的意识形态，只有以它为指导才能把中国引向持续健康的发展道路。

当然，意识形态只是关于社会发展的总体性理论，它主要解决像社会制度选择等重大问题，不可能细致到彻底解决像体制或机制等中观或微观问题。这些问题的解决还有待于不同国家根据不同历史条件和本国具体实际渐进式完成。新中国成立后的 30 年历史发展证明，社会主义制度是一种好的制度，社会主义意识形态具有不可比拟的先进性，但由于没有建立符合中国国情并与之配套的社会体制，因而这种制度的优越性没有充分显示出来。改革开放后的 30 年既是逐步寻求并建立适合中国国情的社会体制与机制的 30 年，又是进一步丰富发展和完善社会主义制度的 30 年。社会体制和机制的建立自然需要有跟它配套的文化，这些文化的建立与发展既可能跟总体意识形态相一致，也可能跟总体意识形态相矛盾，但不论如何，当代中国的发展必须在坚持社会主义总体意识形态下进行，各种文化矛盾的解决也只能在坚持社会主义总体意识形态框架下完成。中国特色社会主义道路是以社会主义总体意识形态为指导并以制度形式建立和巩固下来的社会发展道路。

二、传统文化在中国道路发展中有着不可忽视的作用

对于传统文化与中国道路的关系问题，我们认为首先必须搞清三个层次的问题：一是我们究竟是在什么意义上谈论传统文化的作用；二是传统文化存在与发展的方式是什么；三是如何利用传统文化推动中国道路的发展。而要做到这一点，就必须坚持并正确运用马克思主义的时代观。

"时代"是人们认识社会发展的时空坐标系，只有坚持正确的时代观并准确认清当前时代的性质与特征，我们才能正确理解并解决像传统文化与中国道路等重大关系问题。在马克思看来，民族国家是进行世界历史研究的前提与基础。若从民族国家自身发展的角度看，其社会基本矛盾决定它必然要经历从原始社会到奴隶社会、封建社会、资本主义社会和共产主义社会五种社会形态。但每个民族国家发展的进程不可能是单独进行的，随着人类社会的发展，民族国家之间的交往、冲突不断进行着。在此过程中，人类历史的发展渐渐进入世界历史阶段。客观上讲，只要民族国家进行着较为广泛的交往（包括冲突），人类历史就已

经进入世界历史阶段，但不可否定的是资本主义加剧了人类历史的普遍交往，也加速了世界历史发展的进程。马克思、恩格斯指出："资产阶级，由于开拓了世界市场，使一切国家的生产和消费都成为世界性的了。……过去那种地方的和民族的自给自足和闭关自守状态，被各民族的各方面的互相往来和各方面的互相依赖所代替了。物质的生产是如此，精神的生产也是如此。各民族的精神产品成了公共的财产。民族的片面性和局限性日益成为不可能，于是由许多民族的和地方的文学形成了一种世界的文学。"[①] 随着 20 世纪中后期知识经济与经济全球化的发展，世界历史发展进入了一个新的阶段。由于世界历史发展进程与每个民族国家发展进程不完全同步，由此就出现了判定时代性质与特征的复杂性问题（当时代总体性质还处于资本主义发展阶段，但有些民族国家可能已经进入社会主义社会）。对此，我们必须在正确理解马克思时代观基础之上来具体分析时代性质和时代特征。根据马克思理论，时代性质是由世界历史、社会形态与民族国家综合组成，判断时代性质必须立足民族国家、放眼世界历史并综合考察不同时期人类社会占统治地位生产方式及其与之相适应社会关系的过程。由此，我们认为当前的时代性质应该是资本主义生产方式占主导地位并不断发展着其否定因素从而逐步生成社会主义生产方式的过程，与此相适应，当前的世界历史发展进程也是资本主义世界历史占主导地位并逐步向社会主义世界历史过渡的阶段。如果说时代性质是综合构成并相对稳定和单一的话，那么，时代特征就显得复杂、多层。我们既可以从一定时代生产力或生产关系的层面判断时代特征（如生产力方面有农业时代、工业时代等，生产关系方面有私有制社会、公有制社会等），也可以从一定时代某一阶段的发展判断时代特征（如战争与革命、和平与发展等），还可以从一定时代某一发展阶段的某一社会发展层面判断时代特征（如蒸

---

① 《马克思恩格斯选集》第 1 卷，人民出版社 1995 年版，第 276 页。

汽革命时代、知识经济时代等）。尽管时代总体特性是由时代性质决定的，但时代特征的不同又使人类历史发展变得异常复杂。由此，我们坚持马克思主义时代观就必须用辩证方法将时代性质与时代特征统一起来综合考察和分析不同时期的时代特点，并由此指导不同时代人们的具体实践。我们强调传统文化历史作用的观点也正是基于这一基本思路。

首先，从民族国家是世界历史发展主体角度看，我们必须加强传统文化建设。传统文化不仅是一个国家的重要凝聚力和其内在精神支撑，还关系到一个国家的国家主权，失去了传统文化，就等于一个国家丧失了文化主权。

其次，从时代性质的角度看，我们必须重视传统文化的作用。当今时代是资本主义生产方式占主导地位并不断发展着其否定因素，从而逐步生成社会主义生产方式过程的时代性质告诉我们：在当前乃至今后相当长一段时间之内，社会主义与资本主义的矛盾和冲突仍然是世界历史发展的主要矛盾和主要问题。但现今社会主义势力弱小的现实和"和平与发展"的时代特征又提醒我们：不能轻易搞意识形态对抗，必须在维护和平与发展的世界环境下利用资本主义发展社会主义。在这方面，以儒家为代表的中国传统文化重视和谐，强调"执两用中""善邻怀远"的思想（西方文化则重视"两极分立""力取天下"），不仅迎合了和平与发展的时代特征需要，更能有力推动和谐世界的建立和发展。

再次，从知识经济时代特征角度看，我们必须利用好传统文化。在知识经济条件下，由于知识和文化在经济发展中地位与作用日益凸显，文化已成为重要的经济发展力量，以传统文化为重要内核的文化工业正在成为生产力发展的重要因素。面对以美国为代表的西方发达国家以立足本土文化、充分吸纳世界各国文化的方式发展起来的巨大文化产业的渗透，当代中国必须制定有效的文化产业政策并在此基础之上大量发展自己的文化产业。文化产业表面上看是一个经济问题，但实际上它也涉及文化主权与文化凝聚力问题。因为，文化产业面向的是人们的日常生活，面对的是人们的生活方式、消费方式和休闲方式，它正是在了解人们的生活方式、消费方式与休闲方式基础上通过文化产品加工去适应甚至改变我们的生活方式、消费方式和休闲方式。而随着文化产业的发展，一旦它真的改变了人的生活方式、消费方式和休闲方式，那就意味着改变了传统文化赖以生存的基础，由此必然影响传统文化在社会发展中的地位与作用。当然，阐释这样的道理并不意味着我们要成为彻底的文化保守主义者（对此，下文将做说明），我们只是在捍卫民族国家文化主权的意义上强调传统文化的作用。中国有五千年历史，也有着灿烂辉煌的传统文化，我们应该利用好这些传统文化资源为当代中国社会发展服务。

第四，从传统文化与意识形态异同角度看，我们要区别对待传统文化。正如上文已分析过的，在传统文化问题上一个绕不开的话题就是与它跟意识形态的关系问题。传统文化分析离不开意识形态分析，但前者又不等同于后者。除了外延大于意识形态之外，传统文化跟意识形态关注的侧重点也有所不同。传统文化往往是以人与自然、人与社会、人的物质生活与精神生活等与日常生活密切相关的社会关系为关注重点，而意识形态文化则更重视以生产关系为核心的社会关系。虽然前后两者有不少重叠之处，但由于侧重点不同也就表现出它们的构成方式与社会作用不完全相同。正因如此，就一个社会发展而言，意识形态的变化并不意味着传统文化核心价值、思维方式与精神追求的彻底变化。从社会关系角度看，传统文化存在方式可分为三个层次：一是与特定社会制度紧密相连并为之辩护的文化，即意识形态文化；二是与特定生产方式相连并构成不同民族的生产方式与交往方式的文化（这里所用的生产方式是专指人对自然的生产方式，不涉及生产过程中人与人的关系）；三是与特定民族生活方式相连并构成不同民族的生活方式与独特精神追求的文化。这些文化共同组成一个民族的传统文化，并影响着该民族的思维方式、价值观念与精神追求。此外，民族文化并非是一个完全统一的整体。从不同民族国家具体存在与社会发展来看，传统文化会有多个层次、多个流派，如中国古代就有儒家文化、法家文化、道家文化、佛教文化和墨家文化等等。另外，仅就同一个社会不同人群看来，欣赏与推崇的文化内容也不完全相同。区分传统文化与意识形态的关系，不是试图把传统文化从意识形态中完全剥离开来，而是想说明只有认真研究它们之间的区别与联系才能做好传统文化、意识形态与一个社会总体文化发展三个方面的工作，防止种种极端式的倾向。

三、传统文化融入中国道路的过程
是一个超越式继承的过程

首先，对传统文化地位与作用问题分析，必须有宏观视野与历史维度。从当前国际社会发展来看，虽然资本主义生产方式仍占主导地位，但其不断生成社会主义生产方式因素和未来人类必将进入社会主义世界历史发展阶段以及当前中国道路社会主义性质又告诉我们：必须慎重对待传统文化。从上述对传统文化存在方式的分析可以看出，传统文化虽然不同于意识形态，但也有这样一个不争的事实，即在阶级、阶层还明显存在的情况下，传统文化不可能作为独立的文化形态存在和发展，阶级社会传统文化的存在和发展最终必然要依附于某种意识形态。另外，即使抛开意识形态因素，传统文化存在的第二个层次也提醒我们，中国传统文化主要是跟自给自足的小农经济相适应的，面对工业社会特别是知识经济时代的来临，传统文化必须要有重大转型。正是在这个意义上，我们才提出对传统文化进行"超越式继承"的观点。所谓

"超越"，就是要对传统文化核心价值进行意识形态式和符合现代生产方式式的整体改造，给它输入符合时代性质与时代特征的文化价值内涵。在此，我们认为这是一个文化内在结构的整体式超越或"断裂"，而不是点滴式的继承和发展。从当今中国社会发展来看，传统文化对我国社会基本制度与具体制度建立与巩固既有正面影响，也有负面影响。在积极影响和谐社会建设与发展和加强民族凝聚力方面，传统文化起到了不可替代的作用。但与此同时我们也能清楚发现传统文化对跟社会主义市场经济体制和中国特色民主政治体制要求相适应的合理经济伦理与民主法制精神建构方面也有着不小的消极影响，小农经济意识、宗法观念、钱权交易、官僚主义和官本位思想还普遍存在，它们严重影响并制约着我国社会整体发展。

对于传统文化继承问题，我们认为必须首先肯定新中国 70 年历史在这方面的贡献。不同于列宁时代的俄国，中国共产党在对待传统文化问题上几乎没有出现过文化虚无主义占主导地位的现象，即使"文革"时期也没有完全否定传统文化（"四人帮"强调"弘法批儒"）。但我们的问题是没有找到正确对待"继承"的方式。

其实，意识形态与文化关系是十分复杂的，应该在正确研究意识形态理论并把握意识形态与文化发展规律的前提下，区别对待不同文化领域中的意识形态问题。如：跟重大社会关系特别是生产关系联系紧密的文化形式就应该加强意识形态管理与改造，而与基本制度相关的具体制度与体制问题就不简单是一个意识形态问题了，它更跟现代社会科技发展、生产力发展和交往关系的变化紧密相连。至于日常生活中的文化问题（如交往方式、生活方式、思维方式和生活习惯等）更是一个复杂问题，它既远离生产关系，又靠近生产关系。说它远离生产关系是因为从它在社会整体发展结构中跟生产关系的垂直关系来看，它显然不像经济关系、政治关系那样跟生产关系的关系如此紧密；说它靠近生产关系，是指当代西方社会出现的消费社会又重新将日常生活纳入商品生产轨道而言的。就日常生活远离生产关系来说，它更不简单是一个意识形态问题，而是一个传统文化与意识形态交互作用的关系问题，这里的转型不仅仅跟生产关系有关，更跟科技发展、生产力发展以及世界交往程度有关；从日常生活靠近生产关系而言，它又会生成一种新的意识形态——消费意识形态。而消费意识形态显然就不是一个可以脱离传统文化的纯粹意识形态问题，它更是利用传统文化实现其意识形态目的和功能的过程。

其次，传统文化融入中国道路的过程是一个不断根据时代性质与时代特征，并结合中国社会具体实际的渐进式过程。"超越式继承"是一个要不断正确把握时代性质与时代特征的过程。如果时代特征特别是时代性质发生变化，那这种继承的总体价值取向就要发生变化。当前，我们之所以如此重视儒家思想为代表的中国传统文化的作用，不简单是因为儒家思想中闪耀着不少真理性的光芒，更是因为考虑到当今世界与中国社会"和谐"发展这一主题。和谐发展自然就需要和谐思想、和谐理念。若世界重新进入战争与革命时期（这当然不是我们希望的，相信在全世界人民的共同努力下，和平与发展将会成为今后世界发展相当长一段时间的时代主题），那么，那时强调"中庸"的儒家和谐思想就显然不合时宜，也许法家思想会成为传统文化中的显学。也正是在这个意义上，我们要重申这样的观点：以儒家为代表的中国传统文化不可能成为当代中国的时代精神，它只有纳入马克思主义理论轨道方能彰显其文化魅力。

在对待传统文化问题上，我们应该要有具体问题具体分析的正确态度，既要看到时代的变化，处理方式也要相应变化，又要看到传统文化与意识形态之间的异同，保持传统文化与意识形态之间必要的张力，当然更要反对各种极端的观点和态度。在此，文化虚无主义与文化保守主义就是两种对立的极端观点，对此国内外学术界已有较深入的研究，这里不作赘述。这里我们主要想谈点对后殖民主义文化的看法。后殖民主义文化是建立在后现代主义基础之上的文化理论，这种理论认为，社会发展都是由话语决定的，包括"科学"与"民主"在内所谓先进思想并不是什么历史进步的产物，只是西方文化的一种话语表现形式，宣扬"科学"与"民主"等理念不能促进历史的进步，只能进一步强化和巩固西方话语的统治地位。从理论上讲，当代科学理论与马克思主义的民主理论的确依托于西方社会与文化的发展，西方后现代主义在揭露西方文化弊端时也的确提出了一些有益的观点（如它批判了西方科学与民主理论中的理性中心主义等），但若把所有的理论都归于一种话语体系并用话语体系之间的比拼来衡量它们的优劣，这既是一种文化相对主义，又是一种唯心史观，最终会导致失去衡量历史进步客观标准的历史虚无主义。一种理论依赖于一种文化和社会环境，并不等于说它就跟这种文化和社会环境完全一致，更不等于说没有衡量理论进步与落后的标准。其实，客观现实与历史的发展就是检验理论科学性和进步与否的标准。一种理论若能符合现实并带来历史发展，就是科学理论，至少说它包含着科学理论因素或靠近某种科学理论。我们不能单凭哥白尼的日心说不符合以后的科学理论就否定其进步性，也不会因为爱因斯坦的相对论成功引导人们发明了对人类生存有威胁的原子弹与氢弹等核武器就否定其科学性。毕竟科学理论的发现与应用是两个完全不同的问题。科学理论只是说明其正确揭示了客观规律，而科学理论的应用却跟社会制度与人们的人文价值理念直接相关。我们不能因为科学理论在应用中存在一些问题而全盘否定科学理论乃至整个西方文化的正确性与价值性。当今西方社会在科学理论应用方面的确存在不少问题（如工具理性张扬、价值理性失落以及生态平衡严重破坏等问题），但我们不能因此就否定科学理论的价值甚至彻底否定西方文化的一切，而应该将西方科学理论和合理文化同正确的制度和有效的传统文化结合起来，形成正确的制度机制与合理的科学理论应用观。本民族的所有文化不一定都是先进的，同理，其他民族的文化也不一定都是落后的、有害的。我们应该尊重历史事实，在看到西方文化对东方国家有殖民倾向的同时，也要看到西方文化的进步性。后殖民主义文化虽然不同于文化民族主义，但过分强调它也必然会导致与极端文化民族主义同样的文化孤立主义境地。

从文化自觉到文化自信与文化自强

爱因斯坦说过："提出一个问题往往比解决一个问题更重要，因为解决问题也许仅仅是一个数学上或实验上的技能而已，而提出新的问题，新的可能性，从新角度去看待旧问题，却需要有创造性的想象力，而且标志着科学的真正进步。"随着中国社会的发展，文化问题变得越来越重要。那么，究竟应该如何理解文化在社会发展中的地位与作用，又该如何增强文化自信、做到文化自强呢?

一、只有充分、客观地文化自觉，才能 走向真正的文化自信、文化自强

文化发展问题有一个从文化自觉到文化自信，再到文化自强的过程。其中，文化自觉是实行文化自信与文化自强的重要前提与基础保证。只有充分地文化自觉，我们才能知道我们需要什么样的文化，怎样建设我们的文化;只有客观地文化自觉，我们才知道我们在什么意义上需要文化，用什么方式、朝着什么方向建设我们的文化。只有充分、客观地文化自觉，我们才不会走错方向，更不会夜郎自大或怨天尤人。公允地说，中国历史上有过相当长一段时期的文化辉煌，单凭上下五千年

49

历史创建与传承的灿烂文化，我们就有充分的文化自信的资本。事实上，历史上的中国也确实自信过，但由于这种自信渐渐失去了文化自觉的支撑，近代中国慢慢落后于世界强国，直到鸦片战争西方列强用坚船利炮敲开了中国的大门。由此，不少中国人突然来了个一百八十度的转弯，从极端文化自信陷入极端文化自卑。不过，中国的志士仁人并没有沉湎于国破山河在的悲壮豪情之中，而是在痛苦中不断思索，在斗争中不断觉醒。从洋务运动到戊戌变法，从义和团运动到辛亥革命，这些都是中国人的一次次觉醒，也是中国人的一次次进步。正是这一次又一次的觉醒与进步，中国人民终于迎来了中国近现代历史上文化自觉的高峰——新文化运动与五四运动。在"五四"时期的各种文化交锋中，中国人自觉地选择了马克思主义。中国人接受马克思主义是中国近现代史上最大的文化自觉。历史事实也证明：只有社会主义才能救中国，只有社会主义才能振兴中国。

不过，若要细分，自中国人接受马克思主义后，中国共产党人又有四次较大的文化自觉：其一是新民主主义革命时期；其二是社会主义建设时期；其三是改革开放初期；其四就是党的十七届六中全会提出推动社会主义文化大发展大繁荣时期。这四个时期的文化自觉既有共性也有个性。其鲜明的共性是：它们都是在"五四"以后中国人选择马克思主义、坚持社会主义大方向下进行和发展的，都是对马克思主义的坚持与发展。其个性是：第一次文化自觉是中国共产党人把马克思主义与中国革命具体实际结合起来，探索了一条不同于苏联的社会主义革命道路；第二次文化自觉是中国共产党人把马克思主义与中国建设的具体实际结合起来，探索了一条不同于苏联模式的社会主义建设道路；第三次文化自觉是中国共产党人在坚持马克思主义基本原理与社会主义基本制度前提下，通过对自身历史经验教训的总结与对西方发达国家先进经验的借鉴，探索了一条适合于当前我国实际的社会主义经济体制、政治体制与文化体制；第四次文化自觉是中国共产党人在坚持中国特色社会主义基本理论与基本制度的前提下，通过对改革开放后一些新问题、新情况的总结以及对国际发展大潮流的科学把握，探索了一条适合于我国今后相当长一段时间实际与发展的具体的文化思想与文化体制。客观地讲，第四次文化自觉是第三次文化自觉的继承与延续。不过，第四次文化自觉也有着特殊的意义，它至少包含三个方面：其一，它是对我国当前思想道德领域存在的问题的深刻洞察与合理解决；其二，它是对文化经济力的准确把握；其三，它是对文化软实力与文化在综合国力中的地位的科学认识与合理预测。当前文化建设与文化发展的核心问题仍然是意识形态问题，不过时代给当前的意识形态建设工作提出了更高、更具体的要求。它不仅要求意识形态能不断回答与解决发展中的新情况、新问题，更要求它能容纳世界不同国家先进文化、中国传统文化与当前正在蓬勃发展的产业文化，还要求它将它们融于一体，有效地推动社会整体发展和全面进步。因此，这一时期文化建设的任务更重，工作更艰巨。

梳理文化自觉具体过程，对当前文化发展与文化繁荣有着重要的意义。只有明确了中国共产党人四次文化自觉过程及其关系，我们才可能不在文化发展大方向上犯全盘西化或文化复古主义的错误，更不会把文化看成决定一切的东西。文化的地位再重要，影响再大，相对于经济来说，它仍然是第二位的，这是马克思主义基本原则，也是铁的历史事实。对此，我们必须有清醒的认识。

文化自觉需要智慧，需要勇气，需要胆识，更需要实践。只有在复杂实践中总结与把握并能得到一定实践检验的文化自觉才是科学的文化自觉；只有科学的文化自觉，才能真正走向文化自信、文化自强之路。

二、建立充分文化自信，需要培育强大文化创造力

俗话说，"自信源自实力"。对于文化自信，我们必须有足够的文化自觉。我们应该知道我们已有了什么样的文化、我们还需要什么样的文化，我们今天拥有的文化已带给我们什么、将来它还能带给我们什么，未来社会发展又给我们提出了怎样的文化要求，这些要求怎样才能充分融合于我们今天的文化建设之中等系列问题，只有弄清了这些问题，我们才会真正知道我们是不是有了文化自信，我们应该怎样培养更强大的文化自信。

从新中国成立特别是改革开放后我国所取得的成绩看，我们有足够文化自信资本与文化自信实力。在马克思主义理论、毛泽东思想、邓小平理论、"三个代表"和科学发展观指导下，我国社会发生了翻天覆地的变化，经济总量已排名世界第二，综合国力已排名世界第七，文化建设也取得了巨大的成绩，以社会主义核心价值体系为主要内容的社会主义先进文化正在逐步形成并渐渐发挥了重要影响。中华文化的世界影响正在逐步扩大，在世界多国建立的孔子学院逐年增多，世界汉语热如火如荼，以中国功夫、中国题材、中国元素为核心的中国文化现象正在世界范围内逐步形成，中国的国际形象越来越得到世界人民的认可与欣赏。但冷静地分析，我们的文化与发达国家相比还有明显的差距；在生产领域，核心技术仍然是西方发达国家提供的；在文化产业领域，核心文化思想和文化价值仍然是西方的，文化产业的风向标依然是由西方主导；在国际关系与国际交往中主要话语权仍然掌握在西方发达国家手中；在日常生活与休闲领域，西方人的生活方式与思维方式领导世界新潮流，许多中国人存在着明显的崇洋媚外心理。这种复杂的文化自信与文化不自信交织的心理，构成了当代不少中国人纠结的文化心态。若要

从这种复杂纠结的文化心态中建构起充分的文化自信心，需要在找到症结的基础上用科学的方法对症下药。

当代中国有先进的文化思想与充足的文化资源，这是充分文化自信心建立的必要条件，但仅此还不够，还需要把这些先进的文化思想与文化资源转变为各个领域现实的文化力量。从目前我国文化发展的角度来看，需要加强以下几方面文化力建设：其一是文化说服力。马克思曾经指出："理论一经掌握群众，也会变成物质力量。理论只要说服人，就能掌握群众；而理论只要彻底，就能说服人。所谓彻底，就是抓住事物的根本。"①思想理论建设不仅仅要立足于顶层，更要深入基层，从实践中汲取智慧与营养，应该着力从当前存在一定问题的群众信仰、群众道德等方面下功夫。只有"从群众中来"提炼并总结出的思想才会深入人心，才会真正"到群众到去"。另外，宣传方式也要与时俱进，要用鲜活的思想与生动的素材打动人、感染人，使先进思想真正入脑、入心。其二是文化凝聚力。随着社会主义市场经济不断深入，利益分层、思想多元现象日益凸显，这就要求意识形态在保持硬性（原则性）的前提下，进一步加大其软性（灵活性、广泛性）。只有这样，才能进一步加强思想的聚合力。马克思主义是开放的体系，它可以广泛吸纳一切先进的思想与理论。其三是文化生产力。当前文化在生产领域的作用日益明显，这不仅表现在像电影、电视、音乐、舞蹈和报刊等具体文化部门已成为文化产业，而且它已渗透到人们日常生活方式与休闲方式之中。按一些西方著名思想家的提法，当代社会已经进入消费社会时代，而消费社会的生产主要特征是文化、符号引领发展。先进思想与文化资源，只有融入具体的生产过程之中，才能变成强大的生产力。其四是文化影响力。虽然我们不认同享廷顿"文明冲突理论"，更不赞同福山的"历史终结论"，但我们不得不承认这样一个事实：随着冷战结束，意识形

① 《马克思恩格斯选集》第1卷，人民出版社2012年版，第9页。

态已不是当今国际文化影响力的主导因素，传统文化的作用逐步明显。虽然目前中国文化已得到许多国家与人民的认同，但我们必须清醒地认识到：这种认同只是表层不是深层，当西方文化在从现代性走向后现代性过程中渐渐表现出其局限时，绚丽灿烂的中华文化可以使困惑中的西方人眼前一亮，甚至可为其蓬勃发展的文化产业增添原料。但西方人的核心价值仍然是西方文化，他们不可能从根本上认同和接受中国文化，甚至有些人还认为中国文化走向世界是对西方国家文化安全的侵犯。当然，我们向世界推广中国文化并不是为了让别国接受我们文化并按我们的文化工作与生活，更不是搞文化侵略，而是通过对以"和为贵"和"亲仁善邻"等为基本内容的中国文化宣传，向世界表达一个正在发展中的中国追求和平、愿意与世界人民共同建设美好家园的强烈愿望。当然，这里也有基于我们自身文化安全的考虑。中国文化正在发生世界影响，但这种影响还没有变成一种强大的"力量"，这种"力量"的实现路途还很遥远。

文化思想与文化资源要想变成文化力，首先离不开先进文化的引领。这可是保证文化力发展大方向的大是大非问题。只有方向对了，文化力才能形成得快并最终变成促进人类不断进步的物质力量；反之，文化力则形成得慢，而且即使形成也会最终阻碍人类社会的发展。其次，离不开创新思维的支撑。当今社会科技发展日新月异，新思想、新思潮层出不穷，要建立起面向现代化、面向世界与面向未来，民族的科学的大众的社会主义文化，就必须有开放的心胸与不断创新的精神。任何先进思想，如若不能与时俱进，它也将落后于时代；任何文化资源，如若不进行创新，它也不会自动变成强大的物质力量。当今美国并没有太多的文化资源，但它却是当今世界最大的文化强国。究其原因，因为它拥有不断创新的精神与确保创新的机制。当前我国的文化建设需要创新的方面很多，但从创新内涵与形式上下功夫则是十分重要与迫切的。从目前创新理论研究的新成果看，创新有三种形式：一是原始创新，二是集成创新，三是消化吸收再创新。实事求是地说，改革开放后我国在许多方面都进行了创新，并已取得一定的成果，中国特色社会主义理论与中国特色社会主义实践就是其中两项最重要的创新成果。但在科学研究、技术开发与国际对话等方面，我们的创新力度还明显不够，主要是停留在集成创新与消化吸收再创新两个方面，缺少更多的原始创新，而原始创新成果能占领国际前沿的更是少之又少。在许多国际关系问题争论与人文社会科学对话中，新话语的提出与话语权控制总是在西方人手中，很多时候我们只是被动战。事实上，创新精神的培养和创新成果的开发与利用也需要有创新思路，它需要不断培育创新主体、完善创新制度和建立创新生态。

当创新已成为社会时尚，当创新已成为每个中国人的自觉精神追求，当源源不断的创新成果不断转化为现实力量，那时的中国人才算真正有了充分文化自信。而此时，文化自强也就指日可待了。

三、文化自强之路：指导思想是基，核心价值是魂，制度保障是本

文化自强，需要有充分客观的文化自觉。应该清楚认识到：什么是我们今天所理解的文化？文化发展的总体指导思想是什么？靠什么推动文化发展文化繁荣？又靠什么保证文化稳定有序发展？只有明确了文化建设的目标、方向、动力和机制，才能确保我们国家有条不紊地走向文化自强之路。

文化是一种精神活动，有世俗形态与理论形态两种形式。作为世俗形态，它是指处于同一共同体中的群众所共有的风俗习惯、行为方式和交往规则，具有普遍性、大众性与相对稳定性；作为理论形态，它是专业精神生产者所创造的包括政治思想、法律思想、哲学、文学、艺

术、道德、宗教和其他社会科学等系统化观念，理论形态的文化虽然是少数人生产并被一部分人掌握，但它却处于社会结构的上层，一旦形成，会对整个社会以及世俗形态文化产生很强的定向性和导向性。研究文化问题，必须有两个认识前提：其一，文化虽然是一种精神产品，它一旦形成就会渗透在社会生活的方方面面，并往往以一种物质形态传承与发展。具体而言，文化又分物质文化、制度文化与精神文化。其二，文化再有影响，渗透再广，但相对于物质而言，它对整个社会存在与发展的影响毕竟是第二位的。这两个基本的文化认识前提，对我们今天推动文化大发展大繁荣、走文化自强之路十分重要。我们不能因文化是精神性的东西，就轻视它的作用，似乎认为它只是上层建筑的一部分，至多只对经济与政治发展起反作用。其实，当今文化的影响力已远不止简单一句"反作用"所能解释得了的。文化已经渗透到经济、政治与社会发展的各个方面，并成为一种重要的力量。从经济上看，不仅个体经济行为受到经济伦理等文化因素影响，文化已经成为一种重要生产力，而且整个经济发展方式与增长方式归根到底也涉及文化问题、价值观问题。著名经济学家、诺贝尔奖获得者诺斯（Douglass C.North）指出，强有力的意识形态是使制度可行的社会稳定要素，没有一种明确的意识形态理论就无法说明资源的现代配置和历史变迁，"意识形态与制度可以被看成是共同心智模型的类别"。从政治与国际交往上看，文化的作用也是清楚可见的。著名政治学家、哈佛大学教授约瑟夫·奈在提出软实力时，就明确提出软实力包括三项内容，即：文化、政治价值观和国际关系政策。文化对整个社会繁荣与发展的作用更是不可低估。我们可以不同意福山的"历史终结论"，但他的另一本著作《信任：社会美德与创造经济繁荣》不能不引起我们的高度重视与反思。当然，走另一极端，把文化看成是决定一切的力量，这种观点与看法也是错误的。不管怎么说，相对于经济而言，文化的作用是第二位的。当代美国文化之所以那样强大，根本原因在于它有更强大的经济实力做基础。

因为文化很复杂，文化层次太多，所以，走文化自强之路首先就必须有正确的指导思想。只有指导思想正确了，才能真正理解好文化、利用好文化、发展好文化。当然，指导思想毕竟是一种宏观的东西，真正做起工作来还需要有相对具体的中观思想和中观思路。这种中观思想与中观思路，事实上需要在宏观思想的指导下，根据当前国际国内形势的变化与发展，从众多复杂的社会因子中归纳并总结出可以引领未来中国社会经济、政治、文化等领域以及社会整体发展的核心价值观。

当然，文化自强仅靠文化自觉是不够的，还需要建立科学合理的文化制度。邓小平同志在改革开放初期曾讲过："制度问题更带有根本性、全局性、稳定性和长期性"，"制度好可以使坏人无法任意横行，制度不好，可以使好人无法充分做好事，甚至会走向反面"。① 这一思想对我们今天推动文化大发展大繁荣有十分重要的指导意义。只有建立了科学、合理的文化制度，才能把文化自强之路筑实、筑宽、筑牢。

建设文化制度就必须懂得文化规律。文化毕竟不同于经济，也不是物质，它从根本上讲是一种精神劳动，因而不能简单地用经济工作思路和物质生产方式做文化工作。文化虽然有统一属性和基本形成方式，但具体性质与具体形成方法却有很大的差别。从当前文化的存在方式与具体性质来看，有文化事业，也有文化产业；有经营性的文化，也有公共服务性文化，等等。文化性质不同，形成方式就会有很大差异，因而，不可能形成统一的文化体制。应该根据不同文化存在形式和不同文化性质，建立一种统、分、合的文化体制。从目前文化发展的角度看，应该用不同方式加强三种文化制度建设。

首先，要建立先进文化特别是马克思主义理论建设制度。先进文化总体上属于文化事业，但它又不同于一般文化事业。它是一种意识形态文化、政治文化。应该把这类文化建设放在文化建设的首位，只有先

---

① 《邓小平文选》第 2 卷，人民出版社 1994 年版，第 333 页。

进文化建设加强了，才能引领其他文化领域中的文化繁荣与发展。当然先进文化的建设也不能完全依赖政策支持，应该从遵循文化发展规律的角度去加强。先进文化要真的永葆活力，就必须有比其他文化更宽广的胸怀、更厚重的文化积淀和更强大的吸引力。这些自然要从人才培养、氛围营造、路途拓展与政府支持等多方面去研究与加强。其次，要建立产业文化发展制度。产业文化不同于事业文化，从根本上讲属于经济式的文化。文化产业的性质是："文化"是中介路径与形式，"产业"才是实质。产业文化的发展思路基本上是按经济发展思路来进行的，它服从的是利益最大化的经济规律。因此，对产业文化的加强可用建立社会主义市场经济体制的方式来推进。但产业文化毕竟也是文化，由于它具有明显的产业属性，因而它对社会整体文化发展可能会产生两种负面影响：一是将文化完全带入经济轨道，消解文化的人文向度和人文性质，使整个社会精神状态消极。另外，产业文化还存在破坏、透支国粹文化和原生态文化的可能。许多文化现象是不可再生资源，一旦完全进入文化产业的轨道，也许可以产生一种特殊的文化现象——消费意识形态。消费意识形态不仅可能消解主流意识形态，还可能助长拜金主义与享乐主义。对此，必须有清醒的认识，必要时要建立一定的文化预警机制。再次，要建立文化事业繁荣制度。文化事业是一种纯粹的精神文化活动，它天生就有抵抗经济引诱的性质，对此不能用经济生产与经济建设的方式对待，应该给予充分的政策上的优待与资金上的支持。文化事业是一个国家文化发展文化繁荣之根，没有蓬勃发展的文化事业和强大的文化事业人才队伍支撑，一个国家的文化之源就可能断流，也很难设想会产生有强大吸引力的先进文化与茁壮成长的文化产业。

先进文化、产业文化与事业文化虽然建设制度不同，但它们可以相互影响、相互支持与相互支撑。只有先进文化加强了，产业文化与事业文化才能保证好发展方向并做大做强；产业文化做大了，先进文化与事业文化的发展既有了资金上的支持，也多了实践上的经验源泉；只有事业文化做强了，先进文化才可能更有创造力与先进性，产业文化也增添了不断的活水源头。另外，虽然三种文化建设制度不同，但也可以融入一些相同的机制。当前世界正处于文化不断发展、文化思潮不断更新时期，人们对文化创造力的要求与呼声越来越高，因此，无论三种文化中的哪种都必须建立科学合理的激励与考评机制。只有这样，才能使我们的文化源源不断、永葆青春。

有了马克思主义指导思想，文化自强就有了方向；有了社会主义核心价值体系，文化自强就有了灵魂；建立并完善了社会主义文化发展和繁荣制度，文化自强就有了稳定性的保障。相信，不久的将来，中国会迎来文化真正自强的那一天。

四、文化发展要趋向"三贴近"

恩格斯指出："社会一旦有技术上的需要，这种需要就会比十所大学更能把科学推向前进。"自然科学是如此，人文社会科学也是如此。中国是一个文明古国和文化大国，五千年历史创造了绵延的灿烂文化，近现代以来各种文化碰撞、交流与对话更是把中国文化推向了一个新的高度。远的不说，就说改革开放以来，我国就有三次大规模的文化争论：一是 20 世纪 80 年代关于西化问题的争论；二是 20 世纪 90 年代到目前的传统文化争论；三是 20 世纪 90 年代关于大众文化的争论。在这些争论中，既厘清了一些理论问题，也深化了对文化问题的探讨。客观地说，改革开放以来文化问题一直是理论界关注的热点与焦点。我们不能轻易认为改革开放之前我国文化没有发展，没有繁荣。那么，又应该怎样理解改革开放后特别是今天我们所需要的文化大发展大繁荣呢？

按一种文化类型学的划分，可以把当今文化分为主流意识形态文化、精英文化与大众文化三种形式。就主流意识形态文化而言，改革开放以来我国取得了突飞猛进的发展，在坚持马克思主义基础上，创造性发展马克思主义，形成了邓小平理论、"三个代表"重要思想与科学发展观。此外，目前还进一步加强了马克思主义理论时代化、中国化与大众化的研究与实践工作，马克思主义理论建设工程也取得了一定成绩，可谓形势喜人、前景可观。就精英文化而言，目前加强了文化问题民族性、时代性与世界性以及中外文化比较的研究，深化了文化形而上学与形而下学、文化与意识形态以及文化与政治、经济、社会、生态和人的发展等若干基本问题的研究，逐步开展了文化人类学、文化社会学、文化政治学、文化理学与文化哲学等部门文化学的研究。就此而言，当代中国文化问题的理论研究渐渐与国际接轨，并逐步达到与国际文化大师对话的程度。大众文化（masculture）是一种特殊的文化现象。按西方文化学的研究方式，中国的大众文化只到 20 世纪 90 年代才开始起步。大众文化不同于民间文化，也不同于以往的通俗文化，是资本与现代工业发展到一定阶段的产物。大众文化是由文化工业生产通过书报、广播、电视、因特网等现代大众传媒传播，按商品市场经济规律去运作，以具有基本的文化接受和参与能力的大众为主要消费对象，旨在使普通大众获得感性愉悦，并融入生活方式之中的日常文化形态。从目前我国现状看，不能完全将大众文化理解为群众生活文化或习惯文化。因为，当代中国不同于西方发达国家，西方发达国家已基本上将大众文化化为群众生活文化，而中国由于从事现代化事业时间还不长，因而还没有能将大众文化化为广大群众的生活文化（目前大众文化只是表现为发达城市一定数量居民的生活文化）。所以，当代中国大众文化还不能完全反映与代表"大众"的文化。为了说明问题的方便，这里尽量从"大众"的文化视角谈论大众文化（因为，从发展的眼光看，这两者会渐渐趋同）。尽管中国大众文化起步时间不长，但发展势头迅猛，特别是影视文化与网络文化发展更快，它们已得到许多年轻人的青睐，并渐渐影响到他们的生活方式与休闲方式。大众文化以快速、多变以及通俗性、趣味性迎合了社会大众的部分文化需求，成为现代社会不可或缺的文化力量。

在看到我国文化发展成绩的同时，也要充分考虑到其中的不足，立足世界历史发展规律，以马克思主义思想为指导，转变文化发展思路，拓展文化发展路径，加快文化发展速度。具体而言，有以下三点建议。

第一，文化事业要落地。

目前我国文化发展存在这种现象：文化事业缺产业，文化产业缺文化。当然并不是说所有文化事业都可以转变为产业，也不是所有文化事业都可以按产业的方式来进行生产，但文化事业要面向实践、面向现实和面向社会，贴近实际贴近生活、贴近群众，则是必需的。文化理论大众化是"三贴近"的一种重要方法，但并不是唯一的方法；文化理论更应该以自身特有的形式去反映现实的存在本质，揭示人民群众经济生活、政治生活与精神生活等方面的需求，并最终以通俗的形式将这些需求以理论形态有机地结合起来。当前，我国文化理论研究存在着明显的理论脱离实际的现象，相当多的理论著作往往是学者自身的自话自说缺少群众语言，更缺少与群众的沟通。对此，新闻战线提出的"走基层、转作风、改文风"要求也同样适合于理论战线。当然，"走转改"并不是要求理论工作者把主要时间与精力放在基层，但学者在适当场合花费一定时间深入基层则是相当有必要的。只有了解实际、深入群众、面向现实，才能使自己的理论作品真正富有生命活力。历史上最伟大的思想家往往都是最了解生活、最了解人民群众需求的思想家。

第二，大众文化要提升。

经过30多年的发展，中国大众文化虽然取得长足进步，但也暴露了不少问题，其中较突出的是如下问题：其一，粗制滥造，缺少精心雕刻与加工。许多影视作品，剧本还没有写完，拍摄工作就已经开始，不少影视的制作是边编剧，边加工，边拍摄。尽管我国每年能生产相当数量的影视作品，但事后给人留下印象的并不多，能产生刻骨铭心效果的更是少之又少。其二，挑战道德底线，存在明显趋于"三俗"现象。许多大众文化作品虽然能产生明显的"笑"果，但它们往往是通过穿梭于道德禁区与非禁区之间的灰色地带取得，难以给人留下更多的人生思考与启迪。近些年，不少学者对春节晚会的批评是值得深思的。其三，自话自说，猎奇于文字编织游戏。近些年来，西方后现代主义者关于"文本之外无他物""一切都是符号游戏"的思想对我国文化发展，特别是大众文化发展影响深刻，尽管其中也有不少合理理由，但过分沉湎于文字游戏以及戏说、玄想之中，最终使文艺作品脱离生活，降低了作品的含金量，使不少"作家"最终沦为"写手"。盘点这些现象，归根到底一句话：大众文化缺少文化意韵，缺少核心价值。在此美国心理学家马斯洛（Abraham Harold Maslow）五种需要层次的理论值得我们深入研究。当人们基本物质生活需求得到满足后，精神需求就显得异常重要。尽管嬉笑怒骂也值得玩味，暂时的娱乐可以放松心情，缓解人们生活与工作中的压力，但尊重与被尊重的需要自我实现的需要对一个已经满足温饱并逐步走向小康的人来说更加重要。韩国某些大众文化作品是值得我们反思的。不少韩国影视剧之所以在中国受欢迎，是因为它灌输了一种与中国传统文化十分近似的日常人伦观念。中国人不像西方人那样普遍信仰宗教，但通情达理、亲情关怀却是不可或缺的。由于大众文化与人们日常生活关系密切，因此，提炼并输入合情合理、合规合法的生活价值观就是迫在眉睫的。

第三，文化事业与大众文化要交融。

由于文化性质不同，因而生产与制作方式自然会有差别，我们应该探寻并遵循不同文化生产规律，切勿整体划一。尽管如此，不同文化之间的交融又是十分必要的。当前我国文化发展的一个重要使命就是要面向实践，回归生活，做到"三贴近"。文化事业的落地就是文化事业做到了"三贴近"，而大众文化的升空则是以另一种方式做到了"三贴近"。事实上，"贴近实际、贴近生活、贴近群众"不是简单深入生活，与群众打成一片就能做好的，"贴近实际、贴近生活、贴近群众"是要了解实际与生活的本质、了解群众的目前需求与长远需求，而不是浅尝辄止。大众文化的升空就是为了在把握生活本质与群众根本需求的基础上再次落地。当然，"落地"与"升空"也不是没有标准的。从丰富人民群众不断增长的物质与文化需要的角度看，文化事业的落地就是要将自身融入大众文化之中，而大众文化的升空就是要将自己飞入文化事业的领地（文化事业的落地与大众文化的升空还会有其他指向，如制度指向、政治指向、经济指向、社会指向与生态指向等。不同指向，对它们提出的具体要求是不同的。对此，这里不作探讨）。只有文化事业与大众文化在"落地"与"升空"中互动与融合，才能使大众文化具有深层文化底蕴，文化事业具有强烈生活气息，中国文化发展才能出现持久繁荣。相信不久的将来，我们会看到这一天。

文化中国：文化强国的价值坐标

自党的十七届六中全会提出努力建设社会主义文化强国的奋斗目标后，党的十八大、十九大都把文化强国建设提到重要议事日程上来。那么，究竟什么是文化强国，如何理解和建设文化强国？文化强国虽是一个重要目标，但不是我国建设和发展的终极目标，文化强国应该有清楚的内涵规定与感性形象，这就是文化中国。

一、文化中国的含义

近期有不少人谈论文化中国，在一些人看来，所谓文化中国实际上就是用文化讲述中国，或向国外介绍中国文化。这种理解虽然符合中文的通常解释，但它不构成文化中国的科学内涵。20世纪90年代，一些海外华人学者如美籍华人杜维明就曾提出过文化中国的概念，并对它的内涵作了理论解读。在杜维明等人看来，文化中国是针对经济中国、政治中国而言的，它表征的是一个意义中国，因为在相当多的西方人看来，他们心目中的中国形象就是20世纪60年代的政治中国与20世纪八九十年代以来的经济中国。杜维明等学者认为从中国传统角度讲，中华民族最明显的优势与符号应该是意义中国，以孔子为代表的一批大儒提出的伦理意义既具有当代中国价值，也具有明显世界意义。他们认为目前最重要的工作就是要复兴以儒家为代表的中国传统文化价值，并重构它的当代意义。杜维明等学者提出的文化中国自然有重要的现实意义，但它仍不是本文所理解的文化中国。本文认为文化中国是相对于法治中国、生态中国（美丽中国）而言的，它是根据文化在当今世界以及未来中国发展中的地位而提出的一个感性符号，是一幅说明现代中国追求文化、创新文化、利用文化创造世界和表现行为的形象图式。从文化在当今世界以及未来中国发展中的地位来看，文化中国应包括以下内容：

其一，理论图式。恩格斯指出："一个民族要想登上科学的高峰，究竟是不能离开理论思维的。"[①] 有些人认为改革开放初期我们没有理论，一切都是摸着石头过河。这个观点显然不能成立。中国特色社会主义建设是一项新的伟大工程，从事这项事业是前无古人的，不少东西需要去尝试和探索，但这并不意味着此时没有理论指导。怎么实践"中国特色"，需要摸索和尝试，但社会主义理论还是清晰可见的，虽然把它与中国具体实际相结合也是一项复杂的工程，但不能以此否定马克思主义和社会主义一般理论对中国特色社会主义的指导意义。如果说改革开放初期不少工作在一般理论指导下还可以"摸着石头过河"的话，那么，当改革进入攻坚阶段与深水区时就不能停留于一般理论指导层面，需要形成有效指导具体工作的较为具体的理论，因为此时的各个事物之间的关系变得盘根错节、十分复杂，稍不谨慎，局部失误就可能带来重大的全局影响。文化中国的理论图式针对的就是这种状况，它不仅指一切工作都需要用科学理论指导，不能一切只靠经验办事，而且更指需要不断创新理论，并用不断创新的理论指导我国全面发展。我们需要清醒地认识到目前的道路、制度特别是理论还不完善，需要不断总结、丰富

---

① 《马克思恩格斯选集》第4卷，人民出版社1995年版，第285页。

和发展。此外，从世界发展的趋势来看，当今世界科技发展日新月异，国际形势变幻莫测，许多新情况和新问题的解决都不能从马克思主义经典作家那里找到现成答案，都需要我们自身不断探索和创新。随着改革开放的不断深入，我国经济与世界经济发展的关系越来越密切，中国的崛起在改变世界格局的同时也引发了国际关系的重大变化，如何应对这些问题并很好地将中国"本土问题"和"世界问题"的解决有机结合起来，都需要重大理论创新。

其二，知识图式（或科学图式）。发展文化就要着力发展科学，做到自然科学与人文社会科学同时繁荣。自然科学是生产力，人文社会科学也是生产力。目前我国的 GDP 总量已居世界第二，综合国力明显增强，人们热爱知识、追求知识和利用知识的风气已形成，中华文化的世界影响正在逐步扩大，世界汉语热如火如荼，在世界多国建立的孔子学院数量逐年增多，以中国题材、中国故事和中国意象等中国元素为核心的中国文化热正在世界范围内逐步形成，中国的国际形象也越来越得到世界人民的认可和欣赏。但我们同时要保持清醒头脑，目前我国无论自然科学还是社会科学与西方发达国家相比还有很大差距，相当多的高科技产品都是由西方人发明创造的，就连像花木兰、熊猫与功夫等中国元素也只有经过西方人整合创造后才会轰动全球，中国走向世界的产品往往只是完成简单的加工制造，核心技术仍掌握在西方人手中。从世界产业链条来看，我国企业大多处于"微笑曲线"低端。从整个国际社会发展总体态势看，在生产领域，核心技术仍然是西方发达国家提供的；在文化产业领域，核心文化思想和文化价值仍然是西方的，文化产业的风向标依然是由西方主导的；在国际关系和国际交往中，主要话语权仍然掌握在西方发达国家手中。如何改变这一格局，如何让中国文化产品由"中国制造"走向"中国创造"，这是摆在中国人面前的迫切任务。

其三，意义图式。文化既有科学内涵，又有价值内涵（即意义）。就它们两者关系看是有一定联系的，科学内涵能为价值内涵祛魅，使文化价值内涵更有人文意义；价值内涵也可以促使作为科学的文化更好地为人类自身发展服务。但在另一种意义上，它们又是不能互相代替的。科学要求冷静客观，保持价值中立，而价值始终意味着一种承诺与维护。在西方历史上，文化概念曾经过多次嬗变。据英国著名文化唯物主义者威廉斯考查，在18世纪以前西方人所理解的文化是一种表示程序的概念，指农作物、牲畜和人的心灵的培育，到了18世纪文化才与文明等同，特指人类一种不断进步状态。19世纪，随着西方文明带来的野蛮与杀戮，文化又从文明中分化出来，特指一种与外在发展迥然有别的、内在的精神过程，它往往与宗教、艺术、家庭和人生联系在一起。后来，文化问题渐渐进入人类学家视野，逐渐又演变为专指特定民族的生活方式。① 文化概念在西方社会的变化也说明用科学文化解读意义文化是有局限性的（当然，如此说并不意味着文化的价值就无法用科学去衡量，文化价值的科学性是由另一套以正确历史观为基础的社会历史系统理论确定的。文化没有绝对优劣，但有先进与落后之分）。就文化的价值内涵来看，它特指一套意义系统，这套意义系统既决定了一个社会的价值，也决定了生活于其中的个人价值。有人认为，当代中国人普遍信仰缺失，这一结论有失偏颇。也有人认为，马克思主义归根到底属于西方文明，因而它与其他西方文明理论一样，不能提供一套有效的意义系统，人们在其中找不到生命的意义和终极关怀，这个观点同样存在问题。马克思主义虽然源于西方文明，但它与其他西方文明截然不同，其他西方文明只希望在资本主义制度基础之上建立一个人间乐园，而马克思主义则是要在打碎旧世界、建立新世界的基础上（即推翻资本主义制度，建立社会主义制度）建立人间乐园。马克思主义关于"人的自由全面发展"理论以及"人人为我，我为人人"的思想曾经激励和鼓舞过包

---

① ［英］雷蒙德·威廉斯：《马克思主义与文学》，王尔勃等译，河南大学出版社2008年版，第10—16页。

括中国人在内的众多志士仁人不惜牺牲生命去追求真理，怎么能说马克思主义没有意义系统，又怎么能说马克思主义不能解决包括生命在内的人生意义呢？说到信仰，自然就要联系到理想，而理想又分社会理想与个人理想。对于真正追求生命意义的人来说，社会理想无疑具有更高的地位。马克思主义提供的最重要理想恰恰就是这种社会理想。尽管当今世界风云变幻，不少社会主义国家出现了和平演变，但中国风景独好，中国正是以中国特色社会主义为指导取得了举世瞩目的成就。如果说这一成就还不能足以证明共产主义是最崇高的社会理想，那么，还有什么能承担这一重任？当然，社会理想不等于个人理想，在中国还没有成为真正合格的社会主义社会之前，要求寻常百姓都坚持这一理想并以此为目标严格要求个人行为，这有点不切实际。正是在这一背景下，我们才说不少人信仰缺失，缺少明显的情感与心灵地图。针对这一情况，建构一个符合当前中国实际的文化意义图式是十分重要的。

在此，不少民族解决信仰缺失的方式是借助于传统。中国有上下五千年历史，有诸子百家文化传统与文化资源。有传统、有资源，不等于就真正能解决当代人的精神问题，必须让传统经过现代洗礼并进行现代化意义上的重构才行。当然，也不是所有传统都能经得起现代洗礼并重构得有意义，只有那些与现代精神合拍，合乎现代理论与现代知识检证的传统才会重构得真正有意义。以儒家为代表的中华传统文化有意义，并不是在它们是传统这个意义上而言的，而是说它们有符合现代精神的文化气质。中国文化强调天人合一，注重和谐，重视天时地利人和，强调内在精神与气质的养成，这恰恰可以弥补当代人"外强内弱"的特点（指物质生活相对富裕，精神生活相对贫乏）。正是在强调科学理论、科学知识指导并以先进制度为保证的前提下，我们才能认同可以用以儒家为代表的中国文化传统去完善中国人的意义世界，这也正是与杜维明等学者讲的"文化中国"的区别。当然，意义世界不只是信仰与道德问题，还有情感、情绪等问题。马克斯·韦伯曾指出，人是生活在意义之网中的动物。这里的意义既包括人生意义，也包括社会意义、环境意义等。

二、文化中国的意义

作为先进理论和科学知识图式的文化意义，人们自然是十分清楚的。这里单就意义图式的意义来说明文化的作用。从一个社会主要组成来看，大体上有经济、政治、文化、社会与生态等几个方面。意义图式对文化繁荣与发展的作用是十分明显的，它是软实力，是吸引力。意义图式对社会秩序的建构与维护也是十分重要的，它让人们在有亲和力的环境中交往与成长。意义图式对建设生态中国也是有作用的，它能让人们在感受到美丽中国的同时增添更多诗情画意。下面，分别就意义图式对当代中国经济建设和政治建设的作用做一简单分析：

其一，意义图式有利于中国经济发展。国际经验表明，当一个国家人均 GDP 达到 5000 美元时，经济中三大需求结构会发生变化（三大需求指投资需求、消费需求和国外需求），原来占主导地位的投资需求渐渐让位给消费需求。当消费需求主导地位与分量不断上升，一个国家就从生产社会发展到消费社会。消费社会与生产社会最大的区别是，前者是消费引领生产，后者是生产决定消费。在消费社会，人们生活的基本特点是，生活必需品已基本满足，此时人们消费特点会由物质需要逐步转向精神需要、文化需要。法国社会学家鲍德里亚关于消费社会提出了一套象征意义的理论。在他看来，消费社会的主要买点不是物品，而是符号。他所谓的符号自然是指有象征意义的文化符号。另外，文化产业在未来经济发展中占越来越大的比重，虽然文化产业比拼的是资本与技术，但没有强大的文化想象力和丰富的文化象征资源，要建成世界一流的文化企业同样是不可想象的。当前我国人均 GDP 已超过 5000 美元，这就意味着我国社会需求结构也悄悄发生着变化，人们对文化需求的程度会越来越高。在这种情况下，建设经济强国不仅需要有更充足的资本与更高含金量的科技，也需要有一个丰富的意义世界。

其二，意义图式有利于中国政治建设。西方马克思主义者葛兰西指出："一个社会的霸权地位表现在以下两个方面：即'统治'和'智识与道德领导权'。一个社会集团统治者，它往往会'清除'或者甚至用武力来征服的敌对集团，他领导着同类的和同盟的集团。一个社会集团能够也必须在赢得政权之前开始行使'领导权'（这就是赢得政权的首要条件之一）；当它行使政权的时候就最终成了统治者，但它即使是牢牢地掌握住了政权，也必须继续以往的'领导'。"[1] 在他看来，一个社会政治控制的能力与范围是有限的，大量的问题留存在广大的市民社会之中。而对市民社会的管理完全靠统一的意识形态是很难做到的，最重要的是要建构一套与政治控制相统一的文化意义模式。这一思想对我们政治权力巩固与社会管理是非常有启迪意义的。无论是国家权力还是意识形态，都不可能管理到人们日常生活的所有方面，对这些方面社会秩序的确定与人际关系的管理应该更多靠建构一套与意识形态保持一致的文化模式。一般而言，文化所涉及范围要比意识形态大得多，凡是有人群存在的地方就必然有文化的存在；而意识形态更多涉及生产关系与政治关系。尽管意识形态可以渗透到不同文化领域，但它毕竟不能代替这些领域文化的社会功能。此外，一种政权模式或意识形态只有与本民族的文化传统相结合，才能体现出更好的意义，才能获得更广泛民众的支持与认可。美国文化人类学家格尔茨说过："政治的文化解释是强有力的，是在它们比政治事件更有生命力的程度上……如果有一个合适的社会学基础，发生任何事情都会强化解释的力量；否则，发生任何事情

---

① ［意］安东尼奥·葛兰西：《狱中札记》，曹雷雨等译，中国社会科学出版社 2000 年版，第 38 页。

都会毁灭解释的力量。"① 中国梦之所以得到广大民众的认可，不只是因为它体现了人们内心追求成功、实现人生价值的理想，更是反映了民族的呼唤和历史的冀盼。

三、文化中国的建设

1.科学理论指导，先进制度保障

在文化中国建设的漫长过程中，尊重历史客观规律是首要前提。从历史规律角度讲，文化作用再大、再明显，相对于经济发展来说，它显然是第二位的。只有经济强大了，综合国力提升了，才可能逐步实现文化强国，建设文化中国。而要建设经济强国，不断提升综合国力，又必须有科学理论指导，先进制度保障。指导思想是涉及全局、根本与长远的东西，只有指导思想正确了，才可能在促进中国社会整体发展中定位好文化、利用好文化、发展好文化。就具体文化建设而言，光有一般指导思想还是不够的，还需要有指导各项具体文化建设工作的核心思路与核心理念，即社会主义核心价值体系和社会主义核心价值观。党的十七届六中全会指出："社会主义核心价值体系是兴国之魂，是社会主义先进文化的精髓，决定着中国特色社会主义发展方向。"② 文化中国的建设光有文化自觉显然不够，还需要建立科学合理的文化发展制度。邓小平指出："制度问题更带根本性、全局性、稳定性和长期性。"③ 建设文化发展制度必须遵循文化发展规律，文化建设不同于经济建设，它是

---

① [美] 克利福德·格尔茨：《文化的解释》，韩莉译，北京译林出版社 2008 年版，第 385 页。

② 《中共中央关于深化文化体制改革推动社会主义文化大发展大繁荣若干重大问题的决定》，人民出版社 2011 年版，第 11 页。

③ 《邓小平文选》第 2 卷，人民出版社 1994 年版，第 333 页。

一种精神劳作，不能用指导经济建设工作的思路和发展物质生产的方式来进行，应该根据不同文化存在形式和不同文化性质建立一种统、分、合的文化发展体制。从目前我国文化发展势态看，应该分别建立先进文化特别是马克思主义理论建设、产业文化发展和事业文化繁荣（包括自然科学在内）三种制度。三种文化制度虽有不同，但可以相互促进和相互支撑。先进文化加强了，产业文化和事业文化就有了正确方向并能做大做强；产业文化做大了，先进文化和事业文化既有了资金上的支持又丰富了实践上的经验源泉；事业文化做强了，先进文化就更有了创造力和影响力，产业文化也增添了活水源头。若三种文化都同步发展了，那以理论图式、知识图式和意义图式统一的文化中国形象就清晰可见了。

2. 工具理性与价值理性的有机统一

我国在不到 100 年时间之内走完了西方几百年的现代化历程，这不能不说是一个人间奇迹。但西方在实现现代化历程中所犯的错误，中国不能不谨防、慎防，一些西方马克思主义者和后现代主义思想家对当代西方社会的批判不能不引起我们的高度重视。若中国在很短时间内走完现代化历程时也犯了西方社会同样的错误，那后果是不堪设想的。中国毕竟是一个人口众多的大国，作为后发国家，一旦犯了同样错误，后果是难以弥补的。西方在现代化过程中过于重视工具理性，在发展经济的同时引发严重的生态破坏并使人际关系严重淡漠，这就提醒我们在强调科学知识和技术作用的同时，要不断完善与建构一个意义世界，让人们的物质生活得到不断满足的同时，精神生活也得到同样满足，心灵得到安抚。意义世界绝不能等到现代化已经完成之后才进行，必须在现代化建设进程中同步进行。当然，另一个极端也同样是不可取的，若没有强大的经济实力与综合国力，完全驻步于意义世界也是无济于事的。

3. 建立激励创新机制，营造文化繁荣氛围

文化中国不仅需要有巨大的文化资源，更需要充分激发文化发展的活力，建立文化激励机制，培育文化创造力。"发展社会主义文化，

必须继承和发扬一切优秀的文化，必须充分体现时代精神和创造精神，必须具有世界眼光、增强感召力。"① 美国是一个历史短暂、文化资源并不丰富的国家，它之所以能成为世界头号文化强国，根本原因在于它能不断吸纳不同民族和国家的文化资源为其所用并建立与之相适应的文化创新机制，鼓励并培育国民不断追求创新的文化精神。当前我国文化建设需要创新的方面很多，但从创新内涵与创新形式上下功夫则是十分重要和迫切的。就目前创新三种形式而言（即原始创新、集成创新和消化吸收再创新），我国文化创新应该在不断加强消化吸收再创新方面继续作出努力外，更要向集成创新特别是原始创新方向推进。当然，创新精神的培养和创新成果的开发和利用也需要有创新思路，需要不断培育创新主体、完善创新制度和建立创新生态。正如十八届三中全会《决定》指出的那样，创新工程的推动，需要"建立健全鼓励原始创新、集成创新、引进消化吸收再创新的体制机制"，"建设国家创新体系"。文化中国建设还需要培育尊重文化、追求文化和崇尚文化的氛围。文化既是外在的，又是内在的；文化既是外表，又是内涵。若只把文化当成一种利用工具或只用它粉饰门面，那文化对人来说永远只是外在的东西。只有把文化既当成外在力量，又当成内心需求，真正化为品行修养和品位情操，那时文化才能真正成为一种形象。人活着是要有点精神的，这里的精神不仅是指实现民族国家繁荣富强以及人类和平发展的社会理想追求，也指个人人格理想追求。无论是社会理想还是个人人格理想，除了需有充分的认知外，还需要认真培育和精心滋养。中国传统文化在这方面有丰富资源，应该在马克思主义思想指导下正确有效地挖掘并利用这些资源。孟子在讲人格修养时，就曾讲到过"善信美大圣神"多个层次，并认为"人皆可以为尧舜"。意义世界的建构仅靠认知和内心追求还不够，还需要通过营造浓厚的文化氛围和环境氛围来实现。只有让人

---

① 江泽民：《论"三个代表"》，中央文献出版社 2001 年版，第 160 页。

们在广泛的人际交往中感受到正当"利"的作用的同时，还切实感受到"义礼信情"的作用和"良知"的力量，一个真正的意义世界才算凸显出来。对于营造文化环境氛围来说，要善于利用文化的象征意义和节日特别是重大传统节日的情感意义。对于"象征"，文化人类学家格尔茨这样解释说："'象征符号'一直用来指称不同的事情，而且经常是同时指称多种事情。……所有这些都是象征符号，至少是象征成分，因为它们都是概念的可感知的形式，是固化在可感觉的形式中的经验抽象，是思想、态度、判断、渴望或信仰的具体体现。"[1] 由于象征是可感觉的思想形式，它的广泛运用和存在，会让人们真正感受到无处不在的思想力量。由于节日可烘托氛围，渲染气氛，因而它可以达到纯洁心灵和净化情绪的作用。

总之，文化中国既是对整体中国而言，也是对每个中国人而言。若只是国家强大、内涵丰满、气韵生动，个人品位、气质和修养欠缺，那也不是真正意义上的文化中国。文化中国是真正硬实力和软实力集于一身的感性形象，它需要国家与个人的共同努力和不懈追求。

---

[1] [美] 克利福德·格尔茨：《文化的解释》，韩莉译，译林出版社 2008 年版，第 111—112 页。

社会主义核心价值观知行合一的实践建构

马克思指出："理论一经掌握群众，也会变成物质力量。理论只要说服人，就能掌握群众；而理论只要彻底，就能说服人。所谓彻底，就是抓住事物的根本。"① 社会主义核心价值观是社会主义意识形态的本质体现，是社会主义文化的核心，是我国经济政治文化社会长期稳定发展的精神支撑和价值依托。弘扬、培育和践行社会主义核心价值观需要在尊重受教育者主体地位的基础之上，根据不同受教育者思想发展实际做耐心深入和持久的工作。社会主义核心价值观要内化于心、外化于行，必须加强教育工作的常态化、持久化与制度化。

一、探索不同受教育者教育特点，丰富教育载体，创造教育方式

根据受教育者不同特点，采用不同的教育方式与教育内容，任何教育成功的关键不仅仅取决于教育内容与教育方法，还取决于是否尊重受教育者的主体地位与思想实际。对于心智正处于成长发育期的少年儿

---

① 《马克思恩格斯选集》第 1 卷，人民出版社 1995 年版，第 9 页。

童来说，社会主义核心价值观主要应通过形象生动的方式进行，教育内容亦可以从社会主义核心价值观主题内容正面切入。而对于心智已发展成熟的成年人来说，教育方式就应该多采取摆事实、讲道理的理性灌输方式，教育内容更应侧重讲深层道理。

就目前社会主义核心价值观的教育来看，讲清以下两个问题应该是教育的重点：

一是践行社会主义核心价值观的意义。自改革开放以来，人们对经济发展的意义认识得比较清楚，但对于价值观的意义则比较模糊。在不少人看来，价值观属于精神层面的东西，它再重要也不如经济等物质因素重要。另外，近些年来我国一直在坚持社会主义核心价值观教育方面下功夫，但内容却又有所不同。党的十八大以前主要是践行社会主义核心价值体系教育，十八大以后又提出进行践行社会主义核心价值观教育，它们之间究竟是什么关系？又应如何理解它们之间的联系与区别？这些问题不解决，就会在相当一部分人心中存在模糊认识，似乎目前的教育只是一种因形势发展所需要的形式，过一段时间后主题教育的内容还会发生相应变化。这种模糊认识必然影响践行社会主义核心价值观的常态化与持久化。价值观虽然是一种精神文化，但它并不仅仅存在于人们的纯粹的精神活动之中，它也存在于包括物质活动在内的一切人类活动之中。精神文化领域有价值观问题，经济发展、政治发展与社会发展等也都有价值观问题。价值观正确了，国家的经济发展、政治发展和社会发展等就会沿着健康的道路前行；价值观错误了，尽管一段时期经济发展或社会发展取得了成果，但可能同时带来其他方面的负面影响，这些负面影响的解决甚至需要付出相当大的代价。比如，人们片面追求发展速度和 GDP 的提高，带来了环境污染及生态平衡的破坏。因此，党的十七届六中全会指出"社会主义核心价值体系是兴国之魂"。由于不同领域都有价值观问题，那就存在如何从众多价值观领域提炼核心价值观问题。提炼社会主义核心价值观是一个十分复杂的系统工程，既要考虑经济、政治、文化与社会等不同领域价值观问题，也要将国家过去、现在与未来发展紧密结合起来，将自下而上的工作与自上而下的工作结合起来。由此，先提炼出原则与框架是十分必要的，社会主义核心价值体系就是这样一个原则与框架。但原则与框架毕竟不能代替社会主义核心价值观的提炼工作，因此，在社会主义核心价值体系指导下准确提炼直接指导实际工作的社会主义核心价值观就变得十分迫切与必要。由此，社会主义核心价值体系与社会主义核心价值观是一脉相承的。

二是讲清国家、社会与个人三个层面核心价值观的关系与意义。党的十八大提出的社会主义核心价值观并不是社会主义核心价值观提炼工作的终止，它只是一个重要阶段，它从国家、社会和个人三个层面提出了反映现阶段全国人民"最大公约数"的社会主义核心价值观，更准确、精练的社会主义核心价值观还需要在以后的实践工作中不断探索。既然如此，那目前为什么一定要从国家、社会与个人三个层面提炼社会主义核心价值观呢？这些问题存在于相当一部分人心中，如果不能科学回答，就会影响宣传与教育的效果。根据马克思主义基本原理，国家、社会与个人是现代社会发展的三个既相互依存、相互促进又相互制约的层面。社会是由个人组成的，个人素质与修养影响社会发展；但同时任何个人又都是处于一定关系中的，社会状态直接影响并规定着个人发展。无论是个人还是社会的发展，都必须有一个组织机构来统筹兼顾，这个组织机构就是国家。国家强，则个人强，社会昌盛；国家弱，则个人弱，社会缓行或衰败。三个层面虽相互影响，但又相对独立，不能互相代替。只有三个层面都发展起来的社会，才是先进、发达的社会。十八大从国家、社会与个人三个层面提炼社会主义核心价值观，既是对社会发展价值观实质的准确把握，又是符合现代社会发展规律的重要体现。在中国传统社会，虽然人们具有比较强烈的"家国"情怀，但这种情怀与其说是对"家"与"国"相互关系的认识，不如说是对"家"对"国"影响力的认识（人们往往把"国"当成一个"大家"），缺乏对

"国"对"家"承担的义务与责任的认识。虽然鸦片战争以后的近现代中国发展史适当改变了人们的认识，但这种认识清晰程度还是不够。就此，需要进一步加强"国家"与"个人"关系的认识。正如习近平总书记所说，"国家好，民族好，大家才好"①。国人对"国"与"家"关系还是有一定认识的，但是，对"社会"与国家和个人关系的认识就相对模糊。由于中国长期处于自给自足的自然经济阶段，"社会"相对独立性没有凸显，人们对它对"国""家"作用与意义的认识自然不可能到位。因此，对社会层面社会主义核心价值观教育问题应该成为一项十分重要的工作。在这一教育过程中，既要让人们看到社会发展对国家与个人的意义与作用，又要防止西化思想与复古主义思想的影响。个人价值与作用的实现既要靠国家的发展来保证，又要靠社会发展来实现。国家可以主导社会与个人发展，但也必须给社会与个人发展留下相对独立的空间；这一空间既是社会与个人自身发展的需要，也是形成国家与社会、个人关系良性互动的需要。国家的权力来自于民，也用之于民，只有保证个人与社会的相对独立性，才能更好地监督国家权力，让权力在阳光下运行。另外，个人自身的发展除了需要有国家发展的保障与自身的努力外，还需要有高度发达的社会状态来保证。让国家承担个人所有发展的责任既不现实，也不符合历史发展规律。当然，也不能由此走向另一个极端，认为只有个人发展好了，国家才能好；或者认为只有社会发展壮大了，才能更好地监督国家权力的运行。

其次，积极探索践行社会主义核心价值观教育载体，促进教育形式的多样化与大众化。践行社会主义核心价值观的教育必须多方面展开，全方位渗透，必须探索与推进多种载体与多个渠道的相互结合。既要通过不同级别行政部门逐层落实，又要借助传统媒体与新型媒体逐项展开，要形成党政工团与社会组织齐抓共管的局面。在开展正面教育的

----

① 《习近平在参观〈复兴之路〉展览时的讲话》，《人民日报》2012年11月30日。

同时，还要合理采用无意识渗透与寓教于乐等教育方式，积极促进教育方式与教育内容的大众化和生活化，注意把握以下环节：

一是将显性教育与隐性教育结合起来。正面推进是践行社会主义核心价值观教育的主导方式，让所有中国人都能清楚认识到社会主义核心价值观的具体内容，是践行社会主义核心价值观教育初始阶段的必要工作。但随着社会主义核心价值观渐渐深入人心，隐性教育就显得更有必要和更有效果，应该把社会主义核心价值观隐化到各项工作之中，让它成为各项具体工作的隐化主题，以无形力量影响并制约各项具体工作的深入展开。

二是将教育活动与文化发展结合起来。随着全球化与中国经济的不断发展，文化的地位与作用不断提升，传统文化、地区文化、部门文化和群体文化发展等不断得到加强。文化是精神支柱，也是人们之间联系的桥梁。合理利用不同文化形式，并把社会主义核心价值观渗入其中，是加强文化建设与践行社会主义核心价值观的共同任务。让社会主义核心价值观渗透于不同文化形式之中，既可以起到增强宣传教育社会主义核心价值观效果，也可能起到改造与发展不同形式文化的任务。当然，也必须注意，要在尊重不同形式文化特点和相应群体心理特点的基础之上做好渗透改造工作；否则，效果可能适得其反。

三是将教育活动与重大群众性活动结合起来。促进践行社会主义核心价值观教育大众化工作，除了要采用群众能接受的语言与叙事方式之外，更要与群众生活方式与日常行为活动结合起来。从日常行为活动的角度看，经常性的群众活动与定期性的重大群众活动是影响群众生活方式与行为方式的重要环节。把践行社会主义核心价值观教育活动与这些群众活动有机结合起来，能起到事半功倍的效果。

二、推进自我教育，促进受教育者知行合一

任何重大主题教育既要发挥正面灌输的功能，也要发挥受教育者的自觉性、主动性与主体性，引导他们进行自我教育。对于那些跟人们日常行为关系十分密切的主题教育活动，更应该发挥受教育者自我教育的功能，这样人们才能更好地消化吸收，入心化行。在这方面，中国文化有丰富的资源可以吸收借鉴。《礼记·大学》提出了大学之道的"三纲八目"。所谓"三纲"，即"大学之道，在明明德，在亲民，在止于至善"；所谓"八目"，即"古之欲明明德于天下者，先治其国；欲治其国者，先齐其家；欲齐其家者，先修其身；欲修其身者，先正其心；欲正其心者，先诚其意；欲诚其意者，先致其知；致知在格物。物格而后知至；知至而后意诚；意诚而后心正；心正而后身修；身修而后家齐；家齐而后国治；国治而后天下平"。在这里，必须把中国古代"知行合一"思想跟马克思主义关于认识与实践关系思想结合起来。它们之间既有联系，也有区别。它们的联系是都强调精神性的东西只有与实践活动结合起来，才能真正产生社会效果与影响力；它们的区别在于：马克思主义重点强调对社会与自然规律正确反映的认识对人们社会实践的影响，而中国古代"知行合一"思想更强调个人的精神修养与精神境界对道德行为的影响。若从个人行为的角度看，它们之间可以有机结合：首先，正确的认识可以积极影响人的行为，错误的认识则消极影响人的行为。由于社会主义核心价值观是对当前我国社会发展规律的正确认识，因此，若进行必要的正确引导它就会积极影响人的行为。其次，价值观的认识又不同于一般对物质规律的认识，它是规律性与目的性的统一，因此，要想使这种认识真正转化为人的自觉行动，需要经过必要的"修炼"阶段，即"诚意""正心"等阶段。一种正确理论其正确性尽管被人们清

楚认识，但并不意味着它就会自觉转变为人的行为（特别是道德行为）。因为人的行为除了受到认识影响外，还受到情感、意志等因素的影响。若一种正确认识没有得到人们情感高度认可（即合理不合情），或没有培养出坚韧的意志力，它就不可能顺利变成人们的行为实践，即使变为行为实践也不可能持久。相反，一种错误认识尽管根本错误，若有强烈的情感支持与坚韧意志力配合，它也可能变为人的自觉行为（即合情不合理）。因此，若要使社会主义核心价值观更加深入人心，除了进行必要的正面教育外，更应该通过自我教育等方式培养人们的情感认同与意志力配合。一般来说，一种正确认识若转变为信念或在持久的实践中不断产生正面的社会效果，就可能变为人们的自觉行动，此时的行动则是既合情又合理。就此，践行社会主义核心价值观的宣传应该把共产主义理想与中国传统文化中的合理社会理想、中国近现代屈辱史以及新中国成立后特别是改革开放后的辉煌史结合起来，让人们在正确认识历史的同时进一步增强情感认可。在引导人们进行自我教育时，应该注意以下两种教育形式及其相应特点的培育：

1. 注重个体自我教育与相应理想人格的培养

中国古代教育家十分重视自我教育，他们在"立志""存养""内省""克己"和"力行"等方面提出了重要的自我教育路径与方法。孔子说："仁远乎哉？我欲仁，斯仁至矣"，"君子求诸己，小人求诸人"，"君子之过也，如日月之食焉，过也，人皆见之，更也，人皆仰之"。[1]孟子说："天将降大任于斯人也，必先苦其心志，劳其筋骨，饿其体肤，空乏其身，行拂乱其所为，所以动心忍性，曾益其所不能。"[2]"爱人不亲，反其仁；治人不治，反其智；礼人不答，反其敬。行有不得，皆反求诸己。"[3]王守仁也说："省察克治之功则无时而可间。如去盗贼，须有

---

① 《论语·子张篇》，中华书局 1979 年影印十三经注疏本。

② 《孟子·告子下》，陈浦清《四书注译》，广州花城出版社 1998 年版。

③ 《孟子·离娄上》，陈浦清《四书注译》，广州花城出版社 1998 年版。

个扫除廓清之意，无事时将好色、好货、好名等私，逐一追究，搜寻出来，定要拔去病根，永不复起，方始为快。"① 对于力行，朱熹曾说："夫学问岂以他求，不过欲明此理，而力行之耳"，"欲知之真不真，意之诚不诚，只看作不做，如何真个如此做底，便是知至意诚"②。当然，中国古代教育家提出的理想人格主要是道德人格，它不包括社会理想、职业理想和生活理想等方面人格；并且，单就道德理想人格而言，它重视的是精神人格，排斥物质追求。社会主义核心价值观教育应该把个人的社会理想、职业理想、生活理想与道德理想结合起来，让人们在个人理想人格养成中注意国家、社会、生活、职业与道德的统一，使人们充分认识到国家昌盛和社会发展对理想社会与理想人格培养的重要性，倡导人们培育爱国、敬业、诚信和友善意识，认识到劳动光荣与劳动创造幸福的深刻道理。尽管中国古代思想家有关自我教育思想有一定的局限性，但其立志、存养、内省和力行等循序渐进方法无疑是宝贵遗产，值得认真总结与创造性发展。

2. 注重集体自我教育与中国精神的培育

让集体在学习、参观与讨论中提升社会主义核心价值观意识，既是增强集体凝聚力的表现，也是深化主题教育的重要方式。集体教育可以让人们在互相学习中增加认识，加强心理沟通，培育集体情感和集体意识，有利于实现人行为的知情意的统一。在强化集体自我教育的过程中，应该很好地利用民族精神、民族情感与民族文化的价值，以社会主义核心价值观为媒介创造性利用和创新性发展民族精神，并以此为基础提炼中国精神，凝聚中国力量。由于人的精神与行动之间的关系需要通过心理中介来完成，因此，在此过程中，注重相对稳定的社会性格塑造与培育影响持久的社会心理至关重要。对此，我们可以从弗罗姆的"社

---

① 《王文成公全书》第 12655 册，台湾商务印书馆 1984 年影印文渊阁四库全书本，第 123 页。

② 黎靖德编：《朱子语类》，山东友谊出版社 1993 年版，第 461 页。

会性格"与"社会心理"理论中得到启示。弗罗姆指出，社会性格"是一个团体的绝大多数人性格结构的核心。是作为这一团体共有的活动方式和基本的实践活动的结果而发展起来的"①，"社会性格在某种程度上是可变的，它是把人的能量引向同化和社会化过程的（相对固定）形式"②。他认为社会性格有理性方式、爱的方式与创造性思维方式等表现出的生产性性格以及以接受型、剥削型、囤积型和市场型等表现出的非生产性性格，而意识形态以语言、逻辑等方式通过直接影响社会心理去塑造社会性格。虽然弗罗姆社会性格理论是针对资本主义社会的，但这一思想对践行社会主义核心价值观、重塑民族精神与民族性格无疑是有正面意义的。

三、营造环境，加强配套的法律制度建设

1. 营造氛围，建设健康的社会综合环境

人的行为离不开环境，再好的教育若没有适合的环境支撑，也难以达到良好的社会效果。因此，营造良好的舆论氛围是践行社会主义核心价值观的必要举措。不过，仅仅有舆论氛围还是不够的，还应该不断改善经济环境、政治环境与社会环境等。马克思指出："有一种唯物主义学说，认为人是环境和教育的产物，因而认为改变了的人是另一种环境和改变了的教育的产物，——这种学说忘记了：环境正是由人来改变的，而教育者本人一定是受教育的。因此，这种学说必然会把社会分成两部分，其中一部分凌驾于社会之上。环境的改变和人的活动的一致，

---

① ［美］弗洛姆：《逃避自由》，陈学明译，工人出版社 1987 年版，第 358 页。

② ［美］弗洛姆：《人的新希望》，车文博主编《弗洛伊德主义原著选》下卷，辽宁人民出版社 1989 年版，第 547 页。

只能被看作是并合理地理解为变革的实践。"① 社会主义核心价值观涉及的不仅仅是个人层面，它也在国家与社会层面提出了建设目标。客观地说，这些目标是科学的，也是令人鼓舞的，但纸上谈来终觉浅，绝知此事要躬行。一定要让人们亲身地感受到全面建成小康社会与实现中华民族的伟大复兴这个目标正在一步一步接近，让人们亲身感受到正处于一个经济渐渐繁荣、政治清明与风清气正的社会环境之中。只有这样，社会主义核心价值观才会以真实效果赢得民心，以良好综合环境影响甚至改造个人行为。相反，若仅仅有舆论上的宣传，没有经济、政治与社会环境的配合，那社会主义核心价值观就很难深入人心；或即使取得了一定效果但也很难持久，甚至还会出现教育与行为"两张皮"现象。因此，必须把践行社会主义核心价值观宣传教育活动与经济发展、民主建设、社会治理以及反腐败工作、党风政风民风社风改善紧密结合起来。

2.建设教育为主、法制配合的教育架构

在道德与政治关系问题上中国古代有很多做法值得合理借鉴，其中关于"道德政治化"与"政治道德化"做法就有启迪意义。中国是一个很注重"德治"的国家，德治也曾经给中国带来持久辉煌并产生了巨大软实力。中国古代德治重视两种方法：一是教化，二是政治化，即把道德内容与政治结合起来。社会主义核心价值观是一种"大德"（大德既包括思想品德方面，也包括经济、政治与社会建设方面），其践行过程主要依靠思想教育，要以理服人、净化心灵，但也需要有必要的法律措施。正如邓小平所说："我们过去发生的各种错误，固然与某些领导人的思想、作风有关，但是组织制度、工作制度方面的问题更重要。这些方面的制度好可以使坏人无法任意横行，制度不好可以使好人无法充分做好事，甚至会走向反面。"② 虽然邓小平谈的是治国理政问题，其实

① 《马克思恩格斯选集》第 1 卷，人民出版社 1995 年版，第 59 页。
② 《邓小平文选》第 2 卷，人民出版社 1994 年版，第 326 页。

在思想教育问题上也一样。每个人所面对的环境不同，思想素质也有差别，希望每个人都成为道德楷模是不现实的。因此，采取配套的法律措施是十分必要的。在思想教育法制化问题上，一定要注意教育与法律之间的界限。思想道德问题主要是以教育方式解决，法律只能作为辅助手段；若把所有问题都归于法律问题，不仅难以建立如此多的法律法规，更不能从根本上解决人的信念与信仰问题。法律引向思想教育领域一定要确立一种底线思维，即法律是道德的底线。也就是说，践行社会主义核心价值观既要进行正面宣传和引导，也要对那些严重违背社会主义核心价值观的人进行法律惩处。

论城市精神与美好生活

亚里士多德（Aristotle）说过："城邦的长成出于人类'生活'的发展，而其实际的存在却是为了'优良的生活'。"① 作为文明的象征，城市一直是人们向往和追求的生活，也是社会发展的重要目标。新中国成立以后特别是改革开放以来 40 年的发展，我国城镇化进程取得了飞速发展，我国社会也从总体上由农村为主的农业社会渐渐走向以城镇为主的城市社会。据国家统计局提供的数据，2017 年末我国内地总人口 139008 万人，其中城镇常住人口 81347 万人，占总人口比重（常住人口城镇化率）为 58.52%。尽管这个比例跟发达国家 80% 的平均水平还有很大差距，但也意味着我国已经告别了以农村和农业为主的农业社会。不管有没有以及记不记得住乡愁，那种"面朝黄土背朝天""日出而作，日落而息"的生活方式对大多数人来说已成过往。不管人们愿不愿意居住在城市并享有城市生活，城市社会已经成为历史发展的必然（城市社会是指以城市为核心的整体社会）。当人们在享受城市的繁华、富裕、文明和便捷的同时，也深深感受到了其拥挤、拥堵、喧闹和快节奏。尽管我国主要城市跟西方发达国家城市相比，其繁华度和发达度还有一定差距，但其突出的城市病也不得不让我们正视这样几个问题：我

① ［古希腊］亚里士多德：《政治学》，吴寿彭译，商务印书馆 1965 年版，第 6 页。

们需要建设怎样的城市、我们应该怎样建设城市等。这里有一个绕不开的话题，就是城市精神与我们的日常生活。

一、城市与美好生活

对城市的起源问题，目前有"因城而市"和"因市而城"等不同说法，但不管如何社会分工的出现是其产生的重要根源，商业和市场的发展则无疑是其发展的助推器。马克思指出："物质劳动和精神的最大一次分工，就是城市和乡村的分离。城乡之间的对立是随着野蛮向文明的过渡、部落制度向国家的过渡、地域局限性向民族的过渡而开始的，它贯穿着文明的全部历史直到现在。"① 城市原本也只承担生产与生活双项职能，但随着社会分工细化特别是工业化与信息化的发展，城市的生产与管理形成了十分庞大而复杂的系统。按理说，这一复杂系统的形成对城市的管理是有益的，也方便了人们的生活，提升了人们生活的品质。但由于这一复杂巨系统又是由若干子系统组成，且每一个子系统又有自身独特发展的规律与功能，这样随着城市的不断发展，人们似乎渐渐萌生了城市与人们日常生活渐行渐远的感觉。当人们在享受城市发展成就的同时，也慢慢增添了不少失落感和一定程度的怀旧感。当资本成为城市发展的主要动力时，这种感觉愈来愈强烈。正如列斐伏尔（Henri Lefebvre）所说："不同的逻辑正面交锋，而且有时发生冲突；商品逻辑（扩展至试图以消费为基础来组织生产）、国家和法律的逻辑、空间的组织（城乡规划和都市规划）、对象的逻辑，即日常生活、语言、信息和通信的逻辑。因为每种逻辑都想成为具有约束性的和完全性的，它消除了一切不适宜的并声称要统治世界的剩余物，所以它便成了空洞

---

① 《马克思恩格斯选集》第 1 卷，人民出版社 1995 年版，第 184 页。

无物的同义反复。按照这种方式，通信只传播可传播的。但是所有逻辑和所有同义反复会在某一时刻彼此相遇。它们共有一个空间——剩余价值的逻辑。城市，或它遗留下来的，或它将会成为的，比它本身更适于资本积累即剩余价值的积累、实现和分配。"①

根据马斯洛需要层次理论，人的基本需要是衣食住行等生理需要，其后是安全需要、社交需要、尊重需要和自我实现需要。这说明人的需要的基本层面是物质需要，当物质需要得到相应满足后，渐渐趋向精神需要。也就是说，人们对"好"的生活的向往和要求是分层次的，有梯度的。这里既有客观标准，也有主观感受。随着人们生活水平的不断提升，其主观感受程度显得越来越重要。当然，马斯洛需要层次理论也有明显局限，它过度强调个体生物学意义上的需要，而忽视其社会需要。人是社会人，人既需要在社会发展中实现个体需要，也需要在社会关系中实现个人价值和个人发展。人的社会需要既表现在工作、收入和居住条件等方面，也表现在民主、法治、公平、正义、安全和环境等方面。正如习近平总书记所说，"我们的人民热爱生活，期盼有更好的教育，更稳定的工作，更满意的收入，更可靠的社会保障，更高水平的医疗卫生服务，更舒适的居住条件，更优美的环境，期盼孩子们能成长得更好，工作得更好，生活得更好。"② 考虑到个人生物学意义上需要与社会需要综合发展，人们对"好"生活的要求可依次表现为富裕生活、幸福生活、美好生活与自由生活。富裕生活自然是相对穷困生活来说的，它着重解决人们的生理需要。自建成小康社会后，富裕生活的追求渐渐让位于幸福生活，幸福生活自然有客观标准，但同时也渐渐增强了主观感受，它更多指向心灵的慰藉（即道德内涵）。在此之上，便是美好

① ［法］亨利·列斐伏尔：《都市革命》，刘怀玉等译，首都师范大学出版社 2018 年版，第38 页。

② 习近平：《人民对美好生活的向往，就是我们的奋斗目标》，《十八大以来重要文献选编》（上），中央文献出版社 2014 年版，第 70 页。

生活。美好生活是一种高品质的生活，是在"真""善"基础上增添了"美"的感受的生活。"好"生活最高层次是自由生活，这里的自由不仅仅指政治自由，更指社会自由特别是精神自由，是一种个人自由全面发展的生活。当然，这里的"富裕""幸福"和"美好"都是相对的概念，它们都是没有上限却有下限的概念；达不到它们应有的标准，就不能称之为与它们相匹配的生活。如一个刚刚满足基本生存需要的生活就不能称上富裕生活，若他在此之外还有盈余，就可以说过上了相对富裕的生活。至于"千万富翁"和"亿万富翁"等则是量的问题。而一个只有金钱却得不到心灵慰藉的人，就不能称为过上了幸福生活；但一个生活比较富裕却精神充实的人，就可以说过上了幸福生活。同样，若一个生活比较富裕且精神相对充实但却没有情趣，社会价值也没有得到充分展示和认可的人，其所过生活就不能称为美好生活。另外，上述几种生活虽有依次展开和有层次的高低，但并不意味着它们之间的界限是十分明显的，也不意味着它们的过渡是十分明确的。由于社会人群收入和地区发展差异，在同一个社会可能同时存在这几种生活形式。就目前中国特色社会主义进入新时代而言，用"美好生活"表征我国人民的生活样态是相对准确的。它既是一个客观事实，也是一个奋斗目标。它既意味着我国人民从总体上已进入追求高质量和高品质生活状态，也意味着我国人民将向着"真善美"统一的生活方式迈进。因为"美好"没有最好，却有更好！

二、城市精神及其内涵

人们建设城市是为了生活和工作，人们发展城市是为了生活与工作得更好。虽然从起源上看，城市的发展与人们生活与工作的开展是同步和统一的，但城市一旦建成就有了其独特的发展规律。从城市起源和发展历史来看，社会化与生活性之间的矛盾是城市发展的基本矛盾。为了确保城市在发展的同时更有利于人们美好生活的追求，使两者保持同步并相互促进，必须从整体上对城市发展进行科学规划与构思，为城市发展输入一种内在灵动精神，这就需要确立与研究城市精神。列斐伏尔指出："企业及其组织和它所包含的劳动分工的理性，就是工业化时期的一项重要收获，然而，它并不适合这个已经开始的时期，这个应该设计出一种新形式的理性的时期：城市理性。"①列斐伏尔所说的"城市理性"概念固然很好，但它还不能反映出我们对城市发展的期许。我们对城市及其发展的期许不仅有规划和设计内涵，还需要回答与解决这样两个问题：我们需要建设怎样的城市以及我们应该怎样建设城市。因此，这里用"城市精神"概念也许更准确。城市精神不但是由外向内的城市设计与城市规划，更是由内向外的精神展现和精神溢出。正是在这个意义上，斯宾格勒（Oswald Arnold Gottfried Spengler）才说，城市精神是城市的灵魂。这里的城市精神有三层含义：一是指从国家层面确立城市发展及其规划，包括城市的规模、数量、分布、性质、发展方式以及城乡关系的处理等等；二是特定城市的发展与规划以及城市群及其内在规定性等问题；三是特定城市内在精神的挖掘、塑造与展示。限于篇幅，本文重点就第三重含义做点展开说明。

城市精神需要确立三重内在精神：首先是社会精神。对于一个像中国这样由农村和农业主导型社会向城市主导型社会过渡的国家来说，创造无疑是其必须倡导的首要社会精神。只有创造出无数座更新更美的城市（包括乡镇城市化和城市再城市化），人们才能摆脱穷困落后的面貌，过上富裕、幸福和美好的生活。不管城市有多少问题，从总体上看城市总比农村先进与文明。那种因种种城市病引发的怀旧情结是可以理解的，但因此想逃避城市而回到纯粹的田野风光的想法显然是不切实际

① [法] 亨利·勒菲弗：《空间与政治》，李春译，上海人民出版社2008年版，第65页。

的。城市的创造更应该把重点放在其内在体系的建构上，着力构建城市发展的经济体系、社会发展和管理体系、公共空间系统和私人空间系统。其中，经济体系是核心。只有发达的经济体系建构成功，才能为城市其他体系的建构提供条件和可能。另一种重要的社会精神就是正义精神。城市倡导的是共建共治共享。每个人都有义务参与城市的建设与发展，每个人也有权利参与城市的治理并享有城市的发展。城市正义既表现在人们参与城市的建设中，也表现在城市治理与享有中，应该在强调付出与享有对等的前提下让每一个市民都能共同享受到城市的发展，增添更多获得感。城市正义集中表现在城市权问题上。对此，哈维（David Harvey）曾作出这样的解释："城市权，虽然不仅仅是个体或群体获得城市资源的权利，它还是一种我们心中愿望的改变和重新建造的权利。它更多的是集体的而不是个体的权利，因为，重建城市难免依靠在城市化过程中集体力量的作用。"①这里的"城市权"有三层含义：一是城市权是属于每个人的，但更属于集体共同体（换言之，任何一个个人都没有独享城市生存与发展的特权）；二是每个个人或群体都有获得城市资源的权利（包括就业、教育、医疗、社会保险和环境等）；三是城市权既是一种建设城市的权利，也是一种改变城市、发展城市的权利。就第三层含义而言，人们改变和发展城市不仅仅是为了人们生活得更美好，更是为了保护和捍卫绝大多数人的城市权利。

其次是人文精神。改革开放后我国城市化进程发展使人们在享受城市现代文明的同时渐渐感觉精神明显缺失，面对冷冰冰的高楼大厦和同质的城市建筑及发展模式，人们幸福感不仅没有明显增强，似乎还油然而生了不少失落感。现在城市与人们理想中的城市落差较大。这里的落差就是人文精神的差距。城市的起步自然离不开经济的发展和经济的

---

① David Harvey, *Rebel Cites*: *From the Right to the City to Urban Revolution*, Verso, London · NewYork, 2012, p.xv.

开发，用经济发展模式建设城市原则上无可厚非（特别是城市发展的初期），但经济发展模式既不能代表城市发展的所有向度，也不是城市发展的终结目标。城市发展是需要生产，但更需要生活。城市发展的最终目的是为了人们更好地生活，应该让生活模式贯彻在整个城市建设过程之中（包括经济生产模式之中）。让生活模式贯彻在整个城市建设过程之中不仅要求城市的建设与整体设计更人性化、更适合宜居（包括住房、街道、商贸和公共空间等），还表现在城市建筑和环境设计更有人文气息。当然，城市人文精神建构的核心环节自然是人的精神的建设与提升。应该在积极倡导包容互敬城市价值的同时，不断宣传和推进正确健康的消费观、生活观和娱乐观，让以诚信和责任为核心的经济伦理矫正唯利是图的商业发展模式，以"真善美"统一的整体人文精神全方位渗透和打造城市精神。另外，随着人民生活水平的不断提高，人们对精神需要的层次也会不断提升，第三产业渐渐成为主导产业。这样，有精神品质的城市自然也成了人们向往的城市，它们也自然成为人们旅游的优先选择，而旅游又可以带动经济发展，促进整个城市建设，于是，就形成了人文、经济和城市发展的良性循环。

再次是和谐精神。城市与人体发展一样，部分机构出现问题就会导致整体出现问题，部分机构片面发展其他机构不能协调时也会带来整体问题。马尔库塞在《单向度的人》中提出西方社会物质生活过度发展而精神生活明显缺失而带来的个人与社会问题，就是明显的事例。城市建设与人体一样，有一个内在协调的问题，这种协调发展不能说等问题出现后甚至问题很严重时再想办法医治，必须在问题已露端倪时就设法解决，否则后果会很严重，甚至导致无法医治的程度。城市和谐发展问题既包括上文社会精神涉及的人与社会的和谐问题，也包括上文人文精神谈到的人与自身的和谐问题。当然，城市社会精神与人文精神也有一个和谐问题。光有社会精神没有人文精神，或者光有人文精神没有社会精神的城市都不是良好城市。这里重点分析一下人与自然和谐的问题。

人们似乎认为只要尊重自然、尊重自然规律就会和谐，这从一般意义上讲是没有问题的。但若深究，还是有不少值得思考与推敲的地方（若不尊重自然，不尊重自然规律，肯定不会和谐）。自然规律是十分复杂的，也许人们在一时一地尊重了自然规律，但却有可能违背了它时它地自然规律，因而随着时间的推移，就受到了自然规律的报复。生态平衡破坏带来的后果就是明显例证。当然如此说也不是想否定自然科学的积极作用，只是说我们在尊重自然科学的同时也要尊重自然，对自然有敬畏之感。自然不仅是人类生存的基础，人本身也属于自然。敬畏自然就是敬畏生命，尊重生命。随着城市的发展，人们越来越感觉自然的重要。人们需要在改造自然的过程中保护自然，维护自然，修复自然。自然不仅可以给人们提供空气、阳光和绿地，也是人们审美和愉悦的对象和方法。人们不仅要保护农田、山川、草原和海洋（城镇化进程不能减少它们的比例，这既是粮食等安全和生存的需要，也是自然自我修复的需要。农村城镇化不能以丧失它们为代价。限于篇幅，对此本文不作赘述），还需要在城市建设中保留足够多的绿地和水源空间，甚至城市建筑和居住空间也要体现自然特点。在此，海德格尔（Martin Heidegger）在《筑·居·思》和美国后现代建筑评论家詹克斯（Charles Jencks）在《跳跃的宇宙建筑学》中提出的相关思想是有启迪意义的。海德格尔认为应把人的栖居理解为人在大地上"是"的方式，栖居的建筑是容纳、安置、保护"天、地、神、人"四重整体意义上的"域"，它以场所的方式聚集天、地、神、人四重整体。詹克斯则认为，建筑不仅要源自自然与文化，还应该有一个更大的源泉——整个宇宙，并由此提出了"宇源建筑学"思想。也许像列斐伏尔在《都市革命》中批评的那样，海德格尔提出的"诗意栖居"思想是不切实际的，但它无疑为如何解决人与自然和谐关系指明了一种方向。

三、城市精神的实现

芒福德（Lewis Mumford）指出，历史上几乎所有重要的城市，在其物质要素形成之前，都已经具备了强大的精神要素，包括对自然的敬畏、对安全感的需求、对新鲜事物的渴望，等等。这种人们最本质的精神诉求，带来了以聚集为目的的流动，人类为了精神需求的聚集最终形成了城市。他说："终于，城市全身变成了改造人类的主要场所，人格在这里得以充分的发挥。进入城市的，是一连串的神灵；经过一段段长期间隔后，从城市走出来的，是面目一新的男男女女，他们能以超越其神灵的禁限。但是，人类起初形成城市时是不曾料想到会有这种后果的。权力和财富毫无意识地为人格诞生了一个巢穴。而最终，人格又将会破坏人们种种过分的虚妄与要求。"① 不过，具备了精神要素不等于就具有了城市精神，更何况不少城市在其发展过程中被权力和市场发展所扭曲，渐渐背离了其精神要素，出现了严重的城市问题。城市精神的塑造需要在对城市发展本质和目的清醒认识的基础之上，对其主要精神要素综合概括中自觉提炼而成。城市精神自然有一个不断发展的过程，但无论如何其核心要素是始终不变的；人们应该以城市精神引领城市发展，并在城市发展中不断丰富和充实城市精神。城市精神不会自觉形成，需要人们提炼概括；城市精神也不会自觉变成现实，需要人们努力执行并精心培育。一般来说，城市精神的塑造需要把握以下几个环节：

首先，立足一个城市的历史文化和区域定位，提炼和打造城市精神。全球化加速了全球城市发展进程，也带来了全球城市同质化弊端。

---

① ［美］刘易斯·芒福德：《城市发展史》，宋俊岭等译，中国建筑工业出版社 2005 年版，第 117 页。

事实上，全球化应是世界性与本土性的统一。越是本土性和民族性的，就越是世界性的。因为我们不希望面对一个清一色的整齐划一的世界，更希望看到一个多姿多彩的世界。后者既符合复杂性的世界发展，也切合人们对美好生活的追求。当然，本土化也不是彻底地方化和原历史化。本土化也需要有世界眼光，只有符合世界整体发展规律和历史发展趋势的本土化才是科学的本土化。在此，需要警惕城市化过程中的后殖民主义倾向。后殖民主义原本是指一种文化现象，是指西方发达国家用西方人眼中的东方文化看待东方并处理东方事务。表面上看，西方人是正视并运用了东方文化，但实际上他们所谈论的东方文化并不是真正东方文化，只是他们所理解和需要的东方文化，其目的是另一种意义上的对东方殖民。城市发展需要本土文化和本土精神，但这种本土化既不能是彻底地方化和原历史化（无论如何，原来的城市并不是现代意义上的城市，它们需要再城市化），更不是为了迎合他者差异性需要的本土化。城市的发展需要植根历史，也需要紧跟时代，把握未来。只有在正确把握历史发展规律和城市发展规律基础之上的本土化，才是正确的本土化。这就要求一个城市在具有世界发展眼光的同时，正确分析和对待自身的历史文化和区域定位，建设既符合历史发展潮流又具有明显地方特色的城市风格。城市发展自然有共性，也必须具备其基本功能，但一些特殊功能并不是任何城市都具备的。有些城市可以建成超级城市，但有些城市只能建成小型或中型城市。对于超级城市，可以通过建设城市群的方式来疏解和强化一些特殊功能；对于小型或中型城市，可以通过建立城市联盟的方式来强化和免补一些特殊功能。总之，城市需要有一般功能，但城市又不是万能的，它容不下一切城市的功能。城市需要有自身的特色。这个特色既包括历史文化特色，也包括产业和功能特色。

其次，以整体城市精神为基础，优先发展社会精神。城市需要发展，即使像北上广深这些特大城市仍然需要发展。因为它们与西方发达国家发达城市相比还有不少的差距，所以，发展仍然是城市建设的第一要务。发展自然就需要有科学的发展观。这种科学发展观需要把发展城市社会精神放在首位，联动其他城市精神，最终保持城市精神的和谐协调发展。宁愿牺牲一点发展速度，也需要把高质量发展、把满足人们对美好生活向往放在首位。城市发展不能忘记城市建设的目的和性质，需要警惕不少城市发展过程中出现的"创造性破坏"现象。现在有不少人把增长或发展当成唯一的目的，尽管在其过程之中也注重经济、政治、文化与人的生活之间的平衡，但这种平衡并不是我们这里提倡的和谐。就人的生活而言，尽管这种发展方式也十分注重人的精神生活，但它强调的不是人的全面和谐发展，而是以消费为基础的娱乐精神。城市的发展与社会发展一样，既要注重其整体进步，也要注重人的身心和谐和全面发展。城市需要发展，但不能把发展当成城市建设的目的。城市需要科学的发展方式，同时需要警惕发展主义。①

再次，站在时代与未来发展高度，打造城市人文精神。人文精神是城市精神的内核，也是城市建设和发展的重要目的。人文精神是打造人心的工程，只有心安、心满，人们才能产生真正的城市认同。正如苏轼《定风波》诗云："万里归来颜愈少，微笑，笑时犹带岭梅香。试问岭南应不好，却道：此心安处是吾乡。"人文精神需要城市价值观提炼和引领，需要社会风气和社会环境的塑造，更需要浓厚的文化氛围和文化气息。只有爱文化、重文化的城市，才可能形成良好的人文氛围。人文往往是通过文化培育的，是社会教育和自我教育综合的结果。只有让人们在爱文化过程中能进行自我教育，才能更好地将文化内涵内化于心、外化于行。目前人们对文化有一种片面的理解，似乎认为文化就等于知识。其实，文化不仅包括知识，还包括情感与意志。知识是可能通过学习来完成的，但道德与审美却不能仅仅停留于学习与教育，更需要"修炼"和"养成"，需要"诚心""正意"等若干内在修养环节。一座

---

① 参阅杨生平《试析德里克的发展主义批判论》，《江汉论坛》2017 年第 8 期。

只充满智慧的城市还不是人们心仪的美好城市，只有一座既充满智慧又充满人情和情趣的城市才是真正的美好城市。另外，人文精神还需要表现在人们生活方式、休闲方式、娱乐方式和风俗习惯中，需要表现在城市建设特色和建筑风貌中。人文精神是有核心内涵的"集中"精神，也是四面发散、润物细无声的"弥散"精神。

给城市未来发展留有足够发展空间。从城市建设和发展一般特点来看，它具有"聚集"和"扩散"两大特点。所谓"聚集"，就是城市内的人、财和物渐渐聚向一个中心或多个中心，城市外的人、财和物向城市内聚集以及中小型城市人、财和物向大城市聚集；所谓"扩散"，是指城市向郊区和乡村蔓延，大城市向中小型城市蔓延。目前，西方哲学社会科学界有一个理论研究的"空间转向"问题，它是有一定道理的。这不仅仅是城市发展的产物，更是全球化发展的产物。由于全球化的实质是以资本为龙头的全球化，为了寻求利润最大化，西方国家国内资本必然转向国外市场，城内资本必须转向城外市场。当然，如此说并不意味着资本已放弃国内市场与城里市场，它仍然在这些地方继续寻求新的发展空间。由此，空间生产和生产空间等问题就浮出水面。由于全球和国家疆域都是有限的，所以，空间生产到一定阶段和程度就会碰到空间危机问题。为了克服这个危机，就必然要提升国内或城市内空间，进行空间再生产。对此，列斐伏尔提出了空间实践、空间表征和表征空间和苏贾提出第一空间、第二空间和第三空间等概念和思想。这些理论和思想对于我们深化空间问题的理论与现实研究自然是有意义的，但它们也不得不让我们质疑其实践发展中的生活意义。像"景观"和"拟像"等现象对拓展城市空间和丰富人们的生活是有意义的，但一味地发展景观和拟像必然使人们渐渐远离现实的生活世界，驻足于亦真亦假的虚拟世界之中。人是自然和社会的产物，美好的生活必然还是要返回自然与社会生活之中，人们更需要立足的空间自然还是客观空间（当然也不能完全否定第二、第三空间的意义）。就此而言，从城市未来进一步发展的角度看，需要从两个方面为未来发展留有足够空间。其一是空间层面的空间。要从全国层面限制城市大规模扩张，保证一定比例的农田面积和草原、河流和山脉规模。其二是时间层面的空间。在城市设计时要考虑到城市的未来发展，尽量不搞规模和数量型的扩张，而要通过提升品质的方式加快城市建设。这里的品质既指城市标志性建筑和城市总体发展格局，也指更适合人们对美好生活追求的宜居和发展要求。城市设计是一门学问，需要有建筑师、设计师和社会学家、政治学家、伦理学家、美学家和哲学家等进行跨学科联合攻关。城市设计允许试错，但不能导致大规模的或经常性的"创造性破坏"。另外，城市的景观设计也需要为未来发展留下空间。对一座名城特别是有悠久历史的世界名城，如何把历史、现在与将来的景观统一协调起来也是一门学问。在城市发展空间还不是十分饱满之时，它们的关系似乎还好处理，可以通过划分区域的形式保留这些不同景观（如古城区和现代城区等）。一旦城市发展空间充分饱和之时，它们之间的关系就不好处理了，就必须要在已有的空间中进行新空间植入。而如何在新空间植入时既保持城市原来风貌，又使新旧融合呈现和谐之美，自然也是需要研究与思考的问题。尽管这些问题对绝大多数城市来说还是未来时，但必要的未雨绸缪也是十分重要的。历史的不能抹，现实的必须留，未来的必须增。这既是城市发展的需要，更是人们追求美好生活的需要。毕竟只有一座充满美好城市记忆、丰富城市现实和充分未来想象的城市，才是人们真正心驰神往的城市。

城市应该让人们生活得更美好！

全球化文化问题的不同层次

随着经济全球化的发展和文化在社会发展中作用的凸显，对全球化与文化关系问题的思考必然提上日程。就此，不同人提出了不同看法，有人认为经济全球化必然带来文化全球化、文化全球化实质是文化一体化，也有人认为经济全球化不必然导致文化全球化、全球化文化应该是文化多元化，等等。另外，在当前全球化文化问题争论中，还存在着文明的冲突与融合、文化霸权主义与文化平等主义、文化普遍主义与文化特殊主义、文化同质性与文化异质性、殖民主义文化与后殖民主义文化、民族主义文化等对立观点。我认为，在全球化文化问题的讨论上不能简单地采用二元对立思维，必须用复杂性科学整体与还原相结合等辩证思维对其进行分层思考。在此，我认为全球化文化问题应分为三个不同层次的问题。

一、全球化文化问题首先表现为作为经济、政治与观念统一的整体性文化，即意识形态文化

全球化是一个客观历史进程，它的发展是人类社会进步的表现，也是人类实现普遍交往的主观要求。事实上，从人类开始跟不同民族进

行交往的时刻，全球化过程就已经开始。不过，真正意义上的全球化过程还是从资本主义社会开始。马克思、恩格斯指出："资产阶级，由于开拓了世界市场，使一切国家的生产和消费都成为世界性的了。……过去那种地方的和民族的自给自足和闭关自守状态，被各民族的各方面的互相往来和各方面的互相依赖所代替了。物质的生产是如此，精神的生产也是如此。各民族的精神产品成了公共的财产。民族的片面性和局限性日益成为不可能，于是由许多民族的和地方的文学形成了一种世界的文学。"① 资产阶级之所以能大规模地拓展全球化过程，并不仅仅因为他们拥有雄厚的资本和先进的科学技术，更因为他们有着跟资本、科技配套的经济、政治与文化制度安排。由此，我们应该看到目前全球化过程虽然表现为经济全球化，但它的实质绝不是靠经济问题的分析就能解释清楚的。同样，全球化带来的文化问题也不简单只是一个文化问题。相当多学者只把全球化文化问题看成单一的文化现象，并从不同文明自身的特点去说明它们的冲突与融合是有片面性的。其实，文化不是孤立的，文化也不是铁板一块，它是会随着社会发展而不断进化的。历史上不同民族的文化随着历史变迁而变化甚至消亡的现象并不少见。所以，在分析全球化问题时，首先应该把它看成一种制度文化。我们必须肯定当前全球化过程实际上是资本主义制度在全球的进一步扩张。由于资本主义制度是不平等的制度，由于资本发展的目的是追求利润最大化，因而，资本主义制度的扩张必然会带来文化霸权与文化平等、文化一体与文化多元、文化精神向度与文化世俗向度的对抗。要解决这些对抗，光靠文化呼吁、文化批评与文化抵制是不够的，必须要根据历史发展规律确立比资本主义更有竞争力的制度文化，即社会主义制度文化。正如英国学者佩里·安德森（Perry Anderson）所说："实际上，只有在气势上压倒这个制度（即资本主义制度，笔者加），才能开始抵

---

① 《马克思恩格斯选集》第 1 卷，人民出版社 1995 年版，第 276 页。

制。"① 不过，从目前的世界形势来看，社会主义制度文化的影响力还赶不上资本主义，资本主义制度仍然有一定的发展空间和生命活力。因而，当代中国文化建设在坚持社会主义核心价值的同时，一方面要充分吸纳资本主义制度文化的合理性，另一方面又要巧妙地利用现有和平与发展的国际形势提出并营造有利于我们自身发展的国际理论和国际环境。应该清醒地看到，简单地提倡并竭力宣扬社会主义与资本主义制度的对立是不合时宜的，更是不利于我们自身发展的，毕竟面对国际上资本主义强劲发展势头，我们的实力还比较弱小。应该抓住资本主义国家特别是发达资本主义国家基于自身利益的考虑想称霸全球、形成世界一体化格局的想法，利用发达资本主义国家之间的矛盾，联合众多发展中国家（尽管它们在某种程度上也受益于经济全球化，但从长远看它们更多的是经济全球化的受害者，因而有联合的可能），努力把世界推向多极化的发展格局。在众多利益纷争面前，多极化形成的各种力量互相制衡，更有利于世界的和平，也会为发展中国家赢得更多的发展时间与空间。在营造和平世界环境的问题上，中国传统文化有关"和为贵""亲仁善邻""执两用中"等思想极显魅力。

二、全球化文化问题必须考虑到
不同民族和国家文化的特质

文化有广义与狭义之分，广义文化包括人类创造的一切，而狭义文化只是指观念形态的文化。从狭义文化来看，我们以前只把它等同于意识形态，事实并非如此。意识形态只是观念形态文化的一部分（当然

---

① [英] 佩里·安德森：《后现代性的起源》，紫晨等译，中国社会科学出版社 2008 年版，第 124 页。

是其核心部分），但它并不能涵盖全部观念文化；意识形态主要是反映以生产关系为核心的社会关系，但作为传统而承继下来的文化主要反映生活世界中人与自然、人与人以及人与精神世界等方面关系。在历史发展中，传统文化不可能独立存在，它自然要与不同意识形态融合（或被不同意识形态改造和利用），但随着历史变迁和不同意识形态的更换，传统文化仍保持其相对独立的形态。传统文化从其延绵的载体来看，主要是靠各种经典、生活制度与社会心理；从其影响方式来看，主要是影响人们的思维方法、价值观念和对生活意义的体认。历史发展证明，传统文化有很强的惯性，要根本改变其核心内涵，特别是改变其价值观念和对生活意义的体认十分困难（但并不是说不可能改变），亨廷顿之所以提出"文明冲突论"也正基于如此考虑。必须看到这样一个事实：相比于冷战时期，由于两种制度文化力量对比悬殊，"意识形态斗争淡出，民族文化斗争凸显"已成为目前一种重要的国际文化现象（但意识形态斗争并没有终结甚至还可能激化，只是意识形态斗争的方式由以前的显性对抗转向目前的隐性对抗）。许多民族与国家把捍卫民族文化当成是捍卫国家主权、维护国家利益和争取国际地位的重要手段，在此过程中也的确存在着如亨廷顿所说民族文化认同已成为国家联盟与区域经济发展的重要纽带。由于不同民族文化核心价值体系不同甚至还存在着严重的对抗，因而"文明冲突"的确也成为当今国际文化舞台上另一种重要现象。文化问题需要用文化的方式解决。从历史上看，民族文化冲突问题的解决大致有两种方法，一是突变式，二是渐进式；前者往往通过暴力来实现，后者往往通过文化对话来实现。不过，民族文化地位与作用的凸显并不意味着意识形态的终结，更不意味着民族文化可能决定一切。事实上，在民族文化斗争的背后深藏着两种意识形态和各种经济、政治与军事力量的博弈，民族文化问题必须将它们综合起来考虑才有可能合理解决。尽管在和平与发展的时代主题下用暴力方式解决文化问题已不合潮流，但当前国际形势并不太平，强权与暴力仍然存在，一些发达国家不顾发展中国家民族价值存在之合理性，利用胡萝卜加大棒政策向它们强制输入代表它们民族特征的民族文化，从而引起了发展中国家的激烈反抗，最终甚至导致一些发展中国家为捍卫民族价值观而采取极端的恐怖主义手段。[①] 面对这种情况，中国政府应该积极倡导并努力建立公正合理的世界秩序，既反对霸权主义，又反对恐怖主义，把文化问题的解决引向正常的对话渠道上来，促成并建立合理的世界文化对话机制。民族文化的解决本是民族自身的事务，必须由本民族人们自身抉择，但也不允许把民族文化问题扩大化，更不允许因解决本民族文化问题给其他民族带来伤害。此外，在对待包括本民族文化内容问题上，我们也应该有这样清醒的意识：任何民族文化都良莠并存，民族文化的生命力并不完全在于其悠久的历史，更在于符合时代发展的旋律，把握时代的脉搏。据此，我们既要反对狭隘的民族主义和极端的文化保守主义，也要反对各种形式的文化殖民主义。当前有一种文化思潮很值得关注，即后殖民主义文化。从后殖民主义文化理论内容上看，它的确提出了一种值得我们警惕的文化现象——隐性文化殖民。但如果我们因此像后殖民主义文化论者所言把所有宣扬、学习其他民族文化理论都看成是对本民族的文化殖民，从而拒斥一切他者文化特别是西方文化的话，那显然是把小孩与洗澡水一起泼掉。他者文化特别是西方文化有意识形态因素，也有代表其独特立场的文化价值取向，当然也有不少糟粕，但任何文化特别是延绵历史较长的文化都应该有值得人类共享的因素。仅就西方文化而言，它有"主体中心主义"与"个人主义"的特性，但其基本的"民主"与"科学"理念却是有进步意义和值得我们学习的。现在国际国内有一些学者不仅把"民主"理念看成西方殖民主义的话语，也把"科学"理念罗列其中（即所谓社会构成主义的科学观），这是我们不能赞同的。不错，西方民主理念有其个人主义性质并长期与资产阶级

---

① 参阅杨生平等《全球化背景下恐怖主义的文化反思》，《江汉论坛》2009 年第 6 期。

思想结合在一起，但它并非如一些学者所言一无是处，相比人类历史长河与中国封建社会长期存在的历史，它有着十分重要的进步价值和现实意义；尽管我们提倡的社会主义民主不同于此，但它仍然应该是我们借鉴、学习和超越不可或缺的基础。尽管西方科学与西方文化紧密相连并主张还原思维、缺少中国文化强调整体思维的倾向，但西方科学带给人类的进步却是有目共睹的，我们不能简单用裙带关系一叶障目，应该做仔细甄别。总之，在文化的民族性问题上，我们既要看到民族文化的特殊性，又要允分利用民族文化在处理当前国际关系和促进国家发展方面的作用，同时也不能把民族文化作用扩大化，更不能把民族文化看成是超越一切和决定一切的东西。

三、全球化文化问题必须考虑到产业文化民族性与世界性的统一

产业文化是一种既不同于观念形态文化，又不同于物质文化与行为制度文化的新文化，它是经济力与文化力相统一的新型文化。以前我们虽然也强调观念形态文化对经济的作用，但这种作用只是"反作用"，它只是通过某种观念文化指导经济制度或经济体制的建立来影响经济的发展。虽然我们也说"精神可以变物质"，但这种精神对物质的影响往往是间接的，它是通过某种正确理念的指导或意志力和情感力的发挥来实现对物质世界影响。而产业文化则不同，这里的文化不仅指先进的管理方式和管理理念，更是指文化与经济的直接结合。从产业文化角度看，文化就是经济（即文化生产力），文化已经成为当今世界经济发展的主要动力（文化产业被称为 21 世纪全球经济一体化时代的"朝阳产业"或"黄金产业"）。就产业文化而言，我们也应该有这样的认识，产业文化是人类社会发展到一定条件下的产物，它的出现需要这样两个条

件：一是科技的发展已足以在短时间内把知识直接变成物质财富，并可以大批量地复制生产；二是人们的社会物质需求基本满足，更加朝向精神和文化需求发展。也就是说，产业文化的发展只有到后工业社会、信息社会才有可能。对此，法国社会学家鲍德里亚的消费社会理论与布尔迪厄的文化资本理论是有启迪意义的。从产业文化的发展来看，它虽然是经济与文化的有机结合，但事实上它的发展并不完全按照文化发展规律来生产，而更多的是按照经济规律来生产；它是按照商品生产与发展规律来培育人们的文化需要，刺激人们的文化消费，并以此实现扩大再生产和追求利润的目的；产业文化的重心不是文化，而是产业。① 产业文化的形成是通过三个环节的互动实现的，即日常生活、商品消费与流行文化。其中，日常生活是前提与基础，商品消费是条件，文化因素是内涵。只有日常生活有足够量且较高层次的消费需求，社会也能提供大量符合大众需求的商品，产业文化才能发展。在产业文化中，并不是所有文化都能容纳其中，只有流行文化，才能刺激产业文化迅猛发展。因为，如上所说，产业文化的重心是产业，它是要通过大批量的生产并最终达到利润最大化的目的，因而只为少数人掌握并欣赏的高雅文化就难以纳入产业文化发展的轨道，只有符合绝大多数人审美需求的流行文化（也称大众文化）才能实现如此目的。另外，流行文化快速多变的特点也符合商品生产需要不断更新换代的要求。产业文化有双向功能，一是带来经济发展，二是弘扬并传承文化。在经济全球化的今天，我国产业文化的发展必须立足本土，面向世界，以经济发展为核心做到文化的民族性与世界性的融合。正是在产业文化意义上，我们才说"越是民族的，越是世界的"。必须看到这样一个事实，当今世界以美国为首的发达国家控制并垄断着全球产业文化的发展。他们之所以能如此，不仅仅

---

① 产业文化的通常说法应该是"文化产业"。这里为了重点考察文化问题，故而称之为产业文化。

因为他们拥有雄厚的资本、精美的产品包装，更因为他们有以本土文化为核心广泛接纳世界不同文化的机制。目前有一本书——《当中国统治世界》和一部电影——《2012》很让中国人兴奋，前者仅凭书名就能吸引中国人眼球，后者更为不少发行商打出"中国拯救地球""中国精神救赎人类"的招牌。先不管它们有无意识形态用意，单从产业文化角度看，它们有着明显面向世界文化和考虑世界受众群体的宽广视野。正如《当中国统治世界》一书作者马丁·雅克（Martin Jacques）所说："这的确是很吸引人的标题……我写书，必须要吸引人们注意，让他们首先开始翻这本书。"若再深层拷问《2012》，我们又不难发现拯救地球的领导者仍然是美国人，中国人只是以其出色的制造业水平与组织力辅佐其右。当然，我们无须把更多精力放在批评"美国意识"上，我们更需关心如何树立"中国意识"，防止美国式的后殖民主义文化在中国盛行。客观上讲，中国不缺乏可供产业文化利用的文化资源，也不缺乏海纳百川的文化胸怀，但我们缺失容纳时代气息民族精神的提炼和接纳、消融不同文化的机制。我们无须以"中国意识"抗衡"美国意识"，毕竟我们还缺少像美国那样支撑产业文化的雄厚资本，我们只需在提炼"中国意识"的基础之上，立足本土，面向世界与未来，逐步壮大我们的文化产业。

四、结　语

上述分析是全球化文化问题的不同方面，彼此不能互相替代，更不能混同。当前，中国存在各种文化因素，有现代，也有前现代、后现代；有主流意识形态，也有文化激进主义、文化保守主义、文化殖民主义；有精英文化，也有大众文化，等等。对于这些因素并存，不能用单一思维去解决，必须分层思考，综合分析，分块解决。当前中国的文化问题是一个复杂系统，其主体结构就是上述所分析的三个层次。就这三个层次而言，我们也不能等量齐观，而要区分主次。我认为上述三个层次的关系是"一体两翼"，其中第一个层次问题是"体"，第二、第三层次问题是"翼"。只有解决好第一个层次问题，其他两个层次问题才可能很好解决。当然，并不是说它们之间没有矛盾，更不是说第一个层次问题解决了，第二、第三层次问题就自然解决。事实上，每个层次都有自身的独立性，都会碰到其他层次难以碰到的问题和困难。如：文化民族性问题就不是简单的意识形态问题，无论建立怎样的意识形态与社会制度，文化民族性问题都不能自行解决，它的解决必须由不同民族自身通过对社会、传统等多种因素的全盘思考去筛选并重构。再如，产业文化与主流意识形态文化、民族文化之间也存在着一定程度的矛盾，前者具有明显的解构后者追求精神向度的特征。对于这些问题，当前中国的文化建设必须在"一体两翼"的思路下，运用对立统一等辩证思维解决。三个层次的文化问题如下图所示：

解决它们之间的关系，需要聚合重合地带，离散"两翼"边缘地带，并以主流意识形态为核心划出游离于此的警戒地带。

全球化进程及其发展走向

——一种意识形态的考量

全球化本身具有主客二重性。它既是一种客观的物质活动，又是一种思想运动，因而在表现为一定历史发展过程的同时，又表现为被人的意识所掌控、发动和推进的过程，并且"全球化"的状况和特征也被人的思维所反映、选择和建构，从而构成各种"全球化"理论和思维成果的发展史。汤普森（John B.Thompson）曾经在意识形态一般运行模式上揭示了其"象征建构谋略"的五种模式："合法化""虚饰化""统一化""分散化"和"具体化"。本文试从意识形态视角分析全球化的发展。

一、关于对全球化的价值评价

当前关于全球化利弊的价值判断主要存在三个派别的三种不同观点：一是极力推崇全球化的极端全球主义者，他们对全球化持完全乐观的态度，认为全球化对所有国家和人群都有利；二是积极反抗全球化的批评主义者，他们对全球化持消极悲观的态度，认为全球化是当今国际社会种种问题产生的根源，应该加以反对和抵制；三是对全球化的褒贬价值判断都有所保留的现实主义者，他们对全球化持中立态度，既不盲目乐观，也不消极悲观，认为全球化的影响或作用完全取决于人类的决定与行动，因而具有不确定性。

1. 对全球化价值的正面评价

在乐观主义者看来，全球化无疑是人类的福音，它对人类意味着更加美好的未来，它将伴随着人类创造出一个更加美好的世界。从人类历史的长远发展来看，全球化是人类社会发展到一定阶段的产物，也是人类社会迈向更高一级社会形态的必经阶段。全球化在很大程度上代表着全人类的整体利益和长远利益。全球化发展打破了以往地域的时空限制，促进了人们在各个方面的交流与往来，加强了彼此之间的联系与沟通。它从根本上改变了地域封闭隔绝所造成的人的封闭、保守、狭隘、偏见与短见，提高了人们的认识能力，促进了人的全面发展。他们认为全球化主要是指全球经济制度、贸易和市场的一体化，其结果不一定是非此即彼的"零和游戏"，而是各种资源在全球范围的优化组合。在这种整合过程中，绝大多数国家都能够各尽所能，各得其所，在全球化过程中都将得到长远的比较利益。而且，他们认为全球化是人类进步的表现，因为它促进了全球市场和一体化的出现，而这是人类资源整合，实现"共同利益"的前提。他们强调信息的非独占性和再生性，认为全球化时代的信息是共享的，全球化的信息流动是跨国界、无阶级的，因而全球化缔造的是一个公平的合理的世界。在他们看来，全球化已经带来了一个新的历史时期，包括民族国家在内的各种旧的制度在经济全球化面前已经完全失去或者正在失去其存在的基础，市场才是决定和解决所有问题的唯一力量，而全球化则使市场范围扩大到了极致；全球化是任何国家、集团或个人都无法逃脱也不应逃避的；全球化意味着市场化、自由化、一体化；全球化将为所有国家创造出一个公平合理的活动平台，使得资源能够在各领域合理配置，世界经济能够均衡发展；全球化对任何人的发展都是公平的、有利的。

如"历史终结论"的提出者——美国学者福山，在其论述全球化过程中不时洋溢着对"全球化带给世界和平与繁荣"的赞许和肯定。他在《历史的终结及最后的人》一书中指出：全球化正在使民族国家之间的国际关系发生革命性巨变，其进一步发展为更加和平、更加繁荣的世界的出现奠定了基础。全球化通过三种方式来终结传统的冲突：一是全球化将整个世界统一为一个单一的全球市场，全球市场使民族国家相互依模、相互依存、共同繁荣和进步，而人类生活水平的提高使国家更少有攻击性。二是自由民主的政体在全球扩展，"我们也许正在经历历史的终结……也就是说，意识形态的发展正以西方自由民主作为最终的政体在世界上普及而结束"①。自由民主作为一种政体在世界上已经取得胜利、成为历史上最后一种政治形式，它使政府不会发生战争。三是消费文化的全球化扩散，缩小了文化之间的价值差距。"由于全球市场恶化消费文化的传播，那些进行经济现代化的国家之间的联系日益紧密。也就是说，所有参与经济现代化的国家之间的区别越来越小。此外，现代自然科学的逻辑会支配世界朝着资本主义单一方向发展。"②

从乐观主义者对全球化的价值的分析来看，他们看到全球化发展的必然性及其对人类社会发展的积极作用是值得肯定的，但他们夸大了全球化特别是新自由主义主导的全球化的正面效应。他们过分强调市场自由、贸易自由、金融货币流通自由，反对国家对经济的干预与管理，事实上是企图弱化政府对国家的控制，是对国家主权的消解和限制。但民族国家恰恰是全球化的主要推动力。民族国家特别是发展中的民族国家在对国家实行有效管理和控制上受到来自资本主义主导的"全球化"的压力，不利于它们更好地管理本国的经济、政治、文化等内部事务，它们又怎么能够作为全球化的活动主体推动全球化的发展和人类整体利益的实现呢？更为重要的是，乐观主义者忽视了全球化在发展进程中所

① Francis Fukuyama：*The End of History and the Last Man*？The National Interests，No.16（Summer），1989，pp.3-18.

② Frneis Fukuyama：*The End of History and the Last Man*，The Free Press，1993，p.108.

引发的一些深层次问题以及由此带来的负面影响。所以，他们的观点招致很多的质疑和批评。

2. 对全球化价值的负面评价

悲观主义者与乐观主义者对全球化的价值大加吹捧的态度截然不同，他们否认全球化带给人类的种种利益，相反认为全球化给人类带来的更多的是全球性经济危机、贫富差距更加悬殊、大规模失业、政府福利削减、社会不公，国家主权受限，政府管理失效，本土文化受到威胁、环境恶化、疾病流行等灾难性后果。

从对经济的影响看，悲观主义者认为全球化无论对发达国家还是发展中国家而言都是不利的。对发达国家而言，全球化意味国内产业和资金的转移，失业增加、福利削减，国外魔价产品和移民大肆涌入。他们指出，即使在发达国家，全球化所带来的蛋糕也绝对不是被均匀地分割，通过全球化富裕起来的不是工人，而是资本家，受冲击最大，处境最糟糕的仍然是那些没有技术的工人。全球化将加剧贫困，扩大不平等，从而引发社会动荡。德国学者汉斯－彼得·马丁（Hans-Peter Martin）和哈拉尔特·舒曼（Harald Schuman）在谈到全化化对德国经济的消极影响时认为全球化导致了欧洲高福利国家工人的失业、收入下降、福利水平降低。他们说："削减国家开支，降低工资、取消社全福利，从瑞典、奥地利直至西班牙，这个领域到处成为各国政府政策的核心。而抗议活动到处都在无可奈何中结束。"① 对发展中国家而言，全球化更是弊多利少。他们认为全球化是一个充满了危险性的进程，西方资本主义借此之名肆意推销其自由市场经济模式，维护不合理、不公正的国际经济秩序，使发展中国家在国际经济往来中更加被动。

从对政治的影响看，悲观主义者认为全球化破坏了民族国家独立

---

① ［德］汉斯－彼得·马丁、哈拉尔特·舒曼：《全球化陷阱》，张世鹏译，中央编译出版社 2001 年版，第 9 页。

自主的权利，限制了政府的管理和控制职能，阻碍了自由民主的实现。他们以为，政治私有化、反民主将同经济自由主义一同绞杀公众利益和民主。德国学者汉斯–彼得·马丁和哈拉尔特·舒曼在《全球化陷阱》一书中指出："失败者把抗议矛头指向政府和政治家，它们改造社会的力量不断萎缩、无论是恢复社会公正还是保护环境，无论是限制新闻媒介的权力还是与国际化刑事犯罪进行斗争，都同样的软弱无力。一个国家在这么多问题面前总是力不从心，国际的一致行动也总是陷于失败。因为这些政府在所有与生存攸关的未来问题上只是一味地让人们注意跨国经济极其强大的客观强制，把所有政治都变成一种软弱无力的表演，民主国家于是名存实亡了，全球化把民主推入陷阱。"①

从世界文明的影响看，悲观主义者认为全球化破坏了世界文明多样性的应然状态，加剧了文明的对立和冲突，加速了文化帝国主义扩张。萨缪尔·阿明（Samir Amin）在谈到早期资本主义的全球化对外扩张所造成的文明灾难时说："它的最终结果是印第安人的文明遭到破坏和他们自身的西班牙化及皈依基督教，或者是纯粹意义上的种族灭绝，从而在此基础上建立了美国。"②"9·11"事件发生后，萨缪尔·享廷顿的"文明冲突论"吸引了更多人对其理论的思考，其理论要旨就是认为"冷战"结束以后，意识形态的冲突就被文明的冲突所代替。悲观主义者还认为，全球化已经沦为西方发达资本主义国家特别是美国推行文化霸权的意识形态工具。借助于全球化的复杂性和不确定性，资本主义采用各种方式在全球推行自己的价值观念和意识形态。好莱坞电影、可口可乐、麦当劳、日本卡通等消费产品迎合了大众消费的同时，也传播和输出了这些国家的价值取向和生活方式，使得本土文化遭受到打击，原

---

① ［德］汉斯–彼得·马丁、哈拉尔特·舒曼：《全球化陷阱》，张世鹏译，中央编译出版社 2001 年版，第 13 页。

② 转引自中国现代国际研究所全球化研究中心《全球化：时代的标识》，时事出版社 2003 年版，第 174 页。

有的主导价值体系也受到冲击。

从对环境的影响看，悲观主义者认为全球化导致了全球生态危机。英国学者戴维·赫尔德（David Held）等人在著名的《全球大变革》一书中对全球化造成的环境灾难忧心忡忡。在"酝酿中的大灾难：全球化与环境"一章中，他们专门论述了全球化对人类生态环境的巨大破坏。他们认为：全球化导致了环境公共品（如大气、海洋等为人类所共同拥有的自然环境）问题的凸显；人口膨胀特别是发展中国家人口的迅速增长导致全球性资源的紧张、物种灭绝和生物多样性的丧失；全球化导致跨国界的污染越来越严重；工业生产模式从北向南的稳定扩散（全球化的一种形式）导致了全球经济产生环境污染物质的整体能力的大规模提高，进而威胁人类的生存环境。① 而且，他们认为，在面对全球化对环境带来的威胁时，人们明显缺乏应对这种威胁的意识和能力，"然而，有一件事情似乎是毫无疑问的：环境全球化对发达资本主义国家产生潜在的危险和威胁的能力大大超过了现有的解决能力以及建立替代的认同和有效的国际制度的现存能力"②。

除此之外，悲观主义者们还把流行疾病在全球范围内的蔓延、卖淫吸毒等犯罪活动在全球猖獗、恐怖分子的肆虐活动都归罪于全球化。总而言之，在悲观主义者眼里，全球化对人类而言就是一场大灾难，它对人类社会各个领域都产生了极其消极的影响。由于悲观主义者过于强调全球化的负面影响，这就为不同形式的保守主义提供了依据，也为不同利益下的反全球化力量提供了借口。在发达资本主义国家，一些集团和组织，可以以全球化损害了多数人的利益为名向政府施加压力，使之向发展中国家施以经济制裁，或者表现为排斥移民；而就发展中国家

① ［英］戴维·赫尔德等：《全球大变革：全球化时代的政治、经济与文化》，杨冬雪等译，社会科学文献出版社 2001 年版，第 23—529 页。

② ［英］戴维·赫尔德等：《全球大变革：全球化时代的政治、经济与文化》，杨冬雪等译，社会科学文献出版社 2001 年版，第 573 页。

来说，一些既得利益集团可以夸大全球化的负面影响并以此为由来抵制改革，拒绝积极参与全球化，从而不利于发展中国家利用全球化发展自身。毕竟全球化是人类发展的必然趋势，是任何国家、任何人都无法逃避的历史潮流。

3. 对全球化价值的中立评价

现实主义者既不像乐观主义者那样过分夸大全球化对人类社会发展所起的正面积极的作用，又不像悲观主义者那样极力贬低全球化，片面强调全球化的负面效应。他们一方面认为，全球化不但客观存在，而且是推动社会、政治和经济体制转型的主要动力，全球化正在对当今世界秩序进行重组；另一方面又认为，全球化是一个长期的历史过程，其发生和发展都离不开人的社会实践活动，这就使得全球化成为一个充满自身矛盾的复杂过程，其发展受到各种因素的影响，因而具有变化性和不确定性，其内容和方向是无法预知的。因此，他们主张尽量不对全球化作价值评价，既不正面肯定，也不全盘否定。

然而现实主义者也不是在全球化问题上无所作为，他们十分强调全球化对人类社会所带来的重要影响。戴维·赫尔德等人在《全球大变革：全球化时代的政治、经济与文化》一书中分析了四种不同类型的全球化影响：一是决策影响，指的是"受全球力量和条件影响的政府、公司、集体以及家庭所做的政策选择带来的相对成本的收益程度"，即全球化影响了不同主体的决策，由此带来不同的结果。二是制度影响，指政府、家庭、公司等在决策日程安排以及选择范围的方式上受到全球化影响，即全球条件的日程和选择的影响。三是分配影响，指的是国家内部和国家之间的权力和财富分配受到全球化影响，即通过在全球化条件下的某种方式对社会中或社会间的社会力量（集团、阶级）产生不同影响，比如通过全球贸易可能会使参与其中的利益主体的利益重新分配。四是结构影响，指的是全球化限定了国内社会、经济和政治组织与行为的模式，并体现在制度以及日常的社会运转之中，如西方模式对全球其他国家所产生的限定性影响。① 对于全球化所带来的这些影响，现实主义者并没有直接作出利弊得失的价值判断。虽然他们认为全球化对社会生活的几乎所有领域都产生了极大的影响，但是，由于全球化不是一个单一的状态，而是一个复杂多样的、不断发展的动态过程，对不同领域、不同阶段的全球化的影响进行价值判断是非常困难的。现实主义者强调，当今处于多重复杂权力体系的包围之中的国家政治共同体体系越来越受到限制和制约，在全球化的影响下必须去变革现有国际、国内行为模式，尤其要改变以民族国家为中心的传统的政治理念，并且同时进行新的制度安排，以顺应全球化的发展要求。

从表面上看，现实主义者并没有明确地表明自己对全球化价值的看法和态度，但实际上他们还是承认了全球化对人类社会的深刻影响，并主张通过人类积极的社会实践活动建立一种新的全球模式以适应全球化的发展，并且能够解决全球化进程中所产生的一些问题。这种观点是无可非议，但问题的关键是他们把建立新的全球模式的责任和权力过多地交给了发达资本主义国家，而忽视了发展中国家在全球化进程中的存在状态及其作用。然而事实证明，广大发展中国家作为全球化进程的活动主体，对全球化进程的发展是能够并且应该有所作为的，在变革或建构新的全球模式的过程中，发展中国家也应该建构自己的话语权。由此看来，现实主义者关于全球化的价值中立态度依然不能使人信服。

二、全球化彰显人类共同利益

上述三种对全球化发展的价值评价都有一定程度的合理性，但由

---

① ［英］戴维·赫尔德等：《全球大变革：全球化时代的政治、经济与文化》，杨冬雪等译，社会科学文献出版社 2001 年版，第 25—26 页。

于这些评价都是未能建立在对全球化全面正确认识的基础之上的价值评价，因而都有一定程度的局限性。我们认为，对全球化及其发展过程的认识不能凭主观好恶、暂时的受益或受害以及对其某一方面的认知，而应该以正确的历史观为前提，在全面把握世界历史发展过程以及全球化跟当今世界发展方面关系的基础之上，作出准确的分析与认识。① 就此而言，我们首先必须看到全球化是一种客观趋势，尽管在其发展过程中也存在着这样那样的问题，但从其发展走向来看是有利于人类的发展与进步的。因为，全球化从它一开始就蕴涵着人类某些共同利益的需求与实现。

人类共同利益是指整个人类的生存和发展的根本需求及其满足，它包括两种形态，即客观形态（根据、事实）与主观形态（价值取向、评价）。利益的客观形态是指不管人们是否意识到，在事实上发生或存在着的利益关系及其效果；利益的主观形态则是指人们关于利益的意识，包括人们所持的各种意向、态度、评价等。包括利益理念在内的各种主观形态，对人们的行为起着主导的作用，但它们却需要以客观的利益形态来证明和检验。这就说明我们在谈论人类共同利益的时候，要着眼于人类的生存发展的客观条件和方式。人类共同利益体现了群体尺度的最高层次。

1. 全球化体现人类共同利益

从根本上来讲，全球化客观进程是朝着实现人类共同利益的方向发展的。"社会进步""人类解放""人类物质和文化生活水平的提高""人的全面自由发展"等体现整个人类共同利益的因素都与全球化客观进程的发展息息相关。第一，全球化使真正世界规模的社会化大生产和大交往格局形成，人类开始有建立全球统一市场经济体系的现实可能性，在

---

① 参阅杨生平《全球化表征与世界历史发展的总体性》，《马克思主义与现实》2007年第2期。

全球范围内综合配置和有效利用种种宝贵的资源，促进和加速世界经济的繁荣，从而使人类物质文明过渡到新的更高的阶段，为世界人民都获得生存、发展和幸福生活的机会提供物质前提。这是推动人类社会前进的最终决定因素。第二，跨国公司、洲际的或地区性的各种协商或一体化的经济组织、世界银行、国际货币基金组织、世界贸易组织等，成为全球经济关系的实现形式和调节机制。它们的出现是经济关系适应现代社会化大生产发展到全球化阶段的客观要求。第三，建立联合国这样的全球性政治组织，由所有国家共同参与和平等协商，求得公正合理地解决国际政治问题。这种国际关系的民主化，是维护世界和平和全世界人民共同利益所指，是人类社会发展的必然趋势，是历史进步的标志和必然选择。第四，全球化促进了电子信息技术尤其是网络技术的迅猛发展，加速了邮电通讯、广播电视、交通运输等的现代化，能极大地促进全人类的国际交往和文化交流，改善和丰富人民的文化生活，普及和提高全人类的文化水平，从而实现人的自由全面发展。

2. 全球化凸显人类共同利益

在今天全球化趋势下，人类的社会生活已经如此紧密地联系在一起，以至一国的经济、政治改革，哪怕是一项经济政策、一个政治声明，都会引起国际社会的连锁反应。全球性问题把整个人类的利益提到更加尖锐、更加鲜明的地步，无论主观上是否愿意承认，客观的事实是：不管哪个国家、哪个民族，都不能摆脱全球性问题的影响与制约。由此，我们不能不看到在现实中人类共同利益的凸显。

有观点认为人类共同利益只是想象的产物，具有"虚幻性质"。然而在全球化全面展开的当今社会，人类共同利益已经实实在在地凸显出来。在今天，人类共同利益已经不仅仅是基于人类个体之间共同点的人类共同利益，它在现实中已经作为人们的相互关联、相互依存而形成的共同利益充分地表现出来，人们对人类共同利益的认识也越来越清晰和明朗。全球化作为人类交往发展中的最新阶段，表现在交往范围世化、交往主体多极化以及交往方式科技化。交往的全球化给文化发展带来了许多积极的影响，全球化突破了传统文化局限于民族和国家的狭隘视野，使人们真正作为世界公民来思考。人们发展本民族文化、本国文化的同时，越来越注意民族关系，越来越注意国家利益与全人类利益的协调。全球化凸显了文化精神中的整体精神，体现着人类利益的整体性，印证了马克思关于"人是类存在物"的论断。

全球化也是人的生存困境的全球化。全球化在确证和实现人的发展的同时，也在阻碍人的发展。从一开始，全球化就意味着西方近代的这种人对自然的掠夺关系的全球化。在西方工业化之初，就已经出现了资源枯竭、环境污染等诸多问题。后来，一方面是西方资本主义国家有意识地向不发达国家转嫁环境危机；另一方面由于科学技术的迅猛发展，人类对自然干预的广度和深度空前加强，人们所指涉的自然已不再是地理环境，也不只是整个生物圈，而是整个太空。这时的环境危机就不再是区域性的了，而是世界各地区、各个国家共同面临的危机：世界已经成为一个彼此紧密相关的系统，而任何一个地区或国家的灾变都有可能引发整个世界的危机。自然环境是人赖以存在和发展的物质基础，环境危机实质上就是人类自身的生存危机，这是人类生存困境的主要表现。

随着全球化客观进程的不断演进，人类共同利益不断凸显。在经济方面，全球性的经济竞争和经济合作不断扩展，生产的全球化过程不断加强。任何一个国家的生产都正在成为世界经济的一个组成部分，每个国家的经济利益都不可能脱离其他国家而单独地得到实现。各国经济相互渗透、相互依存，形成了"你中有我，我中有你"的局面。从总体和长远而言，全球经济"一荣俱荣，一损俱损"。生态方面，全球性的环境污染和破坏、资源枯竭、生态系统的失衡以及地球生物多样性的丧失等等，这一切都表明生态问题进一步加重，生态危机以否定形式体现出人类共同利益。

由此我们可见，全球化客观进程的发展应该是符合人类整体利益的，符合人类整体利益的价值理念或者说意识形态和全球化的发展趋势有一致性。

三、全球化语境下的资本主义扩张

尽管全球化有体现人类共同利益的性质，但由于当今世界利益多元且利益的实现往往需要通过民族国家来落实与保护，又由于这些民族国家目前存在着根本利益的冲突，由此，当今世界全球化的过程就是世界经济、政治与文化发展不平等的过程。在这一过程中，西方发达国家利用全球化的进程推进全球资本主义并实现其根本利益，成为全球化发展的强音。西方资本主义国家利用"全球化"的影响力，大力输出其全球化意识形态，推进其全球化图景——经济、政治、文化的资本主义全球化、一体化。具体表现如下：

1. 利用全球化推动全球经济规则制定

资本主义的全球化意识形态是为现阶段国际整断资产阶级经济和政治根本利益服务的资产阶级思想理论。维护资本主义生产方式和资本主义经济制度，建立以国际垄断资本主义为主导的全球新秩序是其目的所在，其实质则是为国际垄断资产阶级服务。这一点可以集中体现在新自由主义的"华盛顿共识"上。"华盛顿共识"集中反映了新自由主义全球化理论的根本宗旨，就是要在全球范围全面推行国际垄断资本主义，实现全球经济自由化、私有化、市场化和全球一体化。新自由主义经济思潮鼓吹私有化，要求限制国家对经济的干预和管理，推崇自由化经济政策，其出发点是资产阶级的根本利益。其实从纯经济理论的角度说，私有化也并不是如一些人所想象的那样能够解决一切问题。即使在资本主义社会，也不可能实现完全的私有化，因为它与社会化大生产的基本要求完全相悖，因而也不可能实现。资本主义全球化意识形态所倡导的全球一体化是国际垄断资本统一全球的制度安排，全球资本主义一体化才是他们的真正目的。由此可见，新自由主义作为当代资本主义的主流意识形态具有鲜明阶级性。从本质上，新自由主义思潮是代表垄断资本主义根本利益的，是为维护资产阶级统治服务的，是垄断资本企图控制全球，在世界范围内最大限度地配置资源，获取最大利润的意识形态工具。

新自由主义宣扬贸易自由化，鼓吹推动全球市场经济化，主张商品、服务、资本、货币等在国际上的自由流动，企图把市场原教旨主义在全球推广。新自由主义意识形态主张在政策上推行私人跨国公司支配下的全球自由贸易和自由金融，不赞成大多数国家要求重新建立或健全公平合理国际经济新秩序的合理意见。资本主义全球化意识形态掩饰实行霸权主义和单边主义的美国通过控制国际经济组织来主导世界经济运行。英美等西方发达国家连自己都没有彻底实行新自由主义，然而，它们却要求广大发展中国家推行新自由主义的经济政策和经营模式，包括私有化、开放资本和金融市场、减税、限制和削减社会福利开支，等等。这样的双重标准使新自由主义的意识形态本质暴露无遗。新自由主义的这种全球制度一方面是要调节国际垄断资产阶级内部的利益关系，以维护垄断资产阶级对广大工人阶级和劳动人民的统治地位；另一方面想调节国际整断资产阶级同发展中国家之间的利益关系，以确保发达国家在全球经济、政治、文化等各个领域的主导地位，从而确保其根本经济利益的实现。

新自由主义利用披着的全球化外衣在世界各地大行其道。美国经济学家弗里德曼（Milton Friedman）作为新自由主义的重要代表人物，其"货币主义"的理论要旨就是，反对国家干预经济，主张各民族国家应放松对金融市场的管制，从而使资本在全世界自由流动。理论上，它构成了20世纪80年代后里根和撒切尔主义制定和实施经济政策的理论依据，事实上，促成了金融资本和跨国公司投资的全球化。乔姆斯基（Noam Chomsky）在其著作《新自由主义和全球秩序》一书的《媒体控制——宣传之壮观成就》中指出："美国是公共关系产业的先驱。它所致力的事情，正如它的领导人所说，就是要控制公众的思想……公共关系是一个巨大的产业。到目前为止，该产业每年的支出约10亿美元。"①

2. 利用全球化推行"政治一体化""全球治理"

资本主义全球化意识形态代表的是国际垄断资产阶级的根本利益，它要建立的是资本的全球剥削制度，形成资本主义一统天下的局面。这种全球秩序和全球制度安排的最大特点就是不平等：它以治理、善治和全球治理为出发点，以资本主义全球化意识形态为其实践扩张的理论基础，以美国文化价值模式的"普世价值"为内核，其实质是为实现并维护国际垄断资产阶级的利益服务。

从最根本的意义上说，资本主义全球化意识形态中的"全球化"是一个由西方资本主义国家所操纵的，以维护其统治、推行其霸权为目的，不断进行意识形态扩张和渗透的过程。西方发达国家通过各种途径推行资本主义全球化意识形态策略，灌输和宣传其理论的真理性，强化自己统治的合法性，达到其控制人民、获取支持的目的。通过资本主义全球化意识形态还能多方式、多途径、多手段为自己的统治、现状甚至是不义行为进行辩护，论证其合理性和必要性。这种辩护，从国内来说，能够通过论证自己统治下的组织和制度的合理性与合法性，促进国内民众对组织和制度的认同，这既有利于国家内部的团结和稳定，有利于整合内部矛盾和冲突，达成一定的政治目标，也有利于有效地维护自己的统治；从国际来看，有利于侵蚀非资本主义国家的思想观念，使其资本主义全球化的图谋不战而胜，也有利于在对发展中国家进行扩张和

---

① ［美］诺姆·乔姆斯基：《新自由主义和全球秩序》，徐海铭等译，江苏人民出版社2000年版，第19页。

渗透时寻求国内民众的支持。

资本主义全球化意识形态推进民主并不是输出民主,只是打着民主、人权的旗号去谋取利益。理查德·N.哈斯(Richard N. Hass)在《"规制主义"——冷战后的美国全球新战略》一书中写道:"在部分阿拉伯世界,快速的民主化恢复了强有力的政府。它们不仅是反美的,而且对民主的信奉只是一种策略。它们把民主作为获得权力的工具而不是分享权力。"①言外之意,民主是美国的特权,如果不按照美国的标准和意图,其他再民主的政府也是无法容许其存在的。表面上看来,似乎西方人相信其民主自由的理念是普遍适用的,尤其是一贯富有使命感的美国,更是认为非西方国家的人民应该认同西方的民主、自由、人权的价值观念以及个人主义的核心价值取向。然而究其本质,西方世界绝非真心要让非西方国家获得民主、和平和自由,因为它们更关心实现自己的利益,更倾心于建立有利于维持其霸主地位的世界政治经济秩序,他们始终没有摆脱歧视非西方人的社会性。

3. 利用全球化实施"文化霸权""文化帝国主义"

"文化帝国主义"是指发达国家与不发达国家之间存在着前者对于后者文化的殖民、侵略和霸权现象。它是伴随着全球化全面展开的当代阶段而产性的。全球化始于经济领域,其发展是一个经济上不断扩张的实践过程;同时从文化层面上看,随着全球化发展的不断深入,不同文化相互碰撞、吸收和排斥,因此,全球化也是一个自我矛盾不断展开的过程。全球化过程中所蕴含的各种矛盾,无论是经济摩擦还是政治冲突,其产生和发展均与不同民族不同的文化背景之间存在着的价值观念方面的差异密切相关。正是基于这样一种认识,不少学者将全球化视为一种社会实践过程和文化的扩张性运动,认为其自身包含着经济与文化

---

① [美]理查德·N.哈斯:《"规制主义"——冷战后的美国全球新战略》,陈遥遥等译,新华出版社1999年版,第25页。

的双重权力意志。这样说来我们对全球化可以有这样一种理解：西方跨国资本运作需求和自由贸易准则所规划组织的各种"世界贸易组织"主导和推动着全球化的发展，其结果不仅是一种秩序化了的世界经济市场及其行为方式，而且必然产生出一种内在于整个全球市场活动中的无法抗拒的文化强制性。也正是由于经济上资本的全球化扩张必然伴随着文化上资本主义主导及文化强权扩张，有人将文化帝国主义的扩张和内在化看作全球化的"行生物"和"陷阱"，形象地譬喻了文化帝国主义扩张与经济全球化相生相伴的密切关系。如蒂姆·奥沙利文（Tim D'Sullivan）等认为："作为帝国主义普遍进程中的组成部分和结果，文化帝国主义是某些经济上占支配地位的国家得以向其他国家系统地推展其经济、政治与文化控制的方式。从直接的意义上讲，这个帝国主义的组成部分和结果，导致了实力雄厚的发达资本主义国家（特别是美国和西欧）与相对贫弱的欠发达国家（特别是第三世界和南美、亚洲、非洲等单一民族的独立国家）之间形成支配、附属和依从的全球关系。文化帝国主义指称的就是这一进程的重要方面，即来自支配性国家的某些产品、时尚及风格得以向依附性市场进行传输、从而产生特定的需求与消费形态的运行方式，这些特定的需求与消费形态巩固和支持了其支配国的文化价值、观念和行为。在这种运行方式下，发展中国家的本土文化遭到外国文化，常常是西方文化的控制、不同程度的侵犯、取代的挑战。"[①] 意识形态之所以不能终结，其关键在于它对西方国家推行文化霸权发挥着重要功能。资本主义全球化意识形态是建立在一定社会经济基础之上的，作为资产阶级进行资本扩张、统治世界的思想理论基础，它把维护资产阶级的霸权地位、实现资产阶级利益视为目的，因而它具有不可替代的功能。

在资本主义全球化意识形态的"合理"解释下，西方发达国家不

---

① 转引自尹鸿、李彬《全球化与大众传媒》，清华大学出版社 2002 年版，第 12—13 页。

仅通过实施"文化帝国主义"、利用其在信息技术上垄断地位以及利用其控制的多媒体，对其他发展中国家进行文化侵略和意识形态的渗透，推行自己的价值观念、生活方式和意识形态，还总是想通过各种系统的、全方位、各层面的努力，想方设法来维护它们对于不发达国家的这种文化霸权地位。这其中，既有实践层面的，也有理论层面的。实践层面上的努力主要是积极推进全球化按照资本主义的期望和意愿发展，进而服务于它们对不发达国家进行文化渗透的需要；理论层面上的努力主要是建构并向不发达国家灌输"意识形态终结"的理论，试图淡化意识形态之争，迷惑人们的视听，使不发达国家放弃自己的意识形态立场，进而为它们的文化入侵提供方便。毫无疑问，对于全球化的实践推动是实现西方国家对其他国家推行其文化霸权的基础性活动，但在现代社会中，意识形态作为一种软权力对于实现自己的文化霸权也具有越来越重要的作用。也正是在这种意义上，全球化意识形态再次彰显了其强大的掩饰功能和渗透性。资本主义全球化意识形态的作用发挥使得其主导的全球化进程看上去非常有益和不可阻挡，从而减少推动这个过程的阻力。

四、全球化意识形态博弈

当今世界全球化的发展由发达资本主义国家主导这一客观事实并不意味着资本主义全球化模式是全球化发展的唯一路径，更不意味着它是全球化发展的最终路径。事实上，在资本主义全球化一开始就已经孕有着它的对立面——社会主义全球化趋势及其模式。但我们也不能因此就轻率地得出结论：用社会主义全球化理论抵制与抗拒资本主义全球化理论。因为，毕竟全球化是一个十分复杂的过程，其中既有着人类共同利益，又有民族国家的特殊利益；既有着普遍价值，又有着多元价值；

既有着不同国家之间的矛盾，又有着一国内部经济、政治与文化之间的矛盾，等等。简单地用社会主义全球化与资本主义全球化二元对立的模式思维不仅不能把全球化问题搞清楚，反而会把问题越搞越复杂，越搞越混乱。另外，就像资本主义全球化理论有一个不断发展过程一样，社会主义全球化理论也有一个不断发展的过程，而且社会主义全球化理论的形成与发展还有一个不断从资本主义全球化理论中吸取营养、揭露矛盾并丰富自己的过程。另外，更为重要的原因是：从客观上讲，当今世界社会主义与资本主义从力量对比上看前者仍处于劣势，其全球化意识形态的影响力也是比较微弱的。不过，我们应该坚定社会主义全球化必将代替资本主义全球化的信心，同时也要清醒地认识到它是一个漫长而曲折的过程。

1. 全球化意识形态差异与对立

阶级社会中必然存在阶级斗争。资本主义制度及其生产方式造就了无产阶级和资产阶级两大根本对立的阶级，由此它们在意识形态的交锋和斗争由来已久。自从马克思主义诞生以来，特别是社会主义作为新社会制度出现以后，资本主义就把社会主义视为"洪水猛兽"，不断对社会主义国家和社会主义意识形态进行"围剿"和攻击，出现了各种反动的意识形态思潮。20世纪，社会主义与资本主义在意识形态领域的斗争从未停止过，西方的反共主义不断膨胀，并最终在苏联和东欧地区得逞。在"冷战"后和新一轮全球化浪潮中，表面上看，西方敌对势力放松了对社会主义的渗透和攻击，但事实上，西方在政治、经济、文化甚至军事上企图进一步遏制和彻底扼杀社会主义的图谋和伎俩并没有改变，只不过是它们利用它们的全球化意识形态变换了"分化""西化"社会主义的手段和方式，使其具有更大的隐蔽性、迷惑性和欺骗性。

在全球化发展全面展开的当今社会，我们需要高度警惕美国搞的所谓《十条诫令》。美国中央情报局在极其机密的"行事手册"中，关于对付中国的部分最初出笼于20世纪50年代，以后曾经修改多次，至今共成十项（其内部代号称为《十条诚令》）。比如，尽量用物质来引诱和败坏他们的青年，鼓励他们蔑视、鄙视、进一步公开反对他们原来所受的思想教育，特别是共产主义教条；一定要把他们的青年的注意力，从他们以政府为中心的传统引开来，让他们的头脑集中于体育表演、色情书籍、享乐、游戏、犯罪性的电影以及宗教迷信；在任何情况下都要传扬"民主"，无论在什么场合、什么情况下，我们都要不断地对他们政府要求民主和人权；暗地运送各种武器，装备他们一切的敌人和可能成为他们的敌人的人们，等等。

实际上，全球化"表达了对全球政治经济权利关系的一种构想，即通过霸权排除不同于其发展主义前提的其他一些可能性考虑。甚至对全球化话语的批评，也不是与这些基本前提相对立，只是更加巩固了它的霸权"①。但是，这种全球化构想由于由资本主义来控制和主导，这就决定了这种构想的资本主义趋向，而实施这一构想的"霸权"也将体现在政治、经济、文化和意识形态等多方面。

2. 全球化意识形态的交汇与融合

西方资本主义意识形态与社会主义意识形态之间存在着相互斗争、相互排斥，同时也存在着相互交汇、相互融合。资本主义意识形态作为千百年来社会各个层面长期历史沉淀的结果，包含着一定的人类社会发展规律和人类文明精华，这些对社会主义意识形态的建设都十分有益。由于中国接触社会主义的时间相对较晚，从十月革命胜利算起也就一个世纪，建设社会主义的经验还不算丰富，在学习和研究马克思主义与社会主义的过程中，由于历史、现实、主观、客观等方面因素的制约，加之在中国进行社会主义现代化建设过程中也曾经出现过这样或者那样的问题，因此更需要在对资本主义意识形态进行扬弃，在学习与借鉴中发展社会主义意识形态。

---

① ［美］阿里夫·德里克：《全球主义与地域政治》，《马克思主义与现实》1998 年第 5 期。

另外，全球化表现出的人类共同利益问题也需要我们进行两种意识形态的交流与融合。无论是社会主义全球化意识形态理论还是资本主义全球化意识形态理论，都必须共同面对人类的共同利益，着力解决人类共同面对的问题，做到普世性与民族性有张力的统一，反对虚假的全球主义与极端的民族主义。事实上，全球主义与民族主义都有两种不同的表现形式，即真正的全球主义与虚假的全球主义，正当的民族主义与极端的民族主义。真正的全球主义是指真正以全球全人类利益为至上利益的思想，而虚假的全球主义则是以某国或某民族利益来冒充全球或全人类利益，这种全球主义是强国推行霸权主义的强权政治；正当的民族主义是捍卫某国或某民族的合理利益，而极端的民族主义则是指极端地将某国或某民族利益凌驾于全球或全人类利益之上的思想。在全球化意识形态的融合中，应该既要捍卫民族国家的合理利益，又要恰当地考虑到全球共同发展的利益，在一定程度上超越局部与暂时的民族国家利益。

3. 文明对话之路

尽管全球化意识形态博弈已经开始并将持续展开，但和平与发展是时代的主题、社会主义与资本主义制度将长期共存的事实决定这种博弈不能采取残酷斗争、无情打击的方式进行，必须进行有理、有节的斗争，必须进行公正合理的对话：在对话中展开争论，在争论中深入对话。通过对话，使人们在坚守各自意识形态基本立场的基础之上达成一定程度的理解并形成共识；通过对话，力争最大可能地缓和冲突；通过对话，使人们在坚持自身根本价值立场基础之上寻找人类共同的价值底线并确立同舟共济中各自的责任。

然而，反省现实世界就能发现，体现良好愿望的"对话"具有极大的复杂性。至少可以看到如下几种情况：一种情况是，对话常常被国家的外交政治利用为一种对立的工具、一种新的强权方式，这种对话会演变成对垒和固执己见；另一种情况是，对话因受制于经济或军事实力而被自觉或不自觉地转换成单向话语权，变成强者向弱者发出对话邀请，或者使用单一语言限制进行多元化"对话"；最后一种情况，那就是作为反馈形式，非西方社会的反西方话语霸权的呼声却仍然是一种西化运动，这被人类学称为"向他者的自动"。在这些情况下，对话或者变成利益较量的伪善的工具，或者是有"他者"在场的"无他"的独白，或者是文化社区主义的此起彼伏的语言战争。然而，对话的脚步是不能停止的，只有在对话中不断改善对话才是现实可行之道，完全公平合理的对话机制是不会预先以完备的形态出现在对话之前的，也不可能在谈判桌上从容完成，只有实践斗争才能促成"对话"的合理性的实现。

也许有人反对现实中的公平和正义要求，认为不平等是现实世界更为深刻的特征。但是，人的理性的力量恰恰要在这种不平等上显示人道的无微不至的关怀。因而，虽然将一种独断的平均主义原则强加于人不仅是不可行的，甚至是不公正的，但要求"全球化"的受益者同世界上其他人更平等地分享他们的资源，看来是唯一正当的选择。正义意味着一种倾向于使弱者受益的公共政策，为边缘化、陷于困境的、受到损害的和沉默的人群找到出路无疑是仁慈的和公正的。

那么，我们在"全球化"的理论与价值之间的对话，尤其是在不同意识形态之间的对话，将以何物做桥梁或载体呢？有人认为，一个全球共同体的到来预示着"共同的善"观念。不过，作为一个想象的灵性实在的地球村毕竟不是一个生命共同体。事实上，互惠性的价值在人类历史上早已存在了。所谓互惠性价值蕴涵着我们习得的一种能力，即拒斥任何宗教的、文化的、民族的或种族的固执、偏见、仇恨和暴力。这种互惠性的价值，被称为人类的共同价值，尽管具有高度抽象性，但是在伦理意义上却是客观存在的，它是现实伦理的逻辑归结。从情感理路上来分析，在比较文明的视域中会发现，无论是儒家还是佛教都坚持认为，同情心、设身处地意识和怜悯心既是对人的起码要求，又意味着人道的最大限度实现，这也是普遍伦理的核心要义。

美国学者倪培民在"儒家文化与全球性的对话与和谐"一文中分析了儒家思想在全球对话中的意义："以开放的肯定性为基本态度，以修己、复礼为基本方法，以对人生的价值的确认为基本立场，以'赞天地之化育'，'与天地参'（《中庸》22 章）为理想境界，儒家为'和'的世界的实现提供了明确的基本原则内容，富有建设性的方法，并为世界各文化传统（包括儒家本身）留有讨论、交流、切磋，以及在这个过程中各自得到充分发挥的余地。"[①] 这一点，值得引起学术界的重视。法国学者魏明德（Benoît Vermander）作为中欧文化交流的使者，也提出了文化对话的重要命题。他说："在这个世界上，所有的文化都植根于平等的基础：和东方文化一样，西方文化同样面临着失去根的危险，非常需要参照自身的源流，包括宗教、艺术、哲学等，来创造新的表述方式，好过没完没了地重复一些既没有创造力也没有启示力的日常文化消费产品。"[②] 他从文化危机和发展的角度谈问题，使我们认识到了文化对话的互补性与迫切性，对于对话的可能性，魏德明指出，中西文化对话四百年来发展的"双边关系"，不会因"全球化"而前功尽弃。"全球化"自然会改变中西方对话的语汇，对话的视域就是在交流与通的过程中重新创造参照系指标及原则，建立起合理的"全球化"架构。他给予我国文化的意见是：中国可能并不需要"心灵改革"，而需要"实在的心灵主义"（spiritual realism）。他所谓的"实在的心灵主义"，是一种专注于教诲与实行之间是否名实相符的态度。他还进一步指出了宗教在"全球化"理论对话中的作用。在他看来，宗教间的交流实际上是"全球化"可以变得更人性化的一个极好方式，不同宗教的信徒因发展出对其信仰和他人信仰的新理解，而变得更加相互了解并可以建立国际联

---

① 哈佛燕京学社主编：《全球化与文明对话》，江苏教育出版社 2004 年版，第 321 页。

② ［法］魏明德：《全球化与中国》，商务印书馆 2002 年版，第 7 页。

络。因为无论历史还是今天，宗教传统之间的对话一直是中西方文化交流的重要方面。我们认为，宗教交流也是众多对话方式中的一种，但并非主要的形式。对话是呼吁和平、排除战争的。中国人向来崇尚和平而且形成了民族和平理念。当道家的法自然与儒家的道德修养原则结合在一起的时候，和平的价值就成了中国传统文化的基本取向。似乎人们常说：没有战争并不代表真正的和平。和战争相比，和平需要更多的努力、想象力和决断力。今天，重要的政治问题重新被提出，其中最重要的，就是起草一份新的"社会契约"所需的形式和标准。这个问题可作为跨国区域联盟的建立依据，因为这样的计划是基于消除暴力的渴望而构想的。今天，在属于我们的地理和历史环境里，决定全球化发展的关键之举就是主动地创造和平，建立合理公正的对话机制，形成一些起码的价值共识与基本共同利益的认知，并以此改造主观与客观世界，努力使全球化朝着更有利于全世界绝大多数人根本利益的方向发展

文化全球化研究述评

  "全球化"和"文化"都是内涵复杂定义纷呈的概念。总的来说，全球化的研究具有了跨学科、整体性和包容性的特点，其中经济全球化概念基本上得到了人们的认可。但随着经济全球化进程的推进和科技信息时代的到来，经济与文化之间的密切交往以及由此带来的人们对一些共同规则的诉求，都提出了这样一个问题——文化全球化的研究。从世界范围来看，当前，文化全球化问题研究的路数主要有两种，一种是从过去只关注经济因素转变到对经济文化因素同时关注，例如世界体系论代表人物、美国学者沃勒斯坦（Immanuel Walerstein）对自己理论的修正；另一种是直接用文明和文化来解释全球化进程，例如哥本哈根大学的弗里德曼（Maurice Freedman）就认为全球化体系的变化过程是不同文化的替代过程。① 综观各种不同的理论和观点，主要有如下问题：全球化与文化的关系、全球文化的构建以及文化全球化问题。

一、全球化与文化的关系

  文化全球化研究的前提是对全球化与文化关系的把握。20 世纪 90

---

① 杨雪冬：《全球化：西方理论前沿》，社会科学文献出版社 2002 年版，第 91—92 页。

年代的全球化理论在方法论上的重大变革就是把文化的概念引进了研究领域，扩大了全球化理论的包容力，提高了理论的解释效力。① 英国学者约翰·汤姆林森（John Tomlinson）在《全球化与文化》一书中明确提出："全球化处于现代文化的中心地位；文化实践处于全球化的中心地位。"② 在他看来，全球化与文化之间是一种相辅相成的关系。汤姆林森认为把全球化问题的研究从政治学、经济学、社会学和传播学领域引向文化领域，旨在揭示全球化的文化实践内涵。关于全球化，他提出要从日常生活体验角度去思考，要分析其中的亲近感、独特性。关于文化，他认为必须要从文化与政治、经济之间错综复杂的实践关系去阐明文化目的性，即什么样的感受使得生活充满了意义。他更为关注的是文化广为人们接受的特征，他借用威廉斯的名言"文化是普普通通的"这一理念来为自己的文化做注解。事实上，汤姆林森是从杂交化、传媒亲近感、世界主义等方面探讨全球化与文化的联结，提出全球化不仅是资本、劳动力和商品在全球的流动，它还带来了我们文化体验的转型。这种文化体验，既是世俗的、普遍的，更是深刻的。他集中探讨了"非领土扩张化"概念，认为非领土扩张化是我们目前全球化的文化状况，它存在于日常体验之中，把握住了全球化文化的诸多方面。"非领土扩张化"概念所要表达是，全球化从根本上使我们的生存发生了重要变化，它使我们的文化实践、文化体验和文化认同感之间的关系发生了转型，它削弱或消解了日常充满活力的文化与领土定位之间的联系；这对于民族文化而言，机遇与危险并存。所以，他呼吁全世界团结一致。

美国文论家詹姆逊对全球化与文化的关系也有自己的思考。关于全球化，他认为这是一个传播性概念，它交替地掩盖与传递文化或经济含义。但他又认为单将传播作为全球化概念的焦点在本质上是不完整

---

① 杨雪冬：《全球化：西方理论前沿》，社会科学文献出版社 2002 年版，第 91—92 页。

② ［英］约翰·汤姆林森：《全球化与文化》，南京大学出版社 2002 年版，第 1 页。

的。在他看来，当代传播的发展再也不具有"启蒙"的寓意，而是具有新科技的内涵。这一传播性概念既具有了一个完整的文化层面，即被赋予了一个更为恰当的文化层面的所指或意义，对于传播网络扩展的假设已被暗中改换成某种关于一种新的世界文化的消息。同时，又被暗中改换为一种对于世界市场与其新建立的相互依存关系的看法。一场特大范围内的全球性劳动分工，以及充斥着商贸与金融内涵的新的电子商务路径，即它的经济方向。所以，詹姆逊认为作为与传播性概念的全球化密切相关却并不相称的两面，产生出了两种不同类型的观点：如果只强调这种新传播形式的文化内涵，那它将会逐渐表现出对差异与分化的一种后现代的颂扬，瞬间会感到世界上所有的文化都处于彼此相容的关系中，形成了一种广泛的文化多元主义，让人很难抗拒；但如果倾向于对全球化经济方面问题的思考，那么它又会受到那些经济准则和意义的影响，人们会发现这一概念变得愈来愈暗淡晦涩。他认为，这里占据显著地位的是不断加强的同一性，而不是差异性。① 可以看出，詹姆逊是以经济文化的互动交织来定位传播性的全球化概念，对全球化与文化的关系作出了"经济文化式"分析。诚如他的发问："在我们这个时代，文化和经济的关系是否有根本的改变？"②

二、现实与想象的文化全球化

随着经济全球化的发展以及经济与文化的密切渗透，文化的民族性与世界性的关系越来越紧密，由此，文化全球化问题日益提上日程。

---

① ［美］弗雷德里克·詹姆逊、［日］三好将夫主编：《全球化的文化》，南京大学出版社2002年版，第57页。

② ［美］弗雷德里克·詹姆逊、［日］三好将夫主编：《全球化的文化》，南京大学出版社2002年版，第69页。

关于"文化全球化"的内涵，到目前为止并没有一个明确统一的界定，学者们更多是从全球化研究的范围及影响谈到文化的全球化现象与可能。戴维·赫尔德等在其所著的《全球大变革》中指出，在关于文化全球化的性质和影响的当代争论中，主要有极端主义者、怀疑论者和变革论者三种。在美国大众文化或西方消费主义的支持下，各种超全球化论者描述或预测的世界是同质性的。但超全球化论者也受到怀疑论者的挑战。怀疑论者认为，与民族文化相比较，全球文化具有空洞性和暂时性，而且，由于世界主要文明的地理政治隔阂，文化差异和文化冲突具有持续的重要性。持变革论的人认为，文化与人口的相互融合与交流将产生混合文化和新的全球文化网络。关于文化全球化的产生和发展，赫尔德等人认为，跨区域、跨文明以及跨洲际的文化交流与文化制度的存在——文化全球化——有着深深的历史根源。3000 年前社会之间的文化互动已经非常复杂，但是形象与符号的剧烈运动以及思维模式与交流模式的广泛传播则是 20 世纪晚期和新千禧年的独有特征。由于当代电信、广播和交通基础设施的建设，文化交流在全球范围覆盖的区域以及文化交流量在历史上都是空前的。① 他具体分析了文化全球化的不同历史形态。他们的这种分类基本上概括了当前对待文化全球化的不同态度。极端主义者和怀疑论者有一点是一致的，即思维的单线性，这显然不符合复杂的多元化现实。其实，不论何种态度都表明文化全球化正在进行中。文化全球化既是现实的，又是想象的。

文化全球化是现实的。首先，随着文化消费的全球化，文化在全球迅速普及。消费文化以其通俗性与普及性极大地渗透到世界各个角落，以消费为主要特征的现代社会，文化得到包装并借助商品而传播，这是非常有效的传播方式。其次，信息时代的到来，借助网络这个工具，资讯传播更加方便迅捷，整个世界犹如一个小村庄，一个消息、一

---

① ［英］戴维·赫尔德等：《全球大变革》，社会科学文献出版社 2001 年版，第 456 页。

条信息瞬时间就能传遍整个村落。"地球村"表明了文化全球化的现实性。另外，文化不是空穴来风，它的存在与发展依赖于个人、组织、民族等实体，随着这些实体在经济全球化交往的不断深入和广泛进行，文化负载着经济，经济传播着文化，出现了全球范围内的文化传播，文化全球化得以实现。

文化全球化又是想象的。从消费文化的层次上看，初看起来似乎是同质化过程，但实际上呈现出的是混合化特征，没有任何文化会存在于不受时空限制的文化真空之中。从文化的接受者和消费者角度来看，文化的生产和传播环境最终总会遇见一种已经存在的参照框架的影响与制约。后者涉及一个更复杂的过程，简单的同质化概念并不能正确地记录这些问题和相互影响、相互作用的性质以及它们产生出来的文化创造性。所以，文化多元与文化多样是必然的。但有一个前提同样重要，那就是文化多元与文化多样的前提——文化主体平等。只有在平等的基础上，才有真正的多元与多样。从文化全球化的实现路径来看，国内学者王宁认为文化上的全球化进程有两个方向：一是随着资本由中心地带向边缘地带扩展，（殖民的）文化价值观念和风尚会渗透到这些地区；二是（被殖民的）边缘文化与主流文化的抗争和互动，这样便出现了边缘文化渗入到主流文化之主体并消解主流文化霸权的现象。① 可以看出，王宁是以资本输出的路径来分析文化全球化的路径的。全球化意味着文化的输入与输出，它预示着民族文化之间的接触与渗透，但根本上这是一个经济的做法。经济的逐渐演变成文化的，同时文化的也逐渐演变成经济的。文化是重要的经济产品，离开这一点，经济体系无法发展和扩张。同时，也有观点认为，文化担负着诸如公民权这样的理念和运作，可充当民主政治的试验场，显然这是在设置文化与政治层面的"融合"。

---

① 王宁主编：《全球化与文化：西方与中国》，北京大学出版社 2002 年版，第 2—3 页。

三、"全球文化"的构建

随着不同民族文化渐渐走向世界，民族文化交流与渗透日益广泛、深入，这也渐渐向人们提出这样一个问题——全球文化的构建。对此，也有不同观点。

第一，一元为主的"全球文化"。汤姆林森在《文化帝国主义》一书中公开质疑文化帝国主义的概念，指出文化帝国主义本没有原初形式可言，有的只是对它的不同解读；只有剖析其在不同话语中的内涵，才能得出其实质。他认为一些学者过于维护文化的差异性，否定其同质性，这很容易陷入文化相对主义。文化发展的前提是多样性与统一性之间的平衡，而某种程度的同一性则有利于世界各民族之间的对话与沟通以及人类的和睦与进步。现代文化的全球化是我们的文化宿命。基于其自身的文化经验背景，他否定同一文化有"文化支配"以及相应的"文化霸权"和"文化殖民"的说法。

事实上，在全球有无一元文化的分析中始终有一个绕不开的话题，即如何看待美国文化。在当今世界上，美国文化并不是唯一能够在全球扩张的文化，但同时也必须肯定美国在全球文化的许多方面仍然领世界风气之先这一事实。这不仅因为美国拥有制造并在全球传播自己思想和生活方式的无与伦比的手段，而且还因为美国具有一整套能够使其成为全球文化传播者的文化与历史特质。这种状况虽然并不意味着世界打上了文化同质性的烙印，但也确实表明，在越来越多的地方，人们不得不把美国文化与本土文化当成共存的现象看待。美国流行文化具有约瑟夫·奈所谓的"软权力"——劝说或合作的权力。实际上，汤姆林森的文化帝国主义正是想在世界范围内肯定和推广美国文化。对于文化帝国主义的实质，明眼人一眼便能揭穿。詹姆逊认为，主张同一的文化全球化实际上就是肯定了美国文化。他提醒人们谈到文化全球化时，民族主义问题或民族自豪和民族尊严不是唯一面临危险的东西，人们更应该警惕其中蕴含的另一种倾向。他提出文化和民族（或种族—民族）与流行或传统文化的形式是一致的，而这些文化形式似乎正在被美国的大众文化模式（电视演出、服装、音乐、电影等等）逐出并取而代之。对许多人而言（特别是在文学和文化领域工作的人），美国文化已渐渐成为他们界定全球化文化的真正核心。他说："美国的电视、音乐、电影正在取代世界上其他一切东西。"① 对此，依附理论学派埃及学者萨米尔·阿明（Samir Amin）也提出了自己的看法。他认为，美国今天仍处于称霸的阶段，但是这一霸权地位却因欧洲和日本的赶超而不断被削弱，而且用新自由主义构架来管理长期受危机打击的体系，已经进入它的崩溃阶段。近年来，后殖民主义和新的民族主义的兴起也与此直接相关，美籍印度学者萨义德（Edward W.Said）就是这方面的著名代表。

第二，多元共存的"全球文化"。在"全球文化"的构建中，大多数学者倾向于文化的多元共存。英国学者 M. 费舍斯通（Featherstone）在给一专题杂志写的导言中提出了全球文化出现的可能性问题。他认为全球文化的相互联系状态的扩展也是全球化进程，它可以被理解为导致全球共同体即"文化持续互动和交流的地区"的出现。这种全球文化应该是文化的多元化。因此，在他看来，全球化包含了特殊主义的普遍化，而不只是普遍主义的特殊化。日趋全球化的世界文化中的异质性和多样性实际上已成为全球化理论不可或缺的组成部分。美国学者罗兰·罗伯森（Roland Robertson）认为全球化和本土化相互作用的一个直接结果就是"全球本土化"（glocalization）现象的出现，即全球化不可能全然取代本土化，本土化也不可能阻挡住全球化的浪潮。这二者之

---

① 王宁主编：《全球化与文化：西方与中国》，北京大学出版社 2002 年版，第 107—108 页。

间始终存在着某种可伸缩和谈判的张力，有时全球化占主导地位，有时本土化占主导的地位。这种情况在文化领域中最为明显。因此，他认为文化上出现的全球化现象并非只是单一的趋同性，它也可以带来多元的发展。因为各民族的文化都有着自己的特性，若想掩盖或者抹去这种特性，就只能导致世界文化的倒退。所以，他将全球化描绘为"普遍的特殊化和特殊的普遍化的双重过程"。另外，世界体系论代表人物沃勒斯坦也同样认为单一世界文化的概念面临强烈抵制，它必然会受到政治沙文主义和多种反主流文化的反对。世界历史的发展趋势，与其说是朝向文化同质化，毋宁说是走向文化分化与复杂化。全球文明论者玻尔马特（H.V.Perlmuter）也指出，目前的全球化是第一个真正的全球文明的前导，全球化就是为了要创造一个世界文明，在这个世界文明中有一种全球"融合"的动态形式。他把这种动态"融合"看作一种不同的甚至是对立方面的相互协调的过程。①

　　第三，文化的冲突与对话。谈到"全球文化"的构建，必然要谈及文明的冲突与对话。美国学者亨廷顿用文明替代了民族国家和意识形态，并设计出一幅未来多种文明冲突的景象，声称西方文明的最大对手是儒家文明和伊斯兰文明。他实际上是把现实政治中存在的一些矛盾系统化和抽象化了。虽然在以后的著作中有所调整，但不难看出他在文明关系上的竞争论立场。同样，不能忽视的是福山的历史终结论。他认为，自由民主作为一种人类的理念已经很完美、无可匹敌，无论在什么地方都取得了主宰世界的正统性，因此，历史终结了，即历史上的许多问题已经得到解决，已经形成了合理的制度与行为模式。可以看出，这种观点本质上是一种文化趋同论，即世界统一于自由民主。其实，福山与亨廷顿的观点有一点是相同的，即两者都在为西方的文明地位考

---

① 转引自文军《全球化概念的社会学考评》，《全球化与公民社会》，广西师范大学出版社2003年版，第36页。

虑——福山认为西方的文明已经取胜，体现出一种优越感；而亨廷顿却在为西方文明的主体地位忧虑和担心。杜维明在为联合国2001年《文明对话宣言》所写的"全球化与多样性"中谈到，在21世纪，对国际安全的最大威胁不是经济的或政治的，而是文化的，就此而论，文明冲突理论比福山提出的历史终结论更具说服力，因为它承认文化的重要地位并希望妥善处理宗教差异。不过，杜维明明确反对文明之间的冲突，他的立足点是坚持跨文明对话，实现文化的多样化，超越普遍主义和民族主义，以达于各文明间的真正和解，用来标志这种和解的概念被称作"全球共同体"或"地球村共同体"。①

另外，德国学者哈德尔拉·米勒（哈拉尔德·米勒 Harald Muller）也表现了一种不同于亨廷顿的立场，并在《文明的共存》中对亨廷顿的文明冲突理论进行了批判。米勒认为，文化不是历史发展的决定性因素，更不是唯一因素，对历史的发展真正起重要影响的还是经济与政治力量。在他看来，文化之间冲突与融合，主要不是取决于文化自身以及各个民族的文化态度，而是取决于经济与政治的发展。他认为经济与政治的发展既可能导致文化的冲突，也可能导致文化的融合。他呼吁人们要加强文化对话，促进文化融合。不过，对于文化对话与融合，他将更多希望寄托在西方人特别是美国身上。他说："在21世纪，人类将走向何方，文化的差异是成为划分界限的原因，还是会演化为促进合作的原动力，这一切取决于我们西方国家对待文化的态度。美国作为西方的领头羊，理所当然应该承担自己的责任。"②

---

① 转引自吴晓明《文明的冲突与现代性批判》，《哲学研究》2005年第4期。
② ［德］哈德尔拉·米勒：《文明的共存——对"文明冲突论"的批判》，郦红等译，新华出版社2002年版，第298—299页。

四、结　语

当今汹涌澎湃的全球化浪潮一方面加速了文化之间的交流，拓展了文化交流的范围，强化了文化精神中的人类整体意识；另一方面也伴随着文化、经济与政治的互动引起传统文化的危机和失落，使真正的文化精神难以升华。可以看出，实际上全球化文化研究必须要遵循文化自律和他律两条逻辑，其内涵和影响是复杂而深刻的。但不管如何，我们必须看到这样两个事实：一是全球化文化的发展不单单是一个文化问题，而是一个经济、政治与文化之间的交织过程；二是美国文化在全球化文化发展中有着重要影响力，它的扩张造成了文化世界性与民族性之间的紧张关系。因此，在全球化文化的研究与发展过程中，民族狭隘主义与普世主义都有明显的局限，文化的交流要通过平等对话来实现，而真正的平等不仅仅是文化身份的平等，更是一种经济与政治地位上的平等。

文化全球化的双重逻辑与
当代中国文化建设

随着经济全球化的发展，文化全球化问题自然会提上日程。英国文化学者汤姆林森指出："全球化（globalization）处于现代文化的中心地位；文化实践（cultural practice）处于全球化的中心地位。"①究竟如何看待文化全球化，文化全球化的实质又是什么呢？对此，笔者想发表一些看法。

一、文化全球化和全球化文化

从逻辑上讲，只要人类开展广泛交流，文化全球化就会出现。而文化全球化过程其实早在人类进行全球贸易时就已经开始。在此，要区分两个概念：文化全球化和全球化文化。尽管两者之间有许多交融，但前者毕竟不同于后者；前者指一种文化或多种文化走向全球的过程，后者则指全球共同性文化。从学理上讲，文化全球化早于全球化文化，全球化文化只是文化全球化发展到一定阶段的产物。

① ［英］约翰·汤姆林森：《全球化与文化》，南京大学出版社 2002 年版，第 1 页。

尽管文化全球化由来已久，但较为广泛的文化全球化过程还是自资本主义产生以后。马克思、恩格斯指出："资产阶级，由于开拓了世界市场，使一切国家的生产和消费都成为世界性的……过去那种地方的和民族的自给自足和闭关自守状态，被各民族的各方面互相往来和各方面的互相信赖所代替了。物质的生产是如此，精神的生产也是如此。各民族的精神产品成了公共的财产。民族的片面性与局限性日益成为不可能，于是由许多民族的和地方的文学形成了一种世界的文学。"① 资产阶级由于追求利润最大化的需求，它们在不断开拓国际市场的过程中也将西方文化带向全球各地。随着资本主义在全球的不断渗透与发展，经济全球化与文化全球化在广度与深度上得到不断拓展。如果说早期资本主义向世界扩张的过程是以经济全球化为龙头、文化全球化为依附的话，那么，当代资本主义的全球扩张则是经济全球化与文化全球化并重甚至是两者交织发展的。从某种程度上说，当代资本主义时期是文化全球化问题凸显时期，主要基于如下原因：首先，当代资本主义时期出现了经济与文化相互渗透的趋势。此时，文化已经变成一种经济力，经济的发展往往要借助于文化。随着经济的全球扩张，它所依附的文化自然也会在全球扩张，经济全球化与文化全球化已呈现出合二为一的发展趋势。其次，随着信息技术特别是网络技术的发展，全球交往更加频繁。当代资本主义时期的全球化则可以由不同国家推进，表现出明显的多维性和多向度；全球话语的多样化使得不同国家可以向全球发布代表本国利益和民族立场的全球化理论。再者，随着科学技术与全球交往的发展，人类全球意识逐渐增强。科学技术的发展在带来了经济与社会发展的同时，也造成资源浪费、环境污染与生态平衡破坏等问题。这些问题迫使生活在同一地球上的人们必须确立共同的全球意识，保护环境，节约资源，共同维护人类共有的家园。

---

① 《马克思恩格斯选集》第 1 卷，人民出版社 1995 年版，第 275—276 页。

按理说，文化全球化是不同国家走向世界并按自由平等的原则确立全球化文化的过程，但由于世界经济、政治发展的不平等再加上当今世界经济、政治与文化的紧密关系，现实中的文化全球化过程却出现了强权的势头。一些发达国家想把本国文化或将代表本民族价值观的文化确立为全球化文化，即将一种文化全球化的过程当成全球化文化的形成过程，出现了文化霸权主义与文化殖民主义倾向，由多国平等商量而确定的全球化文化与一国推行的全球化文化成了文化全球化发展过程中的双重逻辑。

二、文化全球化过程及其未来走向

文化全球化过程是复杂的，对文化全球化过程的把握必须做到静态与动态研究的结合，要区别三种不同形式的文化全球化，即客观文化全球化、主观文化全球化以及主客观相互作用的文化全球化过程。客观文化全球化是指一种客观的发展进程，主观文化全球化是一种主观想象或理论建构，而主客观相互作用的文化全球化是指在尊重客观事实的基础上用主观理论去引导客观发展进程。

公正地讲，文化全球化过程正处于形成与发展之中，其最终走向还未成定局，上述两种文化全球化过程都既是客观的又是主观的；它们既是对文化全球化现实发展某方面的一种反映，但又不是一种全面反映，因而更是一种主观上的意愿与理论上的建构。从目前文化全球化的现象来看，以一国推动的文化全球化趋势远盛于由多国推动的文化全球化发展趋势，西方文化特别是美国文化正在成为全球的显文化。这一点仅从作为文化重要载体的语言——英语在国际范围内的广泛运用便可略见一斑。虽然以英语作为母语的国家仅 10 多个，但世界上已有 70 多个国家给予了它以官方地位，并且已有包括中国、俄罗斯、德国、日本等国在内的 100 多个国家将它作为第一外语进行教学。在国际互联网上，英语是传递信息的最通用语言，其内容大约占 90%。英语普遍的官方地位、学习使用人口的众多以及分布上的世界性已使得它当之无愧地成为一门全球通用语。同样，由多国平等商量而确立的全球化文化也是主观想象的，因为它毕竟还没有成为真正的现实，它在与强势文化的博弈中还处于弱势。但近年来，历史发展的现实也渐渐让人们感觉到这种文化的发展趋势。随着全球化进程的加剧以及西方国家文化霸权的横行，许多国家渐渐有了文化自觉，按平等原则建立全球化文化的要求和呼声越来越高。从这个意义上讲，它又是现实的。

既然文化全球化的两路进程都既是客观的，又是主观的，那么，我们就应对其未来发展的走向做深入分析，准确预测文化全球化的未来，并以正确的理论去推动文化全球化的客观进程。从表面上看，以一国为代表的文化全球化似乎已成为现实中的强音，并且为之摇旗呐喊的人不计其数。但这也只是一种暂时的现象，它并不代表历史发展的真正方向。可以说，这种现象是跟当代资本主义的发展密切相关的。当代资本主义的新特点既促成了这种现象的形成，又加剧了其灭亡。正如前文所说，当代资本主义社会经济与文化的联系十分紧密，这一特点使资本主义更加善于利用文化因素为其经济发展服务。但这一结合又必然带来新的矛盾：一方面文化渐渐依附于经济，失去了精神向度与自身独特的发展规律，另一方面文化的利用又进一步加剧了经济与政治生活中的不平等。资本主义文化的强盛扩张，形成了对各民族本土文化与经济的强大冲击。这种冲击不仅发生在发达的资本主义与发展中国家之间，而且还发生在西方发达国家内部。近年来，文化产业在世界经贸中的比重激增，美国凭借优势，特别是在多媒体、互联网络、卫星电视等方面的强大势力，以贸易自由化为借口，积极打入他国文化市场，既渗透文化，又获取实利。美国的近邻加拿大受害最深，其 95% 的电影、93% 的电视剧、75% 的英语电视节目和 80% 的书刊市场主要为美国文化产品所控制。当代法国哲学家鲍德里亚对此有着深刻的认识。他说，在当代资本主义社会，"再也不谈价值，因为这一类因素的'去多元化'及其反应使一切评价活动成为不可能。……对于美或丑、真与假、善与恶的估价，都同样是不可能的……善不再是同恶相对立，在微观世界中的各个因素，都无法以特定的参照坐标测定其位置。每个基本粒子都任其自身的运动而变化，价值或价值的碎片，都只是在模拟的天空中闪烁一瞬间，然后就在虚空中，顺着一个只有在特殊情况下才同其他基本例子相遇的特殊路线而消失。这就是价值破碎的图式，也就是我们的文化的实际图式。"① 也就是说，在此时资本主义社会中市场价值颠覆了社会价值。所以，西方发达资本主义文化的扩散，实质上就是消费主义文化与市场主义的扩张。这将使所有的文化体验都卷入到商品化与市场化的旋涡之中。当代资本主义社会经济与文化的日益结合的最终结果只能是加剧世界范围内的两个不平等，导致两个两极分化：一是不同国家间的不平等，导致发达国家与发展中国家的两极分化；二是发达国家内部的不平等，导致其内部的两极分化。

简单地加强多国间平等对话并力图推动多国范围的文化全球化，实际上不足以与上述文化全球化趋势相抗衡。因为，文化全球化过程之争实质上是经济、政治与文化综合实力的比拼。因此，如果由多国发动的文化全球化不重视经济与政治力量的发展，其最终想成为文化全球化唯一发展道路的主观愿望便会化为泡影。所以，对文化全球化实质的分析必须上升到意识形态的高度。因为，在当代资本主义社会，经济、政治与文化的联系更加紧密，此时的经济与文化的紧密结合与其说是经济依赖于文化，不如说是文化媚俗于经济。要想解决文化问题，就必须解决经济与政治问题。以强国推进的文化全球化，实质上是文化资本的全球化或作为资本的文化全球化。因此，只有消灭资本主义制度，建立起

---

① 高宣扬：《后现代论》，中国人民大学出版社 2005 年版，第 232 页。

社会主义制度，真正平等的文化全球化才有可能实现。离开社会主义意识形态，抽象地谈论普世伦理，只能是纸上谈兵，终难成其事业。普世伦理等理论的错误就在于把全球化中的具体经济和物质问题转换为对文化的主体性和认识论问题，没有认识到资本的霸权对文化霸权产生的决定性基础作用。在此，引用德里克（Arif Dirlik）对后殖民理论的批判也许是有借鉴意义的。他认为后殖民理论"完全专注于作为文化和意识形态的欧洲中心，就无法解释为什么这种特殊的种族中心主义能够规划现代全球历史，把自身设定为普遍的抱负和全球历史的终结，而其他地区性和局部性的种族中心主义则不得不屈从于从属地位。欧洲中心意识形态掩盖了作为其动力并使其具有令人信服的霸权地位的权力关系，为物质关系披上文化的外衣，仿佛二者没有什么关系"①。另外，对一国推动的文化全球化过程只进行简单的抵抗也是无济于事的。宗教激进主义虽对美国文化进行了抵抗，但这种既不能带来经济上的繁荣又不能带来政治上的民主，只靠某种地方性的、民族性的极端化、绝对化的文化并想以此来重新组织社会生活的运动，最终只能靠实施恐怖来进行，其结果反而遭到了全世界人民的憎恨与反对。因此，只有既能带来经济繁荣又能带来政治民主更能促进各国民族文化平等交流与对话的社会主义制度与文化，才是文化全球化的唯一希望。以多国平等推动的文化全球化只有将自己归并到这条道路上，才有可能变成现实。不过，如此说也不是要彻底否定多国平等推动的文化全球化路径的价值，只是说这种路径必须与社会主义运动紧密配合，才能得以成功。

当然，以社会主义意识形态为指导的文化全球化过程既是客观又是主观的过程，其中也会碰到许多困难，应该根据客观形势的需要与变化不断修正自己的理论，并以此进一步指导文化全球化朝着健康的方向发展。

---

① 汪晖、陈燕谷主编：《文化与公共性》，三联书店 2005 年版，第 464 页。

三、文化全球化的双重逻辑及其建构

全球化文化不是单一的，更不是异质的，它是一体中的多样化或多样中的一体化；我们不能因文化全球化过程出现多样而欢呼，也不能因文化全球化过程出现一体而责骂。即使从上述西方国家强势文化的全球化来看，它也不是单一的，也吸收了多国文化的特点。美国在向世界推广文化时，也不是一味地推广美国文化，它也能吸纳不同国家的文化。上述文化全球化发展的两重逻辑之争事实上并不在于"一体"之争，而在于怎样的"一体"之争。由强势文化引发的全球化文化中的"一体"是以西方国家价值观为核心的单一一体，而由多国平等商量而建立的全球化文化中的"一体"则是基于多种价值观平等对话而产生的复合一体。复合一体并非指单一的文化样态，而是指一种"同一"的核心价值。这种"同一"的核心价值主要包括一些重要的社会主义原则，如平等、尊重与自由等社会主义原则。不仅要尊重已加入文化全球化过程中的国家和民族文化，也要尊重未加入文化全球化过程中的国家和民族文化；对文化中的纷争应通过讨论协商解决，而不是通过经济制裁与军事威胁来解决。合乎历史发展趋势的全球化文化应该是在"同一"社会主义价值观指导下建立起来的多样化文化。每个国家与民族在这种文化全球化的过程中都存在着双向运动：一是民族文化"全球"化的过程，二是全球"化"民族文化的过程。全球化文化是在这种双向运动基础之上建立起来的多样一体或一体多样的文化。在这种全球化文化的建立过程中文化保守主义与激进主义都是错误倾向。全球化文化是多样的，这是由文化自身的特质决定的；全球化文化又是一体的，这是由人类普遍交往的特性决定的。每种文化都有自身产生的缘由，都是人类在解决自然与社会问题中逐渐产生的，它对其他民族既有着解决问题的启迪意义，又有着满足审美与文化消费需要的意义。但人类普遍交往不能没有共同规则，随着发展，这些规则自然要在不同文化之间建立起来。

文化全球化中的双重逻辑既跟文化发展的特点与自身特质有关（即文化自律），又跟经济、政治的发展对文化的影响密切相关（即文化他律）。文化是一个民族所共有的风俗习惯、行为方式与交往规则，一旦形成后就有相对稳定的内在结构。文化结构的稳定性决定了文化交流与碰撞往往会采用两种形式：一是以本民族文化同化其他民族文化；二是承认其他民族文化的同等价值，以平等与互补原则开展跨文化交流与对话。一味地在全球范围内用一个民族的文化同化其他民族文化并把它作为全球文化的价值标准必然会导致文化霸权主义与文化殖民主义，而用平等与互补原则开展的跨文化交流，最终才能形成有利于整个人类发展的全球化文化。文化发展从不是独立的，它要受到特定时期经济与政治状况的制约。经济与政治发展状况决定着文化内在结构的变化。文化虽有稳定性，但这种稳定性也是相对的，它要随着经济与政治的发展而改变。从价值上看文化没有绝对的优劣，但从性质上看文化却有先进与落后之分。尊重民族文化并不是抱残守缺，而是要对民族文化进行有选择的继承。每个民族的文化在形成过程中自然要受到那个时期社会状况的影响，而随着这种社会状况的改变，民族文化也有一个转型过程，只有成功完成转型的民族文化，才能永葆青春活力。当今西方文化在国际社会的影响跟其传统文化的现代转型不无关系。经济与政治发展状况对文化的影响不仅表现在文化内在结构的变化上，还表现在文化的影响力上。随着一国经济的发展与政治影响力的扩大，与之相适应的民族文化也越来越发挥其国际影响。这一点在知识经济时代表现得更加明显。当今美国正是利用受其影响的世界银行、国际货币基金组织等国际组织向全球推广代表其民族立场的文化价值观念。而随着这些文化价值观念在全球的流行，又进一步巩固了美国在国际社会中的经济与政治影响力。因为，当今世界的文化已不单纯是一种抽象理念，它已经变成重要的经济力与政治力。

面对文化全球化的双重逻辑，当今中国文化建设，首先必须坚持社会主义方向。社会主义制度是优越于资本主义的平等制度，只有社会主义才能真正解决文化全球化过程中的矛盾冲突，才能最终建立平等互补的全球化文化。只有以社会主义为核心价值的中国文化才体现世界先进文化的发展方向，才能赢得世界的尊重。其次，要继承传统文化资源，开发与挖掘传统文化的现代价值。中国有十分丰富的传统文化资源，它们是建构全球化中国文化的无价之宝，但中国传统文化也是良莠并存，必须完成其现代转型。与其他文化一样，中国传统文化也有其内在结构，经过长期的封建社会中国传统文化渐渐与封建社会价值体系同构，因此，当前的中国文化建设必须打破传统文化的封建内涵，并以社会主义价值为核心进行结构重组。传统文化的现代转型必须在两个维度上展开：一是和谐的人际关系，二是和谐发展的人与自然关系。既要发挥传统文化在建立和谐社会、和谐世界上的作用，也要发挥传统文化在经济上的推动作用。当今世界发展的现实表明：文化越来越成为一种重要的经济力，文化在国际经济、政治等方面的影响越来越重要。面对文化霸权主义与文化殖民主义，光有先进的和谐理念显然是不够的，还必须有强大的经济实力。只有充分发挥文化的经济力并在经济上赶超发达国家，才能消灭文化霸权主义与文化殖民主义，建立和谐、平等的全球化文化。再次，文化产业与文化事业并重发展。文化产业与文化事业是矛盾统一体，它们既对立又统一。文化产业的发展可以推动文化事业的繁荣，文化事业的繁荣又可以反作用于文化产业的发展，但它们毕竟有着不同的价值取向：文化产业侧重于文化的经济向度，而文化事业则侧重于文化的人文向度。过分重视文化的经济向度或文化的人文向度都是错误的（西方社会在进入后工业社会以后出现的文化畸形发展的倾向是值得认真总结的），应该在它们两者之间取得平衡。

全球化时代的文化身份与
中国文化主体性建构

　　毫无疑问，全球化是当今世界发展的主导性潮流。然而，由于历史的原因和现实条件的限制，不同民族国家参与全球化的姿态却有着主动与被动之分。西方世界发达国家特别是美国，在全球化过程中占据着主导地位。对于广大发展中国家来说，全球化则成为一个脱离自身意志的"客观""普遍"的趋势。全球化密切了人们之间的彼此联系，拉近了不同文化之间的距离，也加剧了不同文化和价值体系之间的相互竞争。在当前全球化和文化多元化的语境中，当代中国文化究竟该如何定位？如何在全球化进程中保持文化的个性？如何让中国文化以自身的逻辑展开，避免落入西方文明价值系统的窠臼？这些都是值得当代学人格外关注与深思的问题。

一、全球化的文化冲突与反思

　　借助迅猛发展的网络技术，全球化浪潮正在席卷人类社会生活各领域，并改变着我们的日常生活机制。在这场风生水起的时代舞台上，文化扮演着比以往任何时候都更为重要的角色。正如英国著名学者约翰·汤姆林森在《全球化与文化》一书开篇所言："全球化

（globalization）处于现代文化的中心地位；文化实践（cultural practice）处于全球化的中心地位。"① 对于全球化，用文化的概念性词汇加以阐述和理解有着非同一般的优越性。罗伯逊（Roland Robertson）在 20 世纪 90 年代出版的《全球化》一书中针对沃勒斯坦关于世界体系理论的"经济主义"，即忽视文化的倾向，强调指出全球化是主体辨认自己与全球人类情景关系的过程，是生命形式进行互动、表达及确证自我的过程，因而不应该孤立地讨论政治、经济层次上的东西，而要分析全球化文化的动力以及"文化因素"在目前世界体系中的地位和作用。全球化使国家间展开包括文化在内的新的竞争，而新的竞争优势是通过高度地方化的过程建立和维持的，国家的经济结构、价值观、文化、制度和历史的差异性对竞争的成功产生深远影响。在这个意义上，全球化的重要性不在于经济或技术力量，更在于我们的文化实践，也就是我们的生活方式。

对任何国家来说，全球化既带来发展的机遇，也使它们面临巨大的挑战。美国学者罗伯特·塞缪尔逊（Robert Samuelson）对此有精当的评价："全球化是一把双刃剑，它既是加快经济增长速度、传播新技术和提高富国与穷国生活水平的有效途径，也是一个侵犯国家主权、侵蚀当地文化和传统、威胁经济和社会发展的有很大争议的过程。"② 种种迹象表明，全球化的深化发展使得人类社会正在发生深刻的变迁，人类文化实践正面临多方面的深层考验和挑战。

挑战之一："文化帝国主义"的膨胀与扩展。一谈到全球化在文化上的表现，人们马上会想到"文化全球化"，也即文化的同质化。关于文化全球化可能与否，我们暂且存而不论，只是就与此相关的两种思潮做一简述。一种是爱德华·赛义德在 1978 年出版的《东方主义》一

---

① ［英］约翰·汤姆林森：《全球化与文化》，郭英剑译，南京大学出版社 2002 年版，第 1 页。

② Robert Samuelson，"Globalization：Advantages and Disadvantages"，International Herald Tribune，January 4，2000.

书中提出的"后殖民主义"思潮。赛义德从文艺批评入手，提出了一套反对殖民文化的批评理论。他认为，西方话语中的"东方"是西方学者凭空想象出来的"东方"，是对东方的一种文化建构，其实质乃是欧洲中心论的基调，是对西方文化优越性和霸权的确认。赛义德认为，二战后，殖民主义受到民族解放运动的强大冲击，但在第三世界国家纷纷独立后，殖民文化依然存在，并成为保持大国霸权，使第三世界依然处于被支配地位的手段。"文化全球化"的另一种理论表述是"文化帝国主义"理论。在1991年出版的《文化帝国主义》一书中，汤姆林森通过对20世纪60年代开始出现的在90年代被人重提的"文化帝国主义"的剖析，对冷战后的文化态势作出理论分析。汤姆林森至关重要的一个论点是，帝国主义已被全球化取而代之，文化帝国主义变成了文化的全球化。"文化帝国主义"更加赤裸裸地坚称，全球化意味着西方化，是第三世界在文化上向西方的趋同。而这恰恰是汤姆林森最容易为人所诟病的"西方中心论"立场，这种立场忽视了"民族性"而过分强调"全球化"带来的"同质化"。

挑战之二："文明冲突论"的出笼。冷战结束后，随着经济全球化的不断发展，各种思想文化的交流碰撞日益频繁，文化的冲突与共生成为一个普遍的国际现象。美国学者亨廷顿在20世纪90年代初，撰文对后冷战时代世界局势进行了分析与预测，指出后冷战时期的暴力冲突并非出于各国在意识形态上的分歧，而是来自于不同文明之间的文化及宗教差异。与冷战时期强调的意识形态的外在灌输性相比，亨廷顿更加看重不同文明、宗教信仰的内在原生性，认为其在未来世界秩序中将扮演重要角色，主张"文化和文化认同（它在最广泛的层面上是文明的认同）形成了冷战后世界上的结合、分裂和冲突模式"[1]。与福山的"历史

---

[1] ［美］塞缪尔·亨廷顿：《文明的冲突与世界秩序的重建》，周琪等译，新华出版社2002年版，第4页。

终结论"所表达的同质化倾向不同，"文明冲突论"显示的是全球化进程中文化差异所带来的矛盾与冲突。"文明冲突论"虽然揭示了文化的多样性，但其立意并非是为非西方文明的发展声张，而是对西方文明受到挑战的忧思。因此，"文明冲突论"实质是一种"西方中心主义"的文化霸权理论。

挑战之三："文化多元主义"的陷阱。"文化多元主义"是20世纪80年代以来流行于北美的少数弱势族群挑战主流文化的一种策略，属于后现代思潮的一部分。其基本观点认为，不同文化都有其相对价值，没有一种文化是普遍的、绝对的。按照这一说法，文化都是人为建构的，因而，也就都能被解构。这一文化相对主义的论调，表面上是要消除西方文化中心论，为弱势文化作出权力声张，但它又可能被改头换面，为新种族主义张目，为强势民族从文化上支配弱势民族推波助澜。在这个意义上，"文化多元主义"表面上似乎在为反对主流文化的强制认同做声张，实际上把不同文化间的差别固定化、绝对化，从而建构了一种新的变相的种族主义的意识形态。因此，弱势族群主张文化多样性固然有其反对文化帝国主义、文化霸权主义的初衷，但要防止越过事物的合理界限，坠入文化相对主义的泥潭。

挑战之四：美国"软实力"的霸权战略。当今世界，各种思想文化相互激荡，文化在综合国力竞争中的地位和作用日益凸显。作为对世界新的发展形势的回应，美国开始寻求新的殖民战略——大规模向其他国家渗透美国文化"软实力"。"软实力"是美国哈佛大学肯尼迪政府学院院长约瑟夫·奈提出的一个概念，他从文化中指出未来美国对外战略的新变化——通过吸引而不是通过强制来得到理想的结果。"软实力是一个国家文化和意识形态的吸引力，是通过吸引而不是通过武力来得到理想结果的能力。它之所以发生作用是靠着使其他人确信，他们应该追随着你，或者使他们与导致你欲要之行动的规范和制度保持一致。软实力很大程度上取决于信息的诱惑。如果一个国家能够使其地位在他国人眼中具有吸引力，而且能够加强鼓励他国以适当的方式确定其利益的国际制度，它也许就不需要花费更多的传统经济或军事资源。在今天的全球信息时代，软实力正在变得日益重要。"① 对美国来说，"软实力"就是它能确定规则和标准，并为整个世界所遵循，整个世界因此而走向标准化甚至同质化。究其实质，约瑟夫·奈的"软实力"就是为美国在全球化时代所制定的"文化霸权"战略。按照这一方式，美国企图建立一元文化霸权，将多元文化的星球变成"美国化"的世界。

挑战之五：消费主义的冲击。全球化对民族文化的冲击还表现在消费文化的狂飙突起。所谓消费文化或消费主义是指进入后现代社会的当代西方国家出现的一种新的文化现象和生活方式，其"消费的对象，并非物质性的物品和产品：它们只是需要和满足的对象。我们过去只是在购买、拥有、享受和花费——然而那时我们并不是在'消费'"，"消费并不是一种物质性的实践，也不是'丰产'的现象学"，"如果消费整个字眼要有意义，那么它便是一种记号的系统化操控活动。"② 在后工业社会，消费已经丧失了其原初属性，蜕变为符号建构支配下的文化选择。伴随着全球资本主义体系的扩张，消费主义与全球化互为表里，并促成大众文化的急剧扩展，对当代日常生活构成严重侵袭。"它使人们的生活经验发生严重分化和分裂，对人类共同的文化的意义作出截然相反的解读，从而使人们的文化认同受到了严重冲击。"③ 消费主义诱使人们在生活方式、审美情趣乃至价值观方面朝向西方文化——确切地说美国文化——日益趋同。

综上所述，在全球化进程中，西方文化试图一统天下的野心昭然若揭：无处不在的西方文化产品充斥于世界的各个角落，西方文化品位

---

① Joseph S.Nye："The Challenge of Soft Power"，Time，February 22，1999.

② ［法］鲍德里亚：《物体系》，林志明译，台湾时报出版社 1997 年版，第 221—222 页。

③ 苏国勋等：《全球化：文化冲突与共生》，社会科学文献出版社 2006 年版，第 43 页。

和西方文化习俗正在日趋全球化。在这个意义上，全球化确实会带来某些文化内容的全球认同或趋同化。"全球化进程中的一切文化矛盾和冲突，源于文化共性与文化个性的矛盾运动，文化共性与文化个性的联系、对立、转化、融合，构成了全球化进程中文化发展的动力和主轴，构成了当今时代文化竞争的现实基础。"① 然而，在西方强势文化面前，不同文化之间的交往是不平等的，非西方文化总是处在一种被动适应的弱势位置。对此，我们要保持足够的警醒。

二、全球化进程中文化身份意识的觉醒

对于每个人来说，"我是谁"都是一个无法回避、有关其"个性"或"身份"的根本问题。每一个人都是非常具体地由他生活于其中的社会文化环境所规定，因而都烙有自己的文化个性。如法国学者克洛德·莱维－施特劳斯（Claude Levi-Strauss）所言："对于我们每个人来说，作为人，即意味属于一个阶层，一个社会，一个国家，一块大陆，一种文明。"② 同样的，每个民族或国家都有自己的"文化身份"。"文化身份是一个民族的灵魂，是一个民族与生俱来、磨灭不掉的胎记。"③

"文化身份"源于文化多样性。如果世界上只有一种文化，那就无所谓什么"文化身份"。关于文化多样性（多元性），联合国教科文组织在 2001 年公布的《世界文化多样性宣言》中指出："文化穿越时间和空间表现为多样形式。这种多样性体现了构成人类的群体和社会的身份的独特性和多元性。作为交流、变革和创新的源泉，文化多样性对人类之必要，犹如生物多样性对自然界一样。在这种意义上，文化多样性是人

---

① 田丰等：《文化竞争力研究》，中国社会科学出版社 2007 年版，第 15 页。

② C.Levi-Strauss：Tristes Tropiques，Plon，1955，Paris，p.471.

③ 郑晓云：《文化认同与文化变迁》，中国社会科学出版社 1992 年版，第 24 页。

类的共同遗产，为了许多人和后代的利益应该给予承认和确认。"①类似于自然界的生物多样性，文化多样性构成人类历史发展的重要组成部分，也是人类文明不断走向进步的主要推动力之一。文化多样性不仅仅是指在全球范围内不同民族文化的共存共荣，而且也意味着在某一民族国家中的传统文化对其他民族文化的宽容以及必要时的吸收。

　　然而，在全球化进程中，文化多样性正在遭遇前所未有的挑战。无论在过去还是现在，中心与边缘的划分对文化身份的建构都有着极为重要的作用。"那些位于全球化进程中心的国家作为领导力量，通常把自己的民族身份塑造为中心的、占支配地位的、肩负着使命、能够把所有其他文化列为边缘和次等的。同样，边缘国家被认为在文化上处于从属地位，依附于中心国家。"②自进入工业文明以来，基督教文化借助西方国家经济的扩张开始向世界各地的辐射和扩散，从而占据了世界文化发展进程中的中心地位，成为世界文明中的主流文化。这一文化身份观将自己视为中心，认为自己有权力把其他人归类和划分为边缘。借助全球资本主义体系的逻辑规则，西方文明全方位地向非西方国家输出一整套存在表征，从而在生活方式上同化非西方国家；通过文化工业、意识形态等方式的不断渗透，垄断非西方文化的自我身份表达。全球化加剧了非西方民族国家文化身份的认同危机和存在论危机。正如有学者所指出的，"当今在全球化浪潮冲击下，轴心文明时代确立的不同类型的文化传统正在被抹平，如果新的现代多元文化不能建立，那么诺亚方舟也就失去了可以靠岸的地平线。"③

　　一种文化在没有遇到外来文化刺激和交流时，由于缺乏"他者"的关照而往往缺乏明确的自我个性意识。只是与外来文化发生碰撞时，

---

① UNESCO：Universal Declaration on Cultural Diversity.Paris，November 2，2001.

② ［英］乔治·拉伦：《意识形态与文化身份》，戴从容译，上海教育出版社 2005 年版，第24 页。

③ 金观涛、刘青峰：《多元现代性及其困惑》，《二十一世纪》2001 年 8 月号。

那种沉睡于无意识之下的"身份"意识才被唤醒。如同当年本来四分五裂、各自为政的德意志地区，只是在见到"西方"的英国和法国形成强大的民族国家时，才开始意识到自己的文化个性和身份认同。他们开始寻求文化认同，以有别于英国和法国的他者文化。文化全球化在文化方面造成一种悖论式的局面：一方面西方强势文化试图同质化其他弱势文化；另一方面，非西方社会民族意识迅速觉醒，文化多元化日益成为共识。正如霍尔（Stuart Hall）所提出的，"国际化的倾向越强烈，特殊群体、种族集团或社会阶层就越要重申他们的差异性，越依赖于他们所处的位置。"① 文化身份观正是在这一背景下出现的。

在全球化与后现代主义的双重夹击之下，民族国家尤其是非西方社会经历着"文化撕裂"的痛楚。全球化所带来的历史性剧变摧毁了非西方社会由来已久的心理防线和文化传统。全球市场的同一性破坏了社会和文化的完整性，文化身份认同的传统机制受到削弱，原先在民族国家框架内建构文化身份认同的努力遭遇到了挑战。而以解构为能事的后现代主义进一步分化瓦解主体的整体意识，使得构成社会内核的完整主体被侵蚀、分解，人们更经常用"多变""多元""碎片化"和"不确定"来描述身份。给定的身份认同正在为新的、多元的认同所取代，主体在不同时间获得不同身份，再也不以统一自我为中心了。亨廷顿在《文明的冲突与世界秩序的重建》一书中曾以"文化上的精神分裂症"描述了这种文化上无所依归的精神状态。"在文化碰撞过程中，权力常发挥作用，其中一个文化有着更强大的经济和军事基础时尤其如此。无论侵略、殖民还是其他派生的交往形式，只要在不同文化的碰撞下存在着冲突和不对称，文化身份的问题就会出现。"② 全球化改变了身份认同的基

① ［英］霍尔：《地区与全球：全球化与种族性》，转引自 ［英］乔治·拉伦《意识形态与文化身份》，第 211 页。

② ［英］霍尔：《地区与全球：全球化与种族性》，转引自 ［英］乔治·拉伦《意识形态与文化身份》，第 194 页。

础，各民族国家的文化身份意识日益觉醒，文化本土化在民族情感的支配下逐渐显露。

三、文化自觉与中国文化主体性

在《意识形态与文化身份》一书的结尾，乔治·拉伦（Jorge Larrain）提出了两种理解文化身份的可能方式，"一种是本质论的，狭隘、闭塞；另一种是历史的，包容、开放。前者将文化身份视为已经完成的事实，构造好了的本质。后者将文化身份视为某种正被制造的东西，总是处在形成过程之中，从未完全结束。"①"本质论"的另一种表述就是"中心论"，它是一种以自我价值为最高价值，忽视、否定和排斥相关联事物的垄断性、封闭性、排他性思维，是与全球化的整体依存性相悖的。"西方中心论"是这种"中心论"的典型形态。一方面，我们要摒弃"西方中心论"；另一方面，也不应当走向各种形式的民族封闭主义、极端民族主义，因为它无法从根本上解决后发展国家和地区提高全球竞争力的问题，反而可能导致差距的扩大。乔治·拉伦更倾向于文化身份的历史观。在他看来，文化身份并非一种固定不变的，而是在可能的实践、关系及现有的符号和观念中被塑造和重新塑造着。对于第三世界国家来说，这是在认识身份问题、重建文化主体性意识时首先需要注意的角度。同时，要自觉地放弃冷战思维、意识形态对抗思维、东西方文明冲突思维，以包容、开放的全球性思维加以积极应对。

百余年来，中国文化从传统走向现代的进程中，我们挣扎于中外文化间的纠结而步履维艰：一方面将西化美化成我们未来的理想；另一

---

① ［英］霍尔：《地区与全球：全球化与种族性》，转引自［英］乔治·拉伦《意识形态与文化身份》，第 215 页。

方面采取历史虚无主义与传统决裂。徘徊于西化与虚无之间而不知所措，自身文化的主体性受到破坏。时至今日，面对已经形成或正在形成的文化霸权，一般意义上的"反对""对抗"和"抵制"难以有所作为，我们需要伸张中国文化的主体性要求，彰显中国文化的独特价值。这一过程既不是"五四"以来对传统的"一破再破"，也不是新儒家所倡导的儒学"再中心化"，而是费孝通先生所说的"文化自觉"。

费孝通先生在其晚年集中主要精力致力于文化自觉问题的探讨，提出任何文化都有自己的基因，"文化自觉"是树立中国文化自主性的前提。对于"文化自觉"，费先生的意思是对自身文化要有自知之明，"明白它的来历、形成过程、所具有的特色和它的发展趋势，不带任何'文化回归'的意思，不是要复旧，同时也不主张'全盘西化'或'坚守传统'。自知之明是为了增强对文化转型的自主能力，取得为适应新环境、新时代而进行文化选择时的自主地位"①。作为一个中国人，首先需要搞清楚我们文化的来龙去脉，知道从哪里来，到哪里去，努力创造现代的中国文化。另外需要重新对自己的文化进行反思，在文化反思的同时去了解和认识别人的文化，"各美其美，美人之美，美美与共，天下大同"。我们主张，中国文化主体性的建构必须立足于中国历史与现实，从世界历史发展视角对传统文化进行辩证扬弃，发掘其固有的精神资源，赋予其新的时代内涵，这就要求新主体性必须具备自我反思和自我批判的能力，以便对传统能够正确认识、认真检讨、重新评价。同时，新主体性也必须兼具包容性和开放性，把西方"他者"作为我们的参照，对其比较分析，重点吸纳，而非盲从。

就整个民族文化而言，主体性的凸显表现在认识传统、批判传统、超越传统，从而创新传统的过程中。这种文化主体性是一个民族的"内在的我性"，蕴含于长期的历史发展所形成的文化传统之中。朱高正先

① 费孝通：《费孝通文集》第 15 卷，群言出版社 2001 年版，第 6 页。

生认为，"文化主体意识是指一个民族自觉到其所拥有的历史传统为其所独有的，并对此历史传统不断做有意识的省察，优越之处予以发扬光大，不足之处奋力加强，缺失之处则力求改进。"① 中国文化主体性的建构就是中国文化从传统到现代的创造性转换，这一转换的"最终目的在于建立一个有主体性的文化意识，并以一独立自主的文化系统与其他文化系统平等交流，相互容忍，相互尊重，终至相互欣赏。这才是我们固有的传统文化中早已揭橥的'世界大同'的理想。"②

四、文化他律与中国文化主体性的建构

从文化自身发展来看，任何文化发展都有其内在规律性。因此，遵循文化的自律对于中国文化主体性的建构无疑是非常之必要的。同时，需要指出的是，文化问题的出现与解决并不能完全归结为文化自身，因为就文化谈文化是谈不出什么结果的。"当前中国文化问题的探讨更多是在文化自律与一种形式文化他律——权力之间思考，这是明显不够的。只有综合像经济、政治、科学等更多他律因素，文化问题才能得到更好的解决。"③ 文化主体性的建构不能仅仅理解为抽象而玄虚的文化自律问题，同时要高度重视文化的他律因素，具体做法是在尊重文化的自律基础上借助于他律因素，综合考虑文化主体性的建构。否则，这一文化主体性就会流于空谈。

从文化他律的角度认识文化主体性的建构，要求我们必须拒斥文化决定论，从经济、政治、文化的相互作用的角度全面认识中国文化的

① 朱高正：《中华文化与中国未来》，华东师范大学出版社 2004 年版，第 283 页。
② 朱高正：《中华文化与中国未来》，华东师范大学出版社 2004 年版，第 13 页。
③ 杨生平：《后殖民主义话语下中国问题研究评析》，《中国特色社会主义研究》2013 年第 2 期。

发展，反对把文化的发展孤立化、把文化的作用绝对化。在人类社会有机体中，经济、政治、文化是必不可少的组成部分，三者相辅相成，相互作用，相互渗透。人类的社会实践，首先以生产实践（也即经济活动）为基础。经济和政治对文化起着决定作用，而文化反映经济和政治，并对经济、政治具有反作用。为此，我们要在社会有机体各个构成要素间相互作用的过程中，认识和把握中国文化及其发展，在主客体相互作用的实践过程中不断生成、形塑中国文化主体性。

应当看到，在全球化时代，世界经济、政治、文化联系更为密切，文化已不单纯是一种精神现象，更是一种经济、政治实力的表现。西方发达国家正是凭借经济、政治、科技的雄厚实力，才拥有向非西方国家推销文化价值观念的强势地位。在各种思想文化相互激荡的时代背景下，中国文化如何赢得主动，在包容互鉴中与其他文化共生共荣，除了依靠文化自身的影响力、感召力，还要依赖于综合实力的增强。离开经济的发展、综合国力的增强、社会的全面进步，文化主体性的建构只能是缘木求鱼。

一百多年来，无数中华儿女为了民族独立、国家富强和人民幸福前赴后继，上下求索，从渴望被承认到身份自我确认，中国已经逐渐走出历史的悲情。民族复兴中国梦正在书写着中华民族从传统到现代的新的文明创生，塑造着中国人民最具普遍意义和价值共识的文化身份。建设富强民主文明和谐的中国特色社会主义，才能为中国文化赢得广泛认同提供坚实的基础，才能为中国文化主体性的建构找到现实根基。

中　编

文化中的哲学

"五四"精神是爱国进步精神

——兼评种种"五四"精神观

今年是五四运动一百周年，又恰逢新中国成立七十周年，在这个值得纪念的历史日子里，认真总结五四运动与新中国成立与发展的关系，是一件十分有意义的工作。本文试图结合历史上不同五四精神观来说明五四精神的历史价值与当代价值。

一、三种不同的五四精神观

众所周知，五四运动在中国近现代史上具有里程碑的意义，它高举新文化运动提倡的"科学"与"民主"口号，掀起一场声势浩大的爱国救亡运动，带来了各种新思想、新思潮尤其是马克思主义的传播，从而给中国历史的发展开辟了一个新的局面，标志着中国从此已从旧民主主义革命转向新民主主义革命。不过，历史从来不会只传播一种声音。事实上，从五四运动开展之时起就有着对它的不同评价，褒者有之，贬者亦有之。更值得注意的是，即使当时对五四运动做过肯定评价的人，也会随着时间的推移与历史的变迁，渐渐转向对它负面的评价。新文化运动的巨匠鲁迅对五四后不同人思想走向评价时就曾感叹地说，以前都是思想上的同路人，现在也渐渐分道扬镳了。这一点，单就当时蒋介石对五四精神的评价便可略见一斑。蒋介石曾经高度评价过五四运动，但随着这场运动深入发展而与国民党在北伐后所实行的"训政"相矛盾时，他思想锋芒急转直下，开始痛斥五四精神，转向传统儒家道统思想。他说："没有我们民族的文化来做民主与科学的基础，那么这两个口号，不仅不能救国，而且徒增国家的危机。"如果说蒋介石为首的国民党对五四精神不同评价其实质还是可以理解与揭穿的话，那么，其他人特别是思想家对五四精神不同评价就不容易那么揭穿了，甚至还可能混淆视听。由此，认真盘点与总结历史上特别是当代对五四精神的不同评价，对于人们进一步认清历史、准确把握未来就具有十分重要的意义。从历史发展与现实来看，对五四精神的评价主要有以下三种观点：

第一是所谓"救亡压倒启蒙论"。这一观点起初是新文化运动的领袖胡适提出。五四运动初期，胡适颂扬西洋文明，认为中华民族是个"又愚又懒的民族"："不能征服物质，便完全被压死在物质环境之下，成了一分像人九分像鬼的不长进民族。""我们如果还想把这个国家整顿起来，如果还希望这个民族在世界上占一个地位，——只有一条生路，就是我们自己要认错。我们必须承认我们自己百事不如人，不但物质机械上不如人，不但政治制度不如人，并且道德不如人，知识不如人，文学不如人，音乐不如人，艺术不如人，身体不如人。"[1] 后来，胡适也渐渐改变对五四精神的评价。他认为五四运动打断了中国的文艺复兴，打断了中国的启蒙运动，它清除"部族思想"不够彻底，不够狠，不够到位，在起初它是推动中国的文艺复兴的，但是后来演变成为一场政治运动，便失去原来的意义，是被糟蹋了。如果说这种声音随着新中国的成

---

[1]　胡适：《介绍我自己的思想》，参阅葛懋春、李兴芝编《胡适哲学思想资料选》上册，华东师范大学出版社 1981 年版，第 344 页。

立也渐渐退出主流话语体系的话，那么，随着改革开放的发展，新旧体制的转换，对"文革"的反思，这种思潮又重新返回历史舞台，便逐渐成为一种有较大影响的话语体系。20世纪80年代就有人提出"救亡压倒启蒙论"，90年代后更有人提出"20世纪是鲁迅世纪，21世纪是胡适世纪"的口号。他们认为中国革命的进程中，"反封建"的文化启蒙任务被民族救亡主题"中断"了，革命和救亡运动不仅没有继续推进文化启蒙工作，而且被"传统的旧意识形态""改头换面地悄悄渗入"了，而"文革""把中国意识推到封建传统全面复活的绝境"，"封建主义披着社会主义衣装复活和变本加厉了"。于是，"启蒙"不得不补课，新时代必须开展"新启蒙"。①

第二是"传统文化断裂论"。如上述观点一样，这一观点事实上在五四运动开始后也有了苗头。在"科学"与"民主"的呐喊声中，一些保守主义者也激烈挽救着传统文化，并以传统文化对抗科学与民主。如20世纪30年代张君劢提出的人生理论、戴季陶提出的以道统为核心的国家主义，20世纪30年代陈立夫提出的唯生论与力行哲学，等等。如果说这一时期对五四精神的批判与传统文化的维护还有些羞羞答答的话，那么，20世纪60年代前后港台盛行的新儒家代表则对五四精神进行了公开与露骨的批判。牟宗三在分析五四时期反传统之风形成的原因说："他们对于西方文化尚没有达到严复的那个程度，而只是道听途说，外感地纷驰于其五光十色，而现成地捡取其科学与民主，而对于中国文化，则已无严复的那种典雅的态度，而只是采取外在的、直接的否定态度。他们把科学与民主视为文化之全部，而此两者又是西方的，所以也是西方文化之全部，是中国所没有的，中国文化没有这两者，所以中国文化全是老的，而'老'以封建来规定，所以中国文化是封建的、过时

---

① 李泽厚：《中国现代思想史论》，东方出版社1987年版，第7页。

的，全当否定。"① 由此，他们谴责参加五四运动的学生是不肖子孙，是堕落的一代，说他们在挖根，在摧毁民族生命的"常数"。随着 1989 年政治风波后对文化激进主义的批判，20 世纪 90 年代文化保守主义的流行、21 世纪前后国学热的产生，这种文化断裂论思想在大陆渐渐流行起来。随之，大陆也有人开始指责五四精神，认为它破坏了中国文化、传统的根本，是"民族虚无主义"，使中国不成其为"中国"。于是，"有人公开打出了'大陆新儒家'的旗号，主张在中国大陆'复兴儒学'，要用儒学取代马列主义作为中国现代化的指导思想。也有的学者，并不从正面反对马列，但在学术立场上接受了儒家的'道统论'，提出要重建'原道'，这个'道'就是儒家所说的'民族文化之常道'，或曰五千年中国文化一以贯之之道。"②

第三是"西方文化殖民论"。如果说前两种观点自五四后就提出的话，那么，这种观点是 20 世纪 90 年代前后才提出的"新"观点。这一观点明显受到西方后现代主义与后殖民主义文化的影响，他们指责"中国的五四运动，大体上是将欧洲的启蒙话语在中国做了一个横向的移植"，"五四那一代学者对西方的殖民话语，完全掉以了轻心，很多人在接受启蒙话语的同时，接受了殖民话语，因而对自己的文化传统采取了粗暴不公正简单否定态度"，他们"以西方式的能指指认一个本土的所指"。如有学者指出："从后殖民的角度来重新看五四运动，就会发现一些以前一直被忽视了的问题。大家都清楚，中国的五四文化运动，大体上是将欧洲的启蒙话语在中国做了一个横向的移植，正像我已经指出过的，西方的启蒙话语中同时也包含了殖民话语，而五四那一代学者对西方的殖民话语完全掉以了轻心，很多人在接受启蒙话语的同时接受了殖

---

① 郑家栋编：《道德理想主义的重建——牟宗三新儒学论著辑要》，中国广播电视出版社 1992 年版，第 74—76 页。

② 方克立：《现代新儒家研究在中国》，参阅《现代新儒家与中国现代化》，天津人民出版社 1997 年版，第 260 页。

民话语，因而对自己的文化传统采取了粗暴不公正的简单否定态度。如果我们承认中国曾经是一个半殖民地国家，那么我们也应该正视近代以来中国的知识分子的心灵和认识曾经被半殖民的事实。"①还有学者则进一步认为，中国知识分子在80年代沉溺于启蒙话语中，即是处于对西方话语无条件的臣属位置和对于现代性的狂热迷恋之中。他断言，到了90年代，"话语的转换已不可避免"，"八十年代'启蒙''代言'的伟大叙事的阐释能力丧失崩解"，"八十年代的激进话语变成可追怀的旧梦，消逝在历史的裂谷的另一侧"②。这一思想表面上是否定20世纪80年代后的激进话语，实际上是要否定五四以后包括马克思主义在内的全部激进话语。

二、五四精神不容诋毁

由于人们的立场观点不同，同样的历史事件有不同的评价观点本不足为奇，但因五四运动是重大历史事件，而且这三种声音在20世纪中国文化舞台有重要影响，因此，马克思主义者就不得不对此进行回应。这三种观点涉及的问题很多，但归结起来，实际上涉及这样三个核心问题：究竟应该坚持什么样的历史观、进步观与文化观？

首先，让我们来分析一下"西方文化殖民论"。其实，这种观点的理论基础是建立在后现代主义基础之上的后殖民主义文化。在后殖民主义文化看来，一切都是话语决定的，所谓"科学"与"民主"并不是什么历史进步的产物，只是西方文化的一种话语表现形式，宣扬"科学"与"民主"也不能促进历史的进步，只是进一步强化与巩固了西方

---

① 张宽：《文化新殖民的可能》，《天涯》1996年第2期。

② 张颐武：《阐释"中国"的焦虑》，《二十一世纪》1995年4月号，总第28期。

话语的统治地位。在主张西方文化殖民论的学者看来，五四以后特别是 20 世纪 80 年代后的激进理论未能促进中国的进步，而是削弱了中国文化自身话语的独立性与自主性，从而进一步强化了西方文化对中国的殖民统治。不错，五四以后传入中国的激进理论包括马克思主义在内都是西方的理论，但西方的理论就只属于西方吗？宣传西方激进理论就是文化殖民主义吗？如果认真分析一下历史，我们就会清楚地知道这是一种不尊重历史与现实的唯心主义历史观。事实上，从鸦片战争以后的中国历史来看，中国人选择马列主义不仅是世界形势发展的必然，更是中国历史发展的必然。鸦片战争以后，中国的志士仁人为了解决"救亡"问题不断追寻着救国救民的真理，这是一个艰难曲折的过程。从林则徐、魏源的"师夷长技制夷"，经张之洞"中学为体，西学为用"、康有为的"托古改制"和"托洋改制"，到孙中山的"由变器到变道"，这是一个紧紧立足于中国文化求解救亡的过程。但历史事实证明，不从根本上改变中国传统文化，就不能解决中国的救亡问题；中国文化虽然也有不少优越之处，但从根本上讲它是跟农业社会与封建制度相连的。因此，引入从经济、政治到文化全方位解决中国历史问题的先进意识形态——马列主义就是历史发展的必然。事实也证明马列主义解决了中国的救亡问题。另外，从理论上讲，当代科学理论与马克思主义的民主理论的确依托于西方社会与文化的发展，西方后现代主义在揭露西方文化弊端时也的确提出一些有益的观点（它批判了西方科学与民主理论中的理性中心主义等），但若把所有的理论都归于一种话语体系并用话语体系之间的比拼来衡量它们的优劣，这既是一种文化相对主义，又是一种唯心史观，最终会导致失去衡量历史进步客观标准的虚无主义。一种理论依赖于一种文化环境，并不等于说它就跟这种文化环境是完全一致，更不等于说没有衡量理论进步与否的标准。其实，客观现实与历史的发展就是检验理论科学性与进步与否的标准。一种理论若能符合现实并带来历史发展，就是科学理论，或者说它至少是靠近科学理论。我们不能单凭哥白尼的日心说不符合以后的科学就否定其进步性，不会因为爱因斯坦的相对论成功引导人们发明了对人类生存有威胁的原子弹与氢弹等核武器就否定其科学性。毕竟科学理论的发现与应用是两个完全不同的问题。科学理论只是说明其正确揭示客观规律，而科学理论的应用却跟社会制度与人们的人文价值理念直接相关。我们不能因为科学理论在应用中存在一些问题而直接否定科学理论的正确性与价值性。当今西方社会在科学理论应用方面的确存在不少问题（如工具理性张扬、价值理性失落以及生态平衡破坏问题），但我们不能因此就否定科学理论的价值，甚至彻底否定西方一切文化，而应该将西方科学理论与合理的制度与有益的传统文化结合起来，形成正确的制度机制与合理的科学理论应用观。

其次，我们再来看看"救亡压倒启蒙论"。公正地讲，若从马克思主义在中国的传播与应用来看，所谓"救亡压倒启蒙论"并不成立。因为，马克思主义自从传入中国后就一直存在着广泛宣传、深入研究与普遍大众化的过程，并且与此同时还产生了马克思主义中国化的两大成果——毛泽东思想与邓小平理论。正是因为马克思主义思想深入人心，中国共产党才成功解决救亡问题。如果套用启蒙与救亡的话语，那么应该说马克思主义在中国传播与应用是启蒙与救亡并重：若没有马克思主义在中国的启蒙，就不能解决中国的救亡问题；同样，要解决中国的救亡问题，就必须有马克思主义在中国的启蒙运动。另外，从马克思主义在中国的宣传形式来看，也并不存在所谓的思想霸权。因为，马克思主义是一直在跟各种思潮斗争中发展起来的。单从五四到新中国成立前30年历史看，马克思主义与各种思潮的斗争就先后进行过三个阶段（即：五四时期三次大论争、20世纪20年代科学与人生观论战、对国家主义派与戴季陶主义的批判和20世纪三四十年代对唯生论、力行哲学与战国派哲学等的批判）。客观地讲，这些争论还是比较充分的，不存在哪种思潮绝对压倒其他思潮的状况，各种思潮都有一定的表现空间；从争论的效果来看，这些争论明确了是非，为中国革命的发展清除了理论上的障碍。当然，有一个历史事实也不容否定：那就是新中国成立后由于受到极左路线与"文化大革命"的影响，对马克思主义关于社会主义建设思想的启蒙与发展不够。如果说改革开放后还需要进一步启蒙的话，那就应该深入研究与创造性地发展马克思主义关于社会主义建设的思想。不过，从 20 世纪 80 年代以来主张"救亡压倒启蒙"学者的思想看来，他们所说的启蒙并非是马克思主义，而是资产阶级一整套关于民主与平等的话语理论。不错，从五四以后中国历史发展来看，资产阶级民主平等思想一直未能成为中国文化舞台上的主流话语，更谈不上这些思想会深入人心，但这并不是因为对之启蒙不够，而是因为它并非是真理性话语，更不能有效地解决中国革命与建设中的重大问题。从当今世界历史发展来看，尽管国际共产主义运动出现了曲折，资本主义国家也进行了一系列改革，但资本主义社会也并未能从根本上解决自身的问题，当今资本主义社会仍然问题重重。法国著名哲学家德里达（Jacques Derrida）在《马克思的幽灵》中就一口气列出了当今资本主义的十大罪状。资本主义制度并不是中国发展的希望，中国要想走向民主富强文明之路，就必须坚持社会主义道路。如果非要说主张"救亡压倒启蒙"学者提出的第二次启蒙还有一点合理性的话，那它只能是针对"文革"时期出现的问题。列宁在晚年遗嘱中曾一再告诫后人：由于苏联的社会主义不是建立在高度发达的资本主义基础之上，因此，社会主义经济建设时期一定要防止因封建社会思想残余而导致的官僚主义。由于中国的社会主义也是建立在资本主义不发达的基础之上，再加上"文革"极左思潮的盛行，应该说列宁担心的官僚主义果真在中国出现了。针对官僚主义，资产阶级的"三权分立"思想是有一定疗效的，但它也存在着如邓小平所说议而不决、决而不行和为资产阶级服务的本性，因而不能真正解决中国的人民民主和集体富裕的问题。所以，如果说真的还需要第二次启蒙的话，那就应该全面深入地研究与发展马克思主义关于社会主义建设的思想（当然，这期间也需要研究、介绍西方资产阶级的思想，毕竟马克思主义理论是建立在资产阶级思想的基础之上。不过，绝不让资产阶级思想成为主流话语）。否则，只能是历史的倒退，只能把中国纳入资本主义的发展体系并最终沦为其附属国。

最后，再来分析一下"传统文化断裂论"。不错，当今世界越来越重视文化问题，自亨廷顿提出"文明冲突"论以来，文化寻根也渐渐成为一种国际性潮流。对于这种现象，我们自然也要正确看待。文化是民族维系之本，是民族生存之纽带，但文化不能决定民族的发展，不是所有的文化都能将一个民族与国家带入民主富强；只有正确的、先进的文化才能如此。在国际竞争十分激烈的情况下，一个民族或国家要想真正走向繁荣富强之路，就不能故步自封，抱残守缺，而需要引进先进文化并以此改造民族文化，重建民族精神的核心价值。民族发展、国家昌盛需要的不简单是一种凝聚力，更是一种团结向上的竞争力。这一结论事实上已被中国近代以后的历史事实所证明。不错，五四期间的确有不少像鲁迅那样的思想巨匠对传统文化进行了彻底的批判，但这一现象似乎不能简单用"传统文化断裂论"去表征。必须区分以下三个问题：其一，这些思想巨匠想清算的与其说是传统儒家思想，不如说是作为封建社会意识形态的儒教。因为儒教是为封建社会统治服务的，不从根本上清除其影响，解构其核心价值，人们就不可能真正接受新思想，自然也无法推翻旧社会，建立新社会。若认真分析五四以后进步思想家的思想就会发现，他们并不存在彻底否定传统文化的倾向。毛泽东在对待传统文化的问题上，就曾提出"吸取精华，剔除糟粕"的名言。其二，即使作为传统文化重要组成部分的儒家思想来说，它也有一个需要发展的问题。正如前文所说，从儒家思想的产生来看，它是跟农业社会紧密相连的，若要顺利地过渡到工业社会就需要一个自身改造的过程（西方新教改革就是一个例证）。另外，在意识形态冲突未能终结之时，所有的传统文化都不能自主发展，它们必然会成为各种意识形态争夺与改造的对象，并最终沦为政治斗争的利用工具。一种传统文化若不能主动与先进意识形态相结合，必然会被其他意识形态与政治力量利用。马克思、恩格斯指出："一切已死的先辈们的传统，像梦魇一样纠缠着活人的头脑。当人们好像只是在忙于改造自己和周围的事物并创造前所未闻的事物时，恰好在这种革命危机朝代，他们战战兢兢地请出亡灵来给他们以帮助，借用它们的名字、战斗口号和衣服，以便于穿着这种久受崇拜的服装，用这种借来的语言，演出世界历史的新场面。"① 袁世凯与蒋介石都曾利用传统文化为他们各自要建立的政权服务过。因此，在五四新旧思想交锋的激烈时刻，不少思想巨匠对传统儒家思想缺乏同情甚至缺少褒扬之意应该是可以理解的，也是正确之举。其三，传统文化与现代社会发展理论也有一个艰难融合的问题。不可否认，从梁漱溟、冯友兰等为代表的第一代新儒家，到牟宗三、唐君毅为代表的第二代新儒家，再到目前流行的海外与大陆的新儒家们对传统文化现代价值的挖掘与民族精神的重建等方面所做的工作是有价值的，但传统文化究竟如何与现代社会发展理论相融合的问题他们一直未能很好解决。尽管像牟宗三等提出了"返本开新"的思想，但它似乎并不能真正解决传统文化与现代社会发展精神的融合。因为，这些新儒家们始终以传统儒家思想作为思想重建之"体"，而把现代社会发展精神作为思想重建之"用"。先不必说这"休"能否与"用"融合，就单从它们的发展来看，这不变的"体"又怎能适应这常变的"用"？因此，笔者认为，传统文化要发挥应有的作用，必须以先进意识形态为核心加以重新改造。从这个角度看，在新旧社会交替之时，传统文化没有核心价值"断裂"或重建就不会有发展。

---

① 《马克思恩格斯选集》第 1 卷，人民出版社 1995 年版，第 603 页。

1. 必须坚持唯物、历史的评价标准

要正确对待五四精神，就必须坚持唯物史观，坚持正确的历史事件评价标准。

首先，应该正确区分客观历史与叙事历史。历史现象不同于自然现象，它们只能出现一次，不能重复，因此，这就给历史问题的研究带来了困难，自然也为形形色色历史理论的出现与流行留下了空间。意大利历史学家克罗齐（Bendetto Croce）曾提出"一切历史都是当代史"的名言，在后现代主义思潮影响下形成的新历史主义更是得出"一切历史都是虚构"的结论。这些不同历史理论严重影响了不少中国学者对包括五四运动在内的中国近现代史的评价。我们认为，历史现象的复杂性与历史研究的困境并不等于历史无规律，也不等于历史规律无法认识。历史现象表面杂乱无章，但若从历史长河来看，它还是有规律可循的；这些规律隐藏在历史背后，作为起支配作用的力量影响着历史事件的发生。若能顺应历史规律，历史事件就能成功；否则，就会失败。此外，历史规律的认识自然是不同时期的历史学家或哲学家通过对各种历史文本与历史史实的分析而得出的，历史学家或哲学家的立场、观点自然会影响他们对历史规律的认识与判断，但不能由此得出"一切历史都是当代史"的结论。历史学家或哲学家的历史观可能会受到主观影响，但评价他们历史观正确与否的标准则不是主观的，它们必须受到长期历史发展的检验。只有长期经得起历史检验的历史理论才是科学的历史观，否则就是错误的历史观。历史发展证明：唯物史观是唯一正确的历史观。从唯物史观的角度看，我们应该把历史事件的历史评价与当代评价区分开来。对像五四运动这样重大历史事件的评价，必须把它放到当时的历史背景中去分析，而不能根据当前的某种需要任意评价历史事件，更不能利用目前流行的某种理论评价历史事件。历史事件不是可以随便打扮的小姑娘，它有自身的客观性与规律性。当然，我们也不能排除对历史事件的当代价值评价，毕竟历史是一面镜子，它会给后人留下借鉴或启迪。但对历史事件当代价值评价也必须建立在尊重历史规律性的基础之上，因为毕竟我们当代人也是历史中的人，我们也不能超越当前的历史条件以及整个人类历史发展的制约去创造历史。我们只能在尊重历史的基础之上，利用历史，发展历史。上述三种评价事实上是不顾历史客观性与规律性的表现，它们要么就把历史武断地当成当代史，要么就借用某种历史叙事去取代对客观历史的分析。

2. 必须坚持历史主义的评价态度

五四精神是爱国、进步精神，但并不是说它完美无缺。对五四运动除了有客观评价、当代评价外，还要有历史评价，必须根据历史的发展来不断审视五四精神，必须用一种发展的眼光看待五四精神。随着历史的发展，五四运动提出的民主科学理念也需要有一个不断充实与发展的过程。毛泽东在充分肯定五四运动标志着反帝反封建民主革命开始的时候，也指出其新民主主义革命的性质，并认为它最终必然转向社会主义革命。他说："中国革命的历史进程，必须分为两步，其第一步是民主主义的革命，其第二步是社会主义革命，这是性质不同的两个革命过程，而所谓民主主义，现在已不是旧范畴的民主主义，已不是旧民主主义，而是新范畴的民主主义，而是新民主主义。"① 在此，我们要防止三种倾向：一是用后现代主义的民主观解读五四精神。后现代主义反对一切宏大叙事，认为任何宏大叙事都必然导致专制或霸权。由此，它们反对历史进步观与普遍民主论，主张小叙事、社团主义，认为五四提倡的民主精神有悖于现代民主理念。二是从社会构成角度解读科学的发展，把五四提出的科学精神只当成是西方的一种人文价值理念（对此，前文已作分析）。三是从当前正在发展的复杂性科学的角度审视五四提倡的科学精神，认为后者具有明显主张还原论、否定整体性的思维方式局限，从而以中国古代已有类似于前者的思维方式或科学（如中医）来

---

① 《毛泽东选集》第 2 卷，人民出版社 1991 年版，第 664 页。

否定整个五四运动的历史价值。如果说上述三者中的前两者具有明显局限性的话，那么第三者就值得认真研究与分析。不错，五四时期所提倡的科学的确是以当时西方以还原论为基础的科学理论，这些理论目前已经受到强调整体性的复杂性科学的质疑，但我们不能由此否定五四科学精神的价值。毕竟我们不能简单在五四提倡的科学精神与某种或某些科学理论之间直接画等号，五四时期宣扬的科学理论自然是某些具体的东西，这些东西随着时间的推移自然会显示其局限，但五四提倡的科学精神却是永恒的，它要求的不是某种或某些科学理论，而是不断进步的科学精神。这种精神要求人们要不断用科学战胜迷信，用新科学取代旧科学。另外，就复杂性科学和以中医为代表的中国传统科学的关系来看，它们的确也存在某些相似或雷同，但也不能由此得出中国古代已经具有现代科学精神的结论，更不能以此否定五四时期对传统文化的批判。因为，复杂性科学与以中医为代表的中国传统科学仍有着明显的不同，前者主张还原论与整体性的统一，而后者只强调整体性，缺少还原分析理念与方法。从科学发展角度看，缺乏还原论的整体论就会缺少明确的医理，最终会导向神秘主义。以中医为代表的中国传统科学若不能充实西方还原论的科学精神，它就永远无法成为真正意义上的科学，也不能促进中国的繁荣富强。

"昔人已乘黄鹤去，此地空余黄鹤楼"。五四运动已过去，但五四精神却不容遗忘；五四精神就是时代精神，它可以发展，但不容篡改或诋毁。五四精神是爱国精神，更是大胆吸引与借鉴人类一切优秀成果而促进中华民族进步的精神。正如有学者所说："'欧洲的精神文明'或西方文明，在实质上点出了'世界历史的走向'。'五四'时期提出的问题德、赛二先生，说到极处，是对'欧洲精神'的高度提炼，'欧风美雨'所及，浓缩而又浓缩，就是'民主与科学'。"[1]"科学精神是现代化在文

---

[1]　陈乐民：《西方文化传统与世界历史》，《学术界》2002 年第 3 期。

化方面的一个基本要求。如果追求民主，可以叫作民主主义。那么，要求重视科学、发扬科学精神，叫作'科学主义'也无妨。""我们现在仍然缺乏足够的科学知识，缺乏足够的科学精神，而不是多了个'科学主义'。总之，我们提倡的人文精神应该是具有现代科学（自然科学和社会科学）意识的人文精神，我们提倡的科学精神应该是充满高度人文关怀的科学精神。"①

---

① 龚育之：《呼唤科学技术发展的人文思考》，参阅王文章、侯样祥主编《中国学者心中的科学·人文》前言，云南人民出版社 2002 年版。

后殖民主义话语下中国问题研究

　　后殖民主义是一种产生于 20 世纪 80 年代前后西方社会的文化思潮，自产生起就迅速在世界范围内引起了广泛影响与讨论。由于这种思潮是以东西方话题体系（即文化）为主要研究对象，其中不少内容涉及作为东方大国之一的中国问题，因而自产生起就注定会引起不少中国学者的研究与关注。在《东方学》中萨义德区分了作为一门学科、作为一种思维方式与作为一种权力话语的三个"东方主义"，并声称其主要关注点是作为一种权力话语的东方主义（下文所讲"后殖民"就是在此意义上使用的，即意指具有权力关系）。萨义德通过分析殖民宗主国怎样想象、虚构"东方"进而贬低东方的做法，揭示了西方权力话语在将东方他者化过程中达到殖民统治的目的。这一思想具有十分重要的理论与现实意义，它实际上向人们揭示了一种新型权力关系——话语权力关系。但话语权力究竟是一种怎样的权力，它与政治权力、经济权力又存在着什么关系，是不是所有话语权力都只有贬义等等，对这些问题后殖民主义理论家都没有作出很好的回答。也就是说，后殖民主义是带着成就与问题一起出场的。本文不打算对这些问题进行专门探讨，只试图结合近些年来国内学者相关问题研究，对涉及与后殖民主义相关的中国问题做一梳理与评价，以期引起更多关注与探讨。

一、中国传统文化的后现代性与后殖民

后殖民主义是从后现代主义发展而来的理论形态，它的许多基本观点与研究方法都是由后现代主义原创思想家奠定的。由于后现代主义十分重视话语关系，像德里达这样著名的后现代主义哲学家就曾通过对西方深层话语体系特点分析指出其"欧洲统治论"等性质，并试图借助于中国语言文字的特点去批判这种欧洲统治论。因此，研究后殖民主义与中国问题的关系不能不从对后现代主义在中国传播与发展的评价分析入手。另外，后现代主义传入中国以后，不少学者通过对后现代主义思维特点与中国传统哲学思维特点比较后，提出了"相似说"等观点，并以此进一步演绎中国与西方哲学之间的关系。这一特点也足以证明后现代主义在中国传播、研究与发展的过程实质上带着明显的"后殖民"问题。

后现代主义自传入中国后，学界很快形成了针锋相对的两个阵营——批判者与拥护者。批判者认为它让人们失去了精神家园，一切都成了碎片，让人们没有了共识，失去了团结的力量；拥护者认为它消解了霸权，维护了弱势群体利益，使众多平民大众得到了话语权力与广泛的社会参与机会。当然，其中也不乏客观的评论者，如张世英认为，"当我们今天公开明确提出和讨论主体性问题之时，西方人已经对主客二分式和主体性原则带给他们的好处日益淡漠，而一味强调它的弊端，于是产生了一种反主客二分式，反主体性的思想，后现代主义就是其集中表现。面对这种国际思潮，中国传统哲学应走向何方？是固守天人合一的老传统，拒西方传统的主客二分和主体性于千里之外呢？还是亦步亦趋地先走完西方传统的主客二分式道路，再走后现代主义的反主客二分式的道路呢？我以为这两者都是不可取、不可行的，我们应该走中西结合的道路，走主客二分与天人合一相结合的道路。"①

正像汤一介所说："'后现代'是'以混沌为体，模糊为用'。世界本来应该是一和谐的统一体（混沌），因此可以用模糊界限的办法使这个世界成为一多样性的统一体。这种把世界看成一没有界限（不分明的）的统一体（混沌）和使界限模糊的理论，作为一种思维方式或者更接近东方的（中国的）思维模式，所以后现代的理论很可能会更多地吸取东方的某些思想。"② 因而，后现代主义与中国文化的关系就成了一段时间学界争论的热点。当然，汤一介是反对不加甄别地弘扬后现代主义的，他认为后殖民主义存在着走向狭隘民族主义的危险。不过，另一些学者却不以为然，认为后现代主义对包括现代主义在内西方文化的批判，这种批判的价值取向与中国传统文化如此接近，因而是一个很好的向世界推进中国文化并确立中国文化世界地位的时机。有论者指出："后结构主义的奠基人德里达使我恍然大悟到当代西方文明正从理论上走出固守的逻各斯中心论和对'物'和'有'的盲目崇拜，在寻找人类更开放的思维：无固定中心，以'变'为本的强调'无'的开放型宇宙观……难以想象解构哲学与距其几千年时间的中国老子竟在'道'及'踪迹'一点上踏完了一个圆圈。这种发现使我更坚信极富智慧的东方文化有责任在新世纪中'西渐'，以补充西方文化在物质、科学方面的卓越成就。"③ 另一论者则进一步说，当西方显示出向后现代转折的时候，应是中国重新认识自己文化价值，重新续上千年文化之根的时候，"今天的中国亟须一场'中国文化本根的复兴'，提倡一种'文化的民族主义'当是今天中国的当务之急。"④

且不说后现代主义与现代主义是对立的孪生体（没有现代主义提

---

① 张世英：《中国传统哲学与西方后现代主义哲学》，《社会科学战线》1994 年第 2 期。

② 汤一介：《"现代"与"后现代"》，《中国社会科学季刊》1994 年秋季卷。

③ 郑敏：《且说"经典"》，《中华读书报》1999 年 5 月 5 日。

④ 河清：《现代与后现代》，中国美术学院出版社 1998 年版，第 439 页。

出的一切，后现代主义就变得虚无缥缈），就从后殖民主义反对中心、反对霸权的角度看，上述观点就值得商榷。后殖民主义本是想说明西方文化对东方文化的隐性霸权，而这种文化上的"大中华中心主义"却是一种显性文化霸权主义。我们反对西方文化霸权，同时也反对大中华文化霸权，中国传统文化的"和"并不是以中国文化统率世界，而是要用中国文化"和"的精神促使世界各民族用平等与对话的方式形成融合性的文化。对此，有论者对他们的批评是中肯的，"中国版的'后学'一方面在批评西方现代性话语的普遍主义与西方中心主义的时候，诉之于西方后学的反本质主义；另一方面又悖论式地持有另一种本质主义的身份观念与华夏中心主义的情绪，试图寻回一种本真而绝对的中国身份（'中华性'），并把它与西方'现代性'对举，构成一种新的二元对立。急切的'本真性'焦虑不但导致部分'后学'批评家对于西方后殖民主义的误读，而且导致它对于中国当代社会转型的为我所用式的武断描述——目的在于说明这个转型既是现代性的终结，也是对于西方中心主义的超越。"①

二、后殖民主义东方学视野下的中国文化与后殖民

后殖民主义自产生起"似乎"就站在第三世界国家立场上谈论西方文化的霸权，因此，这一理论传入中国后自然不会缺少响应者与推进者。有论者指出："西方对东方的描述，不管是在学术著作中还是在文艺作品里，都严重扭曲了其描述的对象。东方世界经常被野蛮化了，被丑化了，被弱化了，被女性化了，被异国情调化了。欧美人眼中的'非我族类'这一概念欠缺理性，道德沦丧，幼稚不堪，荒诞无稽。相反，

---

① 陶东风：《从呼唤现代化到反思现代性》，《二十一世纪》1999 年 6 月号，总第 53 期。

欧美人则是洋溢着理性光辉，道德完美，成熟可靠的正常人。程序化了的东方形象是西方自己创造出来的，种种的扭曲早已偏离了真实，只是顺应了西方对东方进行殖民扩张的需要，制造出了西方全面优越于东方的神话，为西方侮辱、侵害、征服东方提供了理论根据，让西方施之于东方的罪行披上一件合理化、正义化的外衣。"①

其实，这一现象不仅出现在西方，也存在于中国。从学术研究到文艺创作，中国一些知识分子存在着明显的崇洋媚外心理，从事人文社会科学研究的往往愉悦于使用西方学者的研究范式，从事自然科学研究的则有明显的诺贝尔情结，而从事电影创作的则急盼着走向奥斯卡领奖台。即使普通的民众，当他们碰到某些棘手的社会问题时，也认为需要搬用西方模式。学习西方并非是坏事，但若抱着没有内省式地为学习而学习的心理，甚至"拿西方需要的东方献媚于西方"，那就是有明显的后殖民主义倾向。对这一现象，有论者作了尖锐批评："西方人的这种东方观实际上源自启蒙时代主体——客体、人类——自然、个人——社会、我们——他们、文明——野蛮、落后——进步的二元论……当来自东方的文人学子接受了西方近代思想的洗礼以后，又反过来成为这种东方观的信奉者和传播者，不过具体表现形式有所不同罢了：'顽固抵制'或者'全面拥抱'无非是这种二元论逻辑所推演出来的'东——西对立'格局下的极端形态。于是又有了用这种东方观审视'西方'，实际上无非是一种被我叫作'东方观熏陶下的西方学'的东西。"②

如果说用西方现代主义话语范式评论中国是一种后殖民主义，那么，用后殖民主义范式研究并分析中国问题岂不是另一种后殖民主义？因为，后殖民主义像现代主义一样也是西方人的发明，尽管提出这些理论的学者都有东方国家的背景，但他们毕竟没有生活在东方，他们对东

---

① 张宽：《欧美人眼中的"非我族类"——从"东方主义"到"西方主义"》，《读书》1993年第9期。

② 黄平：《太庙：世纪末的辉煌》，《天涯》1999年第1期。

方缺少更深入的了解。也许他们心中的东方不同于真正西方人心中的东方，但它肯定不完全是真正的东方。对这些悖论式的问题，国内也有学者认识到并做了较深刻的分析："我们在批评的意识形态中操用从西方引渡过来的后殖民理论时，我们还是被后殖民化了，也就是说，被西方的后殖民理论后殖民化了……我们只有接受西方后殖民理论的'后殖民化'，才能检视到东方文化艺术思潮其严重的后殖民倾向。不错，当东方大陆的学人操用着西方后殖民理论的批评话语，揭示大陆本土艺术创作与批评中的后殖民倾向时，自身已经无可逃避地陷入了后殖民化中了。"①

三、现代启蒙话语与后殖民

谈到后殖民主义在中国的影响，不能绕开的话题就是它与中国式现代启蒙话语的关系。如果说后殖民主义带来明显的后现代主义印迹，那中国式现代启蒙话语则带有明显的现代主义印迹。改革开放后，现代启蒙话语时兴一时。20世纪80年代就有人提出"救亡压倒启蒙论"，90年代后又有人提出"二十世纪是鲁迅世纪，二十一世纪是胡适世纪"的口号。他们认为中国革命的进程中，"反封建"的文化启蒙任务被民族救亡主题"中断"了，革命和救亡运动不仅没有继续推进文化启蒙工作，而且被"传统的旧意识形态""改头换面地悄悄渗入"了，而"文革""把中国意识推到封建传统全面复活的绝境"，"封建主义披着社会主义衣装复活和变本加厉了"，于是，"启蒙"不得不补课，新时代必须开展"新启蒙"。② 因此，考察后殖民主义与现代启蒙话语的交锋与对

---

① 杨乃乔：《后现代性、后殖民性与民族性》，《东方丛刊》1998年第1期。
② 李泽厚：《中国现代思想史论》，东方出版社1987年版，第7页。

话更有意义。

针对现代启蒙激进话语，有论者指出："中国的五四运动，大体上是将欧洲的启蒙话语在中国做了一个横向的移植"，"五四那一代学者对西方的殖民话语，完全掉以了轻心，很多人在接受启蒙话语的同时，接受了殖民话语，因而对自己的文化传统采取了粗暴不公正简单否定态度"。① 为了回应，现代启蒙话语也对中国式后殖民主义观点进行了批评。有论者反驳说，有人"指责中国启蒙派知识分子在五四时期把这一西方话语横移到中国，成了近代中国的主流话语，在他看来，不清除这些东西，中国会成为新的殖民地……但在转型期的中国，失落是最严重的精神、文化、社会问题。人们在交易中无规范，在职业责任中无规范，在婚姻家庭中无规范，在学术研究、写作批评方面无规范，责任当然不在后学，但敢于公开为失落辩护的，恐怕也只有后学。"② 当然，这场交锋与对话还没有结束，后殖民主义者与现代启蒙话语者还在各自继续并完善着他们的观点。不管如何，我们希望这样的交锋与对话有益于当代中国文化建设与发展。

四、余 论

后殖民主义在中国既得到了深化与发展，又推进着中国文化建设。学者们的观点交锋更有利于不同观点的利弊得到充分展现，并在此过程中吸收有益因素，促进当代中国文化向纵深发展。不过，有两个问题在这里必须加以明晰：一是文化的自律，二是文化的他律。

无论是现代主义，还是后现代主义及后殖民主义，当它们应用于

---

① 张宽：《文化新殖民的可能》，《天涯》1996 年第 2 期。

② 徐友渔等：《后现代主义与中国文化建设》，《中国社会科学季刊》1997 年（春季夏季号）。

文化问题时必须尊重文化的自律。不同民族有不同文化，民族文化之间没有绝对优劣，有的只是继承与借鉴，对话与交流。西方式的后殖民是一种文化霸权，但东方式的后殖民同样是一种文化霸权，真正的文化交流与对话应该是平等的，未来世界式的文化只能是跨文化，任何形式的文化帝国主义必须受到越来越多的指责。

　　不过，只看到文化的自律还是不够的，还应该同时看到文化的他律。任何民族的文化不可能是一成不变的，决定文化变化的往往是文化之外的因素，如经济、政治、环境等。后殖民主义从一开始就带有明显的缺陷，这个缺陷也是它从后现代主义不加批判地继承过来的。后现代主义认为文本就是一切，文化之外无他物，因而，后殖民主义也只把殖民问题仅仅看成是文化问题。虽然当今世界文化的地位与作用日益凸显，但无论如何文化之外的物质因素不可能失去作用，而且到一定时期它会表现得更加明显。在此，德里克对后殖民主义的批评是发人深省的，他说："后殖民，与其说是一种话语，这种话语试图用那些将自己看成是后殖民知识分子的自我形象来建构世界；重申我最初的说法，他们是走入第一世界学术圈的第三世界知识分子，他们对于后殖民性的关注看上去好似是表达了对自己身份感到的痛苦，实际上更多地表达了一种新找到的力量。"① 他主张必须把批判的社会视角也植入后殖民的讨论中，"这对于把后殖民从与当代权力形式的合法性的意识形态共谋关系中解救出来是一个必不可少的出发点。"② 针对一些海外华人学者向世界推广儒学的做法，他评论说："我认为，最好把八十年代儒学复兴理解为两种话语的嫁接：一种话语把儒学作为发展中的全球资本主义的机能构件，另一种话语认为儒学关系到中国知识分子的身份问题。第一种话

① [美] 阿里夫·德里克：《后革命氛围》，王宁等译，中国社会科学出版社 1999 年版，第 124 页。

② [美] 阿里夫·德里克：《后革命氛围》，王宁等译，中国社会科学出版社 1999 年版，第 255 页。

语为第二种话语提供了思想空间，并且改变了其导向。"① 也许有人会认为无论是批判或是肯定德里克对儒学复兴的评论都会有陷入被后殖民的危险，但无论如何，他对后殖民主义与全球资本主义关系的论述是值得人们深思的。

既然文化明显受到它之外因素的影响，因此，考虑文化发展时不能不综合考虑这些他律因素。正是因为有了这些他律因素，文化就有先进与落后之分。若一种文化维护了人的精神家园，也较好地维系了人际关系，但若它是一种缺失的精神家园、扭曲的人际关系，那么，这种文化迟早会被改良或淘汰。从中国漫长的历史看，以儒家思想为核心的封建文化虽然也有一定的局限，但它却较好地维持了封建社会的精神家园与人际关系。虽然封建社会几经改朝换代，但以儒家思想为核心的封建文化并没有被遗弃。中国封建社会结构真正被打破并不是因为单纯的内部力量，而是以船坚炮利为基础的外部力量。若考虑到文化的他律，我们就应该在尊重文化自律的基础上，借助于这些他律因素综合考虑文化的进步与发展。若一种文化能促进社会繁荣与人的发展，哪怕它是外来文化，我们也需要坚定地学习与借鉴（当然，这种学习与借鉴是批判式的），而不能用简单的殖民——被殖民二元对立来考量。在后殖民主义影响下，当前中国文化问题的探讨更多是在文化自律与一种形式文化他律——权力之间思考，这是明显不够的。只有综合像经济、政治、科学等更多他律因素，文化问题才能得到更好的解决。文化自尊、自信与自强不是简单基于文化是否源于本土，更是基于文化是否充满活力。

---

① ［美］阿里夫·德里克：《跨国资本时代的后殖民批评》，王宁等译，北京大学出版社2004年版，第19页。

话语理论与中国特色社会主义话语体系构建

随着我国改革开放不断深入和国际化程度不断提升，建构中国特色社会主义话语体系已迫在眉睫。这既是国内发展的需要，更是国际交往的需要。只有建构灵活、多样与科学、完备的话语体系，才能更好应对来自各方面的社会问题，引领社会发展，引导舆论，教育人民，增强国际交往的主导权与话语权。可话语体系的建构只有建立在科学话语理论的基础上，才会有真正的说服力、感染力与吸引力。近年来，"话语"问题（discourse）已成为人们研究与关注的热点，不同学者从不同角度对它进行了分析与研究，取得了一定成果。比较而言，语言学方面取得的成绩比较醒目，它从语义、语用和语境等方面分析了话语与世界、话语与语言结构、话语与讲话者及受话者关系、话语与文本和媒介的关系等。尽管如此，话语问题的研究还存在许多未曾涉及或急需深化研究的地方，比如：话语是怎样产生与发展的，话语与社会结构的关系是什么以及话语与科学、话语与意识形态关系怎样，等等。不弄清这些问题，就难以建构有影响力的中国特色社会主义话语体系。就此，本文试图从话语理论出发谈点对建构中国特色社会主义话语体系的看法。

一、话语理论

1. 话语与话语实践

话语问题研究可以从"词"与"物"关系的讨论入手。一般来说，词是表征物的，每当出现一个新事物时，人们就可以用新词去表征它，以此将它纳入人们可控的认识与实践范围。可这样做时，渐渐会出现两个问题：其一，世界上的事物成千上万，人们可不可以用有限的词去表征无限的物（因为用无限词去表征无限物，对人类来说几乎是不可能完成的工作。且不说人们不可能发明无限词汇，即使能做到，这些词汇也不可能被普通百姓掌握，更不可能让他们灵活运用它们）。其二，同一物是否只有一种词的表达。这里暂且不讨论第一个问题，仅就第二个问题来说，如果说在词与物关系出现以后就一直存在一物可用不同词来表达的话（也就是说，对同样一个物而言，可以出现多种不同甚至相反的表达含义），那么，这一问题在当今社会更加突出。随着西方进入后工业社会（或消费社会），物的含义已不仅仅停留在自身的物性上，更多打上了文化符号内涵。同一物在不同时期甚至同一时期有着多种表达含义，且这一现象有急剧增长之势。当人们对一物新含义还没有完成理解透彻之时，更新的含义又已经出现。对此，法国社会学家鲍德里亚在《物体系》中有这样的描述。他说："如果我们排除纯粹的技术物品，（因为作为主体，我们和它们无从关联），我们更可考察到两个层次的存在，那便是客观本义和引申意义层次（透过后者，物品被心理能量所投注、被商业化、个体化、进入使用，也进入了文化体系）；这两个层次，在目前生产和消费的状况中并不像语言学中的语言结构和言语使用一样，可以截然划分。……如果说卷舌或浓浊的 r 音，在语言结构分析中不会改变任何结果，也就是说，如果引申意义不会干扰本义的结构，物品的引申意义则会明显地加重和改变技术的结构。"① 随着物的意义复杂性增强，仅限于"词"已不足以表征其含义。这样就出现了更复杂一些的符号构成物——陈述（这是借用了福柯的概念）。

这里有两点需要说明：其一，陈述是比词更复杂的符号构成物，但它并不一定限于语言符号，它还可以借助字母、线条等其他多种符号（如音乐可以借助于乐曲符号，绘画可以借助于线条和色彩符号。原始民族摆放的几块似乎没有规律的石头，对他们来说也许代表着别人无法理解的深刻寓意）；其二，陈述的构成不一定符合语法规则或逻辑规则，不同陈述都有着不同的构成规则与方法。陈述的独特性既说明了语言的有限性，也说明了世界有着难以用语言规则或逻辑规则把握的复杂性。对物表征的多样性与复杂性决定物与词的关系就渐渐演变为事物与陈述的关系。在特定社会，由于人们的地位与社会关系等不同，对同一事物陈述的形式与方式就会不同甚至相反。由此，围绕同一事物就渐渐形成了多种不同陈述，它们的集合体就构成了关于这个事物的话语。所以说，话语是指由同一事物引发的陈述系列整体。如把不同领域专家学者（当然也包括大众、政治家等多种人群）对"农民工"问题的陈述集合在一起就构成了"农民工"话语，把不同领域专家学者对"性别"问题的陈述集合在一起又构成了"性别"话语。当然，学科领域的内容也叫话语，如经济学话语、政治学话语和文学话语等。

若从事物与陈述简单关系看，它们彼此是互相影响的。事物性质影响着陈述形成与发展，而陈述一旦形成后，又规定和影响着人们对事物的看法。可随着后工业社会（或消费社会）的来临，陈述对事物的规定与影响明显大于事物对陈述的影响。不少时候人们对事物的判断与决策明显不是取决于事物的性质，而是取决于对事物的陈述。对此，法国

---

① ［法］尚·布希亚（鲍德里亚）：《物体系》，林志明译，上海人民出版社 2001 年版，第7 页。

哲学家德勒兹（Gilles Louis Rene Deleuze）曾这样解释说："能够使沉淀物成层的东西并不是后来产生的知识的间接的对象，而是直接构成起来的某种知识，如直观和语法。……知识是由每一种沉淀即每一个历史形成之可见物与可陈述物的配合所界定，所以在知识之前，什么也不存在。"① "如果我们不能站在把陈述剥离出来的高度，陈述便是隐蔽的。相反地，一旦我们达到这种高度，陈述便无所不在。政治亦然，政治在外交、立法、规章制度、政府等方面，无秘可隐。……每个时代都完美地陈述着其政治的可耻性，就像它陈述着性的淫秽性一样，任何掩饰都无济于事。每个时代作为它自身的陈述条件，可以说出它能说出的一切。"② 于是，话语就以一种理论力量规范并影响着事物乃至社会发展，我们可以把这种力量称之为"话语实践"。严格起来说，话语实践包含三层含义：一指它是一种影响事物、人的行为以及社会发展的力量；二指它可以演绎出新的观点与看法，形成话语连续系列；三指它可在不同领域衍生。如特定社会某一社会问题最早可能是在社会学领域出现或讨论的，但慢慢地它又会进入经济学、法学和政治学等领域，逐渐衍生出这些不同领域对它独特的看法与陈述。

2. 话语的层次

话语虽由不同陈述组成，尽管这些陈述往往都是异质的，但这并不意味着它是散漫无形的。在一定条件下，话语中的陈述可以聚合成一种理论形态，即形成特定话语的理论表述。不过，这一过程并不简单是对其中若干陈述的去粗取精、去伪存真，由感性认识到理性认识的过程，而存在着十分复杂的内在加工机理。要理解这个内在加工机理，首先必须进一步搞清陈述的性质。陈述不简单是一特定主体对特定事物的

---

① ［法］德勒兹：《沉淀，或历史的形成：可见物与可陈述物（知识）》，转引自杜小真选编《福柯集》，上海远东出版社 1998 年版，第 565 页。

② ［法］德勒兹：《沉淀，或历史的形成：可见物与可陈述物（知识）》，转引自杜小真选编《福柯集》，上海远东出版社 1998 年版，第 567 页。

符号表达，而是特定社会关系条件下的主体用不同视角对特定事物的符号表达。对同一事物陈述不同，自然跟主体自身的立场、观点与方法有关，更跟他所处的社会关系有关。这个社会关系既指主体所处的经济关系、政治关系等，又指主体在社会中扮演的角色和其他背景。正因为陈述的不同不完全是由主体立场、观点与方法不同造成，更是由于主体所处复杂社会关系不同导致，因而在更广泛视野中建构同一事物话语的理论形态是有可能的。这需要通过理论形态研究对象的确立，去建构其概念、新的理论化的陈述方式等等。在这里采用一定的策略是十分必要的。对此，福柯（Michel Foucault）曾有这样精辟的论述。他说："策略的选择并不直接从属于这样或那样的说话主体的世界观或者从首要利益中产生，而是因为策略选择的可能性本身是由概念作用中的分歧点确定的；我们还指出过，概念不在思想的近似的模糊的生动的基础上直接形成，而是以陈述之间的并存形式为出发点。至于陈述行为方式，我们也已经看到，它们是以主体同它所言及的对象的范围相对而言所据的位置为基础来描述的。以这种方式，存在着一个从属垂直序列，即：所有主体的位置、所有陈述间并的类型、所有话语的策略并不都是可能的，只有被前面的层次允许的那些才是可能的。"[1] 一旦特定事物话语理论形态已经形成，那么，关于这个事物的说法就会被固化，它会被当成这个事物的"知识"在这个社会加以应用和推广。

理论形态的话语是话语的一种层次，但并不是最终层次。在它的基础上还有可能进一步发展到更高形态——科学。当关于一个事物的话语理论能达到以命题的形式构成完备体系时，它就达到了科学的水准，即形成了关于特定事物的科学，如精神病学、性别学、广告学、大众文化学等等。除此之外，话语还有更高级的形式，即社会科学与整个历史

---

[1] ［法］米歇尔·福柯：《知识考古学》，谢强等译，生活·读书·新知三联书店2007年版，第79页。

科学（作为世界观的历史科学）。不过，这些话语形态已经不是通过研究一两个事物（或一两类事物）能够达到的，它需要通过对不同事物及其话语关系的研究才能达到。至于作为世界观的历史科学，更需要通过对整个人类社会发展过程及其内在构成的整体研究才能达到。

3. 影响话语构成的因素

话语的形成是社会发展的产物，它自然要受到特定社会经济与社会整体状况发展影响。当一个社会发生重大转型，原来社会的话语形态自然也会发生重大变化。所以，不能把一个社会的话语形态当成永恒的话语形态，也不可把一个社会对特定事物的"知识性"看法当成永恒的"知识"。不过，就特定社会而言，直接影响话语构成特别是话语理论形态构成的因素有以下几个方面：

首先，政治因素。尽管不同主体对同一事物可能产生不同陈述与看法，不同社会关系中的人群对同一事物也会产生不同陈述与看法，但这里的不同是相对的，其中也存在着一些共同。其中有一种根本性的共同就是社会阶层与阶级。虽然同一个阶层与阶级内部也存在着思想分歧，但其根本利益的一致使他们最终只会认同某种话语理论（尽管这种话语理论一开始他们有可能反对）。尽管理论形态的话语形成十分困难（其中存在不少学理性与构成性的东西），但它们的形成也并非只有一条路径（在资本主义社会就有资产阶级政治经济学与马克思政治经济学之分）。不同路径话语理论区别，不仅仅是纯粹学理区别，更是由根本利益导致的立场、观点方面的区别（当然，只讲利益不讲学理，也是不可能最终形成有影响力的话语理论的）。政治因素的影响不但存在于话语理论形成上，更存在于话语理论应用、推广和再生上。对此，法国哲学家福柯深刻指出："虽然教育按理来说尽可是一种工具，在我们这样的社会里，每个人都可凭此而接触任何话语，但这并不妨碍它如众所周知的那样，在其对话语的分配和取舍上，遵循由社会距离、对立和斗争所标明的路线。任何教育制度都是维持或修改话语占有以及其所传递的知识和权力的政治方式。……它无非是对言语的仪规程式化、无非是赋予言语主体以资格并固定其角色，无非是在形成具有某种信条的群体（无论是如何扩散），无非是在分配和占有蕴含知识和力量的话语。而'写作'（'作者'的写作），如果不是一类似的控制制度，又能是什么呢？其所采用的形式也许略有不同，但形式的主要划分却是相似的。难道法律制度，难道制度化的医疗系统不是也同样构成了（至少是在它们的某些方面）类似的控制话语的制度吗？"①

其次，真理意志。所谓真理意志，就是按一种方式或朝一个方向推行和推广真理化理论的形式和方式。正如前文所述，理论形态的话语甚至包括一些科学形态的话语并不是只有一种形成方式，也不可能存在一种理论样态，但特定社会的权力关系在特定社会只会推行和推广一真理形成方式（需要强调的是：这里推行的不只是一种真理，更是一种真理形成方式。如：资本主义社会在特定时期就推行经验主义方法论，因为这种方法论对它的统治十分有利。这种研究方法只能引导人们从事对社会表面的经验性调查研究，不可能深刻深入到其内部通过揭示社会矛盾的方法推翻资本主义社会）。当今以美国为代表的西方国家出现了明显这种迹象，它们把意识形态渗透同社会科学发展紧密联系起来，通过宣扬所谓科学经济学、科学政治学和科学法学等形式在全球推广它们的社会价值观。这种方法很容易给人们造成一种迷惑的假象：它们没有推广它们的价值观，它们推广的是科学，而科学都应该是正确的。

再次，社会控制。如果把真理意志理解成一种规训的方式加强社会控制的话，那么，这里的社会控制自然是指一个社会为全社会成员确定的规矩、禁忌与纪律。如果说真理意志是以一种引导的方式促进话语形成的话，那么，规矩、禁忌和纪律就是用一种排斥的方式影响话语

① ［法］米歇尔·福柯：《话语的秩序》，转引自许宝强等选编《语言与翻译的政治》，中央编译出版社 2001 年版，第 17 页。

形成方向。它让全社会的人们都知道：有些事不可做，有些方面不能迈进；如若做了，就必然受到惩罚。似乎在不少人看来，人类社会正在朝向不断进步的方向发展，这种进步的主要标志就是人类的自由程度不断提高，而自由程度的提高应意味着人类受到的束缚和管制逐渐减少，直到几乎没有束缚与管制。这自然又是一种误解。人类进步意味着人类自由增强的确是不争事实，但任何自由都不可能不尊重必然。从必然王国到自由王国，只意味着自由是对必然的认识与对客观世界改造的能力和程度提高，并不意味着自由是对必然的超越。任何社会都必须把必然当成认识与行动的前提，对个人行为来说尊重必然就是要求自己有所服从、有所约束。人类社会的进步并不意味社会没有纪律与约束，只意味着人们对这种纪律与约束认识程度与自觉遵守的程度提高，当然也意味着对违犯纪律的处罚不断人性化。社会对话语的控制不仅表现在言语对象上（不是什么对象都是可以随便议论的），还表现在言语规则、言语环境以及言语主体权利上等多个方面。

二、中国特色社会主义话语体系建构

1. 要全面理解中国特色社会主义话语体系内涵

中国特色社会主义话语体系不仅表现在中国特色社会主义理论形态上，而且还表现在社会领域的多个层面与多个层次上。根据上述所言话语层次，中国特色社会主义话语体系建构至少应该在社会一般话语层（微观话语层）、科学话语层（中观话语层）与高级理论话语层（宏观话语层）三个方面全面展开。微观话语层主要指社会凸显和人们关注的具体问题（如社会热点与焦点问题），中观话语层主要指人文社会科学，宏观话语层主要指中国特色社会主义总体理论与体系。中观话语层与宏观话语层自然是中国特色社会主义话语体系建构的重点，只有建构科学、完备的中国特色社会主义理论话语体系，才能更好地引领我国包括经济、政治、文化与社会等方面建设，全面推进中国特色社会主义实践事业；在国际上，可以抢得理论制高点，获得话语权，传播中国声音，增强国际影响力与吸引力。但微观话语也十分重要。微观话语与人们日常生活息息相关，它的建构与否以及建构得合理与否，直接影响着人们对社会和生活的评价与看法，从某种意义上说它甚至可以左右社会舆论，关系到社会稳定。此外，在和平与发展年代，微观话语往往也随时可能成为国际舆论关注与争论的焦点。若处理不慎，可能导致一招不慎，满盘皆输的被动结局。

2. 要以尊重话语形成规则的方式建构话语体系

话语体系的形成不是招之即来的东西，更不是一朝一夕能够完成的，它需要在尊重话语形成规律的基础之上渐渐完成。话语体系的形成自然需要科学理论的指导，但也需要不断深入社会实际的精神与务实的工作作风。鲜活的话语往往形成于社会生活之中，若仅立足于理论象牙之塔是建构不了科学话语体系的。即使建构成功了，也不可能有巨大影响力与号召力。历史唯物主义自然对建构中国特色社会主义话语体系有重要指导意义，但它毕竟不能代替具体话语的建构，更不能充当具体话语的核心内涵。仔细说来，历史唯物主义对宏观、中观与微观话语体系建构的作用是不同的，它们呈递减趋势。也就是说，历史唯物主义对中国特色社会主义宏观话语体系建构作用最大、最直接，但对中国特色社会主义中观话语体系特别是微观话语体系的作用就有所减弱。因为历史唯物主义本身就是一种宏观理论，它能比较对应地指导包括经济、政治与文化等在内的中国特色社会主义实践，而中观话语特别是微观话语它们涉及的都是一些比较具体甚至比较棘手的问题，这些问题的解答不可能从历史唯物主义之中寻找到直接答案（当然，也不能因此而否定历史唯物主义的指导作用。至少从目前来看，还没有其他理论像历史唯物主义那样更能全面指导所有话语形成与建构）。对此，就必须像前文所说那样，要研究一种话语首先就必须全面了解跟此相关的陈述在不同领域中的表现，通过对它们的聚合，再对此进行理论化；能达到科学高度的，还需要对它进行科学化。微观话语分析是中观话语甚至是宏观话语形成的前提与基础。只有有效利用并合理布局微观话语的中观与宏观话语，才是有效率与生命力的话语。当前，我国中观话语建构也十分重要。科学中观话语建构只有在正确处理它与宏观、微观话语关系后，才可能真正做到。中观话语建构必须以宏观话语为指导，微观话语为依托，才能做深、做实。在所有话语建构中，社会关系理解、学理程度探究与策略的形成至关重要。只有把所有话语理解为特定社会关系中的话语并从具体社会关系中理解不同陈述的形成，才能真正理解话语形成的原因与建构话语的方向。当然，高层次的话语毕竟是一种理论形态，理论形态的建构自然还得服从学理规律。如何在具体社会关系、学理与正确的话语方向之间处理它们的关系并形成科学的话语理论，这需要策略，更需要水平。

3. 要将建构与控制有机结合起来

话语体系建构的重要原则是有比无好，全比缺强。失效不是最惨结局，失声才是最悲后果。因为话语不只是一种理论，它是一种影响人的行为的实践力量，因此，无论在国内舆论场还是国际舆论界，有话说总比无话说强，能回答总比不回答好。失声的后果不仅仅是主动放弃话语权问题，更可能使另类声音影响国内社会发展或影响本国在国际上的形象与地位。所以，中国特色社会主义话语体系建构的首要任务就是要全方位、多层次地建构具有自身特点的话语内容与话语理论。即使这些内容与理论一开始并不完备，并不精准，但这些都可以以后慢慢解决与完善。当然，这里也有一个问题需要注意：不能因建构而建构，也不能因发声而发声。若随意建构或发声，一旦出现明显的硬伤或错误，那就可能导致更不可想象的结果。中国特色社会主义话语体系可以从推行我们的真理意志入手，把我们对科学理论建设的理解和话语内容建构的思路推广于整个社会（包括国际社会），通过话语形成规则、方法和策略的推行，在传播特定真理的同时让更多话语内容按这些方式得以产生和演绎。在此，对各类学校特别是高等院校做好这样的工作尤为重要。因为它们不仅是传播知识的地方，更是培养人才和产生知识的地方。在坚持以建构和引导为主的同时，配以一定的规矩与纪律也是十分必要的。这个规矩与纪律的制定应重点表现在对言语规则的强化、言语环境的净化与言语主体权利的限定上。由于话语的形成既跟社会关系有关，又跟学理构建和策略采用有关，因此，强调争鸣、对话与批评是十分重要的。通过这些可以让人们更好地认清话语形成的复杂性，理清构建思路，促成科学话语的形成与发展。在此，与西方话语争鸣、对话尤为重要。不可否定，由于西方科技领先于世界，自由经济与民主政治形成较早，它们有一套相对成熟的社会保障制度与话语体系，许多话语的设置权和提出权都由它们掌握（话语设置权和提出权十分重要，它可以通过抢争制高点的方式得到话语权），我们在相当多的时候只能被动跟进。这一现象在短时间里很难改变。对此，我们应该在充分吸收西方话语积极成分的基础上（它们提出的问题往往都是比较重要的问题，值得其他国高度重视。另外，它们在话语学理建构上也有一套成熟的理念与方法），通过对这些话语概念形成、所处社会关系与策略采用的分析，指出其理论局限并进行必要的话语转换，最终形成自己的话语理论（中国特色社会主义话语体系建设既要建构一套由我们自己所处环境而引发的问题的话语体系，也要构建一套有国际针对性的话语体系，以此回答并引领国际话语发展走向）。在这一问题上，我们可把上述话语由陈述演进为话语理论以及科学的思路逆推过去，从特定话语理论的概念、词汇与命题中疏理、拆分出它与特定事物的关系，并通过对这种关系与特定社会政治发展的联系，最终揭示出它们维护特定权力关系的实质。对此，德勒兹的解释有一定启迪。他说："应对词、句子或命题进行拆解和开启，以便从中剥离出陈述来，就像雷蒙罗·塞尔（Raimond

Rossel）为创造他的'方式'所做的那样。但是，同样的操作对于内容之形式亦属必要。'内容'更多的是能指本身的表达而非所指。它也不再是物的状态而是一个参照物。……我们不仅应该把适合于各个沉淀及其界限的陈述从词和语言中剥离出来，还应该将属于每个沉淀的可见性、'事实'从事物和视觉中剥离出来。"① 如：用这种方法我们就会发现亨廷顿"文明冲突"理论与约瑟夫·奈"软实力"概念中的逻辑问题与逻辑陷阱。面对历史上相当多"文明协同"的成功事例，亨廷顿如此强调"文明冲突"自然是出于美国国内与国际利益的考虑。② 而约瑟夫·奈也几乎是出于同样目的才去特别强调"软实力"只适用于国与国之间，而不适合国内之间，更不适用于文化产业领域。③ 当然，批判不是最终目的，通过批判我们最终自然是希望建构我们自身的"文明论"与软实力思想。

4.要将社会实践与话语实践有机统一起来

"事实胜于雄辩"无疑是对社会实践与话语实践关系的最好诠释。话语实践影响再大，相比物质社会实践的决定作用来说，它仍然是第二位的。中国特色社会主义话语体系的影响力更取决于中国特色社会主义实践的影响力。若经济发展不到位，综合国力没有明显提升，即使话语体系再完善，建构能力再强，它也不可能产生巨大影响。当今以美国为代表的西方发达国家，之所以能制造那么多有世界影响力的话语议题与话语理论，除了跟它的人文社会科学发展有关，更跟它的经济实力、军事实力和科技影响力有关。它们不仅在话语设置和话语建构上有一整套措施与方法，而且在话语传播力与渗透力方面也有相应配套的措施与方法。它们可凭借资本与科技的打造，借助传统媒介与新媒体等平台工

---

① ［法］德勒兹：《沉淀，或历史的形成：可见物与可陈述物（知识)》，转引自杜小真选编《福柯集》，第 566—567 页。

② 参阅杨生平《亨廷顿"文明冲突论"再评析》，《北京行政学院学报》2009 年第 2 期。

③ 参阅杨生平《约瑟夫·奈"软力量"思想辨义》，《贵州社会科学》2012 年第 2 期。

具，通过编构电影、电视剧以及打造新的生活方式、休闲方式与和娱乐方式等，在全球范围内集中宣传、推广它们的话语内容与话语形式，形成可轰动全球的话语制造效应。这就是说，处理好社会实践与话语实践的关系问题，要求我们既要练好"内功"（建构话语体系），又要练好"外功"（加强话语宣传，增强话语影响力）。在这两方面，西方国家都有值得我们学习与借鉴的东西，当然我们最终目的自然是不限于此，而是为我所用，建构自己的东西。社会实践与话语实践关系还告诉我们：话语是发展变化的，随着社会实践的不断深入，随时都会出现更新的话语；中国特色社会主义话语体系建构只有进行时，没有完成时。如果以为建构了一套话语我们的工作就完成了，那必然会在实际工作中处于被动甚至犯错误。且不说一套话语形成后有一个不断受社会实践验证的过程，就单从特定社会某一个时期来看，要想完成所有话语问题的研究与建构就有相当大难度。由于当今社会物的象征价值（文化内涵）不断加入，而象征价值的标准又处于不断流变之中，围绕同一物就有可能在瞬间爆发出若干陈述（鲍德里亚把这一现象称为"内爆"），更何况还随时随地会涌现新的物及新的陈述。面对这一个问题，除了需要不断加强研究外，还需要建立开放机制与开放式研究方法，以此应对随时而来的新陈述与新事物。对于已经形成的话语，在不断验证其真理性的同时，也要保持开放态度。因为已经形成的话语自然是根据对同一事物的若干陈述的聚集与研究得出的，这种聚集不一定是完备的，在社会实践发展中随时还可能产生关于这一事物的其他陈述。已形成的话语知识无疑对新产生的同类陈述的研究与分析有指导意义，但不代表新产生的陈述不能颠覆已有的对这一事物的知识性看法。这样，关于这个事物的话语知识又需要进行新的研究，并从中得到更新的知识。

赛义德东方主义理论

爱德华·赛义德是当代美国著名文学理论家与批评家，自《东方学》提出东方主义之后在国际社会名声大赫，并以此开创了后殖民主义理论。自此之后，不少理论家沿着他开辟的路径进行着不同民族文化比较研究，也产生不少引人瞩目的理论成果。① 在全球化与民族文化作用日益凸显的时代，赛义德的东方主义理论对我们拓展研究视野、进行中西文化比较、对话与交流以及加强我国文化建设都有着比较重要的意义。

一、东方主义及其历史演变

在《东方学》一书中，赛义德认为"东方主义"有三层不同含义：其一，东方主义是学术研究的一种，其历史可追溯到中世纪基督徒与穆斯林斗争的十字军战争时期，这个时期东方主义的研究大多带有维护基督教信仰的目的；其二，"东方主义是一种思维方式，在大部分时间里，

---

① 参阅杨生平《后殖民主义话语下中国问题研究评析》，《中国特色社会主义研究》2013年第 2 期。

'the orient'（东方）是与 'the occident'（西方）相对而言的"①，与西方学对立，东方主义作为二元的一边，被放置在一个对立的"他者"位置上，即作为"中心"和"自我"的西方，是光明、积极和理性的，而作为"他者"与"边缘"的东方，则是阴暗、堕落和非理性的；其三，"将东方主义视为西方用以控制、重建和君临东方的一种方式"②，即东方主义是一种西方的话语权力，这样的话语权力可以控制、重建东方。在中国学界，赛义德的《东方学》一书有"东方学"和"东方主义"两种不同译法。若根据赛义德本书中内在思想，这两种译法都可成立，毕竟他探讨的问题是从一种独特的学科开始的——"东方学"，而且作为一名学者，他更愿意从事学术领域的研究工作。但若追踪它的影响特别是现当代影响，这一概念早已超越学科之外渗透到政治、军事、外交甚至日常生活。就此而言，"东方主义"更能准确地概括这种影响力。他说："东方学是一种通用的术语，用以描述西方向东方一步一步地入侵，东方学是一个学科，通过这一学科，作为学术、发现和实践话题的东方过去曾经被（现代仍然被）西方系统进逼。"③ 因此，本文主张以"东方学"之名称谓赛义德著作，并同时以"东方主义"指称其全部思想。这也许更符合赛义德思想实质。

赛义德指出："严格说来，东方学并不是一个学术研究领域。在基督教西方，东方学的正式出现被认为是从 1312 年维也纳基督教公会决定有'巴黎、牛津、波洛尼亚、阿维农和萨拉曼卡'等大学设立'阿拉伯语、希腊语、希伯来语和古叙利亚语'系列教席开始的。"④ 尽管如此，但他认为作为一种思维方式的东方学则从雅典时期就开始了。⑤ 为

---

① ［美］爱德华·W.赛义德：《东方学》，王宇根译，三联书店 2011 年版，第 3 页，

② ［美］爱德华·W.赛义德：《东方学》，王宇根译，三联书店 2011 年版，第 3 页。

③ ［美］爱德华·W.赛义德：《东方学》，王宇根译，三联书店 2011 年版，第 94 页。

④ ［美］爱德华·W.赛义德：《东方学》，王宇根译，三联书店 2011 年版，第 61—62 页。

⑤ 赛义德认为虽然东方学产生于 14 世纪初，但西方对东方那种独特看法或思维却从雅典时期就开始了。因为这种看法或思维一直影响着后来东方学的建立，甚至可以说后来的东方学就是建立在这种独特的西方对东方看法或思维的基础之上。

此，赛义德特意追溯了《伊里亚特》时代两部雅典戏剧——埃斯库罗斯（Aeschylus）的《波斯人》和欧里庇得斯（Euripides）的《酒神的女祭司》。通过这两部戏剧的内在分析，他认为它们都有一个共同点：即首先将大陆分为东、西两个部分，其中，西方为光明、强大的一方，东方则为危险、神秘和阴郁的一方，西方总能打败东方。在赛义德看来，东方学在西方虽然形成较早，但真正达到高峰时期应该是18世纪末和19世纪初到20世纪二战结束以后，即现代东方主义时期。如果说早期东方主义对于东方的理解和阐释更多的是在基督教神学结构中，那么现代东方主义则是殖民主义和帝国主义的产物，现代东方学体现了一种宗教世俗化的过程。他说："到第一次世界大战结束时，欧洲的殖民地覆盖了地球总面积的85%。说现代东方学一直是帝国主义和殖民主义的一个组成部分，并非危言耸听。"① 赛义德认为现代东方主义飞速发展是由四个因素决定的，即扩张、历史比较、内在认同和分类。因为扩张，东方学家的视野慢慢超出了伊斯兰世界的范围，开始接触到更多更大的东方世界，同时大量关于异域的信息与知识进入了西方知识界，从而出现了对学识有更多要求的东方研究态度（亦即世俗化的东方研究态度）。这种研究态度也得到了历史学者的支持，因为这更有利于历史学者将欧洲经验与其他更为古老的文明作出比较，比较历史学由此兴起。随后，内在认同的比较超越了历史比较，成为一种新的研究方式，越来越多的欧洲人相信只有设身处地进入到东方，才能够真正了解东方文化。而这种对自身文化以外的文化的选择性认同，使得由以往的基督教西方的边界而获得的对自我身份认定的僵硬教条得到了表面上的缓解。最后，近代分类学发展极大地推动了东方学研究。东方学学者们更愿意以生理——伦理的形式进行分类，种族、肤色、性格、气质等分类类型掩盖了以往宗教式的生硬划分（如基督教的和非基督教的），从而将东方从基督教

---

① ［美］爱德华·W.赛义德：《东方学》，王宇根译，三联书店2011年版，第259页。

西方的狭隘宗教评价中释放了出来。较之以往，现代东方研究在面貌上发生了极大的转向，但这并不意味以往的分类范式和思维已被彻底抹去。扩张、比较、内在认同和分类所带来的那些世俗化因素将东方从基督教西方狭隘的宗教评判中解放出来，但内在关联的四个要素是一种被重构了的宗教欲望。正如东方学家用一种科学的、进步的语言学和人类学的技巧研究东方已消失的语言、风俗，但其实质是根据他们的科学方式重构关于东方的文化，现代东方主义正是隐藏在科技所带来的进步性当中。

第二次世界大战以后，美国成为世界力量的中心，原来由英法掌控的东方主义阵地被美国的"区域研究"所代替，而此时区域研究专家就成为东方学家新的代名词。由此，东方学进入了一个更新时期——当代东方主义。在这一个时期，东方主义从一门以语言学为基础的对东方进行概述的学科转变为一门具有社会科学性质的专业，但不变的是：美国对于东方的知识继承了现代英法东方学的基础并坚持了英法东方学对于东方文化的敌对观念。同时，美国对于东方的研究不仅仅是学术性的而且是政治性的。赛义德从四个方面概括描述了东方主义在美国的变化：第一，近东大众形象被以各种漫画式的、丑恶化的形式在传媒领域传播。东方主义向着社会科学的一个专业转变，其中最大的特点就在于，他们将文学排除在外而代之以专业技巧与量化数据，这样就使他们的研究成果更能够使人信服。第二，美国关注东方的方式从来都是为了其帝国主义的野心做准备的。1950 年莫蒂默·格雷夫斯（Mortimer Graves）提出"文化关系政策"一词，他认为美国在当时所面临的最为关键问题就是如何能够更好地理解与美国观念相悖的中东观念以及抵制其传播，其中，特别提到了共产主义和伊斯兰。他这一忧虑极大地推动了美国对中东的研究事业，而这些研究虽然表面上看是以社会科学为手段进行的专业研究，实质上也并未摆脱传统英法东方学的固定信条。这些信条包括，"其一，理性、发达、人道、高级的西方与离经叛道、不发达、低级的东方之间绝对的、系统的差异。其二，对东方的抽象概括，特别是那些以代表着'古典'东方文明的文本为基础的概括，总是比来自现代东方社会的直接经验更有效。其三，东方是永恒不变，始终没有能力界定自己。第四，东方要么是给西方带来威胁，要么是被西方所控制。"① 第三，对伊斯兰人的归责，主要是指在强大社会科学机构支持下对阿拉伯人形象进行不容置疑的定位：不热爱和平、复仇、冥顽不化的野蛮人等，这些都为西方对东方的一切行为寻找到了充分的行为理由。赛义德举例分析了伯纳德·刘易斯（Bernard Lewis）在解释阿拉伯"革命"一词所用的说明方式，认为其用"骆驼的站起""骚乱"来形容阿拉伯人的革命，这是一种对伊斯兰文化进行的含蓄诋毁。第四，美国的东方学学者们已经伴随着美国卷入到了中东事务之中，其程度之深已到了无法自拔的程度。并且，东方学的影响已经渗透到东方自身，阿拉伯人自己开始对东方学家的分析进行二手分析，而东方学研究也导致了知识阶层与新帝国主义的会合，主要表现在近东当代文化受到了欧美模式主导的影响。同时，不论是资源的、文化的还是日常消费品，东方的消费模式已经完全地与欧美经济体制捆绑到一起。

二、东方主义表现形式和理论实质

赛义德认为东方主义的表现形式有隐伏的与显在的之分，这一区分是一种无意识的区分。显在的东方主义包含了具体作者所显示出来的个人风格的差异，也包含了东方主义随着历史发展而产生的变化，其中具体作者的差异多在于他们的个人风格和写作形式，关于东方表述的基本内容上的差异是极少的，作者们几乎都继承了前东方主义学者所规定

---

① ［美］爱德华·W. 赛义德：《东方学》，王宇根译，三联书店 2011 年版，第 385 页。

下来的关于东方落后、愚蠢、怪异等的特性，并将其带入到自己的作品中。而从历史时间顺序上来说，早期东方主义主要是在宗教背景下的产物，而现代东方主义是以专业性学科的方式呈现在世人面前的。随着欧洲科技文化的发展，现代东方主义后期，东方主义者们转而更加注意以一种内在认同的方式对东方进行研究。二战以后，随着世界和平趋势的到来，殖民国家的反殖民战争得到了局部的胜利，东方各国的政治经济实力在不同程度上逐步上升，显在的东方主义逐渐变得不那么明目张胆地指说着东方，甚至，东方国家和文化在表面上得到了越来越多的西方国家的尊重与认可。尽管如此，隐伏的东方主义却是一直未改变的，隐伏的东方主义是一种无意识的相信，它潜伏在东方主义显在的表现形式当中坚守着东方主义学者建构出的东方世界。

隐伏的东方主义有两个主要的功能，其一是，将东方和西方以一种二元对立的方式强行分割开来。东方与西方从来都不是对等的，东方总是与西方社会中的罪犯、疯子、女人等特殊因素相联系，东方总是作为一个需要被解决的难题或者是需要被管理的对象来看待。隐伏的东方主义就潜藏在东西方二元对立的范式当中，在东方落后、野蛮并且毫不改变的信条中。其二是，将东方置于一个女性化的立场上，使得西方人形成一种男性化的世界观。东方主义本身是一个纯粹的男性化领域，用一种性别歧视的眼光来观察自身和对象。东方总是以被掌控的女性、愚昧无知而又充满欲望的形象出现在旅行家与小说家的作品中，而最重要的是，男性化的世界观否定了东方发展的可能性。赛义德认为东方主义的两种表现形式不可分割，而它们的密切程度是随着东西方交往程度决定的，而从宗教革命到科技革命，从殖民地的扩张到殖民帝国的瓦解，东方主义的外部表现形式随着历史与时间发展而不断改变，它很好地掩藏和保护了隐伏的东方主义，而隐伏的东方主义作为一整套本质化的关于东方的知识系统，以其概括性和权威性，钳制着所有的东方主义学者的思维。东方主义正是有着这样内外不同的表现形式，才能得以固守至今。

既然东方主义在西方有如此长的历史和不同表现形式，那它理论实质究竟为何呢？对此，赛义德做了如下分析：

1. 东方主义体现了本质主义文化观

赛义德认为，东方和西方这一对概念，并不是立足于一个第三者立场上或者在一个客观意义上所作出的分类，反而是更倾向于由本体为出发点的分类，类似于自我西方人和他者东方人这样的关系，这样的关系中包含着敌意，暗含着来自于本体和客体之间的差异。从这样分类开始的研究必然使得西方更为西方，东方更为东方。在此，赛义德借用列维·斯特劳斯"明确具体的科学"理论来加以进一步说明。列维·斯特劳斯认为人类的大脑是通过区分与观察事物来得到秩序，这是一种初步的分类，并且这样的分类是任意性的，并没有什么根据和逻辑，就如将自己熟悉的地方归为"我们的"，将自己不熟悉的地方、遥远的地方称为"他们的"，"他们"存在的地方通常又被认为是"野蛮人的地方"。之所以说这样的区分是任意的，是因为这里不需要"他们"来确认这样的区分是否正确、"他们"是否真的野蛮，仅仅凭借"他们"是与"我们"不一样的就已经足够说明一切。所以，赛义德认为，人们通常都在通过一种否定他人的方式来认识自己，而这种否定没有任何根据，仅仅是凭自己想象。这样的分类是二元对立的，它限制了文化与文化之间的认识与交流，正是因为二元对立的分类立场，使得东方主义从一开始就从未关注过什么是真正的东方，他们关注的仅仅是西方需要什么样的东方。

2. 东方主义体现了欧洲中心主义

赛义德认为，欧洲文化本身就带有霸权主义色彩：首先，在宗教文化上，伊斯兰宗教与基督教一直都处在对立和敌意中。这两种宗教都属于典型的一神论宗教，都因信仰自己唯一的神而互不接纳。如果说认为自己的文化一直处于文明的中心是大多数国家或者地域在达到一定开化程度前都会犯的错误的话，那么，从文艺复兴开始，欧洲这一观念得到了切实延续的机会。文艺复兴开始后，欧洲人开始重视人性的价值，在文学、艺术、生物科学、航海技术等方面都取得了非常大的进步，伴随着远洋活动的增加，对东方的研究也逐步深化，欧洲人开始在生物学和心理学基础上理解东方人，认为白人在体魄与心智上的进化都远远优于非白人。而第一次科技革命更是将欧洲推到了世界顶端，以至于他们可以用一种俯视姿态对世界进行指挥和划分。伴随着殖民主义全球扩张，欧洲人以其"优越"身份"救赎"各个非欧洲落后国家。在《文化与帝国主义》中，赛义德说道，在帝国主义扩张时期，欧洲中心主义研究占有所有非欧洲世界的人，其方式则是将他们排除到白人的基督教文化观念之外，视他们的生活如低等生物般的生活，以此来使他们臣服。就东方主义而言，正是因为欧洲中心主义思想才使西方人在东方问题研究上采用二元对立、非此即彼的对立态度：欧洲是文明的，那非欧洲必然也就是落后的。这样的立足点使得对于东方的研究充斥了太多欧洲人的自我想象，并造就了东方主义的思维模式。与此同时，东方主义思维模式也加强、支持了欧洲中心主义思想，在欧洲对外进行殖民扩张活动中，东方学家起到了不可忽视的作用。所以，东方主义不仅是欧洲中心主义的构成部分，也是欧洲中心主义的产生结果。欧洲中心主义并不是伴随着殖民时期的过去而过去了的历史，时至今日，欧洲中心主义虽然变换了表现形式，但却都一直以优越立场在世界范围内潜伏，而东方主义也从未因时代变迁而过去，它仍旧在以不同形式影响乃至宰制着西方人对东方的理解。

三、东方主义抵抗

既然东方主义已成为一种强势理论，面对这种学术与文化霸权，人们又能何为？对此，赛义德指出："人们可能要问，在东方学之外我们还能有什么其他的选择？本书是否旨在破而不立？……我的主要目的是描述一种特殊的观念体系，而绝不是试图用新的体系来代替旧体系……我希望这些问题的部分答案已经暗含在本书前面的论述中。"① 赛义德曾说道，在他心中对于东方学仍旧有一个合理的期望，希望东方学所表述的东方知识不会再像以往一样被人们全盘接受而不受质疑。在《东方学》一书中，赛义德更多是将东方描述为一个沉默的他者形象，而在《东方学》之后特别是《文化帝国主义》中，赛义德则把更多注意力放到殖民地对文化霸权抵抗上。

1. 倡导多元文化观

赛义德的多元文化观立场，从他倡导的文化非殖民性、文化差异性与文化混杂性中可以体现出来。赛义德对于文化非殖民化的认识是非常深刻的，在《东方学》中他不仅表达了西方文化对东方文化的建构，也对西方文化对殖民地文化的殖民作出了揭露。在欧洲中心主义思想体制下，西方人排斥一切非西方文化，并且在殖民过程中打着"救赎"旗号对殖民地文化进行同化宣传。然而，令赛义德最为担心的是当代东方主义中隐形的一面，正如经济强国向世界各国发展自己势力一样，文化强国也会将自己文化通过各种显性和隐性渠道输入到世界各国，文化弱势国家非常容易受到文化霸权的侵害。在《文化帝国主义》中，赛义德对文化非殖民问题做了更为深入的讨论，强调了文化抵抗殖民的重要性，认为要恢复殖民地民族文化的本来面貌。在《东方学》后记中，赛义德澄清了一些读者对他的误解，其中特别提到，他并不支持反西方论，而且也不赞同伊斯兰文化就是完美无缺的。他认为他在《东方学》中所想要表达的，只是反本质主义。赛义德虽然提倡对文化殖民进行抵抗，但同时认为抵抗并不是对抗，他并不对保守民族主义持赞同

---

① ［美］爱德华·W.赛义德：《东方学》，王宇根译，三联书店 2011 年版，418—419 页。

态度。这就涉及了他的另一个观点，即文化的混杂性。文化杂交性是赛义德提出的多元文化观的重要概念。在《文化帝国主义》中，赛义德对文化进行了分类，认为在纯粹文化之外有一个独立存在的意识形态的文化层面，这个层面的文化关乎于政治，所以会导致对立和与日常生活的脱离。这个层面的文化是与帝国主义相联系的，甚至不能将之称作为文化。他提出在文化领域中应该重视文化的差异性，各民族的文化是相互依存而不是相互敌对的，文化与文化之间可以借鉴、沟通和交融，同时也存在差异、斗争与变化。为此，赛义德在方法论层面上提出了对位阅读法和反叙述的策略，以抵抗东方主义殖民话语。赛义德提倡对文学作品重读，并将其称为对位阅读法。他认为，要真正理解一部作品意义，就要在阅读这部作品时将其放入到当时时代背景下，不仅要注意到作者有意识想要表达的东西，更要注意到作者有意识和无意识想要避免的东西。这样的阅读方法能够将文本与当时时代背景结合起来，让人们注意到文本中蕴含的因时代背景而产生的思维模式与知识。而所谓反叙述，就是指第三世界和殖民地的作家通过切身的经验和生活对被西方描述过的东方进行重新建构，让东方人自己描述自己，打破西方人在欧洲中心主义影响下所描述出的东方形象。

2. 重视知识分子的作用

在反文化霸权问题上，赛义德对知识分子作用给予了厚望。他认为那些受到传统东方主义思想影响的学者和批评家，是完全有可能从东方主义思想体系中清醒过来的，雅克·伯克（Jacques Burke）和马克西姆·罗丁森（Maxime Rodinson）便是代表。赛义德认为，这两位学者受到的传统规训是严格的，但他们却保持了一种知识分子自觉意识，对自己所了解的知识和研究成果作反复自我批评和审查。在此，赛义德十分赞同葛兰西（Gramsci Antonio）将知识分子分为传统知识分子和有机知识分子的做法。他认为正如葛兰西所分类的那样，传统知识分子屈从于传统思维模式，循规蹈矩，毫不创新，而有机知识分子则代表了勇敢、创新和活力。赛义德心中的有机知识分子形象是具有强烈批判意识，不畏强权，愿意以身犯险地向权力说真话。他正是将自己定位为这样的知识分子，始终活跃在反对霸权政治第一线，对西方世界种种不公平行径进行严肃批评，并认为这不仅仅在于他是一个巴勒斯坦人的民族身份，更在于一个知识分子的责任感。

四、评　论

在《东方学》中，赛义德将福柯话语理论与葛兰西文化霸权理论结合起来，形成了"东方主义"理论，深刻研究和揭露了东西方之间文化问题。他考察了西方对于东方概念构造与表述的历史演进，认为东方学家所从事的事业从来都不是一门单纯的文化学科，从早期被桎梏在基督教圣经框架里的东方学到现代随着宗教世俗化的演变以及殖民主义扩张中的东方学，再到当下随着大众传媒发展的东方学，东方主义都蕴含着一种权力。这样的权力是西方文化霸权所赋予的，东方主义是一种思维方式，这种思维方式将东西方划分开来，将东方作为"他者"贴上了本质主义的特征，东方主义是一种宰制，是西方重构东方、入侵东方的助力，东方主义潜伏着西方人对东方文化的偏见与敌意。其实，"东方主义"一词在赛义德之前就已经存在，但正是赛义德才让这一概念真正走向全球，并为它的研究提供了一个独特视角和理论基础。通过这个视角，人们开始对东方主义作为一门学科的意义有了进一步怀疑与反思，对发达资本主义国家与第三世界国家之间文化冲突有了更深刻认识。赛义德批判二元对立思维，批判欧洲中心主义"非我族类其心必异"的思想，认为应该尊重文化差异，不同文化间应该相互尊重与借鉴，提倡多元文化交流主义以消解中心，这是具有十分重要现实意义的。全球化拉近了不同国家之间的距离，在此过程中如何看待不同文化、如何保护自身文化，就成了大多数国家必须面对与迫切思考的问题，对此，赛义德所倡导的多元文化交流思想是值得借鉴的。此外，赛义德东方主义对文化理论研究也有巨大推动作用，他犀利的批判、独到的见解都赢得了不少理论家的肯定，东方主义研究内容与研究范式更是在后殖民主义领域得到了发展，成了众多后殖民主义理论家的思想来源。东方主义之后，赛义德本人与后殖民理论家们纷纷在全球化背景下的文化殖民与话语权力等问题上发掘与发展，使后殖民主义得到了极大的丰富和发展。更值得称道的是，在《东方学》中，赛义德除了揭露西方对东方的殖民外，还深刻揭露了现代东方人参与了东方化过程。他指出，国际力量发生了变化，美国取代英国和法国占据了世界政治舞台的中心，伴随着大众传媒的发展，现代东方人参与了自身的东方化。赛义德认为近东当代的文化受到了欧美模式的主导，阿拉伯世界的大学运行模式上都是在前殖民地基础上开始的，这里条件艰苦，没有机会去创新和钻研，阿拉伯世界的文化、知识、技术都处在劣势，阿拉伯的学者们不敢轻视美国的任何学术刊物，阿拉伯的学生们都以能到美国学习为荣，他们向往学习的正是美国东方学教条下的知识。赛义德认为这样的境况是让人忧心的。而东方的消费模式同样也被美国的市场体系紧紧地捆绑在一起，美国有选择地消费阿拉伯的石油和廉价的劳动力，而阿拉伯人却不假思索地乐忠于消费所有美国商品，不论是物质商品还是意识形态的。牛仔裤、收音机、可口可乐等都体现了一种趣味标准化，阿拉伯人甚至将美国大众传媒中所传播的东方文化形象作为看待自己的标准，这是非常具有讽刺性的。二战以后，以美国为代表的西方资本主义国家，借援助项目、教育文化交流和大众文化产业对外大肆进行文化扩张，标榜着自由、民主的美国文化价值观念在全球蔓延，而一些发展中国家和地区的民族文化却岌岌可危。西方文化传播学者鲍依巴瑞（Boyd-Barret）于 1977 年提出了"媒介帝国主义"，指的便是一些欠发达国家媒介全方位受制于他国媒介，并且不具备与之相当的影响力。

当我们在看到赛义德对"东方主义"霸权和殖民性质成功揭露与批判的同时，不得不反思这样一个问题：东方主义如何在西方及至全球取得如此强势的地位？对此，赛义德虽有涉及但答案却不能不说难以令人满意。不错，东方主义的长盛不衰跟西方经济、政治与军事的强大密不可分，但更跟西方科学与技术的进步紧密相关。正是因为西方科学与技术的进步，才促使西方国家经济、政治和军事等全方位发展。虽然东方学是按西方文化思路建构起来的，但我们应该清楚认识到这样两个问题：其一，西方人并没有一劳永逸地按西方传统文化思维建设东方学，在这一过程中他们也在不断超越与批判自己的传统文化。如果说批判就意味着一种对批判对象的贬低与诋毁的话，那么，按这种思路，西方人在不同时期也曾多次贬低与诋毁自己的传统文化（甚至包括贬低与诋毁他们的传统社会）。因为，西方文化正是在不断批判自身的过程中进步与发展的。其二，西方文化特别是近现代西方科学有其他文化无可比拟的优越性。虽然从一般意义上讲文化特别是民族传统文化没有绝对优劣，但文化却有先进与落后之分。只有带来社会全方位进步的文化才是先进文化，反之就是落后文化。一种文化只有不断接纳与吸引科学理论与方法，才能改造成先进文化。虽然我们不能否定东方文化的精神价值，但若从历史发展的角度看，我们不得不承认西方文化更有利于现代科学的发展与文明社会的建设。虽然现代西方科学思维已暴露出一定的局限性，但无论是从历史还是从现实角度看它仍然具有很强的科学性。① 落后国家要想得到发展，就必须主动学习西方文化并把它与本国实际有机结合起来。若一味抱残守缺，坚持文化自我，最终只能落得被殖民的下场。西方文明与西方霸权有一定联系，但也有明显区别。没有西方文明，西方难以建立持久世界霸权；但逐步脱离人类文明路径的西

---

① 参阅杨生平《五四精神是伟大的爱国进步民主科学精神——兼评种种五四精神观》，《红旗文稿》2011 年第 7 期。

方霸权又迟早会被西方文明所否定。马克思主义产生就是明显例证。面对西方霸权，作为弱势的东方不能简单停留或满足于对霸权的揭露，更要透视这种霸权背后隐藏的实质，通过对霸权与文明的剥离并通过对文明的学习与利用去壮大自己，才能从根本上摆脱西方霸权并建立强大的国家。在对西方文明的学习中，光掌握科技文明还是远远不够的，更要掌握并建设社会文明。在社会文明中，制度文明至关重要。只有建立先进的制度，才是国家与社会发展的持久保障。在此，马克思的社会发展理论有着无比重要性。虽然《东方学》也涉及了马克思社会发展理论并对它做了可能的积极评价，但遗憾的是赛义德一直在他的东方学框架中认识并评价马克思社会发展理论①。的确如赛义德所说，马克思在评价英国对印度殖民统治时，既对印度人寄予了极大同情，也对英国残酷的殖民统治进行了无情批判，但最终仍认为英国的殖民统治会从根本上促进印度社会发展。但这一思想显然不同于赛义德所说的东方学思维。东方学更多是在文化与知识层面分析问题，而马克思这里论述的却是经济与社会发展的关系。知识层面可以进行无情批判他者思想和殖民思维，坚守文化自我（当然，它也不能脱离科学精神），但社会发展层面绝不能脱离或超越先进的生产方式与先进的社会制度（哪怕这种先进生产方式与先进社会制度最早是被他国发展起来的）。否则，就会永远沦为落后挨打的地位。赛义德深知要抵制东方主义，东方人自己必须建设自己的话语体系，抢夺话语权，他也知东方人不能用传统的文化自我建构自己的话语体系，文化自我需要有多元性、混杂性。可面对当代社会发展中自我的多种分离（即后现代主义者强调的主体碎片化），人们又怎样能建立统一、有效的文化自我？文化自我又应该以什么作为建构的价值坐标呢？对此，英国学者乔治·拉伦的评论是有启迪意义的。他说："所有这些重要的变化发生在 20 世纪后期，它们迅疾的速度和全球

---

① ［美］爱德华·W. 赛义德：《东方学》，王宇根译，三联书店 2011 年版，第 199—201 页。

性影响被认为对个人身份起着明显的解体作用。虽然我承认所有这些变化的重要性，但我怀疑它们是否应该对一个完全消解了中心的主体负全部责任。我承认各种关系的变化速度越快，主体就越难理解正在发生的事情，越难看出过去与现在的联系，因此也就更难对自己形成一个统一的看法，确定如何行动。然而从这一点跳到主体的彻底碎片化还有很大一段距离。所谓的主体中心消解对应着假定的客体性的胜利，对应着假定的无意识结构力量的胜利，后者彻底摧毁了个体的整一感"，"第三世界国家也应该从不同的角度认识到身份的这些问题，因为在这个日益划分为三个权力集团的世界中，他们被排除在外，对他们来说，前方的路不仅充满了艰辛和不确定，而且也充满了新历史主义和本质主义的诱惑。"① 对东方主义的有效抵制，不仅需要文化上的自觉与努力，更需要有精准的社会判别力和强大的国家实力。而后者只是赛义德理论所欠缺的。

---

① ［英］乔治·拉伦：《意识形态与文化身份：现代性和第三世界的在场》，戴从容译，上海教育出版社 2005 年版，第 209、225 页。

"软力量"辨义与当代中国软力量构建

随着经济全球化向纵深发展与科学技术不断进步，文化等软力量逐步凸显并成为综合国力的重要组成部分。究竟应该如何看待软力量，它有哪些因素组成，作用是什么，又是怎样建构的？这一系列问题是我们研究与建构软力量必须事先认真研究的问题。带着这些问题，本文试图作出分析和说明，并希望引起学界同仁的深入探讨。

一、"软力量"词义与思想辨析

1."软力量"语义分析

"软力量"（soft power）一词最早是由美国哈佛大学肯尼迪学院前院长、美国前助理国防部长约瑟夫·奈于20世纪90年代初在《谁与争锋》一书中提出，后来渐渐被政界和学者广泛使用。"soft power"国内有多种翻译，有的译为软实力，有的译为软权力等。尽管这个概念提出时间不长，但影响很大，歧义又众多，纷争不断，甚至连约瑟夫·奈本人也不得不出面对此作出澄清与解释。他在接受《文汇报》记者采访时，就提出了对"软力量"概念的三种误解：第一，把"软实力"这一原本在国家制度层面使用的关键词不恰当地用在地方和部门层面；第二，把"软实力"同"硬实力"混淆，于是不时冒出诸如"经济软实力"之类"非驴非马"的新词；第三，即使在谈论"文化软实力"时，许多人依然有把"文化产业"等同于"文化软实力"的理解误区。①

那么，究竟应该如何准确理解这个概念呢？也许先从翻译入手是最有效的途径。《软力量——世界政坛成功之道》译者在译后记中曾这样解释这个词的中文翻译："针对国内在翻译'soft power'一词所出现的'软力量'、'软实力'、'软权力'等多种中文译法，我们与奈教授进行了多次交流，探究如何能更准确地把'soft power'一词译成中文。对此奈教授特别指出，'软力量'的译法能比较准确地表达他的思想，同时感谢中国学者对'soft power'概念的运用。"②

对于软力量的含义，约瑟夫·奈这样解释道："什么是软力量？软力量是通过吸引而非强迫或收买的手段来达已所愿的能力"③，"软力量是一种能够影响他人喜好的能力。在人际交往中，我们都很熟悉吸引和诱惑的威力。在人际关系或者婚姻中，力量并非一定为大的一方所有，而是取决于神秘的吸引力或化学反应。"④

尽管约瑟夫·奈在不同场合尽力解释这个概念并不断澄清各种误解，但真正理解这个概念似乎还是有一定难度，这也许正是他一再解释、一再澄清后仍存在种种误解的原因。那么，究竟应该怎样理解这个概念的内涵呢？也许结合《孙子兵法》中的一些思想更容易让中国人接受。《孙子兵法·谋攻篇》曰："百战百胜，非善之善者也，不战而屈人之兵，善之善者也。"在约瑟夫·奈那里，软力量是用于处理国际交往

---

① 参阅［美］约瑟夫·奈《请不要误解和滥用"软实力"》，《文汇报》2010 年 12 月 7 日。

② ［美］约瑟夫·奈：《软力量——世界政坛成功之道》，吴晓辉等译，东方出版社 2005 年版，第 221 页。

③ ［美］约瑟夫·奈：《软力量——世界政坛成功之道》，吴晓辉等译，东方出版社 2005 年版，前言，第 2 页。

④ ［美］约瑟夫·奈：《软力量——世界政坛成功之道》，吴晓辉等译，东方出版社 2005 年版，第 5 页。

和国际关系问题层面的概念，它与硬力量一起共同构成处理国与国之间关系以及国际关系问题的两种力量；所不同的是：硬力量是通过军事威慑与经济利诱等强硬的方式来处理国际关系问题的能力，而软力量则是通过吸引与拉拢的方式来处理国际关系问题的能力，属于"不战而屈人之兵"范畴。无论是软力量还是硬力量，都不完全等同于实力，而是一种能够处理或解决问题的能力。有时一国有强大的军事与经济实力，但并不一定能有效解决国际关系问题，如越战时期的美国对越南；反之亦然，如梵蒂冈与约瑟夫·奈多次提到的挪威虽然没有强大的硬力量，但它们却有很大的国际影响力。不过，在约瑟夫·奈看来，硬力量更接近于实力，甚至在一定意义上就等于实力，它可以用科学方法测算并有效运用，能产生立竿见影的效果，但软力量却往往是既有形又无形的力量，不好精确测算，更难以及时捕捉与准确利用。

那么，软力量是怎么产生的呢？对此，约瑟夫·奈认为它可以有两个渠道：一是强大的军事与经济硬力量衍生而出。他说："有时同一种力量的资源能影响从强制到吸引等各个层面的行为。一国经济和军事的衰落不仅使其丧失硬力量，也能使其丧失部分影响国际议程的能力，并丧失自身的部分吸引力。在不可战胜或注定论等神话的驱使下，一些国家会被别国强大的硬力量所吸引。希特勒（Adolf Hitler）与斯大林（Joseph Vissarionovich Stalin）都曾试图发展这样的神话。硬力量也可能用于建立帝国和机制，来为小国制定行事议程——前苏联统治东欧国家就是例证。"① 二是由文化、政治价值观与外交政策产生的影响力与吸引力。对于这两种软力量来源，约瑟夫·奈显然不看好第一个层面。因为，在他看来，由硬力量衍生出的软力量不是由令他国人民心悦诚服产生的，因而它不会长久，反而有可能随着时间的推移不断衰减。所以，

---

① ［美］约瑟夫·奈：《软力量——世界政坛成功之道》，吴晓辉等译，东方出版社 2005 年版，第 9 页。

约瑟夫·奈心中的软力量主要是第二个层面的力量。他说："衍生软力量的资源很大程度上产自一个组织与国家的文化所表达的价值观、其国内惯例及政策所树立的榜样，及其处理与别国关系的方式。"①

2."软力量"语用分析

约瑟夫·奈认为，文化、政治价值观和外交政策是软力量的三个重要来源，但并不是所有文化资源、政治价值观与外交政策都能形成软力量。它们能否构成软力量，要看这些资源应用的背景，特别是要看诠释者与接受者的意愿。也就是说，软力量是通过强大的吸引力来实现的一种力量，这种吸引力自然跟诠释者对自身拥有的文化等资源的解释有关，更跟接受者是否自愿自觉接受有关。毕竟吸引力产生的最终效果是通过接受者的行为来实现的。对这种吸引力及其效果有一种客观的测量标准，那就是民意调查或民意测试。他说："软力量并不仅仅等同于影响力，毕竟影响力也可依靠威胁或报酬等硬力量得以实现。软力量也不只是劝说或者以理服人的能力，尽管这也是软力量的重要组成部分。软力量还包括吸引的能力，吸引力往往导致被吸引人在许多事情上采取默许的态度。简而言之，在行为术语中，软力量系能吸引人的力量。就资源而言，软力量的资源即产生吸引力的资产。在衡量一特定资源是否能产生吸引人的软力量时，可通过听取民意调查加以判定。评价该吸引力反过来是否产生了预期的政策结果，则要因事而异。"②

既然软力量的产生跟资源应用背景有关，也跟接受者的意愿有关，那么，在了解软力量资源变量的基础上有没有便于理解与操作的软力量恒量资源呢？对此，约瑟夫·奈虽然未做直截了当的回答，但认真总结他的思想还是会得出肯定的结论。在谈到软力量文化资源时，他说："当

① ［美］约瑟夫·奈：《软力量——世界政坛成功之道》，吴晓辉等译，东方出版社 2005 年版，第 7—8 页。

② ［美］约瑟夫·奈：《软力量——世界政坛成功之道》，吴晓辉等译，东方出版社 2005 年版，第 6 页。

一个国家的文化涵括普世价值观，其政策亦推行他国认同的价值观和利益，那么由于建立了吸引力和责任感相连的关系，该国如愿以偿的可能性就得以增强。狭隘的价值观和民族文化就没那么容易产生软力量。"①尽管约瑟夫·奈很关心苏联、欧洲、亚洲与非洲国家参与者软力量资源，但显然他更关心美国软力量资源与构建。在他看来，当今美国不仅是军事与经济强国，也是软力量无人与之匹敌的超级大国。约瑟夫·奈认为美国软力量的强大，不仅跟它无处不在的软力量资源有关，更跟它拥有无人撼动的普世价值观有关。他认为"美国受益于其普世性的文化"，并借德国一编辑之口炫耀美国文化软力量。德国编辑约瑟夫·杰弗（Jose Joffe）曾说："美国文化，不管是阳春白雪还是下里巴人，其传播的力度与当时的罗马帝国不相上下——且颇有新意。罗马及前苏联的文化影响止于军事力量的尽头。但美国的软力量统治着一个日不落的帝国。"②

那么，依约瑟夫·奈看来美国到底拥有怎样的普世价值观？对此，他没有集中总结，相关论述往往分散于不同段落。不过，若按他提出的软力量三种资源去梳理，还是可以做这样的总结：在文化上，美国强调自由、民主，"美国文化包括浮华、性、暴力、无聊和物质主义，但这并非是全部。同时也描绘了开放、流动、个人主义、反对墨守成规、多元化、自愿、以民为本和自由等特征的价值观"③；在政治价值观上，美国推行的是民主、宪政，强调的是人权、自由和个人主义；在外交政策上，"联邦制、民主和开放市场代表美国的核心价值观。这就是美国所出口的"④。尽

① ［美］约瑟夫·奈：《软力量——世界政坛成功之道》，吴晓辉等译，东方出版社 2005 年版，第 11 页。
② ［德］约瑟夫·杰弗（Jose Joffe）：《谁害怕"大块头"先生?》，转引自约瑟夫·奈《软力量——世界政坛成功之道》，第 11 页。
③ ［美］约瑟夫·奈：《软力量——世界政坛成功之道》，第 49 页。
④ ［挪威］吉尔·隆德斯塔：《融合而成的帝国：美国和欧洲一体化，1945—1997》，转引自约瑟夫·奈《软力量——世界政坛成功之道》，第 61 页。

管这些总结有可能挂一漏万，但综合来看，约瑟夫·奈所言的美国普世价值观基本内容还是清晰可见的，它就是人们经常议论的美国核心价值观——自由、平等、博爱、人权。

尽管约瑟夫·奈一再解释由他独创的软力量概念并不断澄清各种误解，但事实上他自己在运用这个概念时也常常有含混之处。认真分析并领会他的软力量概念，它应是一种以某种核心价值观为基石的文化或精神，这种文化或精神可以通过物质方式传载并实现，但却不等于物质，它不能随手可用，更难以立刻达成某一个具体目的，但它却能以巨大的渗透力产生持久的影响。正如他本人所言："尽管软力量有时对具体目标有直接影响，但这更可能对国家寻求的整体目标造成影响。……与硬力量相比，软力量的重要性在防止攻击、保卫边境、保卫盟国上略逊一筹。但软力量在实现'社会环境'目标上却能发挥作用。此外，软力量对促进民主、人权和开放市场等至关重要。吸引别人接受民主比强迫别人搞民主更容易。尽管吸引力在影响预期结果的程度上因环境和目标定位而易，但这并不意味着与吸引力不相干。"① 但他自己却总把软力量与某种物质形态的东西联系在一起分析，似乎给人以软力量也包括一些物质形态东西的感觉。如果说他提出的软力量三种资源中文化与政治价值观明显属于文化或精神层面东西的话，那么，他所说的外交政策则更多具有物质内涵。其实，软力量资源与软力量展示和实现方式是两个完全不同的概念。软力量是一种精神性存在（虽然有时也表现为物质方式，但物质只是载体，精神才是内容与实质），它可以通过宣传、教育和说理等精神形式实现，也可能通过塑造形象与创建力量等物质方式来实现。毕竟榜样与人格的力量是无穷的。正如约瑟夫·奈自己所认识到的那样："软力量堪称日常民主政治的主要手段。这种引导个人喜好

----

① ［挪威］吉尔·隆德斯塔：《融合而成的帝国：美国和欧洲一体化，1945—1997》，转引自约瑟夫·奈《软力量——世界政坛成功之道》，第16页。

的能力常常与一些无形的资产联系在一起，比如：富有魅力的人格、文化、政治价值观与惯例，及具有合法性和道德权威的政策等。如果领袖代表着他人愿意追从的价值观，领导起来就省事多了。"① 所以说，约瑟夫·奈在《软力量——世界政坛成功之道》等著作中精心勾画的美国内政外交政策更属于建构软力量的途径与方式。

3. "软力量"语境分析

解析了软力量的语义与语用，对掌握软力量的内涵与实质来说是显然不够的，还必须对其做语境分析，应该进一步了解软力量提出与应用的主要背景。也许约瑟夫·奈对此有自己的考虑，但从我们的视角看，它至少有两个背景：

其一，国际背景。软力量概念虽然由美国人提出，但它的确反映了当前国际形势一些新特征与新潮流。随着冷战的结束，国际社会越来越向和平与发展方向迈进，尽管美国仍想一家独霸，但短时间内很难改变世界多极化发展的格局。多极化的世界必然会有多元化的思想，谁想在多元化思想中争得一席之地并发挥更大的影响力与辐射力，自然要下一番功夫。随着美国称霸全球的信心不减与自身硬力量的衰落，有心的美国人自然会从他的软力量上做文章。另外，正像约瑟夫·奈所说的那样，随着全球信息与科学技术的发展，人们发散信息与得到信息的渠道越来越广，甚至越来越微观，恐怖主义实施成本降低、渠道增多，战争私有化现象日益严重，这些情况使人们辨别真假信息的能力降低、国家塑造良好形象和防范恐怖主义的难度增加。因此，构建渗透力广、影响力持久的软力量也许是一剂良方。

其二，美国国内背景。当今美国除了自身硬力量有所下降外，最近一段时间的内政外交政策也不得人心。小布什政府在没有联合国授权

---

① ［挪威］吉尔·隆德斯塔：《融合而成的帝国：美国和欧洲一体化，1945—1997》，转引自约瑟夫·奈《软力量——世界政坛成功之道》，第 6 页。

的情况下公然攻打主权国家伊拉克，虽然推翻了萨达姆政府，但结果显示萨达姆政府没有大规模杀伤性核武器，这与美国事前判断明显有悖。另外，美国国内状况也问题多多，经济滑坡，就业率下降，失业率增加，金融危机的阴影一直挥之不去，再加上伊拉克与阿富汗重新工作举步维艰，这一系列问题使美国难以发挥它的硬力量。当然，美国政府所持的内外双重标准，更使它受到国际社会的强力指责。这些情况也不得不迫使美国政府转变内政外交政策。事实上，不仅约瑟夫·奈把目光投向了软力量，就连对小布什政府决策影响很大的新保守主义者弗朗西斯·福山也聚焦于软力量。如果说约瑟夫·奈把主要精力放在从美国国内角度通过调整内政外交政策建构软力量的话，那么，弗朗西斯·福山则把更多精力放在用美国价值观影响和改变他国方面建构美国软力量。也就是说，尽管当前美国一些理论家想采用攻心术重塑美国实力和影响力，也提出了一些用美国核心价值观调整内政外交政策的具体思路，但他们想用美国核心价值观改革全球的想法至今未变。

　　虽然美国的核心价值观是不变的，但它的政策却是不断变化的。正像弗朗西斯·福山所总结的那样，影响美国政府决策往往有四种政治理论："新保守主义是当今处理美国外交政策的四种不同方法之一。除了新保守主义之外，还有继承了亨利·基辛格（Alfred Kissinger）传统的'现实主义者'，他们看重权力，倾向于忽视其他政权的内部性质和对人权的关注；还有自由主义的国际主义者，他们希望超越一切权力政治，追求建立在法律和体制基础上的国际秩序；此外是沃尔特·拉塞尔·米德（Walter Russell Mead）所命名的'杰克逊式的'美国民族主义者，他们倾向于采取狭隘的、与安全联系在一起的关于美国国家利益的观点，他们不信任多边主义，他们更极端的表现形式是倾向于本土主义和孤立主义。"① 而且，随着国内外形势的变化，有着实用主义精神的

① ［美］弗朗西斯·福山：《美国处在十字路口——民主、权力与新保守主义的遗产》，周琪译，中国社会科学出版社 2008 年版，第 5—6 页。

美国还可以衍生出其他政治理论。约瑟夫·奈自己就说："现在是以不同方式吸取和结合我们的传统的时候了。我们需要更多的杰斐逊，更少的杰克逊。威尔逊派在强调长远的国际政治民主转变的重要性方面是正确的，但他们仍需要记住相关机制和盟友所扮演的角色。他们还需要和汉密尔顿现实主义相结合来中和其急躁的特点。简而言之，美国的成功一方面取决于我们形成对软力量作用的更好的理解，另一方面取决于我们的外交政策中形成的软硬力量的更好的平衡。我们以前做到了，现在可以重新再来。"① 约瑟夫·奈的政治思想基本上属于新自由主义思路，尽管这种思想有一定的合理性，也在一定程度上被奥巴马政府的新现实主义吸纳并执行，他自己也信心满满，但它到底能走多远、影响会有多深，还需要通过时间去检验。毕竟在目前国际竞争日趋激烈、矛盾不断增多的情况下，硬力量才是硬道理，软力量的建构也需要足够的硬力量支撑。

二、当代中国软力量建构

软力量是约瑟夫·奈提出，那么，我们可以不可以直接使用这个概念？又怎样深化这一理论并建构我们自己的软力量呢？对此，笔者认为应该有以下几个层面问题的考虑：

1. 话语层面

不是说西方人提出的概念我们就不能直接使用，对于自然科学中的概念也许可以直接使用，但对于人文社会科学特别是政治科学中的重要概念应该建立在充分反思并作我们自身理解的基础上才能使用，否则就可能陷入话语陷阱。许多西方话语都有它自身的语用与语境，如果不对它们进行充分的分析并用自己的话语体系去解读，也许在应用过程中

---

① ［美］约瑟夫·奈：《软力量——世界政坛成功之道》，第 159 页。

就不知不觉陷入他们的理论逻辑与理论结论。正像我们前面分析软力量概念一样，要用西方人的话语，首先就得深入他们的话语体系内部，总结并归纳出他们自己所认可的内涵。

在马克思主义思想史与中国文化史上，没有软力量概念，但有类似思想。除了《孙子兵法》之外，老庄的道家思想与孔孟的儒家思想都有不少相关论述。如老子《道德经》说："天下之至柔，驰骋天下之至坚。无有入无间"，"天下莫柔弱于水，而攻坚强者莫之能胜"。孔子也曾说过："君子敬而无失，与人恭而有礼，四海之内，皆兄弟也"，"君子以文会友，以友辅仁"等。马克思主义经典作家更做了大量系统深入的说明。马克思指出："如果从观念上来考察，那么一定的意识形式的解体足以使整个时代覆灭。"① "以观念形式表现在法律、道德等等中的统治阶级的存在条件，统治阶级的思想家或多或少有意识地从理论上把它们变成某种独立自在的东西，在统治阶级的个人意识中把它们设想为使命等等；统治阶级为了反对被压迫阶级的个人，把它们提出来作为生活准则，一则是作为对自己统治的粉饰或意识，一则是作为这种统治的道德手段。"② 毛泽东也曾经这样说过："自从中国人学会了马克思列宁主义以后，中国人在精神上就由被动转入主动。从这时起，近代世界历史上那种看不起中国人，看不起中国文化的时代应当完结了。取得伟大胜利的中国人民解放战争和人民革命，已经复兴了并正在复兴着伟大的中国人民的文化。这种中国人民的文化，就其精神方面来说，已经超过了整个资本主义的世界。"③

进入马克思主义话语体系，软力量自然就有了许多新内涵：首先，软力量的核心价值是由特定社会形成的，它代表的是特定社会统治阶级的根本利益。世界上没有永恒的价值，所谓"普世价值"都打上特定时

---

① 《马克思恩格斯全集》第 46 卷（下），人民出版社 1980 年版，第 35 页。
② 《马克思恩格斯全集》第 3 卷，人民出版社 1960 年版，第 492 页。
③ 《毛泽东选集》第 4 卷，人民出版社 1991 版，第 1516 页。

代与阶级烙印。对此，约瑟夫·奈缺少足够的反思，他始终以托克维尔（Tocqueville）《论美国的民主》思想为基础，把美国的核心价值观当成全世界的普遍价值观。尽管他一再提出软力量的建构需要倾听，需要面对面的交流，但他一直不愿意怀疑美国核心价值观，更不愿意听到别国人民对它的质疑。其次，软力量既对国际交往适用，对国内发展也适用。美国跟中国国情不同，美国的核心价值观早已形成，内涵比较清晰（当然，它在不同领域渗透也会产生新的具体内涵），因而它不需要反复向国内民众灌输（不过也存在这种现象），但中国正处于社会转型期，需要认真总结并提炼核心价值观，一旦提炼出来就迫切需要对人民灌输。只有这样，才能统一思想，形成强大的向心力与凝聚力。再次，软力量往往会间接或直接地转变为硬力量。由于约瑟夫·奈更多是从国际关系视角探讨软力量，因而他自然不会把软力量跟硬力量直接挂起钩来。因为，即使软力量真的转变为硬力量，那也不是美国的硬力量，而是他国的硬力量。而中国则不同，我们要把软力量转化为国内的经济力、政治力与文化力。所以，我们更注重软力量与硬力量的转化关系。其实，在约瑟夫·奈那里，也存在软力量与硬力量转化的问题，也许他没有清醒意识到这个问题。他多次提到要通过国际外交推广美国的民主、人权思想并推进别国市场开放，如果别国真的给美国开放了市场，那样给美国带来的恐怕不只是软力量了，而更多的是实实在在的硬力量。正是在这个意义上，我们有时候也可以把"软力量"直接解读为"软实力"（当然，"软实力"还有其他视角的考虑，在此不赘述）。

尽管我们有我们对软力量的理解，但他的思想还是给我们不少启迪。比如，硬力量也会产生软力量，软力量与硬力量要保持平衡关系，文化是软力量的重要资源但并不是所有文化资源都能产生软力量，等等。在此，我们必须用马克思主义基本思想对它进行辩证吸收。

2.价值观层面

如果我们跟约瑟夫·奈有分歧的话，那么，价值观层面的分歧就是最大分歧。在我们看来，价值观层面最重要的问题是核心价值观问题，而核心价值观问题虽是一个文化问题，更是一个意识形态问题。由于中美意识形态不同，因此，核心价值观自然有根本的区别。约瑟夫·奈强调的是有美国特色的资本主义核心价值观，而我们要建立的是有中国特色的社会主义核心价值观。美国的核心价值观是自由、平等、博爱和人权等，而我们更注重民生、人本、公平、正义、发展、和谐（社会主义核心价值观还需要在社会主义核心价值体系指引下科学提炼）。但他也有不少看法与观点值得我们批判借鉴：

首先，价值观要有一定的广博性与渗透力。尽管约瑟夫·奈在软力量资源的分析上仅侧重于文化、政治价值观与外交政策，但他在分析每种软力量资源时战线拉得很长，不少地方给人以启迪。如：他对流行文化作用的分析，对我们推动文化产业的发展是有一定帮助的。虽然流行文化有可能消解一些主流价值观，但因为它跟人们的生活方式、休闲方式与娱乐方式联系得十分紧密，如能在社会主义核心体系正确引领下建立了健康、有趣、活泼的流行文化，不仅可以丰富国内人民的日常生活，更可以在国际上推进我们的主流价值观与外交政策。另外，他关于最上方是传统国与国之间军事事务的棋盘、中间是洲际经济事务棋盘和底部是诸如恐怖主义、国际犯罪、气候变化、传染病传播等跨国问题棋盘的、所谓国际政治议程三维棋局等思想，对我们都是有重要参考意义的。它提醒我们在提炼社会主义核心价值观时，一定要有广博思维、立体感觉与生活气息。

其次，价值观要反映并体现全球规则。尽管约瑟夫·奈自以为美国核心价值观具有普世性并接近全球规则（他理解的"全球规则"是"自由主义、多元主义及自主"[①]）的思想是需要批判考查的，但其基本思路是值得肯定和借鉴的。当今是经济全球化发展迅猛的时代，一国的

---

① 参阅［美］约瑟夫·奈《软力量——世界政坛成功之道》，第 30 页。

核心价值观如果没有体现全球进步因素，那它就很难融入全球化格局并赢得更多发展机会，也很难得到国际社会高度认可，更别想树立良好国际形象。尽管他提出的全球规则有一定的问题，但"自由""多元"与"自主"思想的确是当今全球进步因素。此外，他提出的民意调查方式对我们了解全球民意与国民民意是有一定帮助的。

再次，价值观要符合国际交往正和博弈原则。我们应该清醒地认识到这种现象：当今世界，意识形态冲突渐渐淡化，传统文化的作用逐步凸显。面对这种国际形势，我国核心价值观建设自然要坚定不移坚持社会主义意识形态，但与此同时，也要充分挖掘并弘扬时代精神精华与传统文化精髓。约瑟夫·奈虽然是美国政治思想家，但他有时能站在中国立场为中国软力量建构提出建议，这是难能可贵的。在《最成功的战略是软硬结合的"巧实力"战略》等文中，他曾就中美软实力关系问题提出了正和博弈的思想，这一思路是有建设性意义的。虽然中美意识形态不同，核心价值观也有很大的差别，但在和平与发展的时代潮流中中美双方都需要发展，而且每一方都存在可以共同推动双方发展的空间，因而，当代中国软力量建构要尽量考虑到对方的利益与需要，坚持求同存异的原则。如果双方激烈对抗，最后的结果要么是负和博弈，要么是零和博弈，这两种结果都很难达到各自追求持续发展的目的。他说："正如芝加哥全球事务委员会的民意测验所显示的那样，中国的软实力远未达到美国和欧洲的水平，但是无视中国通过软实力而获得的重要收益将是愚蠢的。幸运的是，这些收益对中国和世界都是有利的。软实力不是零和博弈，例如，如果中国和美国在对方眼里都变得更加充满魅力，那么，破坏性冲突发生的可能性将得以降低；如果中国软实力的崛起降低了冲突发生的可能性，那将是一种正和的权力关系。"[①] 此外，他还积极

---

① ［美］约瑟夫·奈：《最成功的战略是软硬结合的"巧实力"战略》，《中国社会科学报》2010 年 1 月 12 日。

建议中国推广软力量，要以儒家文化为先。我们跟美国要正和博弈，跟其他国家也要正和博弈。不过，在充分吸纳约瑟夫·奈合理意见的同时，我们也要清醒意识到中美核心价值观的分歧，毕竟他不代表美国政府，而且国家利益才是永恒的利益。社会主义核心价值体系的基础是中国特色社会主义共同理想，任何外来文化与传统文化的借鉴与继承，都必须建立在它的基础之上。

3. 操作层面

如果说在话语层面与价值观层面，我们跟约瑟夫·奈还存在不少分歧的话，那么，在操作层面他的思想则更多具有建设性意义。

首先，要坚持正确的指导思想，充分尊重人民的意愿。邓小平关于"有利于发展社会主义社会生产力、有利于增强社会主义国家的综合国力、有利于提高人民的生活水平"的"三个有利于"思想与江泽民关于"中国共产党必须始终代表中国先进生产力的发展要求，代表中国先进文化的前进方向，代表中国最广大人民的根本利益"的"三个代表"思想，对当代中国软力量建构既有理论指导意义，又有现实指导意义。社会主义核心价值观建设应在正确思想指导下，立足现实，尊重民意，稳定推进。尊重民意不仅要考虑到国内民意，也要考虑到国外民众对中国的看法。只有在充分尊重民意基础上建构软力量，才真正能形成一种吸引力。在这里，约瑟夫·奈提出的倾听与言说以及近距离交流等方法值得学习。

其次，加强政治建设和公共外交。政治价值观在软力量中起着举足轻重的作用，在政治价值观建设中，制度建设与机制设置十分重要。只有稳定的政治制度与合理的政治议程机制，才可以保证政策的稳定性，才可能树立持久的良好国内国际政治形象。约瑟夫·奈和弗朗西斯·福山对美国政治"双重标准"与公共外交单边主义政策的反思是值得我们深思的。长期以来，美国以国际警察身份出现，经常把自己的价值观当成真理的化身，搞单边主义，这不仅导致了严重的后果，还明显背离它的核心价值观。正如弗朗西斯·福山所说，小布什政府在其第一任期犯的错误（指"9·11"恐怖袭击和美国攻打伊拉克等事件——笔者注）是"世界上唯一的超级大国所犯下的这一事实，暴露了存在于建立在美国仁慈霸权之上的世界秩序中心的致命缺陷。这个霸权在行使其权力时必须不仅是意愿良好的，而且也必须是审慎而明智的。比尔·克林顿的国务卿奥尔布赖特（Madeleine Korbel Albright）而不是康多莉扎·赖斯（Condoleezza Rice）曾经断言，美国人应当担当领导，因为他们比其他人'看得更远'。假若这一点是一贯正确的，并得到广泛的承认，那么世界将仍然不过是不情愿地给予美国的判断和愿望以主导地位。但是如果美国人的判断结果比其他人的更短视，那么我们的单极世界注定要遭受难以驾驭的困难。"① 中国自然不会搞单边主义，也不会搞"双重标准"，但我们应该以更清晰的思路向世人展示我们和谐发展的政治价值观和包容性增长的经济发展观。在树立国际形象方面，软力量建构既要从宏观方面着想，也要从微观方面着手。在公共外交方面，约瑟夫·奈提出的日常沟通、战略沟通和通过奖学金、交流、培训与媒体渠道等与国外关键人物发展多年持久关系的"三个层面"外交思想②，值得我们认真学习与总结。

再次，繁荣文化事业，发展大众文化。文化是软力量的根本，任何软力量的建构都要有文化的言说与支撑。只有文化事业繁荣，我们的核心价值观建设才能有足够的文化底蕴与理论支持。既然软力量是一种吸引力，那合情合理、合规合法自然是其题中应有之义。但要真的做到合情合理、合规合法，那自然既需要文化厚度，也需要文化广度。在这个信息化的时代，我们不缺资讯，缺少的是叙事，谁的故事生动，谁的故事感人，谁就抢得先机。正如约瑟夫·奈所说："在传统的力量政治

---

① ［美］弗朗西斯·福山：《美国处在十字路口——民主、权力与新保守主义的遗产》，第170—171页。

② 参阅［美］约瑟夫·奈《软力量——世界政坛成功之道》，第118—120页。

世界中，典型的问题是谁的军事和经济力量能赢。在信息世界中，政治'可能最终依赖于谁的故事能赢'。"① 当然，讲故事也不能胡编乱造，要有理有据。文化事业对软力量建构十分重要，"因为文化交流对精英们的影响，一两次关键的接触就能产生重要的政治效果"②。另外，随着文化产业的突飞猛进发展，文化已经不断深入生活，流行文化已不是一种简单的娱乐，它已渐渐变成人民大众的生活方式与休闲方式。因流行文化有快速、多变、时尚、娱乐等多重功能和影响面广等特点，深受世界人民的喜爱。因此，只有从多层次、多方位发展出有中国特色与中国元素的大众文化，才能抵挡西方强劲的流行文化影响，树立中国大众文化价值，并向世人展现良好的中国大众生活形象。不过，在注重文化事业与大众文化各自发展的同时，也有一个处理与协调它们关系的问题。因为，文化事业与大众文化是两种不同性质的文化，它们不会遵循完全相同的发展规律，在一定时候还会出现明显的矛盾甚至对抗。

当然，当代中国软力量建构还需要考虑到中国自身经济、政治、文化与社会等实际，并要有历史与未来向度的思考和把握，由于论文篇幅与逻辑结构限制，对此只能撰文另述。

---

① ［美］约瑟夫·奈：《软力量——世界政坛成功之道》，第 117 页。

② ［美］约瑟夫·奈：《软力量——世界政坛成功之道》，第 48 页。

亨廷顿"文明冲突论"评析

亨廷顿的"文明冲突论"自问世至今已有 20 多年的时间。从 1993 年《文明的冲突?》一文发表到《文明的冲突与世界秩序的重建》的出版，亨廷顿对他关于"文明的冲突"的论断完成了一个系统的阐述。他的理论从一开始就在学术界引起极大的争议，并随着国际局势的变化不断掀起讨论的热潮。亨廷顿的"文明冲突论"是对冷战后世界政治局势的一种分析和预测。他把"文明的冲突"作为理解后冷战时代世界局势的范式，认为冷战后世界范围的冲突将主要是不同文明间的冲突，文化或文明将成为国际上合作或分裂的基础。学者们从国际关系的角度对"文明冲突论"做了大量的研究，部分学者则针对文化之间是否只有冲突、文化冲突的实质等问题进行了讨论。关于"文明冲突"的争论似乎已经过了它的热议期，那么，现在再来谈论或分析"文明冲突论"是否还有价值？笔者认为，随着全球化进程的推进发展，全球化已由经济领域向政治、社会、文化等方面延伸，文化的全球化也进入理论研究的视野，全球化时代各种文化的冲突与共生问题成为研究的一个重要方面。"文明冲突论"作为一种代表性的理论观点，对其进一步分析研究对于深化认识文化全球化具有一定的理论价值。本文试从全球化的角度对亨廷顿"文明的冲突"理论进行剖析，以期深化对这一全球化文化理论的认识。

一、"文明冲突论"的背景

在《文明的冲突与世界秩序的重建》一书的前言中，亨廷顿就明确指出："这本书不是也不打算成为一本社会科学著作，而是要对冷战之后全球政治的演变作出解释。它渴望提出一个对于学者有意义的和对于决策者有用的看待全球政治的框架或范式。"① 因此，冷战的结束是学界关于"文明冲突论"研究的一个重要时代背景。随着 1989 年柏林墙的拆除和 1991 年苏联的解体，持续近半个世纪之久的冷战结束了，覆盖全球的东西方对抗终止了。战后国际关系由此进入了一个新的时代，"后冷战时代"成为当时人们描述冷战后世界最常用的词汇。"文明冲突论"即是亨廷顿对后冷战时代世界局势的分析与预测。

与此同时，我们还应该注意到，从 20 世纪 80 年代末开始，在原东欧社会主义国家解体以后，经济自由化的浪潮席卷全球，市场不再受国家边界的限制，资本可以在国际上自由流通，跨国公司为寻求更廉价的劳动力和更低税率的市场，将资本从一国转向另一国；再加上网络、多媒体等信息技术在各领域的巨大扩张，给人们造成时空急剧压缩的感觉，世界正变成"地球村"，这个过程就是通常所说的全球化。关于全球化，研究者出于学科背景的不同对它的理解也不相同。目前，学术界一种狭义的观点通常将全球化视为从 20 世纪七八十年代"金融全球化"开始，然后逐步向经济贸易、政治、社会文化等领域扩展的过程。在这个过程中：世界正在成为一个"地球村"；市场规模和范围不再局限于民族国家而扩大至整个世界；一些可观察到的社会趋势，如个人取向

---

① ［美］塞缪尔·亨廷顿：《文明的冲突与世界秩序的重建》，周琪等译，新华出版社 2002 年版，第 2 页。

的行动正在蔓延、青年人生活方式的国际化、老龄人口的急遽增加等，正在发挥着决定性的影响。据此，西方发达国家以经济领域为代表的关于全球化的后果有三个假设：在高新科技压力下人民需求的同质化；价格竞争的同质化；贸易经济的同质化。以日裔美国学者福山"历史终结论"为代表的观点，则把这种经济全球化的后果极大地向社会政治领域延伸。他认为，苏联的解体和社会主义阵营的崩溃标志了冷战的结束，同时也意味着今后的世界将是一个不再有意识形态对立的世界，从而进入了一个自由主义、民主政治、市场经济等欧美式理念渗透整个地球的时代，"战斗圈内的竞争者只留下一个人，即自由民主——个人自由和人民主权的学说"①。福山的诠释在向人们宣告，未来的世界将是同质的世界。当整个西方世界还在为一个"和谐"世界的出现而欢呼时，塞缪尔·亨廷顿却为西方的衰落表现出了深深的忧虑，提出了他的"文明的冲突"理论。

亨廷顿"文明冲突论"的基本观点是：当今世界的冲突源于文明的冲突，文明冲突会导致战争，未来战争的根源是文明的冲突。在他的理论中，文明是历史、语言、文化、传统以及宗教的总称，文明与文化未做区别。用他的话来说，"文化和文化认同（它在最广泛的层面上是文明的认同）形成了冷战后世界上的结合、分裂和冲突模式。"②"后冷战的世界中人们之间最重要的区别不是意识形态的、政治的或经济的，而是文化的区别。"③

---

① ［美］弗兰西斯·福山：《历史的终结》，远方出版社 1998 年版，第 59 页。
② ［美］塞缪尔·亨廷顿：《文明的冲突与世界秩序的重建》，第 4 页。
③ ［美］塞缪尔·亨廷顿：《文明的冲突与世界秩序的重建》，第 6 页。

二、"文明冲突"的根源

分析和研究"文明冲突论"时，人们自然会问一个问题：文明为什么会发生冲突？关于这个问题，亨廷顿早在《文明的冲突?》一文中就给出了他的解释。

首先，亨廷顿认为文明间的差异不仅是现实的差异，而且还是比政治意识形态和政治权力间的差异更为根本的差异。虽然差异与冲突、冲突与暴力之间并不是必然的关系，但是，长久以来，文明的差异一直是持续时间最长、最激烈的冲突的导因。第二，随着世界交往的扩大，人们加强了对自身文明的认同，加深了对不同文明间差异的认识。第三，世界性的经济现代化和社会变革进程，削弱了作为人们身份来源的民族国家，而世界性的宗教则填补了文明认同的缺口。第四，西方的双重作用强化了文明的意识：一方面，西方文明处于力量的顶峰，使得非西方文明出现寻根现象；另一方面，非西方文明在西方文化流行的同时也在寻求发展自身的文化。第五，文化的特征和差异具有相对稳定性，比政治、经济特征和差异更难协调和变更。人们可以选择和改变阶级、意识形态立场，但是文明的差别、特别是宗教差别却是不能改变的。第六，经济区域主义的成功一方面源于文明共同体的合作，另一方面也加强了文明认同的意识。基于上述原因的分析，亨廷顿认为在全球层面上的冲突将发生在不同文明的国家之间，在地区层面上断层线冲突发生在属于不同文明的邻国、集团之间。

由上可知，亨廷顿将文明或文化的冲突归结为不同文化、文明间的差异。那么文化差异与文化冲突之间究竟是怎样的关系？文化差异一定会导致文化冲突吗？如果不是必然的，那么文化差异在何种情况下会导致文化冲突？

一般说来，文化之间的差异大体上表现为两种情形：一种是文化之间力量相差悬殊；另一种是存在差异的文化力量相当。前一种情况下，处于弱势的文化一般不会对较强大的文化构成威胁，它只能勉强存在或者在与强势文化的抗争中逐渐消亡。而在后一种情况下，文化差异与文化冲突之间存在因果关系。当实力相当、存在差异的文化相遇，如果都把各自的文化绝对化、神圣化，那么文化冲突不但容易发生，而且会表现为激烈对抗的形式。当文化的差异被政治集团所利用，成为他们的统治工具，这时的文化冲突还会演变为暴力冲突。因此，从文化自身发展的逻辑来看，文化差异可能导致冲突，但差异性并不是冲突的必然基础，问题的关键在于不同文明、文化如何对待这种差异。如果人为地夸大自身文化的普遍性，蛮横地凌驾于其他文化之上，或者只强调自身文化的优越性而忽略甚至否定其他文化存在的价值，拒绝正常的沟通、交流，就很可能导致冲突。任何一种文化或文明，都具有普遍性与特殊性、普遍价值与特殊价值，都是共性与个性、共同与差异、同质和异质的辩证统一。正确认识文化的普遍性与特殊性关系，是正确理解不同文化观的思想基础。一般来说，割裂文化的普遍性与特殊性关系去理解不同的文化或者文明，最容易导致对文化做"文化中心主义"与"文化相对主义"两种倾向的评价，而文化中心主义和文化相对主义又是文化霸权的主要来源。文化中心主义夸大了一种特殊文化的普遍性，它把自己的独特文化模式看作最好的模式，进而产生把这种文化的生活方式、信仰、价值观等视为中心或标准，并以此衡量其他文化模式。在当今世界舞台，某些西方发达国家正是自觉不自觉地将自身文化置于文明的制高点。它们借助全球化的文化构造，借助经济全球化所包含的"文化同化"倾向，利用自身在经济、政治、科技、文化中的优势地位和话语权力，不遗余力地向发展中国家输出自己的政治理念、宗教信仰和价值观念，以期从思想文化和社会心理上征服其他的民族和国家。这种西方中心主义的倾向不能不在发展中国家引起强烈的文化反弹，从而导致国际间的文明冲突。文化相对主义反对任何一种文化或民族作为中心的普遍论，它尊重社会与文化的差异，肯定不同的生活方式与文化价值存在的权利；但它也容易夸大一种文化价值的特殊性与差异性，而否定文化的普遍价值。极端的文化相对主义会导致文化上的民族主义，非理性的民族主义则可能导致文化专制和复古倾向，盲目自大且盲目排外，从而使自身文化发展处于停滞衰落的局面。因此，这两种文化倾向都极易走向狭隘的爱国主义、民族主义，导致国际社会间的文明冲突。

那么，是不是只要不同文明之间放下民族偏见，相互宽容、理解就可以达到文明间的和谐相处？问题恐怕没那么简单。要想深刻理解文明的冲突，仅从文化这个层面来分析是不够的。应该看到，文化霸权不仅是文化主体的主观态度和观念，更是一种现实性的力量。随着经济全球化的迅猛发展，全球化扩展到了政治、社会和文化领域。与经济上由西向东的路径不同，文化上的全球化进程呈现出两个方向：一是随着资本的扩展，文化价值观念和风尚也由中心地带渗透到边缘地带；二是边缘文化在与主流文化的抗争和互动中会努力发挥自身的影响。由此，文化全球化实际上是各个民族、国家文化的全球化扩展。在这个过程中，各种文化的影响力会表现出文化的强势与弱势，这取决于文化实体的经济实力以及文化自身的优越程度，还有文化对现实的适应性。一般来说，经济发达的程度意味着某一文化或文明的强大与昌盛程度，而如果一种文化处于原始生活中的贫困状态，生活在这个文化下的人必须首先解决的是他们生理上的存活问题，而没有能力创造繁富的精神文化，其结果势必造成一种文化的贫困。不可否认，当今世界西方文化（尤其是美国文化）是一种强势文化，而广大发展中国家的文化处于劣势。西方文化正是凭借着庞大的科技和经济实力，通过强大的媒体、互联网、各种文化电子产品和消费主义生活方式等等的渗透，对非西方国家不断侵蚀，使其文化受到威胁。更重要的是，在全球化进程中，世界范围内的经济、政治和文化形成了一个相互依赖相互制约的体系。由于历史的原因和现实条件的制约，全球化给不同发展程度的国家带来的机会是不平等的。西方发达国家凭借综合实力、资金、技术方面的优势，再加上历史原因造成的现有国际政治经济的不平等格局，在全球化进程中处处占得先机并从中得到更多的好处和实惠，而广大发展中国家在上述几个方面的劣势则决定了它们在全球化过程中处于应对、被动的地位。由此，在全球的世界经济体系中，各个民族国家之间在经济、技术水平和能力之间的差异，特别是西方发达国家与为数众多的发展中国家在经济、技术水平和能力方面存在的巨大差距，使世界经济的运转在整体上更有利于经济、技术水平和能力更强的国家，特别是更有利于西方发达国家，从而使发展中国家不断地为发达国家的发达付出代价。世界体系的这种不均衡性同样十分明显地表现在当今世界的文化格局中。因此，文化上的不平等、文化霸权的存在又有其深刻的经济、政治根源。综上所述，文明、文化的冲突决不仅仅是差异的问题，更是不同文化争夺文化空间与文化财富的斗争，是不同文化争夺文化价值、地位、权力和资源的斗争。

三、评 论

首先，亨廷顿的"文明冲突论"是一种文化决定论。正像亨廷顿所理解的那样，义化有其独特的发展规律，不同文化有着不同的价值标准与价值理念，不同文化价值取向之间也的确存在着较大的差异甚至存在冲突的可能，但冲突甚至暴力并不是解决文化关系的唯一方法，更不是解决文化关系的最好方法，文化矛盾与文化差异还可以通过对话，用和平方式解决。事实上，文化问题的出现与解决并不完全是单纯的文化现象，更是一个重要的经济与政治现象。马克思、恩格斯指出："资产阶级，由于开拓了世界市场，使一切国家的生产和消费都成为世界性的……过去那种地方的和民族的自给自足和闭关自守状态，被各民族的各方面互相往来和各方面的互相信赖所代替了。物质的生产是如此，精神的生产也是如此。各民族的精神产品成了公共的财产。民族的片面性与局限性日益成为不可能，于是由许多民族的和地方的文学形成了一种世界的文学。"① 当前，之所以出现国际范围内的文化问题，实际上是由两个方面的原因决定的：一是经济全球化进程的加剧，二是文化在经济发展中的重要地位。随着信息技术的发展与资本主义生产方式的变化，文化与经济之间的关系日益紧密，目前的文化已不单纯是一种精神现象，更是一种经济力，作为软实力的文化已成为国家综合国力的重要组成部分，并且其地位有逐步上升的势头。从当今社会发展现状及其未来发展趋势来看，不同文化之争已不是简单的文化优劣之争，更可转变为经济与政治实力的比拼，不同国家都试图利用本土有利文化资源去建立与巩固其国际经济、政治地位。由于经济活动最根本目的是追求利润最大化，政治活动的本质是维护统治集团的根本利益，因而一旦将本来就存在一定差异的文化纳入不平等的国际经济政治秩序的竞争之中，这种差异自然就会被无形地放大。亨廷顿不从文化之外去探寻文化差异与文化矛盾的原因，仅凭现有的一些文化现象就得出文明冲突的结论，自然是坚持了一种文化决定论的立场，其根本目的是为了维护西方发达国家的根本利益。他不愿意让人们看到文化不平等与经济、政治不平等之间的联系，更不愿意让人们触动或改变制约文化不平等的国际经济与政治秩序，因为这一秩序更有利于西方发达国家的生存与发展。

其次，亨廷顿的"文明冲突论"表面上承认文化的多样性，实质上是一种内含着文化霸权的理论。

与福山的同质化倾向不同，亨廷顿对普世文明持否定的态度。在《文明的冲突与世界秩序的重建》一书中，针对"普世文明正在出现"的论点，亨廷顿从三个方面加以批驳。其一，"苏联共产主义的垮台意

---

① 《马克思恩格斯选集》第 1 卷，人民出版社 1995 年版，第 275—276 页。

味着历史的终结和自由民主制在全世界的普遍胜利。"① 亨廷顿认为，此论点的谬误在于，它建立在冷战的视角之上，认为共产主义的唯一替代物是自由民主制。然而，事实上，冷战所造成的人类分裂虽然已经结束，但种族、宗教和文明所造成的人类更根本的分裂依然存在，而且产生着大量新的冲突。其二，"民族之间的相互作用——一般来说包括贸易、投资、旅游、媒体和电子通信——的增长正在产生一个共同的世界文化。"② 亨廷顿认为，交通和通信技术的改善确实使得资金、商品、人员、知识、思想和影像在全世界的流动变得更加容易和费用低廉。但是，这些国际流动的增长所产生的影响却是存在疑问的。他列举了一系列例证，证明国际贸易的增长并没有减少民族国家之间发生战争的可能性。相反，随着国际贸易水平的增长，民族国家间的摩擦和冲突却不断发生。因此，他认为，随着通讯、贸易、旅游等国际交往的增长扩大了文明间的相互作用，人们也日益赋予其文明认同以更大的重要性。其三，普世文明是现代化进程的结果。这种论点认为，"现代文明即西方文明，西方文明即现代文明"③。亨廷顿认为，西方文明具有自身的独特性，作为西方文明核心的概念、实践和体制是西方之为西方的东西，却不是西方之为现代的东西。大量实例证明，非西方社会在实现现代化方面对西方社会的影响作出了不同的回应。"非西方社会在没有放弃它们自己的文化和全盘采用西方价值、体制和实践的前提下，能够实现并已经实现了现代化。"④ 也就是说，"现代化并不一定意味着西方化"⑤。由此，亨廷顿从普世文明的来源上否定了"文化的多元性的终结"，给人们展现了一个多文化的世界，而世界文化的差异性与多样性正是其"文明冲

①　[美] 塞缪尔·亨廷顿：《文明的冲突与世界秩序的重建》，第 56 页。
②　[美] 塞缪尔·亨廷顿：《文明的冲突与世界秩序的重建》，第 57 页。
③　[美] 塞缪尔·亨廷顿：《文明的冲突与世界秩序的重建》，第 60 页。
④　[美] 塞缪尔·亨廷顿：《文明的冲突与世界秩序的重建》，第 70 页。
⑤　[美] 塞缪尔·亨廷顿：《文明的冲突与世界秩序的重建》，第 70 页。

突论"的理论基础。

基于西方普遍主义话语自身的理论缺陷，亨廷顿基于后冷战时代或者说全球化进程中历史现实的批判是有一定道理的。然而，这并不是说亨廷顿反对西方文明的普世化，赞成文化的多元化。相反，与普世主义论调的乐观态度相比，亨廷顿的"文明冲突论"则是对全球化进程中文化多元化的悲观审思。亨廷顿只看到了文化差异所带来的矛盾、冲突的一面，却对不同文化间共存、融合的一面视而不见；夸大了文化差异所带来的消极后果，并且对这种表象的冲突试图通过西方与非西方的对抗来解决。他在展现世界文化多样性的同时，对非西方文明的发展没有抱以愉快、平和的心态，却为西方文明受到的挑战感到深深的忧虑。这恰恰反映了他"西方中心主义"的实质。"文明冲突论"正是为维护和巩固西方文明在世界文明中的强势地位，提出以文化认同为基础的合作。这样就将不同文化、文明的差异性、多样性推向了冲突与斗争的前沿。

再次，从亨廷顿学术思想的脉络看，"文明冲突论"是亨廷顿对美国本土问题在全世界的投影。

在该理论提出初期，有学者认为"他的文明冲突论的起源还不在于他对国际问题的观察而在于他对国内问题的感受"[1]，他"把对美国前途的忧虑投射到全世界了。"[2] 如果说这样的观点在当时只是推断的话，那么之后亨廷顿则亲自证实了这一推断。在 2004 年出版的《我们是谁？——美国国家特性面临的挑战》一书中，亨廷顿详尽阐述了美国国内多元文化格局对美国国家特性造成的危机局面。我们不妨由此来反观"文明冲突论"，或许能更加清楚地认识这一理论。

20 世纪后期，美国国内兴起一场解构主义运动。解构主义者认为，美国不是一个人人共享共同的文化、历史和信念的民族大家庭，而是一

---

① ［美］塞缪尔·亨廷顿：《文明的冲突与世界秩序的重建》，第 423 页。
② ［美］塞缪尔·亨廷顿：《文明的冲突与世界秩序的重建》，第 427 页。

个不同种族和不同亚民族文化的聚合物，其中所处地位不是由共同的国家特性所界定，而是取决于自己属于哪个群体。由此引起的争论涉及种族优先权、双语论、多文化主义、移民、同化、国家历史标准、英语作为语言的地位和所谓"欧洲中心论"，实际上就是关于美国国家特性问题的一场大论战。这场解构主义论战对"美国信念"、语言（英语）和盎格鲁—新教的核心文化形成了重大挑战。正如亨廷顿所言："'美国信念'、英语和美国核心文化所受到的种族主义、双语主义和多文化主义的挑战，以及它们引起的反击，已成为 21 世纪之初美国政治生活中的重要内容。"① 然而，对于内部这场解构美国和反解构之战的结果，亨廷顿认为这在很大程度上取决于美国本土是否反复遭受恐怖主义的袭击，以及美国是否不得不在海外与自己的敌人作战。"如果外部威胁减退，解构主义者的运动就可能更来劲。如果美国持续不断地与外部敌人斗争，解构主义者的影响就会退落。如果美国受到的外部威胁不大不小，时断时续，含含糊糊，那么，对于'美国信念'、英语和核心文化在美国国家特性和国民同一性方面应占什么地位的问题上，美国人很可能会继续陷于分裂。"② 亨廷顿引用大量数据、例证说明美国国民身份意识在遭遇外来威胁时表现得尤为强烈，一旦外部威胁消除，国内的多元文化主义即盛行，亚民族文化冲突表现突出，这极为不利于对新教文化的认同。因此，亨廷顿认为寻找敌人是解决美国国内文化认同危机的重要途径。他引用普鲁士历史学家海因里希·冯·特赖奇克（Heinrich von Treitschke）的话，"正是战争使人们结成国家"。回顾美国进行过的战争，亨廷顿认为战争或外部威胁的确使美国国民更加团结。因此，随着冷战的结束，美国失去了与自己同等地位的竞争者，一个敌人没有

---

① ［美］塞缪尔·亨廷顿：《我们是谁：美国国家特性面临的挑战》，程克雄译，新华出版社 2005 年版，第 148 页。

② ［美］塞缪尔·亨廷顿：《我们是谁：美国国家特性面临的挑战》，程克雄译，新华出版社 2005 年版，第 148 页。

了，这就需要再找一个。冷战结束以来，美国似乎一直致力于寻找自己的敌人。那么，谁最可能成为美国的敌人？他最终将目标锁定在伊斯兰世界。"伊斯兰与美国的基督教和盎格鲁—新教文化在文化上的差异加重了伊斯兰构成敌人的资格。2001 年 9 月 11 日，本·拉丹（本·拉登）（Osama bin Mohammed bin Awad bin Laden）结束了美国对敌人的搜寻。纽约和华盛顿受到的袭击，以及随后对阿富汗和伊拉克进行的战争，还有比较笼统的'反恐战争'，使伊斯兰好战分子成为美国 21 世纪的第一个敌人。"①

通过上述分析我们不难看出，不同文明、不同宗教信仰、不同族裔的认同意识，无论在一个国家内部还是世界范围内都扮演着重要角色，这是亨廷顿一贯的立场；无论是增强国内文化认同还是加强文明体内部的合作，寻找敌人都是解决文化危机巩固内部团结的一个重要途径，这正是亨廷顿一贯的主张。由此，我们不难理解亨廷顿关于世界多个文明的划分，以及对不同文明间冲突、战争的预言。"文明冲突论"是对基督教文明在世界文化多元化时代的忧思，也是对美国本土文化认同的考虑。对于西方人而言，世界越是加速西方式的现代化，普及西方价值观和制度，世界便越安全，从而西方文明体内或国内也越安全，只有使现代西方文明成为普世文明，才会有西方或美国内部的文化统一的巩固和安全。世界越是多元化，非西方文化越是自我伸张和兴盛，西方或美国内部的文化分裂的可能性就越大。亨廷顿提出的"文明冲突论"使人们对文化的作用产生了极大的关注，但冷战的结束并未使他摆脱冷战思维。在全球化迅猛发展、世界经济、政治、文化联系日益密切的今天，不同文化间的冲突虽然不可避免，但文明间的对话恐怕更应提到首要的位置。

---

① ［美］塞缪尔·亨廷顿：《我们是谁：美国国家特性面临的挑战》，程克雄译，新华出版社 2005 年版，第 219 页。

鲍德里亚对马克思拜物教理论的
误识及其方法论根源

鲍德里亚的符码拜物教概念、符号政治经济学批判直接面对的是马克思的经典理论——拜物教概念、政治经济学批判和历史唯物主义方法论。在早年的《物体系》和《消费社会》中，鲍德里亚从对"物"体系的功能化批判进展到对"符码体系"的符号学分析。进而在《符号政治经济学批判》中，鲍德里亚彻底地在反驳马克思拜物教理论的基础上，提出了"能指拜物教"，全面展开了对"消费意识形态"的批判。可以说，以《符号政治经济学批判》与《生产之镜》为起点，鲍德里亚已经逐步与马克思思想决裂，并将批判矛头直指其理论内核——政治经济学和历史唯物主义方法论。就此而言，梳理鲍德里亚对马克思拜物教、政治经济学和历史唯物主义的批判，不仅有利于厘清马克思本人拜物教理论的准确含义，同时也有助于在现时代凸显科学的拜物教批判话语、揭示新时期资本主义拜物教的实质。

一、鲍德里亚对马克思拜物教的理解及批判

在《符号政治经济学批判》和《生产之镜》中，鲍德里亚借助莫

斯（Marcel Mauss）的礼物交换理论以及巴塔耶（Georges Bataille）的一般经济学观念将前资本主义时代的原始社会勾勒出来，以此来反对马克思的经济拜物教、政治经济学批判模式及其方法论基础——历史唯物主义。具体说，鲍德里亚对拜物教的理解以及对马克思商品拜物教理论的批判可以通过以下三点来阐明：

1. 马克思所谓的拜物教不过是"一种富有魔力的思想"①

一方面，鲍德里亚指出："马克思用商品拜物教以及货币拜物教的概念描述了资本主义社会的意识形态，这是一种被神秘化了的、让人着迷的、心理学意义上的屈从模式"②，而这种"心理学"意义上"商品拜物教"的批判模式，"除了揭示出一种崇拜交换价值的'错误意识'之外，还能揭示什么呢？……所有那些预设的存在——即在任何地方都没有被异化的物之'本真'的、客观的存在——是使用价值吗？"这就是说，在鲍德里亚看来，马克思所说的商品拜物教实质只是一种心理学意义上的对"异化"了的"错误意识"的揭示，而这种"异化"的对立面，即"本真的"存在就是使用价值。所以，鲍德里亚才说，"通过将所有的'拜物教'问题归结为某种'错误意识'，即上层建筑的机制，马克思主义消除了拜物教能够分析的真实的意识形态的劳动过程的任何可能性。"不仅如此，这种分析模式还隐蔽地"扩张了意识形态的再生产，并由此也扩张了资本主义体系的自身的发展。"③

另一方面，鲍德里亚引用了德·博兹（De Boze）关于拜物教的定义，"对某种现实的、物质性的物的崇拜可以称之为物恋……正因如此，

---

① ［法］鲍德里亚：《符号政治经济学批判》，夏莹译，南京大学出版社 2009 年版，第 77 页。

② ［法］鲍德里亚：《符号政治经济学批判》，夏莹译，南京大学出版社 2009 年版，第 74 页

③ ［法］鲍德里亚：《符号政治经济学批判》，夏莹译，南京大学出版社 2009 年版，第 76 页。

我将其称之为拜物教"①。就此而言，他认为马克思的拜物教只是一种"物恋"，是一种对于实体性的"物"的迷恋，而这种拜物教已经明显过时了，因为"对于消费理论中的拜物教徒、市场的策划者们以及消费者们来说，物在任何地方都是作为某种力量（幸福、健康、安全、荣誉等等）的承载而被给予和接受的。这种魔力的载体散播得如此广泛，以至于我们忘记了最初与我们打交道的其实是符号：一种被一般化了的符号的符码，一种完全任意的差异的符码，物正是在这一基础上，而不是由于其所具有的使用价值或内在的'特性'，才得以展现其自身的迷人魅力"②。这才是消费社会中人们真正崇拜之物，即一种符号的符码，而非这种符码的物质载体或物本身的使用价值。

由此，鲍德里亚认为，在消费社会中，"即使存在拜物教，也不是一种所指的拜物教，或者一种实体与价值的拜物教……我们将发现真正成为一种意识形态的拜物教的乃是能指的拜物教。"在他看来，拜物教所真正揭示的并不是对于实体的迷恋，而是对于符码的迷恋。而且，这种意识形态发挥作用的地方也并不像马克思所分析的那样仅仅存在于上层建筑的异化了的意识之中，而是渗透于包括经济基础与上层建筑各个层面的"结构性符码的普遍化之中"③，马克思所说的拜物教仅仅是用一种富有魔力的所指代替了真正作为意识形态的能指操控。

2. 马克思的政治经济学批判之中隐匿着一种"使用价值拜物教"

鲍德里亚之所以认为马克思拜物教理论过时，其主要原因就在于马克思未能揭示和批判使用价值的"拜物教性质"，从而已经成为一种

---

① ［法］德·博兹：《物恋崇拜的仪式》，转引自鲍德里亚《符号政治经济学批判》，夏莹译，南京大学出版社 2009 年版，第 75 页。

② ［法］鲍德里亚：《符号政治经济学批判》，夏莹译，南京大学出版社 2009 年版，第 78 页。

③ ［法］鲍德里亚：《符号政治经济学批判》，夏莹译，南京大学出版社 2009 年版，第 79 页。

"神话"。首先，在鲍德里亚看来，马克思将具体的使用价值与抽象的交换价值对立起来，通过前者的解放实现对资本主义的超越。在这个意义上，"使用价值并没有卷入到交换价值的特殊逻辑，即等同逻辑之中"，进而"使用价值包含了超越市场经济、货币以及交换价值而获得重生的期许"。由此，马克思的商品拜物教批判只是针对交换价值的批判理论，使用价值并不处在拜物教的场所之中。而实际上"使用价值，即有用性自身，也可以被拜物教化为一种社会关系，就如同商品的抽象等同一样，使用价值也是一种抽象"，它同交换价值一样处于等价逻辑之中。于是，他说，存在"两种拜物教，使用价值拜物教和交换价值拜物教共同组成了商品拜物教"①。

其次，更为重要的是，"使用价值拜物教"不但与"交换价值拜物教"成为同类，"而且还极具深度，并且相当完美地表达了后者"②。这是因为，在鲍德里亚看来，马克思的政治经济学批判假设了一种人类学意义上的使用价值，并将这种使用价值永恒化和本体化，以此来实现对资本主义经济体系中交换价值的批判和超越。但实际上，马克思尚处于"人类学幻象"的形而上学之中，这种根植于"人类学"之中、根植于一个"自然化"过程中的使用价值恰恰是由资本主义交换价值体系构建出来的，前者只是后者的一种实现并为后者的意识形态发挥作用提供了"自然化""普遍化"的保障。因而，鲍德里亚得出结论，正是这个原因使得马克思尽管批判和否定了资本主义的交换价值、生产方式和政治制度但仍旧陷于资本主义意识形态之中。最终，在这个意义上，马克思完成了与政治经济学的共谋。他认为唯有"符号政治经济学批判"才能揭示消费社会的"符码的狡计"。

---

① ［法］鲍德里亚：《符号政治经济学批判》，夏莹译，南京大学出版社 2009 年版，第 124、125 页。

② ［法］鲍德里亚：《符号政治经济学批判》，夏莹译，南京大学出版社 2009 年版，第 130 页。

3. 象征交换：摆脱符码拜物教的唯一方法

那么，如何摆脱使用价值拜物教、符码拜物教的统治呢？在莫斯的礼物的"象征交换"和巴塔耶的非功用性的"耗费"中，鲍德里亚找到了答案。在《物体系》和《消费社会》中，鲍德里亚就已经展开了对物的功能——有用性的批判。他提到，"许多物品都在他们各自的功能里互相隔离，是依他人的需要，使它们共存在一个功能化的环境里"[①]，物不再是单指性的"物—功能"模式，不再具有确定的意义，它可以指向任何的功能和意义。在《消费社会》中，他进一步指出"丰盛不是建立在财富之中，而是建立在人与人之间的具体交流之中的"[②]，生活的最大财富不是物而是象征性的社会关系。其实质都是反对资本主义的功能——有用性体系，反对物具有"对主体的直接有用性"。

而到了《符号政治经济学批判》中，鲍德里亚则正式提出象征交换，从而根本上反对"有用性的"使用价值、"等价性"的经济交换价值和"差异性"的符号价值。可以说，象征交换正是鲍德里亚拜物教批判中本真性的逻辑预设，它与全部的价值交换体系、符号体系是"一种彻底的分裂（它预设了一种绝对的超越）"[③]。所以，在这个意义上，鲍德里亚在该书结尾处所说的话就不难理解了："在象征性交换中，物或者它所有的价值都归于无"，也就是去除所有物对于我们的有用性或价值，"由此，只有那些通过持续的交互性交换来设定其意义才能逃离交换价值，而这种交互性交换只存在于礼物及其回馈之中，在开放的不定性关系之中，而不是在最终的价值关系之中"[④]。人与人、人与物之间的关系不再是具有经济效用的价值关系，而是复归于非功用的、无序的、

---

① [法] 鲍德里亚：《物体系》，林志明译，上海人民出版社 2001 年版，第 6 页。

② [法] 鲍德里亚：《消费社会》，刘成福等译，南京大学出版社 2002 年版，第 56 页。

③ [法] 鲍德里亚：《符号政治经济学批判》，夏莹译，南京大学出版社 2009 年版，第 122 页。

④ [法] 鲍德里亚：《符号政治经济学批判》，夏莹译，南京大学出版社 2009 年版，第 214 页。

本真的象征交换关系。由此可见，唯有象征关系才能真正终结符号政治经济学、符码拜物教。

二、鲍德里亚对马克思拜物教的误识及其表现

从上文可见，鲍德里亚对马克思拜物教理论的批判涵盖了拜物教概念本身、拜物教的政治经济学基础以及拜物教的消解途径三个方面。这些批判表明我们应该"完全放弃"马克思的拜物教理论，唯有符码拜物教批判、符号政治经济学和象征交换理论才能直面当下消费社会中的符码操控。但事实上，结合鲍德里亚的理论背景和方法论视域，这种对马克思的"深刻"批判实质上只是简单化、非历史性的，尚未进入到马克思的拜物教理论的方法论视域之中。所以在这个意义上，鲍德里亚对马克思的拜物教理论存在着一定的误识。

1. 鲍德里亚并未认识到马克思拜物教理论中观念形式与物质形式的统一

鲍德里亚在批判马克思的拜物教概念时，一方面指认这种拜物教概念只是一种心理学意义上的主观屈从，因而这种拜物教也就仅仅是一种异化了的意识；另一方面认为拜物教还只是对实体性的物的崇拜，是一种对物本身的使用价值的"物恋"。为了厘清马克思拜物教概念的真实含义，我们需要对马克思在观念形式问题上的思想发展进行一个简单的梳理。

在《德意志意识形态》中，马克思恩格斯建立了历史唯物主义，有力地批判了青年黑格尔派从意识形态、观念形式出发的唯心史观。他指出，"把人从词句的统治下……解放出来"，这并不是真正的解放。因为，"人从来没有受过这些词句的奴役"，这些实体、主体等"词句"只是鲍威尔等人主观构造的虚假观念，是"在德国这样一个具有微不足

道的历史发展的国家里"① 才会产生的，而随着资本主义大工业的发展，
这种意识形态的虚幻性终将被工人阶级揭穿。然而，1848 年的欧洲大
革命的失败表明，无产阶级并未像马克思恩格斯所预想的那样成为共产
主义革命的代言人，而是受到了资产阶级的"自由、平等、博爱"② 的
意识形态"词句"的影响并陷入了经济拜物教之中。所以，马克思认识
到，仅仅站在一般的物质生产层面上理解和批判意识形态、观念拜物教
是不够的，这种分析只是简单论及了拜物教的观念形式，即只是笼统地
指认出拜物教观念是对现实存在的虚假反映。意识形态批判必须深入到
具体的、特殊的资本主义生产方式中去分析拜物教的物质形式，即物化
的社会关系、价值形式，从而彻底地揭示拜物教观念的根源及其消除
途径。

真正深入研究拜物教的物质形式，进而从拜物教的物质形式与观
念形式两方面分析是在《资本论》及其手稿中完成的。在《1857—
1858 年经济学手稿》中，马克思正是说明了这种拜物教的物质形式，
即物化了的社会关系："在交换价值上，人的社会关系转化为物的社会
关系"，"他们的相互关系，表现为对他们来说是异己的、独立的东西，
表现为一种物"③。而在《1861—1863 年经济学手稿》中，马克思进一步
在这种颠倒的物质关系基础上指出："由于这种被歪曲的关系，必然在
生产过程中产生出相应的被歪曲的观念，颠倒了的意识。"④ 十分清楚，
拜物教观念正是这种颠倒了的、物化社会关系的观念映现。由此，马克
思在《资本论》第一卷中正式提出了"拜物教"：建立在交换价值基础
上的物与物之间的交换，是价值的"必然的表现形式"。也就是说，人
类劳动的等同性必然要采取物的表现形式，而生产者之间的劳动关系就

---

① 马克思恩格斯：《德意志意识形态》节选本，人民出版社 2003 年版，第 18、19 页。
② 《马克思恩格斯选集》第 1 卷，人民出版社 1995 年版，第 387 页。
③ 《马克思恩格斯全集》第 30 卷，人民出版社 1995 年版，第 107 页。
④ 《马克思恩格斯全集》第 32 卷，人民出版社 1998 年版，第 413、414 页。

"不是表现为人们在自己劳动中的直接的社会关系，而是表现为人们之间的物的关系和物之间的社会关系"①。这种特有的拜物教性质对于"受商品生产关系束缚的人们来说，无论在上述发现以前或以后，都是永远不变，正像空气形态在科学把空气分解为各种元素之后，仍然作为一种物理的物态继续存在一样"②。马克思这一思想清晰地说明了在资本主义社会中观念拜物教的客观存在。

由此可见，马克思的拜物教理论根本不是鲍德里亚所说的一种简单的观念上的、心理意义上的观念批判，其实质是对现实资本主义社会中客观存在的、颠倒的物化社会关系的指认，这种物化社会关系正是拜物教的物质形式，而拜物教观念只是对这种客观颠倒关系的主观映现。同时，马克思的"拜物教"中的"物"是在历史唯物主义意义上言说，不是实体性的物，而是被物的外壳所遮蔽的现实社会关系。鲍德里亚所指认的马克思对实体性的"物"的迷恋，恰恰是马克思在《资本论》中对资产阶级政治经济学将"关系"误识为"物"的拜物教批判。由于鲍德里亚未能理解在马克思拜物教理论中相统一的拜物教的物质形式与观念形式，他对马克思拜物教主观化和实体化的指责根本是无的放矢。

2. 鲍德里亚对马克思使用价值及价值的自然化、非历史性的诠释

鲍德里亚认为，使用价值构成了马克思批判和超越古典政治经济学的核心，使用价值具有独立于交换价值体系的解放意义，然而马克思并未认识到使用价值也同交换价值一样是一种抽象，使用价值本身就是一种资本主义意识形态。这是对马克思使用价值概念的严重误读。

首先，马克思在《资本论》第一卷开篇就指出，在资本主义社会中，使用价值是交换价值的物质承担者。使用价值从来都不是独立于交换价值的，这两者正是构成商品价值结构的有机要素，因而使用价值不

---

① 马克思：《资本论》第 1 卷，人民出版社 2004 年版，第 90 页。

② 马克思：《资本论》第 1 卷，人民出版社 2004 年版，第 92 页。

可能在与交换价值对立的意义上成为资本主义的否定力量。其次，"作为'商品'的使用价值……本身具有特殊的历史性质"①。马克思的使用价值概念是具有历史性的，即马克思所说的"物的有用性"并不是单纯地指认物质内容，而是包含了规定这种有用性的特定的社会形式。在《1857—1858 年经济学手稿》中，马克思指出："商品的形式规定是交换价值。这种形式以外的内容是无关紧要的；它不是作为社会关系的那种关系的内容。"前资本主义社会直接满足人们需要的具有自然特性的使用价值并不是马克思所要探讨的"内容"，马克思所要凸显的是处于历史性的资本主义"社会形式"中的使用价值，因此"使用价值在怎样的范围内作为物质前提处在经济学和经济的形式规定之外，又在怎样的范围内进入经济学"② 才是马克思所要揭示的问题。所以，马克思的使用价值是经济学意义上的概念，而不是自然化的人类学概念，鲍德里亚根本上还没进入马克思经济学的言说语境中。

所以，更进一步说，由于马克思所说的使用价值具有历史性的社会形式，因而在资本主义社会中，一方面，交换价值取代了使用价值成为生产的最终目的，使用价值是为别人生产的；另一方面，承载这种交换价值的物质基础却还是使用价值中的有用性。因此，使用价值同样是一种社会关系，使用价值和交换价值是同时由资本主义经济体系建构出来的。马克思反对的正是非历史的、自然化的、"存在于一切其他社会形式中"③ 的使用价值。在这个意义上，鲍德里亚实际上只是重现了马克思对使用价值的分析思路，而他对马克思使用价值概念的自然化理解显然是因为他忽视了该概念在马克思经济学视域中的重要的社会关系规定。

3. 鲍德里亚无法理解马克思对资本主义拜物教解构的现实路径

马克思从拜物教的物质形式与观念形式的统一出发，科学地说明

① 《马克思恩格斯全集》第 19 卷，人民出版社 1963 年版，第 413 页。

② 《马克思恩格斯全集》第 30 卷，人民出版社 1995 年版，第 224 页。

③ 《马克思恩格斯全集》第 30 卷，人民出版社 1995 年版，第 47 页。

了资本主义拜物教的现实存在和根源。而且，面对资本主义社会中的观念拜物教统治，马克思并没有像其后的众多西方马克思主义者，包括鲍德里亚那样，陷入革命的不可能性和绝望之中，而是明确指明了消除拜物教的现实路径。

从历史发展的本质来说，拜物教观念本身就是产生于"历史上一定的社会生产方式即商品生产的生产关系"中，即特殊的资本主义阶段，"一旦我们逃到其他的生产形式中去，商品世界的全部神秘性，在商品生产基础上笼罩着劳动产品的一切魔法妖术，就立刻消失了"①。也就是说，随着"一定的"资本主义生产方式内在矛盾充分暴露，出现资本主义经济危机，这些必将为彻底消除颠倒的拜物教物质形式，进而为颠覆错乱的拜物教观念提供必要的社会物质基础。

同时，从工人自身的阶级意识来说，资本的发展也会为个人的全面发展提供基础，"个人从这个基础出发的实际发展是对这一发展的限制的不断扬弃，这种限制被意识到是限制，而不是被当作神圣的界限"②，随着危机的爆发，工人会逐步从思想上认识到资本的限制，力图超越这种限制以及与之相适应的"意识形式"，这种"一定的意识形式的解体足以使整个时代覆灭"③，从而使得工人彻底摆脱观念拜物教的束缚，担负起革命主体的历史使命。最终，"只有当社会生活过程即物质生产过程的形态，作为自由联合的人的产物，处于人的有意识有计划的控制之下的时候"④，才能彻底克服拜物教现象。

与之相比，鲍德里亚针对符码拜物教的批判所提出的"象征交换"就只能是对应于原始社会的浪漫主义的情感寄托了，只是外在于资本主义生产关系的非历史的批判。尚未进入历史唯物主义方法论视域中的鲍

① 马克思：《资本论》第 1 卷，人民出版社 2004 年版，第 93 页。
② 《马克思恩格斯全集》第 30 卷，人民出版社 1995 年版，第 541 页。
③ 《马克思恩格斯全集》第 30 卷，人民出版社 1995 年版，第 539 页。
④ 马克思：《资本论》第 1 卷，人民出版社 2004 年版，第 97 页。

德里亚，自然无法理解马克思从深层次的生产方式内在矛盾的分析中实现的对资产阶级政治经济学的批判性超越和资本主义拜物教观念的内里性颠覆。

三、鲍德里亚对马克思拜物教误识的方法论根源

鲍德里亚对马克思拜物教理论的误识有其深层的方法论根源。此时，真正支撑鲍德里亚对马克思拜物教理论及其政治经济学进行颠覆性批判的方法论基础，不仅包括索绪尔（Ferdinand de Saussure）和巴特（Roland Barthes）的符号学方法，更根本的是莫斯和巴塔耶的象征交换与非生产性耗费理论。①

莫斯（Marcel Mauss）通过对太平洋岛屿原始部落的实地考察，发现原始社会的经济是以互惠性的象征交换仪式为中心，是一种相互回应又具有文化意义的交流活动。他认为，这种不同于当今社会的非功用性的人与人之间的礼物交换关系才是社会生活的"最佳管理方法"②。他希望人们能从现今的功利性的价值交换中重新回归到原始社会的象征交换关系中去。不同于莫斯的社会人类学方法论指引，巴塔耶更直截了当地从反政治经济学的立场提出了非生产性的耗费理论。他指出，在原始社会中占主导的是耗费的思想，这种思想没有任何理性的计算意谓，是一种给予的经济，以此来反对现今理性的、物化了的资本主义政治经济学及其意识形态。在莫斯和巴塔耶象征交换思想的影响下，鲍德里亚构筑了他理解当代资本主义、批判马克思的方法论视域，然而这种方法论视域却存在着明显的局限。

---

① 张一兵：《文本的深度耕犁——后马克思思潮哲学文本解读》第 2 卷，中国人民大学出版社 2008 年版，第三章。
② ［法］马塞尔·莫斯：《礼物》，汲喆译，上海世纪出版集团 2005 年版，第 214 页。

1. 鲍德里亚拘泥于非历史性的社会学方法，陷入了抽象历史决定论

鲍德里亚在《生产之镜》中，专门针对性地列出了四个"认识论"，将矛头直接指向了马克思的"历史之镜"，即他所谓的历史唯物主义的方法论病根。鲍德里亚认为，"在马克思主义中，历史被超历史化了：通过放大自己而普遍化了。从严格的意义上来讲，辩证法必须辩证地超越并且废除自身。通过将生产概念和生产方式激进化，马克思实现了同交换价值的社会神秘化的断裂。自从历史概念自我放大后，这个概念就获得了全部战略性力量，也正是通过这个概念，马克思打破了政治经济学虚幻的普遍性。"可见，鲍德里亚还是肯定了马克思对于资本主义生产体系的历史阶段性的说明和对于资本主义政治经济学普遍性的证伪。但这只是先扬后抑的开始，鲍德里亚继续说道，"但是从马克思时代开始，当历史概念成为一个普遍的解释原则时，它也失去了优势地位。在将自身普遍化时，他消除了自身的'差异'，退化为支配性的符码（普遍性）形式，退回到了政治经济学的策略……当这些概念被普遍化时，它们就不再是分析的，意义的宗教就会产生。"① 鲍德里亚的意思是指，马克思以历史性、辩证法的方式揭露了资本主义生产方式的历史性和自身的必然消亡，但问题是马克思将这种对特定历史阶段的进步性及历史概念的说明本身做了非历史的泛化、普遍化，重新坠入了他所要批判的普遍化之中。尤其是用资本主义特有的生产方式和历史观念来诠释前资本主义时期的原始社会，这是鲍德里亚所不能容忍的，"在原始社会，既不存在生产方式，也不存在生产，同样没有辩证法和无意识。这些概念只能分析我们这个社会，只有这个社会被政治经济学所统治。因此，这些概念只是一种飞去来器的价值。"②

① ［法］鲍德里亚：《生产之镜》，仰海峰译，中央编译出版社2005年版，第29—30页。
② ［法］鲍德里亚：《生产之镜》，仰海峰译，中央编译出版社2005年版，第31—32页。

事实上，正如鲍德里亚所说，早期人类社会的人们"既不是历史的生活，也不是在生产方式中生活"①，但是由此推出马克思将资本主义特有的生产方式进行了非历史性的泛化，这就是对马克思历史唯物主义方法论的极大误解了。在《德意志意识形态》中，面对宏观的人类社会历史及其发展，马克思就指出，人类历史性生存的第一步是要活下来，"因此第一个历史活动就是生产满足这些需要的材料，即生产物质生活本身，而且，这是人们从几千年前直到今天单是为了维持生活就必须每日每时从事的历史活动，是一切历史的基本条件。"② 这实际上是在说明一个常识性的问题，即人类为了生存下来，首先就要生产出满足吃喝穿住的物质条件，人们只有能够生活后才开始创造历史。所以，物质生产是人类历史性存在的真正的基始和现实出发点，这也正是马克思科学方法论的唯物主义基础。在《1857—1858 年经济学手稿》中马克思进一步科学地区分了作为一般的物质生产和特定历史情境的物质生产。一般物质生产是任何人类社会存在和发展的基础，是"永恒的自然必然性"。而物质生产发展至商品经济时代就表现为现代经济活动，这种由交换为目的的经济活动和关系总体并不是永恒的，而是在"一定"的历史条件下才产生的，这正是对处于资本主义生产关系中的物质生产的特定历史情境的指认。那么，在一般物质生产意义上，原始人类尽管不可能在资本主义生产方式中生活，但他们也要从事一定的生产活动以为自身的生存提供基本的物质条件，这种物质生产可以不是主导性的，但一定是作为基础性存在，因为它是人类得以存活下来的维持生命的条件。

马克思正是在这种特定社会关系中的物质生产、历史唯物主义方法论视域中提出的拜物教理论。拜物教并不是一种一般性的主观的"虚假意识"，而是产生于具体的、属于历史特殊阶段的资本主义生产关系

---

① [法]鲍德里亚：《生产之镜》，仰海峰译，中央编译出版社 2005 年版，第 96 页。
② 马克思恩格斯：《德意志意识形态》节选本，人民出版社 2003 年版，第 23 页。

中，即物化的社会关系中的观念存在。拜物教这种物质形式决定了其采取的观念形式，生产当事人所面对的拜物教观念又进一步巩固或掩盖了拜物教物质形式的剥削本质。并且，正是由于拜物教是资本主义生产方式的历史产物，因而它也会随着资本主义生产过程内在矛盾的凸显而实现拜物教物质形式的解构，进而摆脱观念拜物教的束缚。

由于鲍德里亚并未真正理解马克思关于使用价值、物质生产和历史唯物主义方法论的一般性与特殊性之间的区分，因而无法理解马克思使用价值、物质生产的历史性，无法理解历史唯物主义方法论的科学性，进而也就误识了马克思拜物教批判的理论效应。由此，鲍德里亚的"历史之镜"，才真正是一个需要被打破的镜像。就以莫斯为例，如果仅仅从社会人类学的角度来做描述性的社会现象说明，可以说莫斯的象征交换理论是有重要价值的，但莫斯错就错在将这种对特定历史时期社会现象的经验说明做了本质性的定位和超历史的阐发。一旦离开了具体的人类学研究领域，莫斯的社会批判话语将必定是唯心主义且无现实意义的。由此观之，鲍德里亚的以象征交换理论为内核的社会学方法才真正是做了普遍化的、非历史的运用。

2. 鲍德里亚的社会学方法夸大了符号、文化的主导作用，走向了"唯心主义"

可以说，鲍德里亚极为敏锐地把握到了当代资本主义经济组织和社会生活的内在结构，认识到资本在当下的支配结构已经演变为符码控制，符号在当代资本主义消费生活中占据了主导性地位。因而，面对"一个符号统治的社会"的时候，鲍德里亚认为拜物教批判应该从"符号"入手，并指认符码拜物教已经成为当下消费社会的主导意识形态。但是，也正是在这一过程中，鲍德里亚过分强调了这种社会发展新趋向的"非连续性"，从而在阶段性的文化主导与一般性的物质基础之间失去了平衡。

首先，鲍德里亚将"消费社会"视为完全异质于"生产社会"的全新社会形态。他认为，"至少在西方，生产主人公的传奇现在已到处让位于消费主人公"①。而消费社会的最主要特征就是符号操控成为社会运行的主导力量。由此，鲍德里亚完全放弃了生产的分析维度，忽视物质生产在全部社会运行中的基础性作用。但问题是，这种消费社会难道是从天而降的吗？消费社会的"丰盛"不正是在物质生产发展到一定阶段并立足于这一基础的吗？其次，鲍德里亚认为使用价值已经从传统的物质属性转向文化属性，即符号价值。人们在购买商品时已经不仅仅是关注其物质有用性和物质需求意义上的满足，而是更多关注其文化意义上的符号价值，即商品所体现的差异性社会地位和身份。但是，鲍德里亚却将使用价值的符号化这一趋势极端化，而相对忽视了作为符号价值承载物的商品本身。即便在消费社会中符号价值凸显，作为文化性存在的符号价值依旧要通过物质性的载体来实现。

最后，在此基础上，鲍德里亚认为拜物教批判应该从崇拜物本身物质特性的"所指"走向迷恋符码体系的"能指"。如前文所述，尽管鲍德里亚洞悉了当下资本主义社会中商品的文化和符号意义，但是由于他对马克思拜物教的主观化、实体化的误识以及对于物质生产基础性地位的忽视，因而在面对文化、符号等权力的普遍性操控时，也就无法理解马克思从生产方式内在矛盾、从政治经济学模式本身出发对于资本主义拜物教的内里颠覆的现实可能性。由此，鲍德里亚最终走向了以非价值的、无序的和木真的象征关系为逻辑预设的文化批判："在当下的情景中，'否定性的反应'就等同于对于革命的激进要求，这一革命不是解放物以及它的价值，而是解放交换关系自身，在被今天价值的恐怖主义一统天下的情形下恢复一种言说的交互性"②而实际上，这种立场只是在承认现实的拜物教观念的基础上的绝望的、无效的反抗，并最终走

---

① [法] 鲍德里亚：《消费社会》，刘成福等译，南京大学出版社 2002 年版，第 28 页。
② [法] 鲍德里亚：《符号政治经济学批判》，夏莹译，南京大学出版社 2009 年版，第 214 页。

向了对反抗的绝望。由此，脱离了现实物质生产基础的"符码拜物教"的解放途径终究只是一种浪漫主义幻想。

总之，鲍德里亚并未认清文化主导与物质基础之间的关系。"差异性逻辑""符号关系"和"符号拜物教"等，仅仅是当下资本主义社会的主导性现象，不能由此就从这种经验现象出发，将符号颠倒地指认为一般的社会基础性存在，从而否定了真正的基础性的社会存在——物质生产。这种主导性现象与基础性本质的错置，根本上只能导致他将消解拜物教现实道路堵死和幻想般符号社会"暴死"的出现，最终必然走向符号、文化决定一切的"唯心主义"。由此可见，尽管面对鲍德里亚所生活的后福特制资本主义的社会结构、媒介时代的信息轰炸以及象征性的符号控制等等新的历史现象，但是资本主义生产过程中本质性的内在矛盾并没有因此改变或者消除，资本的逻辑依旧是占统治地位。而且，正是基于这种历史发生学的视角，我们才能真正理解新时期"消费社会"中涌现的拜物教现象的矛盾本质，进而超越这种历史阶段性。所以，只要资本主义生产过程依然无法摆脱其本质性的内在矛盾以及由此带来的周期性的经济危机，那么马克思批判资本逻辑、揭示资本拜物教的历史唯物主义方法论就不应该因为历史表象的改变而遭到抛弃。

全球化背景下恐怖主义的文化反思

自"9·11"恐怖袭击事件发生以来，"恐怖主义"成为人们关注较多、使用频率较高的名词。学术界从不同领域探讨恐怖主义产生的原因，政治界则用各种措施打击恐怖主义。尽管如此，世界范围内的恐怖袭击仍未彻底根除。诚如法国思想家雷吉斯·德布莱（Régis Debray）所言："如果想挥动拳头来消灭所有的恐怖主义和邪恶，那就像是与无声无息的幽灵战斗。"① 因此，恐怖主义问题以简单的"以暴制暴"的思维无益于问题的根本解决，必须深入分析恐怖主义背后的深层文化原因。

一、全球化背景下的恐怖主义

（一）什么是恐怖主义

到目前为止，"恐怖主义"有上百种定义。由于人们的立场与文化背景不同，其对恐怖主义的定义各不相同，甚至出现相反含义。譬如，对一些人来说是"恐怖分子"的人，可能对另外一些人而言则是"自由

---

① ［日］清水克雄：《全球化消不掉文化差异》，《参考消息》2002 年 1 月 22 日。

斗士"。在英国殖民主义者看来，18 世纪美国革命、20 世纪印度革命中的许多"自由斗士"应该被归为恐怖分子；20 世纪七八十年代，南非种族隔离政权将南非非洲人国民大会（非国大）定为恐怖组织，美国也将非国大列为恐怖组织，南非前领导人纳尔逊·曼德拉（Nelson Rolihlahla Mandela）在许多人的眼里是一个英雄、一名斗士，却长期在美国的恐怖分子监视名单上。美国学者道格拉斯·艾伦（Douglas Allen）就"什么是恐怖主义"作了专门的论述。他对恐怖主义作了如下定义："'恐怖主义'由有目的的政策和行动构成，主要是针对平民以达到恐吓或造成极端的恐惧和不安全感，在包括经济、军事、心理、政治、文化、宗教方面采取明显的暴力或隐形的暴力和暴力威胁，作为实现其政治目标和其他目标的手段。"① 道格拉斯·艾伦对恐怖主义的定义指出了恐怖主义的内容、方式、目的、特征等，是一个较为全面的定义。

（二）恐怖主义与全球化的关系

我们所面对的时代是一个全球化的时代。由于国际贸易地域的扩大，金融市场的全球网络化，信息和通信技术的持续革命，环境、生态、能源等全球问题所要求的联合行动，跨国行为主体的出现，文化产业的全球流动和跨国文化冲突等因素，全球性的生成已经是一个经验主义的现实。英国著名学者约翰·汤姆林森认为："在过去，如果说有可能把社会、文化进程与事件理解为是一整套地方的、相对来说是'独立的'现象的话，那么，全球化则使世界成为一个'单一的地方'。"② 总之，人类客观上越来越互相依赖，主观上也越来越意识到合作的必要，

---

① Douglas Allen, *Comparative Philosophy and Religion in Times of Terror*, Rowman & Littlefield Publishers, Inc., 2006, p.21.

② ［英］约翰·汤姆林森：《全球化与文化》，郭英剑译，南京大学出版社 2002 年版，第 13 页。

需要认同更多的行为准则，接受共同的价值规范，世界文化的整体性越来越强。当代恐怖主义活动的兴起正是在这一背景下展开的。

当代恐怖主义泛滥并祸及全球并不是偶然的，它的发生有着广泛的社会、政治、经济、文化等原因。尽管各种恐怖主义活动的表现形式不同，目标和动机各异，但从根本上来说，全球化进程中国内国际各种矛盾冲突的尖锐化或畸形化，某些大国尤其是美国的霸权主义和单边主义，是当今主要恐怖主义活动滋生蔓延的温床和催化剂。一定程度上讲，当代恐怖主义正是全球化过程的一种衍生现象。全球化不仅改变着国家之间的利益关系，而且改变着国家内部民族与民族、人与人之间的利益关系，并给传统的社会文化体系、信仰体系以革命性的破坏。因此，全球化是对不同地区不同民族的传统社会生活和文化的一次整合过程，注定充满着矛盾和冲突。一般来说，冲突的形式分为暴力和非暴力两种，当和平的手段难以达到目的时，暴力则随即展开。另外，全球化时代科学技术的普及与扩散也为恐怖主义的蔓延提供了条件。现代交通、通讯的发达为恐怖主义提供了技术上的支持，伴随全球化发展而不断便捷的传媒更是大大增强了恐怖活动的传播力。

二、恐怖主义的文化成因

作为当代全球化进程的一个衍生物，恐怖主义不仅是一个现实的社会问题，也是一个涉及文化间关系的问题。"9·11"恐怖袭击之后，美国学者塞缪尔·亨廷顿的"文明冲突论"再度升温。尽管这一理论从提出之初就备受争议，但不可否认它所关注的文化问题已成为全球化时代影响到人类安全的重要因素。文化与恐怖主义之间有什么联系？文化何以能成为恐怖主义的温床？要回答这些问题，文化全球化是我们不可回避的前提。关于文化全球化，一些人认为文化全球化是以西方文化为主导的全球化，全球文化有被西化的危险；一些人则认为文化全球化并不能够消灭文化的多样性，而恰恰是文化多元化的发展；还有一种观点认为，文化全球化是一个客观的历史进程，文化一体与文化多样的并存将是未来全球文化的格局。这些不同的见解归根到底反映出人们对于文化本质和本性的不同理解，也反映出人们在文化追求上的不同立场和态度。在有关文化问题的各种论述中，文化普遍主义和文化特殊主义是两种最重要的理论取向，也是当今世界范围内与文化有关的民族国家间产生大量分歧、对立、冲突的深刻思想根源。

（一）文化普遍主义与文化特殊主义

普遍与特殊是一对对立统一的哲学范畴。"普遍主义往往以人和万物本质、本性的共同性、普遍性以及认识的真理性等观念为基础，进而在价值问题上持本质主义、绝对主义和一元论的观点。普遍主义相信人类生活中存在着'终极'的、绝对合理的、普遍适用的一元化价值及其标准，认为只要通过恰当的方式发现并推广执行之，就能够基本解决世界上的大部分纷争。"[①] 文化普遍主义就是以普遍主义的思维方式看待文化，认为世界上存在一种可以用来判断任何文化的普遍价值，比较极端的立场是认为只有自己的文化价值具有普遍性。"特殊主义则以人的个性、认识的主体性和价值的特殊性为基础，在价值问题上持个性化、相对主义和多元论的观点。特殊主义认为世界上不存在唯一的、终极不变的价值体系及其标准，必须面对人类价值多元化的事实，依据主体的具体特殊性来处理各种价值问题，只有这样才能保持人类社会的平等、自由、和谐和安宁。"[②] 文化特殊主义是以特殊主义为基础的文化观。在文

---

① 李德顺：《全球化与多元化——关于文化普遍主义与文化特殊主义之争的思考》，《求是学刊》2002 年第 2 期。

② 李德顺：《全球化与多元化——关于文化普遍主义与文化特殊主义之争的思考》，《求是学刊》2002 年第 2 期。

化特殊主义者看来，由于任何一种认识过程、任何一种理论体系都是社会个体在特定社会现实环境之中建立起来的，而任何一个社会个体及其所处的具体社会现实环境和历史文化传统都具有特殊性和历史局限性，因此，所有这些认识过程，特别是它们的结论及其所构成的理论体系、实践标准、意识形态和价值尺度，都不具有绝对的客观性和普遍性，相反不可避免地具有主观性、特殊性和历史局限性。

显然，文化普遍主义与文化特殊主义是两种对立的文化观。然而，这种针锋相对并不单纯是表面上的文化理论冲突与对立，处于二者背后的是这些文化理论所代表的社会文化思潮和这些社会文化思潮所反映的国家利益、民族利益以及个人利益之间的冲突与对立。任何一种文化、文化理论及其基本取向本身都是其特定传统和现实环境的产物，因此必然与其特定的历史传统、社会现实环境、民族国家利益乃至个人利益非常紧密地联系在一起。尽管文化特殊主义与欠发达国家或民族之间没有必然的联系，文化普遍主义也同样不一定从属于当今的发达国家，但是，这两种文化倾向却分别与欠发达民族国家和发达民族国家各自的主流意识形态具有相似之处，因而在基本态度上分别与两者具有某种天然的联系。理解了这一点，我们就可以比较清楚地看到，"文化普遍主义"和"文化特殊主义"的对立并不单纯，是认识方面的、理论性的对立，更是反映了现实方面的侵略性与抵抗性、情感方面的侵犯性和自卫性之间的矛盾，是与具体民族国家坚持这两种文化倾向的人们的切身利益和生存发展空间紧密联系在一起的。

(二) 文化普遍主义与文化特殊主义的现实导向

文化普遍主义与文化特殊主义在现实中具有不同的导向。在全球化条件下，以现代科技为支撑的信息革命，从根本上变革了通信工具和交流手段，开辟了文化传播的新时代。西方发达国家借助其强大的经济和科技优势支撑起文化传播优势，并依靠占统治地位的信息网络在世界范围内建立起话语霸权，使带有西方色彩的文化价值观充斥于可触摸的物理空间和人类精神和相互往来的交流空间。随着交往的扩大化，各民族国家文化要寻求发展总是涉及繁复的文化选择，然而，这种选择却并非是在它们所能决定的条件下进行。全球化时代"所有的国家都被整编，在结构这个层次上，被纳进'民族——国家'体系与全球资本主义市场的秩序，这是所有文化体在社会经济层面现代性的'宿命'；但这个整编过程是一个结构的'既成事实'，不是一个文化上的'选择'，一了百了，永不可能回头地变动了文化的内涵，因为它所带动的是单方向的流动，从'传统'到'现代'的旅程。"① 各民族国家毫无悬念地被纳入了资本主义的全球体系。在全球化时代，西方跨国公司传播的消费主义文化与西方价值观和政治意识形态巧妙结合，在西方的军事、政治和文化战略的紧密配合下，对发展中国家的经济与文化形成强大的渗透力和摧毁力。

"尽管作为一个整体的世界日益接受全球文明的各种新习惯，另一种矛盾进程也同时存在着：各种古老的传统正在复兴，不同的宗教和文化正在意识到存在的各种新方式，寻求生存的新空间，带着日益炽烈的热情挣扎着，要实现对它们来说是独特的东西和使它们有别于其他的东西，最终它们寻求赋予它们个性的一种政治表达。"② 面对裹挟着文化霸权的全球化，世界上多数民族国家的人民并不是消极被动地对待经济全球化与文化的汇合。在全球化进程中许多非西方国家作为不同的文化实体，不断加强自身的文化自觉意识，日益成为西方文化之外的另一种强大力量。广大发展中国家也与西方强国在价值观领域展开了更深层次的文化抗争。亨廷顿在论述其"文明的冲突"理论时指出，"'文化复兴'正在席卷亚洲。它包括'自信心日益增长'，这意味着亚洲人'不再把

① ［英］汤林森：《文化帝国主义》，冯建三译，上海人民出版社1999年版，第265页。

② ［捷克］瓦斯拉夫·哈维尔：《全球文明、多元文化、大众传播与人类前途》，《当代中国研究》1999年第1期。

西方或美国的一切看作必然是最好的'。这一复兴表现在亚洲国家日益强调各国独特的文化认同和使亚洲文化区别于西方文化的共性。"① 亨廷顿的阐述尽管有夸张的成分，而且体现了其"文明冲突论"理论体系的色彩，但的确在某种程度上反映了发展中国家文化抗争的现实。新加坡前总理李光耀在接受《外交》杂志采访时表示，"美国人不要不分青红皂白地将自己的制度强加给那些无法适用这套东西的社会。"副总理吴庆瑞也说，"不能把西方的东西拿来翻版，要有我们自己的价值观念"，"在吸收西方先进文化的同时，必须继承和保持东方文化中的有利因素。"② 伊斯兰世界对西方文化扩张更是有着深刻的认识，而弱势民族文化与西方强势文化进行文化抗争的最典型代表当属伊斯兰文化的复兴运动。2005 年内贾德当选伊朗新一届总统后，在政治上主张维护伊斯兰革命思想，回归伊斯兰传统；文化上，主张抵御西方文化对伊斯兰青年人的腐蚀，下令关闭西式快餐店，禁止张贴英国球星贝克汉姆宣传画。当然，从一般的意义上说这是一种文化上的保守主义和排外主义，这一点并不值得提倡。但这一运动本身也反映着广大发展中国家努力抵制西方强势文化侵蚀，发展本民族文化的一种努力与追求。

（三）恐怖主义的文化基础

全球化背景下，交通和通信技术的迅速发展为不同文化的传播与交流提供了条件，也为文化相遇时发生冲突提供了可能。事实上，文化传播是文化发展中的正常现象，文化交流也是文化发展的一个途径。正是由于文化的差异性、多样性，不同文化之间才会有相互借鉴、学习与发展的空间。亨廷顿"文明冲突论"的意义在于它凸显了文化问题在当代国际关系中的重要性，不同文明的国家之间的冲突的确是 20 世纪

① ［美］塞缪尔·亨廷顿：《文明的冲突与世界秩序的重建》，周琪等译，新华出版社 2002 年版，第 105 页。

② 中国赴新加坡精神文明考察团：《新加坡的精神文明》，红旗出版社 1993 年版，第 57 页。

八九十年代以来世界发展中的重要现象。美国"9·11"恐怖袭击事件更是掀起理论界对"文明冲突论"的关注。然而，有意义并不能表明其理论的正确性，因为不同文化间并不一定只有矛盾、冲突，还可以找到彼此能够认同的因素。总体上看，冷战结束以来世界各国都是在努力寻求和平与发展。就亚洲而言，中国、日本、印度、东南亚各国，各自都有着不同的文化背景，比起欧洲有着更加复杂的文化背景。然而这种文化上的差异并没有导致它们采取恐怖主义的方式解决彼此间的矛盾与争端，这也就意味着不同的文化主体面对矛盾争端时有着不同的处理方式，而采用何种方式本身也源于各自的文化背景。

从文化全球化发展的事实来看，全球化的发展与推进也是西方文化在全球范围的推广，西方文化在多元文化的交流与发展中占据着绝对的优势，而它在全球范围的影响力也远远超过了其他文化。这除了与其在经济、政治上所处的支配地位有着必然的联系之外，也与西方文化所固有的普遍主义的文化传统有关。恐怖主义之所以可能，其文化基础之一就是极端的文化普遍主义，也可以称之为文化中心主义。在人类文明的发展历程中，西方文化中心主义的思想传统由来已久，把西方文明凌驾于其他文明之上，并以其作为衡量标准的文化观在全球化的今天仍可追寻到踪迹。冷战结束后，社会主义阵营的崩溃使西方人更加相信其民主自由主义思想取得了全球性胜利，因而认为它是普遍适用的。西方，特别是一贯富有使命感的美国，认为非西方国家的人民应当认同西方的民主、自由市场、人权、个人主义等等价值观念，并不遗余力地要将这些价值观念纳入他们的体制。

"西方人眼中的普遍主义，对非西方来说就是帝国主义。"① 亨廷顿的论断或许有失偏颇，但的确在某种程度上反映了西方文化与其他文化

---

① ［美］塞缪尔·亨廷顿：《文明的冲突与世界秩序的重建》，周琪等译，新华出版社 2002年版，第 200 页。

之间矛盾冲突的事实。从某种意义上说，我们所处的时代就是"一个资本主义逻辑全球化"的时代，正是这种资本主义生产逻辑的全球化，导致了一种普遍主义文化的产生，或者说导致了一种文化话语的霸权主义的产生，而这种文化话语霸权必然导致其他文化和这种权力话语文化之间的对抗，必然导致文化特殊主义与文化普遍主义之间的抗衡。可以说，文化特殊主义的出现是文化普遍主义逻辑发展的必然结果，是对愈演愈烈的文化中心主义、权威主义思想行为模式的激进反叛，而恐怖主义的发生就是其在实践层面的极端化表现。如前文所述，文化特殊主义的逻辑是每种文化有其自身价值，普遍的或超文化的价值是不存在的。这就极易过分夸大一种文化价值的特殊性，导致在文化上走向保守主义。"保守主义之所以保守，正在于它只把一个民族的文化传统视为神圣不可动摇的，为了本文化的纯洁而对他文化进行孤立和隔绝。"① 不可否认，在当今世界的所有恐怖活动中，与伊斯兰教信徒联系在一起的为数最多。这一方面与穆斯林在世界政治经济斗争中所处的特殊地位有关；另一方面，也跟伊斯兰文化非常强调生活的纯洁，要求一切生活都必须符合教法，极力反对世俗化尤其是西方化的做法有关。有文化霸权主义，就有文化保护主义。一定程度上讲，文化保守主义是面对来自西方霸权的压力，维护和加强文化特殊性的努力。试图通过捍卫自己的文化来捍卫自己的主权，这是发展中国家文化保护主义的基本取向，也被恐怖主义组织拿来作为施行恐怖活动的理由。

综上所述，文化普遍主义的极端化导致了文化霸权主义，而极端的文化特殊主义则产生了文化保守主义。恐怖主义发生的思想文化根源正是极端文化普遍主义与极端文化特殊主义矛盾冲突的激化。

---

① 孙晶：《文化霸权理论研究》，社会科学文献出版社 2004 年版，第 199 页。

三、遏制恐怖主义的文化取向

恐怖主义威胁世界和平与安全，冲击世界经济的发展，是全人类的公敌。"9·11"事件之后，反恐问题已成为国际社会关注的焦点，坚决打击一切形式的恐怖主义已成为全球的共识。在国际社会的共同努力和合力打击下，国际恐怖网络遭到了重创。但由于尖锐的民族矛盾、极端的宗教情绪、悬殊的贫富差距以及强权政治和单边主义的存在，各种形式的恐怖主义活动仍困扰着不少国家和地区。国际社会必将在政治、军事、金融、外交等领域继续推进反恐斗争。那么，从文化的角度看，如何在思想源头上遏制恐怖主义的泛滥？或者说，反对恐怖主义应当在文化策略上做怎样的选择？

在反对恐怖主义的问题上，美国依旧奉行霸权主义政策，反恐恰恰为其推行文化霸权提供了最好的理由。2002年4月美国总统布什（George Walker Bush）在弗吉尼亚军事学院发表演讲时说，恐怖分子仍然企图袭击美国，对美国来说，反对恐怖主义将是一场长期的战争。正如布什所言，"9·11"事件之后，美国以反恐为名，在全球范围内打击恐怖主义，甚至不惜发动战争。在2006年《国情咨文》中，布什表示，美国将继续不遗余力地打击恐怖主义。但他称，反恐并不仅仅依靠军事行动，反恐的最终目标是用"政治自由与和平改变"来取代"仇恨和恐惧"。为此，美国支持在泛中东地区进行"民主改革"。长期以来，推进自由、民主是西方国家特别是美国的一个理想和理念，为此不惜诉诸武力改变政权，这一战略在伊拉克战争中得到了充分体现。美国企图借伊战在潜存着文明威胁的中东地区，实施从制度、社会、观念等改造伊斯兰世界的计划。时任美国防部副部长的保罗·沃尔福威茨（Paul Wolfowitz）曾露骨地说，"伊战是为了实现政权改变，一个民主、自由

269

的伊拉克将为中东国家的人民树立一种典型，伊朗、叙利亚人民将从中得到启示，沙特等国也会为其政权形式而不安，从而实行改革，持续不断的阿以冲突有望最终得到解决。"① 然而美国试图以武力推行美式民主、改造整个中东地区的政治面貌的行动，不仅在该地区激起强烈的反美情绪，使中东地区安全局势进一步恶化，部分地区的武装冲突进一步升级，而且使美国不得不又面对新的恐怖主义滋生的现实。可见，以霸权主义的思维方式消除恐怖主义是行不通的。

事实表明，全球化进程只会使世界各国、各民族、各地区更加紧密地联系在一起，我们必须逐渐习惯以一种全球性的角度观察问题。从这个角度，我们可以越来越清楚地看到，人类共同承受的风险以及集体命运已经把不同文化中的人们紧紧地连在一起。特别是目前威胁和困扰人类的全球问题不断增多，更具全球意义的文化对话是解决全球性问题的必由之路。美国在反恐战争中显示了它压倒性的军事实力，但是恐怖主义问题并未得到彻底解决。全球化时代，加强文化间的平等对话是解决恐怖主义问题应有的文化取向。

人类历史发展到今天，没有哪个国家、民族可以在封闭、孤立的状态下达到发展和进步。著名人类学家弗朗兹·博厄斯（Franz Boas）认为，"人类的历史证明，一个社会集团，其文化的进步往往取决于它是否有机会吸取邻近社会集团的经验。一个社会集团所获得的种种发现可以传给其他社会集团；彼此之间的交流愈多样化，相互学习的机会也就愈多。大体上，文化最原始的部落也就是那些长期与世隔绝的部落，因而，它们不能从邻近部落所取得的文化成就中获得好处。"② 更何况现代通信技术的发达已超越了地理空间对"可接近性"所带来的阻碍，文化间的必然相遇使得文化对话不可回避。文化上的保守主义会形成封

---

① 陈明菁：《国际秩序在伊战后持续演变》，《瞭望》2003 年第 18 期。
② ［美］F. 博厄斯：《种族的纯洁》，转引自［美］L.S. 斯塔夫里阿诺斯《全球通史——1500 年以前的世界》，吴象婴、梁赤民译，上海社会科学院出版社1988年版，第57页。

闭、狭隘的性格，盲目的排外只会导致文化发展的停滞和衰落。只有在文化对话、价值整合的基础上，才能防止极端分子利用民族感情和文化来从事恐怖活动。文化对话是建立在平等的对话机制之上的，这是实现对话、达成共识的前提。在解决恐怖主义问题时，要通过平等对话达到真正的一致，就必须排除权力与暴力的干扰，必须承认各主体之间的平等。用哈贝马斯（Jürgen Habermas）的观点来看就是，通过平等对话达成共识必须满足以下条件：每一个有语言和行为能力的主体在自觉放弃权力和暴力使用的前提下，自由平等地参与话语的论证，并且在此过程中，人人都必须怀着追求真理、服从真理的动机和愿望。符合有效性要求的，在平等的主体间达成的共识，强调的是一种程序和规则的合理性，它所反对的是社会压制，所追求的恰恰是对压制的否定和摈弃，它所努力寻找的是一条将人从社会压制下解放出来的道路。只有抱着合作的态度，采取合作的措施，世界才能有稳定与和平，人类社会才能向着更高阶段发展。而所有这一切，又必须以建立公正合理的国际经济、政治秩序为前提和基础。这当撰文另述。

威廉斯文化唯物主义视域下的文化观念

文化的出现离不开启蒙运动理性的提出，启蒙运动与文化似乎是一对孪生兄弟，二者相依出现在历史的舞台上。启蒙运动无疑是人类史上的巨大进步，在此过程中，人类对自然无往不胜，成为世界创造的核心，个人对耶稣基督的神圣崇拜已被科学的大旗涤荡的杳无踪迹。此时，科学似乎被作为了社会发展的万能良药。然而，自然科学的发展带来的却是人文精神的缺失，二者之间天然存在着一种悖论，难以达到巧妙的平衡。启蒙运动的发展带来了人类精神生活的贫乏，道德秩序面临重建。正是在这样一种背景下，文化进入了被关注的视野。

一、威廉斯文化观念产生的理论背景

威廉斯曾将文化作为最复杂多变的词语之一，在他看来，文化派生于自然，是指"培养自然的成长"，此后类推为人类训练的过程，到19世纪初变为自成体系的文化概念。他对文化进一步解释道："它的第一个意思是'心灵的普遍状态或习惯'，与人类追求完美的思想观念有密切关系。第二个意思是'整个社会里知识发展的普遍状态'。第三个意思是'各种艺术的普遍状态'。其后，又有第四个意思：'文化是一种物质、知识与精神构成的整个生活方式'。"① 的确，不同的思想家对文化在不同时期所表现的样态有不同的论述，在对文化内涵的这种发展中，我们首先不得不提的是阿诺德（Matthew Arnold）对文化的理解。

阿诺德生活在处于转型期的 19 世纪的英国，他推崇法国大革命的民主，但又害怕民主给英国带来无政府状态。他把游行的工人视作社会动荡的隐患，希望能用文化来规训工人阶级。从这里我们可以看出，阿诺德的这种文化观并不是将文化作为一个独立的领域看待，而是将其放回了政治社会的原有地位中。他主张文化是对完美的追求，而这种完美是使人性获得特有的尊严、丰富和愉悦。而且，文化的"动力并非只是或首先是追求纯知识的科学热情，而且也是行善的道德热情和社会热情。"② 在此，阿诺德将文化不仅看作是科学知识的发展带来的进步，更将文化当作人类精神生活的内在追求，即为美好与光明、美与智的统一。当谈到哪个阶级能承担社会统治的责任时，阿诺德提出了一个超阶级的文学知识分子阶层，他们来自于社会各阶层，但拥有最佳自我，接受的不是阶级精神的领导，而是人文精神的引导，这一阶层实际上也就是一种文化精英阶层。阿诺德是从理想的文化入手，追求人类心灵的完美。他对文化的界定是一种古典式的，在这里，文化具有其确定的内涵，它的作用在于对人类的教化，而且这种教化是针对全民的，而不是精英阶层的独善其身；是向前发展的，而不是踏步不前的。但他把文化精英阶层看作是高高在上并企图用他们的思想来教化全民的理想注定只能是一种空想。

到艾略特（Thomas Stearns Eliot）时期，他将文化定义为包含有：大赛马、亨利划船赛、考斯海上快艇赛、猎鸡日、奖杯决赛、赛狗、弹球板、投标板、温斯利戴尔干酪、切片的肉菜、醋腌的甜菜、19 世纪

---

① ［英］雷蒙德·威廉斯：《文化与社会》，吴松江等译，北京大学出版社 1991 年版，第 18—19 页。

② ［英］马修·阿诺德：《文化与无政府状态》，韩敏忠译，三联书店 2002 年版，第 8 页。

哥特式教堂以及埃尔加的音乐。艾略特的这一定义为威廉斯拓展文化内涵，寻求民主方式提供了启迪意义。但爱略特却没有在思想上一贯坚持这个看法，既然文化是一种整体的生活方式，那就必须以整个资本主义制度作为一个整体批判对象，而艾略特实际上维护的仍旧是工业资本主义。他主张用精英阶层来代替阶级，认为必须要有精英分子，尤其是统治阶级，艾略特的这种思想依旧没有脱离精英主义文化观。在利维斯（Frank Raymond Leavis）面对工业化对文化带来的挑战时，他提出了传统中最精巧、最容易毁灭的部分都包含在文学与语言中的思想。在他看来，文化只限于文学的范围，而发挥意识形态作用的应是文学知识分子。这样，文化就脱离了社会的基础，成为一个自足的领域。艾略特与利维斯都主张存在精英阶层，文化工业带来的文化大众化需要由精英阶层来守护。正是这种文化激进主义思想深深吸引了最初的威廉斯，然而由于出身的不同，这种精英主义文化观最终却又成为威廉斯批判的起点。

19世纪后期，文化进入了人类学的范畴。它被理解为一种生活方式，当然这种生活方式更多的是指代前现代的。而随着社会学的结构研究方法的出现，文化走向了科学实证的道路，它强调社会的背景作用，更加关注社会风俗、信仰，而不再是古典时期的人类心灵。文化的人类学概念也强调社会的整体性，文化研究的任务即为将整体分解为各个组成部分并加以分类、比较。此时，文化在人类学中的发展也受到实证科学方法的影响，形成了文化的科学化研究思路，并从功能主义、结构主义视角来阐发文化的作用。在后期的人类学发展中，科学实证方法被对象性研究所取代，文化研究专注于解释文本而不再是分类问题。正如约翰·B.汤普森所说："它所要求的主要不是设法分类和进行量化的分析家们的态度，而是解释者的敏锐性，而且，解释者设法辨明意义的原型，区分意思的细微差别，理解一种已经具有意义的生活方式，这种生活方式对于那些靠其生活的人民来说是有意义的。"[1] 文化的人类学概念将文化与人类社会相结合，将文化扩大至日常生活方式之中，实现了文化的社会化，注重了文化的功能性，突出了文化在社会中的能动表现。

二、威廉斯文化观念的内涵

到《漫长的革命》时期，威廉斯将文化定义为三种类型：首先是"理想的"文化定义，它是指文化是人类完善的一种状态或过程；其次是"文献式"的定义，也就是文化是知性和想象作品的整体；再次是文化的"社会"定义，指对一种生活方式的描述。威廉斯在此并没有将三者做孰轻孰重的区分，而是指出上述每一种定义都有价值，排除其中的任何一种，文化的定义都将是不完善的。他说："在我看来，任何充分的文化理论必须包括这些定义所指向的三个事实领域，相反，排除彼此指涉的任何一种特殊的文化定义都是不完备的。因此，'理想的'定义试图将它描述的过程从它详细的体现和特定的社会塑造中抽象出来——把人的理想发展看作脱离、甚至对立于它的'动物本性'或物质需要的满足——在我看来，这种定义无法接受。此外，只从书写和绘制的记载中看到价值、将这个领域同人的其他社会生活截然分开的'文献式的'定义同样不可取。另外，'社会'定义将一般过程或艺术和学术总体当作纯粹的副产品，是对社会真正利益的消极反映，在我看来同样是错误的。然而，无论在实践上有多大困难，我们必须将这个过程视为一个整体。"[2] 从这样的定义来看，文化一词含义的变化记录了人类对社会、经济以及政治生活中的历史变迁所引起的反应。因而，在威廉斯的文化观

---

[1] ［英］约翰·B.汤普森：《意识形态与现代文化》，高铦等译，译林出版社 2005 年版，第 146 页。

[2] 罗钢、刘象愚：《文化研究读本》，中国社会科学出版社 2003 年版，第 127 页。

念的理解中体现着物质、精神、社会三者之间的张力。

首先，文化具有物质性。词源学意义上的文化最初指涉的是对农作物的培养，在 16 世纪逐渐转向暗喻人类心灵培育与人类社会发展过程。因而，"文化"从一开始就包含着人与自然之间的矛盾，暗示出人类活动与自在世界的一种辩证法。然而从英国的浪漫主义文化传统以来，文化成为顺着形而上的方向所形成的一个独立领域，它与经济、社会从来都是分立的，并且它与形而下的物质世界呈负相关的关系，文化距离物质越远就越具有价值。正如伊格尔顿所言："文化的观念意味着一种双重拒绝：一方面是对有机决定论的拒绝，另一方面则是对精神自主性的拒绝。"① 文化内在包含着自由与决定的矛盾，它的内在规定性使其与文化成为不可调和的矛盾体。"如果艺术是社会的一部分，那么在艺术之外，就没有一个坚实完整的我们以问题的形式承认其优先权的整体了。艺术作为一种活动，同生产、贸易、政治、养家糊口一样，就在那里存在着。""认为价值或艺术作品在不参照它们得以表现的特定的社会情况下是可以充分进行研究的这种看法当然是错误的，但是，认为社会的解释是决定性的，或者说价值与艺术品不过是副产品的看法也同样是错误的。"② 威廉斯在此突出了文化的物质生产性，认为它不是一个纯精神的内容，而是具有自身的能动作用，不仅生产实物的劳动是物质实践劳动，生产知性想象作品的劳动同样是物质实践劳动。他的这一思想有着深远影响，冲破了文化长期停留于精英阶层的思想牢笼，形成了文化唯物主义的理论基础。当然，他这一思想也带来了一些新的问题。他对文化包含的物质与精神矛盾的解决，是以模糊马克思主义关于经济基础与上层建筑之间的区分为前提的。这样，尽管威廉斯对物质与精神这一长时期以来的分歧提出了自己的解决方案，但同时也对精神的作用做

---

① ［英］特里·伊格尔顿：《文化的观念》，方杰译，南京大学出版社 2006 年版，第 4 页。
② 罗钢、刘象愚：《文化研究读本》，中国社会科学出版社 2003 年版，第 129 页。

了更突出的强调，容易导致轻视经济的基础性地位的倾向，在处理物质与文化二者的关系上，威廉斯似乎走得更远。

其次，文化具有社会性。利维斯（Frank Raymond Leavis）将文化看作是诗与语言的纯文学范畴，认为社会的革命力量主要依靠文学知识分子。这样，他就将文化禁锢在了高高的象牙塔之上。威廉斯没有否认从文献角度分析文化的重要性，因为它可以作为一种实物证明，成为他表现的整个组织的特殊根据，它记录了人类历史的发展，为我们研究逝去的时代提供了线索。"文献式的文化的意义在于，当活着的见证人沉默的时候，它直接向我们表现那种生活。"① 但同时，威廉斯也提出了文化的"社会"定义，指出文化是一般的生活方式，这种文献式的文化并不是自主的，它是受着特定的社会情况制约的，威廉斯将其取名为"感觉结构"。这种结构在某种意义上说也是一种文化。每一代人有他们所继承的东西，也有因时代而作出改变的东西，代与代之间不同的人都会因时代的不同而对他们继承的世界作出独特的反应。"所有的文化作品，要么能够与它从中被表现的整个组织联系起来，要么与它从中被利用的当代组织联系起来，联系的越主动，我们越是清楚地看出它的真正价值。"② 文化的真正价值就在于与当代社会实际相联系，从社会中寻求立足的根据。威廉斯将文化的一般定义区分为三个层次，其中一个即为选择性传统的文化，对某种文化的选择不是取决于产生这一文化的时期，而是来自于作出选择的这一时期，这一选择将会受到阶级利益在内的多种特殊利益的影响，并反映这一时期的整体组织。同样，我们所作出选择的文化之所以具有生命力，也是因为它们与当代组织联系了起来，对文化的发展作出了贡献。这样，"文献式"的文化就从作品走向了社会。威廉斯在秉承了阿诺德文化思想，并受人类学文化概念的影

---

① 罗钢、刘象愚：《文化研究读本》，中国社会科学出版社 2003 年版，第 128—129 页。
② ［英］约翰·B. 汤普森：《意识形态与现代文化》，高铦等译，译林出版社 2005 年版，第146 页。

响，摆脱了文化的纯文学禁锢，使文化走向了社会，实现了二者的结合，推动了文化社会学的发展，与此同时，它也实现了英国文化研究的转向。

再次，文化具有民主性。威廉斯对"文化是特殊生活方式"的强调是他对文化研究作出的最大贡献。他延续了英国自阿诺德、柯尔律治（Samuel Taylor Colerridge）以来的文化传统，认为将文化限定于特定的阶级生活所带来的只能是分崩离析。对文化是特殊生活方式的定义说明了文化不只是知识与想象的作品，而且也包括制度和日常行为中的意义和价值。生产组织、家庭结构、表现或制约社会关系的制度结构都统归于特殊的生活方式即文化的范畴。这样，对文化的定义就不只限于知识与想象的作品，文化不再只是诗与画，而是扩大到了社会生活方面，整个生活方式是对关于普通人性的宏大叙述的反叛，它更多强调的是多样性。威廉斯对文化内涵扩大到社会生活方式的研究方法不仅充实了文化的内涵，更重要的是它消除了存在于精英文化与通俗文化之间的界限。通俗文化并不是工人阶级制造出的文化，也并不只是工人阶级消费的文化，以此来区分精英文化与大众文化是不公平的，而且面对工人阶级与资产阶级生活方式的趋同，生活质量的提高，以日常语言、衣着、闲暇等作为二者的区别已经不再起作用。而仅仅以高雅文化对通俗文化的冲击作为贬低工人阶级的手段也是缺乏说服力的。他指出："实际上没有群众，有的只是把人看成群众的那种看法。"① 这样，对文化的重新定义就反对了以高雅自居的精英文化，为无产阶级文化夺取了阵地。威廉斯指出，通俗文化不是工人阶级用来践踏高雅文化的工具，而是在竭力维护自己的社会文化。在这种文化定义面前，工人阶级与资产阶级是平等的，他们享用的只是文化的不同层面，"工人阶级文化不是无产阶级艺术，不是会场，也不是语言的某种特殊用法，而是基本的集体观念，以

---

① 罗钢、刘象愚：《文化研究读本》，中国社会科学出版社 2003 年版，第 379 页。

及从集体观念而来的机构、习俗、思想习惯和意图。"① 由此，威廉斯为工人阶级文化正名的同时，也将文化与政治相联系，开启了文化政治的研究新领域。

最后，文化具有认同性。赫尔德开始提出文化观念时，就认识到文化不是一个统一的概念，不同民族有不同的文化，不同时期的文化具有不同的价值，文化是一个复数的概念。他认为要用多样性的眼光来看待各民族、各时代的文化，不能用统一标准来进行衡量，社会历史并不是线性发展的。从"文化是特殊的生活方式"就可以看出，威廉斯同样看到了文化的多样性，看到了工人阶级文化与资产阶级文化并存于当今社会。而且，他还进一步提出了对于不同文化之间怎样达到融合，即共同文化的概念。面对工人阶级与资产阶级享有文化的复杂性，威廉斯认为共同文化解决的方式之一是民主。他说："克服这种危机的唯一办法是一个人意识到，只有他不断努力去肯定并尊重别人的技术，以及不断努力去肯定并加深比技术更博大的共同体，他所赋予他的技术的价值、他的技术价值与别人的区别，才能最终得到肯定。"② 也就是说，共同文化的塑造，需要我们对多样性的文化持有平等的眼光，文化是平常的，并不存在一种文化压倒另一种文化的状况，只有平等才能达致和谐。威廉斯所主张的共同文化的特征就在于自由、平等，对其他文化的扶持也是以共同决定为基础的，而且这其中也要包含着变化。文化认同中的自然成长与其扶持的力量应当是以平等为核心的，文化的认同与平等是相互包含的。

---

① ［英］雷蒙德·威廉斯：《文化与社会》，吴松江等译，北京大学出版社 1991 年版，第 405 页。

② ［英］雷蒙德·威廉斯：《文化与社会》，吴松江等译，北京大学出版社 1991 年版，第 415 页。

三、威廉斯文化观念的内在地位

有学者曾经这样评价说："威廉斯死后留给英国文化界三笔丰厚的思想遗产，一是他对利维斯的高雅文化传统提出了另类解读方式，二是马克思主义的或后马克思主义的文化唯物论，三是他创建了一门新科学——文化研究。"① 我们知道利维斯延续了英国的精英文化传统，他们只将伟大的作品视为文化，而对流行文化则持不屑一顾的态度。脱胎于利维斯思想的威廉斯对文化的定义明显对其作出了反叛。他强调文化是特殊的生活方式，从而将文化扩展到日常生活，反对了精英主义，为流行文化正了名，实现了文化的精神和政治意义上的平等。文化唯物论，用威廉斯本人的话来说是研究文化（社会和物质）生产过程的理论，它研究特定的实践和"各门艺术"，把它们视为社会所利用的物质生产手段（从作为物质性"实践意识"的语言，到特定的写作技术和写作形式，直到电子传播系统）。文化唯物论产生于威廉斯的两个不满，其一是对马克思主义者所宣扬的经济决定论的不满，其二是对以利维斯为代表的重视文本、轻视社会历史背景的文化传统不满。在此基础上，威廉斯借马克思主义的经济基础与上层建筑理论提出了自己的文化唯物论。在这一理论中，他将文化视作与物质具有同等重要的地位，认为它们都发挥着十分重要的作用。当然，之所以称其为文化唯物论，自然在于他从根本上不是认同社会生产对文化的重要作用。"狭义的文化研究是指第二次世界大战以后在英国逐步兴起，而后扩展到美国及其他西方国家的一种学术思潮和知识传统。"② 文化研究倾向于研究当代文化、大众文

---

① 赵国兴：《新左派的文化政治——雷蒙德·威廉斯的文化理论》，外语教学与研究出版社2009年版，第24页。

② 罗钢、刘象愚：《文化研究读本》，中国社会科学出版社2003年版，第2页。

化和边缘文化、亚文化，它还注意与社会保持密切联系，关注文化中蕴含的权力关系。在这一研究传统的形成过程中，威廉斯功不可没。他写道："对于文化这个概念，困难之处在于我们必须不断扩展它的意义，直至它与我们的日常生活几乎成为同义的。"① 正是威廉斯对文化的这种重新定义，开启了文化研究的新方向，而威廉斯对工人阶级文化的关注，对工人阶级权力的维护，也使文化与政治、权力联系起来，形成了文化政治。由此可以看出，文化在威廉斯整个思想体系中占据着基础性的地位。正是对文化的日常生活化定义，使文化从精神走向社会，从而承载了更多的社会意义，体现了与其相适应时代的价值观念，这样就为文化唯物论和文化研究的诞生提供了理论上的合法性来源。而且，威廉斯对文化概念的扩大，还成为工人阶级争取合法地位的有力武器，为工人阶级斗争树立了理论旗帜。

威廉斯的贡献不在于其自身理论系统的深邃性，而是他的思想对后世的启迪性。威廉斯与卢卡奇一脉相承，开创了文化研究中的文化主义范式，并开启了后殖民主义、女权主义、新历史主义等一系列思想的先河。但同时，我们也应该看到，文化概念的扩大将导致对文化范围的难以界定，而且文化主义对文化作用的过分强调将会导致文化对政治、经济的侵吞。此刻，我们的耳边应该响起伊格尔顿的一句话："文化不仅是我们赖以生活的一切，在很大程度上，它还是我们为之生活的一切。感情、关系、记忆、亲情、地位、社群、情感满足、智力享乐、一种终极意义感，所有这些都比人权宪章或贸易协定离我们大多数人更近。不过，文化也可能因为离得太近而让人觉得不舒服。这种亲密本身就是可能成为病态的和摆脱不了的，除非它被置于一个启蒙的政治语境，这是一种可以用更为抽象，但也有几分慷慨的联系调节这些直接性

---

① ［英］雷蒙德·威廉斯：《文化与社会》，吴松江等译，北京大学出版社1991年版，第256页。

的语境。我们已经看到文化如何表现为一种新的重要性，但是它同时也变得傲慢自大。在承认其重要性的同时，让文化回归其原有的位置，现在该是这样做的时候了。"①

---

① ［英］特瑞·伊格尔顿：《文化的观念》，方杰译，南京大学出版社 2003 年版，第 151 页。

试析威廉斯文化社会学理论

　　雷蒙德·威廉斯是英国著名的文化批评家、马克思主义文化论家、"新左派"的核心人物，被誉为"战后英国学识最渊博、最有成就、读者最广泛、影响最大的社会主义作家"①。威廉斯涉及的研究领域非常广泛，包括文学、社会学、文化史、传播学、语义学和戏剧理论等，但无疑文化理论是其最有影响的思想。由于其文化理论研究一直坚持马克思主义唯物主义立场，所以这一理论也被冠以文化唯物主义。威廉斯文化唯物主义思想实际上是以唯物主义视角对文化进行的社会学分析，本文试以相关文献为基础对其文化社会学思想进行一番剖析。

一、文化社会学研究的思路

　　威廉斯认为在当代社会有相当多的概念都是内涵复杂、意义混乱与歧义丛生的，若从其中任何一个定义出发，都不能准确把握这些概念的核心内涵。要想准确了解它们，就必须对它们进行一番社会发展式的

---

① 　[美] 罗伯特·戈德曼:《新马克思主义传记辞典》，赵培杰等译，重庆出版社1990年版，第 852 页。

考察。为此，他专门写了一本著作——《关键词》。在《关键词》中，他认真梳理与考察了若干在当代有影响的概念及其发展史。当然，在这些众多概念中，"文化"无疑是其中最复杂、最有影响的概念之一。他说："在那些现代理论与实践的主要领域的核心地带，存在着一个总被人阐述的概念——文化。就其自身而言，由于它复杂多变，文化不仅体现为种种成果，而且也体现为它借以发展的种种矛盾，这一'文化'概念既把其构成中的那些各种完全不同的经验和倾向融合为一，又把它们搞得十分混乱。如果不去对这一概念本身进行自觉的探究，那么任何一种自觉的文化分析都无法完成——正如我们将会看到的那样，这种自觉意识也必然是历史性的。"① 当然，对文化等概念的历史考察不是一项随意的工作，必须有重要的参考坐标。在他看来，"社会"与"经济"就是其考察的核心坐标。只有联系"社会"与"经济"的发展，才能准确把握文化的内涵与发展。因为，社会研究可以准确把握社会整体的发展过程，并能从这种整体过程中考察文化含义的变化；而经济研究则能从基础性视角把握文化含义变化的最终根因。事实上，这两项研究坐标也奠定了威廉斯文化研究的理论取向——文化唯物主义的社会学。

在《文化与社会》和《马克思主义与文学》等著作中，威廉斯就用上述思路对文化概念与意义进行了一番严肃的考察。在他看来，在18世纪以前，文化（culture）一直是一种表示程序的名词，基本含义是指对农作物、牲畜和人的心灵等的培育。到了18世纪，随着资本主义经济的发展，出现了另一个重要概念——"文明"（civilization），由此带来了文化含义的一次嬗变。此时文化与文明概念可以通用或互换。文明的含义有两层：一是指某种业已取得的成就，与"野蛮"对立；二是指某种成就状态的发展，含有历史进步的意义。可随着资本主义内在矛

---

① ［英］雷蒙德·威廉斯：《马克思主义与文学》，王尔勃等译，河南大学出版社 2008 年版，第 8 页。

盾（特别是经济矛盾）逐步暴露，文明碰到了它的对立面——贫困、掠夺和战争，文化又逐步从文明中分离出来，表现出与文明相对立的含义，文化含义再次发展嬗变。与文明表现出的追求高雅与奢华的外在品质不同，文化追求的是"主观""想象""创造"和"审美"等"内在"的精神过程。在这次嬗变中，文化的新含义大有取代文明的势头。随着资本主义内在矛盾不断加大，文化的另一种发展也渐渐出现。在威廉斯看来，文化这种发展带来的含义变化虽然没有完全取代文化第二次嬗变中的含义（在相当长一段时间内，文化这两种含义并存甚至存在交互作用），但它的意义十分重大。因为，这次发展导致了文化成为一种社会性概念。这次发展是从探索"人类创造自身历史"的原因开始的，虽然相当多西方学者认为人类创造自身历史的根本原因在于人自身，人类的文明成果是基于人类的理性成就，但面对文明不断碰到的新问题，最终也出现了像赫尔德（J.G.Herder）那样用"有机的人民"和"民族"等概念阐述文化与文明发展的新成果。在赫尔德看来，虽然人类的历史是自身创造的，但不能用"理性"或"欧洲文明"作为衡量历史发展的唯一标准，历史的发展是极其多样的，不能化约为线性进步观，也不能化约为统一的样板，每个民族的发展都跟自己的文化有关；而文化不是单数，它是多样和复杂的，每个民族都有不同于其他的民族文化。威廉斯认为，虽然赫尔德的研究成果没有引起人们的足够关注，但它对文化研究的意义是十分显著的。这不仅是因为它把文化当成一个社会性概念，还在于它确立了文化是生活方式的研究新思路。

面对文化含义的嬗变特别是上述文化后两种意义的形成，许多理论家都想做整体式的归并研究，可多次尝试最终都未能成功。因为，任何调和式的尝试最终都发现后两种定义中的任何一方都会否定另一方的正当性。但这些尝试也产生了另一种研究成果——资产阶级的文化社会学。威廉斯认为，资产阶级文化社会学对文化问题的研究有一定进步意义，它不仅把文化放在复杂的社会关系中去研究，还深入到文化生产与习俗机构以及文化生产者与接受者等不同方面问题的研究上。但它也有明显的局限，它往往把资本主义社会关系当成永恒现象，把本来具有明显阶级倾向的机构与对象当成是中立的，因而不能彻底揭示资本主义社会的性质与文化的实质。他说："资产阶级文化理论与激进经验主义文化理论所达成的一个共识是：习俗机构具有社会中立性，于是，'大众'概念代替了特定的阶级结构，并变得中性化；（作为资本主义广告业和资本主义政治中的运作策略的）'操作'概念也代替了那些控制、选择、收编等过程的复杂交互作用以及那些与现实的社会情势和社会关系相呼应的、不同阶段上的社会意识，并变得中性化。"①

在上述文化发展的争论中，马克思主义也参与其中，但威廉斯认为它的参与并未使这一研究取得实质性的进展。在威廉斯看来，马克思主义的参与最终出现了两种状况：一是从对"文明社会"的基础——资本主义生产方式批判入手，去揭示"文明"的内在矛盾实际上是资本主义生产方式的内在矛盾，最终用社会主义社会取代资本主义社会去解决资本主义社会中所谓"文明"的内在矛盾问题。威廉斯认为虽然这一批判方式比以前激进运动对资本主义社会"文明"的批判更有意义，但它却以线性进步观的各种假设为基础，缺乏一定说服力。二是把文明发展史归并到物质发展史之中，并用物质发展史说明文明发展史。威廉斯认为这是马克思主义理论为人类社会发展史研究作出的巨大贡献，可问题在于当一些马克思主义理论家把文明史归并到物质发展史之中时却犯了另一种错误，即过分强调物质对文化的决定功能，而削弱了文化自身具有的内在结构和独特规律。由此，威廉斯的文化社会学就有了两项任务：一是发展马克思主义文化理论；二是有力批驳资产阶级文化社会学。就第一方面任务而言，文化社会学既要坚持马克思主义唯物主义理论，

---

① ［英］雷蒙德·威廉斯：《马克思主义与文学》，王尔勃等译，河南大学出版社 2008 年版，第 145 页。

又要充分揭示文化内在结构与发展规律，在社会发展的总体性中把握文化的性质。他说："进行具体研究时往往必须把这种因素或那种因素暂时孤立起来，但文化社会学的基本原则却是把列举的或分离的种种因素复合为一。的确，文化社会学的最基本的任务是对这一复合体内部的各种互相关系作出分析。这种任务有别于那种只针对习俗机构、构形和传播关系的、已被化约了的社会学；同时作为社会学，它又不同于孤立的形式分析。"① 就第二方面的任务而言，就是要把资产阶级文化社会学研究的习俗机构、新兴媒介、文化生产者与接受者等放在新型资本主义关系中去分析，并揭示其隐藏的阶级实质。他指出："无论从历史的还是从理论的角度来说，关于资本主义出版社业、电影业以及资本主义或国家资本的广播电视业的研究，总是同更为宽泛的，对于资本主义社会、资本主义经济以及新型资本主义国家的分析联系在一起的。进而，许多习俗机构也需要放在现实帝国主义和新殖民主义的语境当中加以分析，因为这些习俗机构也同它们密切相关。"②

二、文化社会学研究的路径

在威廉斯看来，文化问题的研究有两个基本前提必须是事先肯定的，一是文化并不是独立的，它的发展始终受到物质生产方式的制约；二是文化绝不是由物质简单派生出的从属现象，它有自身独特的结构与发展规律。文化生产也是一种社会的、物质的过程，它是人类社会发展不可或缺的重要组成部分，文化生产是一种不断制造和产出意义的过程

① ［英］雷蒙德·威廉斯：《马克思主义与文学》，王尔勃等译，河南大学出版社 2008 年版，第 148—149 页。
② ［英］雷蒙德·威廉斯：《马克思主义与文学》，王尔勃等译，河南大学出版社 2008 年版，第 145 页。

（即文化生产是一种表意的实践活动）。要准确把握文化的社会学性质，必须抓住以下环节：

1. 构形（formation）

在文化问题的研究上，威廉斯一直不满意于马克思主义关于社会结构的经济基础与上层建筑划分以及反映论思想。他认为经济基础与上层建筑的二元划分不仅否定了文化等因素的自主性，也否定文化生产在日常生活中的意义与影响，更是忽视了文化生产在物质生产中的地位。如果说马克思那个时代文化生产还没有直接参与到经济生产中去，这种划分还有一定意义的话，那么，在当今资本主义社会文化生产已成为重要的经济现象时，这种划分的局限性就不断表现出来了。另外，马克思主义反映论总是把文化看成是社会物质过程的一种反映，这实际上就是否定艺术活动自身的特质。在威廉斯看来，艺术活动的产物——艺术品，既是物质性的，又是想象性的。当然，威廉斯这样做并不是要完全否定马克思主义的唯物主义性质（事实上，威廉斯的整个文化理论研究始终坚持着唯物主义立场），而是冀希以新的理论成果充实这一理论。在他看来，要准确说明文化发展在社会发展中的地位与性质，在文化理论中引入"构形"概念是十分必要的。威廉斯所讲的构形事实上就是文化的一种能动创造，这种创造不仅表现在文化内容上，而且还表现在文化形式上。为了更好地说明这一问题，他从马克思主义艺术理论中的"典型性"概念切入。在他看来，"典型"具有两种方式，一是作为"形象象征"或"符号象征"，二是作为某种具有重大意义的事物类别的表征性的实例。在他看来，典型的第二种方式在马克思主义理论是经常被应用的，但第一种方法却鲜有提及，它是被法兰克福学派等西方马克思主义提出并加以发展的。威廉斯认为，典型的第二种方法十分重要，它对理解文化特别是艺术活动的独特性起着关键作用。认真剖析威廉斯提出的典型的第二种方式，实际上它就是一种组织结构或模型的过程，即"构形"。为了更好地说明问题，可以以威廉斯对语言问题的分析做一参照（其实，在威廉斯看来，文化问题的研究离不开对语言的分析，只有准确理解了语言的实质与发展，才能准确理解文化的实质与发展。因为，文化总是要借以语言的形式存在与发展。另外，若换一角度看，文化也是众多符号之一，文化发展规律自然也要符合符号共性规律）。在语言问题研究中，历来存在语言系统自律与他律的争论。自律论者认为语言是一个自足的体系，它的意义完全由内在结构决定，而他律论者则认为语言的意义是由外部因素决定的。威廉斯认为正是沃洛希诺夫（N.Volosinov）的语言理论使语言问题的研究迈出了关键性的一步。沃洛希诺夫认为，语言符号具有"二重性"，它既跟外部世界有关，又跟符号系统的内在结构形式有关；可符号又既不等同于客观对象及其所指示或表达的事物，又不完全取决于结构形式，而是结构形式与外部关系的约定俗成结果，是一种"接合表述"（articulation）。可这种约定俗成不是任意的，也不是一成不变的，它会随着个人言语活动与社会关系的变化而变化。威廉斯认为沃洛希诺夫语言理论的独特贡献就在于，"他是把整个语言问题放在马克思主义那种总体的理论格局当中加以重新考虑的。这使他能够把'活动'（洪堡之后那种唯心主义强调之所长）看作是社会活动；又把'系统'（新的客观主义语言学之所长）看作是与这种社会活动密切相关的，而不是像某些一直被人们袭用的观念那样，把二者看作是相互分离的。于是，一方面，他吸取了这些不同的传统之所长；另一方面，他又逐个使它们显露出相关的缺陷。"① 在威廉斯看来，典型中的第二种方法就是要发现文化是如何在不断构成结构或模型中发展的。不过，对待这种文化构形，必须像沃洛希诺夫对待语言符号那样，把它放在马克思主义总体理论格局中加以把握。既要看到这种文化构形对文化发展以及社会与个人发展的影响，更要看到个人活动与社会

---

① ［英］雷蒙德·威廉斯：《马克思主义与文学》，王尔勃等译，河南大学出版社2008年版，第35—36页。

关系的变化对这种文化构形发展的影响。

2. 霸权（hegemony）

了解了文化的构形方法，对文化社会学研究来说显然是不够的，还必须进一步了解文化存在的样态。对此，威廉斯采取了与一般把文化纳入意识形态研究不同的思路与方法。在他那里，文化研究是不包括意识形态问题的，甚至文化处于意识形态之外。在他看来，意识形态是指相对正规的、被清晰表达出来的关于意义、价值与信仰的体系，而文化则相对而言是指不那么正规的、不完整的关于意义、价值等思想意识；意识形态影响的范围比较狭窄，而文化影响的范围则相对广泛，它几乎影响到人们生活的每一个方面。他认为，由于现实社会中存在着财产不平等，因而人们在造就全部生活意义的时候也就存在着能力地位的不平等，这些不平等最终只能导致现实社会中文化的差异与权力关系。对这种差异与权力关系最好的解释方式就是"霸权"。由于统治阶级掌握着社会财富，在社会关系中处于统治地位，因而他们的文化或与他们思想意识相适应的文化就必然在社会中处于霸权地位。不过，霸权不等于强权，也不等于一般的统治。对此，威廉斯借用葛兰西对"统治"与"霸权"的区分表达了这一观点。他说："葛兰西对'统治'（主导）和'霸权'作出了某种区分。'统治'体现为直接的政治方式，体现为紧急时期采用的直接或有效的高压强制手段。而在更为通常的情况下，它却是一种由许多政治力量、社会力量和文化力量组成的复杂关联体。至于'霸权'（根据不同的解释），则或是指这种关联体，或是指作为这种关联体必要万分的那些能动的社会力量和文化力量。"① 由于文化渗透在人们生活的所有过程，并随着生活的变化而变化，因而想用一种精神力量统摄所有领域，这几乎是一项不可能完成的工作。即使它能暂时做到，

① [英] 雷蒙德·威廉斯：《马克思主义与文学》，王尔勃等译，河南大学出版社 2008 年版，第 116 页。

也不可能长久维持下去。因为，在威廉斯看来，霸权的影响力不完全在于强制让人们接受，更在于通过自我确证让人们自觉接受，并以此付诸行动从而实现人的社会化过程。因此，霸权不是一种统一的总体力量，不是一种系统或结构，而是一种由种种彼此分离甚至完全不同的意义、价值和实践适当组合而构成的复合体。依赖这些从根本上体现特定经济现实活生生意志（从广义上讲，即政治意志）的意义、价值与实践，霸权就完成了组构文化秩序与社会秩序的功能。由于现实生活是发展的，总会出现一些新的领域和新的因素，因而霸权也是一种流动的过程。它要随着新领域与新因素的出现不断发展自身，并在与对抗因素斗争中修正自身。所以，威廉斯感叹地说："在复杂的社会中，文化分析最有趣又最困难的部分是试图在霸权的那种能动的、构成性的但也是发生着变化的过程中把握霸权本身。"①

3. 主导、残余与新兴

有霸权自然就有对抗与斗争。虽然霸权在不断对对抗因素进行收编（实际上也的确有不少对抗因素被霸权收编），但随着社会结构变化特别是阶级关系变化，霸权收编对抗因素的工作变得越来越困难，最终对抗因素便有可能成为主导，形成新霸权。威廉斯指出："文化过程便绝不能被看作是一种仅仅具有适应性、扩展性协调性的过程。在特定的社会条件下——这些条件包括从极端的封闭一直到革命前夕的崩溃以及真正的革命运动——文化过程的内部和外部实际上常常会发生真正的分裂。"② 为了更好地说明霸权与对抗之间的关系，威廉斯又提出了主导、残余与新兴三个概念。

威廉斯认为，在文化霸权与对抗的关系分析中，首先必须考虑的

---

① ［英］雷蒙德·威廉斯：《马克思主义与文学》，王尔勃等译，河南大学出版社2008年版，第122页。

② ［英］雷蒙德·威廉斯：《马克思主义与文学》，王尔勃等译，河南大学出版社2008年版，第123页。

是"时代"概念，这个时代可用封建社会、资本主义社会与社会主义社会等来表征，与此相对应的分别是封建文化、资本主义文化与社会主义文化。时代文化是对不同时代以生产方式为核心的社会整体反映，体现的是一种文化体系。这种文化体系可以从总体上影响相应时代的文化特征。但由于时代文化过于抽象，仅仅停留于此，就会失去对不同时代具体阶段文化特征，特别是对文化发展具体过程的把握。要想具体了解这一过程，就必须认真分析不同时期文化主导与残余、新兴的关系。所谓残余，就是有效地形成于过去，但却一直活跃在当前文化过程中的事物；它既是过去的某种因素，也是现在的有效因素。残余在社会中存在，不仅因为它是作为传统的组成部分对文化发展起着重要作用（威廉斯认为文化发展是离不开传统的），更因为任何社会中总会存在一些用主导文化术语无法表达或确认的经验、意义和价值，这些经验、意义与价值往往会保留残余文化及相应术语。这就决定了残余文化与主导文化之间有着复杂的关系。由于残余文化涉及的都是主导文化无法涉猎的领域，因而在某种意义上它就取代了主导文化（至少在残余文化涉及的领域是如此），甚至在一定程度上与主导文化存在对立关系。但由于主导文化对残余文化这一特点十分清楚，因而它总会设法渗透或收编残余文化。如此说，并非否定残余文化对文化发展的意义。威廉斯认为，在社会发展的某一阶段特别是当主导文化在一特定时期存在明显缺陷时，残余文化的作用就会凸显。人们会因为主导文化没有很好地解决而残余文化却很好地解释某种现象，对主导文化产生质疑并由此对残余文化产生一定认同。尽管如此，威廉斯认为真正代表文化发展方向并对主导文化产生重大威胁的不可能是残余文化，而是新兴文化。新兴文化这一意义主要根源于它的社会基础。威廉斯指出："有一点真实的，那就是在任何一种现实的社会结构中（尤其是在这种社会的阶级结构中）总是存在着某种适应于文化过程中那些要取代主导的或与主导对立的因素的社会基础。在马克思主义理论核心论述中，有对于这种基础中的一类所作的精彩的阐发：某一新兴阶级形成了，新阶级的意识觉醒了，并且就在这种形成和觉醒中，（通过现实的过程）新的文化构形因素（常常以不平衡的方式）兴起了。由此可见，工人阶级作为一个阶级的这种兴起在文化过程中显得格外突出（例如 19 世纪的英国情况便是如此）。"① 不过，在威廉斯看来，仅看到新兴文化的阶级基础还是不够的，还要看到新兴文化可能产生的社会领域。跟残余文化类似，新兴文化首先产生的领域往往是那些主导文化没有涉猎或主导文化无法确认的领域。在威廉斯看来，任何一种文化都不可能完全涉及人类生活的所有经验领域，尽管资本主义社会传播工具先进了，渗透力强了，但它仍然存在无法涉猎的领域。况且，越是渗透力强的主导文化，问题会越多，暴露的矛盾会越尖锐，这样反而激发了新兴文化的产生与发展。当然，新兴文化的发展之路不是一帆风顺的，它刚开始出现必然会受到主导文化的限制与收编。但因为有其社会基础，它最终必然会发展壮大并代替主导文化，成为未来社会的新主导文化。他说："在我们这个时代（同其他时代一样）里，新兴文化实践的客观存在是不可否认的，它同客观存在着的能动的残余文化实践一道，构成了未来的主导文化必要的复杂因素。"②

三、评 论

威廉斯文化社会学有重要的意义，这个意义也许可以从他对意识社会学的评论入手。他认为意识社会学兴起是人类科学的一个重要进步，它可以剔除把意识当成自主性的唯心主义思想，从复杂社会背景中

---

① ［英］雷蒙德·威廉斯：《马克思主义与文学》，王尔勃等译，河南大学出版社 2008 年版，第 132—133 页。

② ［英］雷蒙德·威廉斯：《马克思主义与文学》，王尔勃等译，河南大学出版社 2008 年版，第 135 页。

去揭示意识的产生与发展。这一研究在卢卡奇（Georg Lukács）、戈德曼（Lucien Goldmann）以及法兰克福学派等马克思主义传统中已结出了丰硕的成果，并产生了巨大影响力。虽然西方资产阶级学者也丰富和发展了意识社会学，但他们的研究一开始就存在明显的局限。首先，他们把意识社会学化约为知识社会学。知识自然是意识中的重要组成部分，但若把意识直接化约为知识，就必然把意识中其他重要因素——想象和意义排除在外。而这一点正是威廉斯十分重视的。在他看来，文化甚至包括意识形态很重要的特性就是一种表意实践活动。因为这一局限，相当多西方意识社会学家都把文化研究排除在外。其次，他们又把知识问题研究进一步化约为关于组织知识的习俗机构研究，并把相当多习俗机构当成永恒现象，缺乏对资本主义内在矛盾与发展变化研究。即使后来西方资产阶级学者也兴起了文化社会学的研究，但他们要么是同样犯资产阶级知识社会学学者的第二个错误，要么就把文化问题的研究当成排除社会内容的纯艺术的审美研究（这一现象自然也包括用结构主义纯形式观点研究文化现象）。客观地说，威廉斯对意识社会学发展的评价是公正的。像曼海姆（Karl Mannheim）这样著名的知识社会学家最明显的局限就是把资本主义社会关系当成永恒现象，不能从人类社会发展的角度去揭示知识的历史局限性。当然，威廉斯在批评西方学者错误的同时，也没有忘记吸收他们的一些合理因素。可以说，像"构形""接合表述"等重要概念都是他在马克思主义理论框架中创造性继承西方学者有益成果的表现。当然，更为可贵的是，威廉斯文化社会学研究始终坚持马克思主义唯物主义立场，在重要理论或概念论述上总是要说明它们与物质生产方式或阶级之间的关系，他坚持认为文化研究是党性的（对此，由于文章篇幅所限，本文未能专门论述）。当然，他的理论也没有完全把文化问题化约为物质生产方式或阶级问题，他始终认为文化是以自己独特的方式影响社会，影响人们生活。在文化社会形成与发展过程的论述中，他反对僵化和简单化的做法，一直努力从复杂过程中梳理与分析问题，力图把文化研究的宏观视野与微观视野结合起来。在分析霸权问题时，他细致入微地分析主导、残余、新兴的关系，还从传统、习俗机构与构形三个方面深入剖析了霸权与反霸权的形成过程及其复杂关系。这都是有一定科学依据的。它提出的这些思想与当今西方社会正在发展的复杂性科学有不少相通之处，也与布迪厄、福柯等思想家的文化研究成果有异曲同工之处。

当然，威廉斯文化社会学对马克思主义文化理论研究来说，也有不少积极意义。首先，他把文化活动当成是一种表意的实践活动。这一点可以有力地推动马克思主义的文化研究。长期以来，人们一直以为文化是一种上层建筑，它总是随着经济基础的发展而发展，尽管文化也有超前性，但它始终离不开社会整体发展。把文化当成一种表意实践活动可以更好地从微观视角探寻文化形成与发展规律。其次，他把文化看成是一种不断发展的过程。威廉斯一直反对用范畴化的方法去研究文化，他认为范畴是抽象化与稳定性的东西，一旦用它们去研究文化就有可能把鲜活的文化僵死，最终使文化发展失去了活力。为了充分说明这一观点，他在论述新兴文化时还发明了一个新词——"感觉结构"（structure of feeling）。他发明这个词，目的不是想说新兴文化不是思想，而是说新兴文化刚刚产生的时候是一种不能用当时范畴框定的经验性的东西，它是作为感受的思想观念或是作为思想观念的感受。但随着感觉结构的出现，它会慢慢被体系化或形式化，可此时新的感觉结构又会慢慢形成。这些思想不仅可以激活我国文化发展，还能进一步丰富马克思主义意识形态理论。再次，他把文化既看成精神性的东西与知识的总汇，又当成生活方式，并力图从统一的视野对它们加以综合研究。这对于我们进一步理解文化的意义、存在发展方式特别是加强文化领导权建设是十分有益的。

不过，威廉斯文化社会学也有一定不足之处：首先，他对马克思主义关于经济基础与上层建筑划分以及反映论的思想未能作全面把握。过分强调这些，的确有导致机械化、庸俗化的危险。但马克思主义这一思想并不否定文化等在社会发展中的作用，也没有因文化属于上层建筑而否定它在人们社会生活中的重要作用和影响力。文化在社会生活中影响面大、地位重要并不意味着它就不是上层建筑。上层建筑只是一种隐喻，它是想说明无论文化影响力如何增大，始终改变不了它在社会生活中的被决定地位。决定与被决定不是一个量大量小的概念，也不是社会层面上的在上还是在下的概念，它只是指两者之间无论从现状还是从发展看究竟谁影响谁的问题。文化影响再大，它归根到底仍然要受到生产方式的决定。其实这一点威廉斯自己也是承认的，只不过他未能对这一概念做全面的思考。其次，他抛开意识形态问题研究文化明显有失偏颇。虽然不能把文化完全归并到意识形态之中，但文化受意识形态影响却是不争的事实。也许这跟威廉斯对意识形态的理解有关，他对意识形态概念三种指涉的说明中明显有把意识形态当成虚假意识的倾向。正因为在他看来意识形态是虚假性东西，所以他不好把文化问题的研究与它联系起来，更不愿意把它与新兴文化的发展联系起来。其实，当威廉斯在批评西方知识社会学家把文化抛弃在知识之外的错误时，他也犯了另一个错误——把知识抛弃在文化之外。虽然文化不完全等同于知识，文化还有意义成分，但无论哪种文化都必须承担知识的功能。比较而言，社会科学承担的知识功能更大更强一些，人文科学特别是艺术科学承担的价值功能更大一些，但它们其实都是知识与价值的统一。文学和艺术都是在用典型化等方式反映世界。也许正是因为未能处理好文化的知识功能与价值功能及其关系，威廉斯实际上未能解决上述提到的西方文化发展中关于精神过程与生活方式两种文化定义的矛盾困境。在《文化与社会》中他还试图用"共同体"概念去解决这一矛盾关系①，而到了

---

① 参阅［英］雷蒙德·威廉斯《文化与社会》，吴松江等译，北京大学出版社1991年版，第406—416页。

《马克思主义与文学》中他干脆对未来社会文化形式只字不提了。其实，不从文化的知识功能入手，就不可能准确揭示生产方式、社会发展与未来文化形式的关系。这就是问题的关键所在。

詹明信后现代大众文化探析

　　弗雷德里克·詹明信是当代美国著名的马克思主义文论家和后现代主义理论家，他从马克思主义的经济基础决定上层建筑的观点出发，提出了他那经典的"后现代主义是晚期资本主义的文化逻辑"理论。詹明信认为后现代社会是个"文化主导"的时代，后现代社会的最根本特征之一便是大众文化的盛行、传统的高雅文化和大众文化区别的消弭。本文就此作出尝试性的分析。

一、后现代主义文化时代提出的依据

　　詹明信特别推崇马克思在《〈政治经济学批判〉序言》中说的那段名言："物质生活的生产方式制约着整个社会生活、政治生活和精神生活的过程。不是人们的意识决定人们的存在，相反，是人们的社会存在决定人们的意识。"在他看来，研究文化不能单就文化论文化，必须深入到文化背后揭示其变化发展的社会经济根源。他说："为了研究某一种文化，我们必须具有一种超越了这种文化本身的观点，即为了了解资本主义文化，我们必须研究了解另外一些来自完全不同的生产方式的文化。也就是说，要彻底了解资本主义文化，就得超越时间，回头从人类学的角度来考察资本主义生产方式和这种生产方式带来的文化。"① 为此，他深入到资本主义生产方式之内，并借助比利时经济学家曼德尔（Ernest Mandel）关于资本主义三阶段的划分提出了资本主义文化发展三阶段理论。詹明信认为市场资本主义时期主导文化是现实主义，垄断资本主义时期主导文化是现代主义，而随着资本主义进入晚期资本主义阶段，它的文化发展也相应地进入第三阶段。在此阶段，资本的扩张达到了前所未有的程度，"帝国主义的掠夺中幸留下来一些区域，现在被晚期资本主义殖民地化、资本化了，这两个领域就是自然和无意识"。② 资本征服了一切领域，宣告了一个新的文化时代的到来，后现代主义标志着资本主义发展到一个更高、更纯粹的阶段。"在后现代主义中，由于广告，由于形象文化、无意识以及美学领域完全渗透了资本和资本逻辑，商品化的形式在文化、艺术、无意识等等领域无所不在，正是在这一意义上，我们处在一个新的历史阶段，而且文化也就有了不同的含义。"③ 他认为，资本和商品原则的全方位渗透以及社会生活的总体化，使强调批判、怀疑、超越、保持距离的现代主义逐渐失去了其存在的现实基础，后现代主义的文化已经是无所不包，文化和工业生产及商品已经紧紧地结合在一起。后现代主义时代，资本扩张到文化领域，文化变成了以赚钱为目的的产业，文化开始按商品的法则制作和运营并"抛弃一切外在于商品的东西"。"后现代主义文化从原先那种特定的在'文化圈层'中扩张出来，进入了人们的日常生活"，文化已经完全大众化了。④

---

① ［美］杰姆逊：《后现代主义与文化理论》，唐小兵译，北京大学出版社 2005 年版，第 11 页。

② ［美］杰姆逊：《后现代主义与文化理论》，唐小兵译，北京大学出版社 2005 年版，第 145 页。

③ ［美］杰姆逊：《后现代主义与文化理论》，唐小兵译，北京大学出版社 2005 年版，第 145 页。

④ ［美］杰姆逊：《后现代主义与文化理论》，唐小兵译，北京大学出版社 2005 年版，第 145 页。

对于后现代主义文化的发生，詹明信认为还有一个不可忽略的因素就是技术上的依据。"后现代的技术已经完全不同于现代的技术，昔日的电能和内燃机已经被今天的核能和计算机取代，新的技术不仅在表现形式方面提出了新的问题，而且造成了对世界完全不同的看法，造成了客观外部空间和主观心理世界的巨大改变"，"后现代人已经被这种高度发展的新的技术搞得心醉神迷，因此，当前像对电脑和信息处理机之类的新技术的狂热追求和迷恋，对我们所说的文化逻辑来说就远不是外部的了"。① 信息技术的发展给人们带来了生产、生活方式的变化，也改变了人们对世界的认知方式与交往方式，虚拟经济、电子商务与政务、网络支付等都使人们生活在一个虚拟的影像世界里。现代社会空间完全浸透了影像文化，"这就是真正的形象社会时期，从此在这个社会中人类主体面临每天多达一千多个形象的轰炸"。② 影像将现实社会殖民化，人们的生存方式、感知方式都已碎片化，以往历史的连贯性和整体性已被割断。

二、后现代主义与大众文化的关系

詹明信认为后现代是大众文化盛行的时代，后现代主义的典型特征是吸收所有高雅或低俗的艺术形式，抛弃一切外在于商品文化的东西。随着后现代的来临，文化的含义发生了变化，文化的疆界被大大拓展，文化不仅是一种知识，而且变成了人们的全部生活方式，"各个社会层面成了'文化移入'，在这个充满奇观、形象或海市蜃楼的社会里，一切都终于成了文化的——上至上层建筑的各个平面，下至经济基础的各种机制。……'文化'本体的制品已成了日常生活随意偶然的经验本

---

① [美] 詹明信：《晚期资本主义的文化逻辑》，陈侨清等译，三联书店 1997 年版，第293 页。

② [美] 詹姆逊：《文化转向》，胡亚敏译，中国社会科学出版社 2000 年版，第 108 页。

身。"① 后现代主义的文化已经从过去的那种特定的"文化圈层"中扩张出来，进入了人们的日常生活，成为消费品。在"文化主导"的时代，文化与生活的界限逐渐消弭。

那么，何谓"大众文化"？与其所师承的法兰克福学派经典论点相同，詹明信认为它是指凭借现代高科技手段，大规模地进行复制和传播文化产品的娱乐工业体系，这种文化工业不是产生于大众本身，而是"特意为大众消费生产出来"的。"所谓大众文化和法兰克福学派所称的'文化工业'，难道不是像生产汽车一样制造出来的吗？……或多或少是按照计划炮制出来的"，② 因而是一种典型的商品文化。在詹明信的视野里，像电视连续剧、读者文摘、广告模特、汽车旅馆、子夜影院以及机场销售的平装本哥特式小说、浪漫传奇、名人传记、侦探科幻小说、色情文学等所谓的准文学甚至被重新包装、改写的名著、古典音乐都是消费社会的大众文化。

后现代文化与大众文化究竟是怎样的逻辑关系呢？在詹明信看来，后现代主义与大众文化之间存在同质性和互文性。如果说后现代主义是晚期资本主义社会的文化逻辑的话，那么大众文化就是这一文化逻辑的具体表现形式。如果后现代主义是一种反等级、反权威、消解深度的平民化的哲学思潮的话，那么大众文化则是这种哲学在文化领域的具体实践和表征。后现代主义及其大众文化制品必然对现代主义话语系统所具有的精英文化在上、大众文化在下、精英高于大众的文化等级秩序进行颠覆，在瓦解精英文化与大众文化二元对立结构并消弭二者界限后形成一种以大众文化为主流的文化。只有在后现代社会里，后现代主义哲学才因大众文化的传播与验证而由各种潜流汇聚成一股显流，终成显学，

---

① ［美］詹明信：《晚期资本主义的文化逻辑》，陈侨清等译，三联书店 1997 年版，第381 页。

② ［美］杰姆逊：《后现代主义与文化理论》，唐小兵译，北京大学出版社 2005 年版，第3 页。

同时促成大众文化从边缘走向前台，真正成为当代西方社会的主要文化形态之一。后现代主义因之成为大众文化的哲学基础和认识论框架，大众文化的平民性、通俗性也实践着后现代哲学的非神圣性、反权威性等特性。后现代的许多特点，诸如消解深度、反理性中心主义、反基础主义等在大众文化的文本当中都有明显的体现，大众文化作为一种可经验的文化现象与后现代主义有一种相互适应、相互验证和相互加强的关系。大众文化的兴起、表征形式及其负载的意识形态功能，都与后现代主义息息相关。

三、大众文化的特点

1. 无主体性和无个人风格

现代主义是一种关于主体的艺术，总是张扬主体的至高无上地位，作品努力表现主体独特的情感体验，语言上带有个人的风格，而后现代大众文化却消解了主体。詹明信指出："主体的灭亡——也就是指不假外求、自信自足的资产阶级独立的个体的结束。这也意味着'自我'作为单元体的灭亡。在主体解体以后，再不能称为万事的中心；个人的心灵也不再处于生命中当然的重点。"[①] 詹明信认为，或许那个大写的主体曾经存在过，"但一旦身处近日世界，在官僚架构雄霸社会的情况下，'主体'已无法支持下去，而必然会在全球性的社会经济网络中瓦解、消失……须知随着主体之去，现代主义论述中有关独特'风格'的概念也逐渐引退"。[②] 主体死亡了，想象力也就随之死亡了，也就谈不上什

---

① ［美］詹明信：《晚期资本主义的文化逻辑》，陈侨清等译，三联书店 1997 年版，第 477 页。

② ［美］詹明信：《晚期资本主义的文化逻辑》，陈侨清等译，三联书店 1997 年版，第 478 页。

么创造力、个人风格。"在这个世界里，风格上的创新已不再可能，剩下的仅仅是模仿失去生命力的风格，透过面具，以那种在想象中的博物馆里的风格的声音来讲话。"① 大众文化没有独特的个人化的风格，在语言上也不再推崇私人癖好和与众不同，其语言在流行中形成了通用的套话式的"媒体语言"。主体死亡了，与主体有关的一切包括所谓"情感"也就无所寄托了。"'自我'既然不存在了，所谓'情感'也就无所寄托了；那'情感'自然也就不能存在了"，"除此之外，其他相关事物也随着情感的消逝而一一告终了"。但"这并不等于说后现代的文化产品都一概是冷血无情的，而应该说是，今天一切的情感都是'非个人的'、是飘忽无主的。或我们可以更准确地说今天的情感不仅是极度强烈的，它简直就是一种 intensities，是一种异常猛烈的欣狂之感"。②

2. 无深度和无距离感

现代主义高雅文化往往都致力于探究一种深度模式，作品有阐释不尽的意义，而后现代大众文化则是以"绝对的平庸琐碎"为标志，它要"削平深度""拒绝阐释"，其作品一看就懂，追求即时消费和当下体验。詹明信指出："表面、缺乏内涵、无深度，这几乎可说是一切后现代主义文化艺术中最基本的特征。"③ 后现代社会文化接受者不愿思考，也不需思考，只求快感与麻醉，所以搞笑逗乐、感官刺激是人们喜欢的主题。

詹明信还认为，后现代社会大众生活于一个由传媒所构造的幻象社会中，照片、影视、视频网络等，在一个由符号文化制造的虚拟世界里，模拟与真实的区别发生"内爆"，模拟的东西甚至使人感到比真实的东西更加逼真，从而更加依赖它。艺术与现实模糊了距离，"批评距

---

① ［美］詹姆逊：《文化转向》，胡亚敏译，中国社会科学出版社 2000 年版，第 7 页。
② ［美］詹明信：《晚期资本主义的文化逻辑》，陈侨清等译，三联书店 1997 年版，第 450、454 页。
③ ［美］詹明信：《晚期资本主义的文化逻辑》，陈侨清等译，三联书店 1997 年版，第 454 页。

离"也随之消失。他说:"凡是有关文化政治的分析皆无法不借助于至少一种最基本的美感距离论,务求将文化行动本身置于资本的偌大存在以外。一旦有了适当的批判距离,文化实践才有机会在一个具体的立足点上攻击资本的存在。"也就是说,在他看来,文化对象和资本主义之间存在某种关键的"距离",这一距离使文化对象保留了对经济力量的特殊免疫力,使批判得以进行。但是,随着跨国资本主义时代的来临,商品形式吞没了文化领域,文化的自主性消失,文化与经济融为一体,批判也就无法进行了。"在后现代主义的崭新空间里,'距离'(包括'批评距离')正是被摒弃的对象。我们浸浴在后现代社会的大染缸里,我们后现代的躯体也失去了空间的坐标,甚至于实际上丧失了维持距离的能力了。"①

深度感与距离感的丧失使大众文化只能以"拼凑"与"复制"的手法表现自身。詹明信认为,在后现代社会,大众文化只能凭借一些昔日的形式,仿效一些僵死的风格,透过种种借来的面具说话,从那些充满想象生命的博物馆吸取养料,把那些遗存的历史大杂烩,七拼八凑炮制成为今天的文化产品。他说,后现代大众文化"采取中立的态度,在仿效原作时绝不多作价值的增删。拼贴之作绝不会像戏仿作品那样,在表面抄袭的背后隐藏着别的用心,它既欠缺讽刺原作的冲动,也无取笑他人的意向。作者在实行拼贴时并不相信一旦短暂地借用了一种异乎寻常的说话口吻,便能找到健康的语言规范。由此看来,拼贴是一种空心的模仿——尊被挖掉眼睛的雕像"。②

3. 形象性

詹明信认为,现代主义及以前的高雅文化主要是书写文化,而

---

① [美] 詹明信:《晚期资本主义的文化逻辑》,陈侨清等译,三联书店1997年版,第505页。

② [美] 詹明信:《晚期资本主义的文化逻辑》,陈侨清等译,三联书店1997年版,第457页。

大众文化则是以电影和电视为最主要形式的影像文化，视觉取代语言成为文化的中心。如果说书写文化需要沉思凝虑，作品给读者留有想象的空间，而影像文化则完全没有了距离，读者思维想象的空间完全被不断变换的形象剥夺了。他指出，"现代社会空间完全浸透了影像文化"，"这就是真正的形象社会时期，从此在这个社会中人类主体面临每天多达一千多个形象的轰炸"。① 在他看来，大众文化是一种以视觉为中心的文化，形象生产和消费充溢着社会每个角落，形象正以其优越的可视性表现出对文字的压制与替代。"所有这些真实的，未说的，没有看见的，没有描述的，不可表达的，相似的，都已经成功地被渗透和殖民化了，统统转化为可视物和惯常的文化现象。"② 不仅如此，他还认为随着商品向文化领域殖民化，形象也将现实社会殖民化。他说："形象社会和广告无疑能记载商品向其自身力比多形象的逐渐改造，即是说，改造成近似的文化产品；今天，不受商品形式统治的飞地都已经不存在了。"③ 也就是说，在詹明信看来，在后现代社会资本家为使商品易于卖出，必然注重对商品外在形象的打造，而商品形象的打造又必然引起人们的力比多冲动，以此提高商品的文化内涵。

四、大众文化的功能

1.大众文化的经济功能

现代主义的文化艺术遵循美学自身的标准，而后现代大众文化纯

---

① ［美］詹姆逊：《文化转向》，胡亚敏译，中国社会科学出版社 2000 年版，第 108 页。
② ［美］詹姆逊：《文化转向》，胡亚敏译，中国社会科学出版社 2000 年版，第 108 页。
③ 王逢振主编：《詹姆逊文集——文化研究和政治意识》，中国人民大学出版社 2004 年版，第 403 页。

粹为商业而制作，艺术由自律变为他律。詹明信指出，在后现代社会，"作为全自律空间或范围的文化黯然失色，文化本身落入了尘世"。① 只要能赚钱，一切文化都可推向市场并批量生产，以满足资本增值的天然需要。"对大众文化新的认可仅相当于人们开始意识到它的重要性，同时也认识到一种有意味的虚假艺术与市场体系和商品形式之间深深的同谋关系。"② 商品拜物教精神不仅渗透到大众文化的生产、流通、消费的整个过程当中，也渗透到哲学家的理论思维中。思想和艺术为市场而创作，精神创作活动原先遵循的精神自由的逻辑被商品和赚钱的逻辑所代替。文学家、艺术家和思想家不再是传统意义上的对某种精神价值的探索者和创造者，而成了为填补人们的空虚灵魂而进行兜售和批量生产各种精神商品的特殊生意人。文人、艺术家、思想家的精神导师的地位不再受人尊崇，笼罩在他们头上的神圣光环褪去了，他们在商业社会只能靠出卖他们的精神产品换取生活资料，因此文人卖文，诗人卖诗被本雅明（Walter Benjamin）称为"灵魂的卖淫者"。

2. 大众文化的娱乐功能

詹明信认为，后现代的美学立场对于现代性来说已经发生重大变化，"当下的后现代时期似乎也正经历着一次对审美的普遍回归……现代艺术中的那些超美学的观点似乎已经使人完全对它失去了信任"。③ 大众文化已由超美学走向"美学的回归"，回归于直接的现实生活本身，它让人们沉溺于放纵性的文化消费，通过"拼贴"的快速流动的视像和华丽的商品包装而不断得到感官上的愉快和满足。他说："在原有的现代的崇高的位置上，出现了美的回归和装饰，它抛弃了被艺术所声称的对'绝对'或真理的追求，重新被定义为纯粹的快感和满足……到了

---

① ［美］詹明信：《晚期资本主义的文化逻辑》，陈侨清等译，三联书店 1997 年版，第 381 页。

② ［美］詹姆逊：《文化转向》，胡亚敏译，中国社会科学出版社 2000 年版，第 115 页。

③ ［美］詹姆逊：《文化转向》，胡亚敏译，中国社会科学出版社 2000 年版，第 108 页。

八十年代，它们则完全沉浸在灯红酒绿的文化放纵和消费之中。"① 在詹明信看来，生活在后现代社会的人们不需要天才，也不想成为天才，他们不需要现代主义者具有的个人风格，不承认什么乌托邦性质，追求的是感官愉悦，而不是高雅。

3. 大众文化的政治功能

詹明信认为，后现代大众文化承担着双重政治功能，它既承担着为资本主义服务的意识形态功能，又承担着为大众服务的解放功能。由于大众文化具有明显的消费功能，这便使它很容易就被纳入资本主义的生产体系；资本主义正是利用了大众文化这一点加强了资本对文化的渗透，最终通过推广和加强大众文化的生产而达到赚取最大利润、发展自身的目的。他说："当前的文化利用巨大无比的传媒网络和电脑所达到的不尽忠实的再现，我以为这本身就是对社会整体问题的一个更深刻、更富喻义的误读和夸张。此中被歪曲、被借喻的，正是雄霸今日跨国资本主义的整个世界系统。因此，尽管当前社会的科学技术有惊人的发展，尽管尖端科技是充满魔力的，但事实上技术本身并无稀奇之处，其魅力来自一种似乎总是广为人所接受的再现手段（速写），使大众更能掌握'资本'发展到第三个历史阶段所带来的全新的、去中心的世界网络，这个深具喻义的文化生产过程，在今日一种以娱乐读者为主的新式流行小说里最可见一斑。"②

但同时，詹明信又认为由于大众文化推行文化世俗化、平易化，并借助复制、传媒技术和市场手段，把文化广泛传播到大众，消解了少数精英对文化的垄断，因而扩大了民主。他说："想想后现代主义的通俗性以及后现代主义所包含的相对民主化问题。与现代派的旧式语言相比，后现代是一种能够被多得多的人们所接受的文化体验。这当然不可

---

① ［美］詹姆逊：《文化转向》，胡亚敏译，中国社会科学出版社 2000 年版，第 84 页。
② ［美］詹明信：《晚期资本主义的文化逻辑》，陈侨清等译，三联书店 1997 年版，第 488 页。

能全是坏的。"① 也就是说，在他看来，大众文化的发展和崛起打破了长期以来的一元文化发展模式，破天荒地公开肯定了广大民众的文化消费利益，尊重了广大民众的文化选择权利乃至确立了广大民众的文化主体地位，这明显具有进步与解放意义。

五、余　论

客观地讲，詹明信对大众文化的分析是深刻的，他始终从历史发展的角度去揭示大众文化的产生、发展及其作用，因而在一定意义上捍卫了马克思主义辩证唯物主义的立场。不同于法兰克福学派固守文化精神家园的立场，詹明信并没有简单地用精英文化与大众文化的价值比较去否定大众文化，而是把大众文化放在整个资本主义的发展过程中去揭示其产生与发展的价值。在他看来，晚期资本主义在矛盾没有激化之前仍有发展空间，它始终要利用一切可利用的因素来发展自身，而作为人类智慧结晶的文化也自然会成为晚期资本主义的利用因素。詹明信认为精英文化与大众文化仅从文化层面上看的确存在着对立的方面，但从社会存在的角度看，它们又存在着同一的方面，它们都是对资本主义发展的一种文化反映。他说："我们必须重新考虑精英文化／大众文化的对立，使传统上流行的对评价的强调——这种由二元对立价值体系运作的评价（大众文化是民众的，因而比精英文化更权威；精英文化是自主的，从而与低级的大众文化不可相提并论）倾向于在绝对审美判断的某种永恒领域里发生作用——被一种真正是历史和辩证地探讨这些现象的方式代替。这样一种方式要求我们把精英文化和大众文化读作客观上相

---

① ［美］安德斯·史蒂芬森：《关于后现代主义——与詹明信的一次谈话》，载利奥塔等著《后现代主义》，赵一凡等译，社会科学文献出版社 1999 年版，第 91 页。

联系的、辩证地互相依存的现象，作为在资本主义条件下美学产生裂变的孪生子和不可分离的两种形式。然而在这资本主义的第三阶段或多国资本主义阶段，精英文化和大众文化双重标准的困境仍然存在，但这已经变成一种客观的矛盾——不是我们自己判断标准的主观问题——它有自身的社会基础。"① 由于晚期资本主义社会"形象""符号"的作用日趋重要，因而在文化上必然要求以不断变化的方式与之相适应。对此，大众文化以其丰富的内容与形式从容应对并成为文化主导，而精英文化则因形式与内容的单调而渐渐退居次位。

另外，在大众文化的作用问题上他也有着深刻的认识。在他看来，不能用绝对好坏的标准去衡量大众文化，而要用历史发展的观点去评价大众文化，要"既能在同一思考中抓住资本主义那些显而易见的有害特征，同时又能了然那些突出的解放性动力，并且丝毫不减弱两者中任何一种判断的力量"。② 从大众文化被资本主义意识形态操纵的角度看，它的确具有维护资本主义制度的负面因素，但从大众文化加剧资本主义发展的同时又进一步激化其矛盾的角度来看，它又有着正面意义。在他看来，正是大众文化的发展使世界联结成一个紧密的整体，也正是在这个整体中资本主义的霸权实质逐渐得到暴露，而所有这些又都为全球范围内的社会主义革命运动做了铺垫。他说："所谓现实本身，乃是一个未经理论架构吸纳的全新空间，这一种空间，散布于跨国性晚期资本主义崭新的'世界系统'里，自有其邪恶的一面（其缺点是显而易见的）。但若以辩证的方法来看，在针对负面的同时，我们必须以空间构成中正面的、'前进'的因素赋予适当的评价（同理，马克思也曾为国家市场崭新的统一空间作过正面评估，列宁也对旧有帝国主义统辖下的全球

---

① 王逢振主编：《詹姆逊文集——文化研究和政治意识》，中国人民大学出版社 2004 年版，第 58 页。

② ［美］詹姆逊：《快感：文化与政治》，王逢振等译，中国社会科学出版社 1998 年版，第 204 页。

网络作过正面评估）。无论是对马克思或是列宁来说，社会主义都不是鼓吹回到一种更小型（因而便显得更少压抑、更加全面）的社会组织体系，其实马克思和列宁都能正视资本的发展在当时的社会发展过程中的地位，并视之为迈向一个更新更全面的社会主义体制的必经阶段。"①

不过，由于囿于后现代主义立场，詹明信未能揭示大众文化的深层本质。尽管詹明信从生产方式的角度分析资本主义与大众文化的发展，但由于这种分析仅借助于曼德尔的理论（他本人却未做深入研究），因而他对资本主义与大众文化关系的说明明显是缺乏深度的。实际上，在晚期资本主义时期，资本主义的发展正是利用资本在国内与国际纵深发展而取得的（在国内，资本进一步向经济、政治与文化领域渗透；在国际，资本向其他国家渗透）；而资本主义在发展的同时也加剧了两极分化的形成趋势，即资本主义国内与国际范围的两极分化。大众文化的兴起也意味着资本主义文化内在矛盾的加剧，大众文化"无主体性""无深度性"的特点实际上给资本主义早期标榜的自由、平等与博爱精神重重一击，它的出现说明资本主义再也难以寻找内在发展的精神动力，资本主义内在乌托邦动力已经衰竭，它只能让人们在"游戏人生""感官刺激"中把玩人生。另外，单从文化层面来看，詹明信的大众文化理论也存在明显局限。他只看到了大众文化与精英文化的矛盾关系，而未能看到大众文化与资本主义主流意识形态的关系。的确，随着大众文化的发展，资本主义精英文化出现了退却趋势，但在此过程中资本主义的意识形态不仅没有退却，反而有所加强。不错，大众文化的无主体性在某种意义上也消解着资本主义的个人主义精神，但资本主义意识形态并没有因此而消亡，它有很强的免疫力，在经过重建后又重新登上历史舞台，并以多元并存的个人主义特征收编了大众文化，并使大众

---

① ［美］詹明信：《晚期资本主义的文化逻辑》，陈侨清等译，三联书店1997年版，第507—508页。

文化为之服务。尽管詹明信一再声称要从大众文化的乌托邦精神中唤醒并重构社会主义的阶级意识，但这种没有实质性经济基础作支撑的意识形态不仅难以形成（大众文化在资本主义生产与意识形态的双重控制下已变得畸形发展），而且即使形成也无法达到它预定的目的。因为，资本主义制度在某种意义上是可以允许不动摇其社会基础的改良主义乌托邦存在的。事实上，大众文化的无主体性并不意味着所有主体意识的死亡，它只意味着近代以来那个标榜理性（工具理性）至上的资本主义个体主体的终结，后现代大众文化的无主体性更呼唤一种以不同于资本主义的新生产方式为基础的集体主体意识。因为，只有在这种意识的引领下，真正的大众民主才能实现，大众文化才能避免畸形而朝着休闲娱乐、身心愉悦等方向健康发展（资本主义社会的大众文化是以牺牲民众心灵愉悦为代价的身体片面发展的文化）。而这种集体主体意识只有在通过对资本主义生产方式内在矛盾的揭示而得出。不过，这种集体主体意识是詹明信所不能接受的。因为，它的形成需要深度分析，而这种方式正是詹明信作为一个后现代主义者所反对的。

詹姆逊文化全球化理论评析

随着经济全球化的不断发展以及经济与文化、政治之间的相互渗透，文化在经济发展与国际交流中的作用越来越明显。随之，人们必然会提出这样的问题：文化全球化是否可能？如果可能，文化全球化的实质又当如何理解？对此，不少西方学者都发表了自己的言论，其中美国后现代主义文论家詹姆逊独树一帜，其理论有着广泛的影响。本文试图结合詹姆逊的思想，对文化全球化问题做一简要分析。

一、全球化是以通信技术为基础的
经济与文化相互渗透的过程

詹姆逊在陈述自己的观点之前，首先对全球化问题上存在的不同观点做了说明。在他看来，对当前全球化问题的理解上存在着四种不同观点：一是根本否定当前存在全球化这一事实，认为目前国际环境仍然是以民族、国家为主；二是肯定全球化现象，但认为这一事实自人类开始较大规模民族之间的交往就已经存在；三是认为全球化过程与资本主义同步进行，今天的全球化只是与早期资本主义的全球化程度不同而已；四是认为全球化是晚期资本主义的根本特征。詹姆逊同意第三与第四种观点，并把它们结合起来，作出了自己的解释。在詹姆逊看来，从当前的形势看，全球化已是一个不争的事实，它起源于资本主义，而发展于晚期资本主义。因为，全球化的迅猛发展离不开一个重要的因素——通讯，而这项技术的发展则明显表现于晚期资本主义社会。他说："我们先从这样一个原则开始：我们似乎已经知道全球化是什么，并集中探讨全球化概念，探讨其意识形态结构……我认为，全球化是一个通讯概念，交替地掩盖和传播着文化或经济意义。"① 在詹姆逊看来，当今的通信技术之所以能加剧全球化的过程，不仅因为它是以前各项技术显著的变革，还因为这项技术在世界各国得到了广泛培育与推广。他说："我们感到今天，更加密集和更加广延的通信网络遍布全世界，这些网络一方面是各种通信技术显著革新的结果，另一方面是以世界各国更大程度的现代化或至少在各大城市里的现代化为基础的，其中包括这种技术的培养。"②

詹姆逊认为，单单从通信技术的层面来理解全球化及其发展过程是不够的。在此，詹姆逊提出了他的有关后现代社会的理论。在他看来，后现代社会出现了一种新的现象——消费文化，它加剧了经济与文化之间的彼此渗透。在这种社会中，文化具有了明显的经济意义，而经济又增加了更多的文化内涵。作为后现代社会通信技术的一项重要成果——信息，已负载了文化与经济的双重意义。他指出："如果新现象通过技术而非信息从本质上区别于旧的、现代的现象（尽管信息这个概念在今天已得到广泛使用并在意识形态上长足发展），那么，所发生的就是技术和电脑人所说的信息开始不知不觉地转入广告和公关方向，转入后现代市场，最后是电视节目的出口，而非回归从遥远地区发出耸人

---

① 王逢振主编：《詹姆逊文集：现代性、后现代性和全球化》，中国人民大学出版社 2004 年，第 387 页。

② 王逢振主编：《詹姆逊文集：现代性、后现代性和全球化》，中国人民大学出版社 2004 年，第 387 页。

听闻的报道。但这就是说，其表面概念，即通讯概念，突然获得了整个文化维度：通讯能指已经被赋予一种更正当的文化所指或指意。现在，对扩大的通讯网络的定位已经秘密地改变为关于一个新世界文化的某种信息。"又说，"这种转向也可以选择另一取向：即经济。因此，在我们思考这个新的、仍然纯粹的通讯概念时，我们已开始用全世界财经转移和投资的幻觉填充这个空洞的能指，而这些新的网络则开始随着某种新的和公认为较具弹性的资本主义膨胀起来。"①

由于信息技术传递的已经是经济与文化内涵，而经济与文化之间又彼此渗透，因而，全球化的过程就不仅仅是经济全球化，也是文化全球化的过程。

詹姆逊认为，文化全球化或全球化过程中的文化具有多样性与同一性双重特性。从通信技术负载的文化内涵看，全球化中的文化就会出现多样性、多元性的特点。因为，世界上的各国文化都可以通过电脑技术这个大平台得到充分、自由的展现。他说："如果你坚持这种新的通讯形式的文化内容，我认为，你就会慢慢地进入后现代对差异和区别的高扬：突然间，世界上的全部文化被置于相互容忍的交往之中，共处于一种巨大的多元主义之中，这个世界很难不去欢迎这种多元主义。除此以外，除了对文化差异的最初高扬之外，而且往往与这种高扬紧密相关的，是对不同群体、种族、性别、弱势民族等一系列新近进入公共话语领域的高扬。"② 而从通信技术负载的经济意义来看，全球化中的文化又会出现同一性的特点。因为，世界市场将不同民族的文化纳入同一市场之中，为世界文化的生产制定了同一的生产模式与标准。他说："如果你的思想转向经济，并使全球化概念濡染上那些符码和意义的色彩，我

① 王逢振主编：《詹姆逊文集：现代性、后现代性和全球化》，中国人民大学出版社 2004 年版，第 387—388 页。

② 王逢振主编：《詹姆逊文集：现代性、后现代性和全球化》，中国人民大学出版社 2004 年版，第 388—389 页。

认为，你就会发现这个概念愈加黯淡，愈加模糊不清。现在首要的是愈加强烈的同一性（而非差异性），迄今自治的民族市场和生产地带向单一地区的迅速同化，民族性生活必需品（如食品）的消失，和地球上所有国家不得不统一而成为我在前面提到的那种新的全球劳动分工。在此，开始激发我们的全球化思考的是在规模上新的无与伦比的一幅标准化图画；一幅被迫进入世界体系的统一的图画。"①

当然，在詹姆逊看来，全球化文化的多样性与同一性不只是分别从通信技术负载的文化与经济内涵看出的，只要深入分析，任何一个角度都能得出多样性与同一性的特点。他认为，如果从全球化文化生产的深度来看，各民族必然会碰到像美国文化这样的强势文化在全球盛行的问题；而从经济生产的角度看，世界市场也需要多样性的文化来刺激生产，以此满足人们对市场多样性的需求。

二、全球化是经济、政治与文化
多种因素相互作用的过程

既然全球化的文化既是多样的又是同一的，那么，究竟如何理解它们之间的关系呢？全球化文化的实质又是什么？对此，詹姆逊认为只有对全球化做技术、经济、政治、文化与社会五方面因素的综合分析才能得出结论。

人们可以单从全球化文化交流与发展的角度谈论全球化文化的特点，也可以单从经济生产与交往的角度谈论全球化文化的特点，但詹姆逊认为，要想弄清全球化文化的根本特点与实质，就必须首先肯定经济

---

① 王逢振主编：《詹姆逊文集：现代性、后现代性和全球化》，中国人民大学出版社2004年版，第389页。

全球化这个根本事实，或将经济全球化理解为全球化发展的基础。尽管通信技术负载了经济与文化的双重内涵，但消费文化的特点告诉人们：在后现代社会，经济与文化之间的不断渗透与其说是经济附和文化，文化根本改变并领引经济的发展，不如说是文化媚俗于经济，更加符合经济的生产规律。

通信技术的发展拉近了全球各民族之间的距离，使不同民族、国家等能够更加自由地进行商品生产。詹姆逊指出："新的消费类型；有计划的产品换代；时尚和风格转变方面前所未有的急速起落；广告、电视和媒体对社会迄今为止无与伦比的彻底渗透；市郊和普遍的标准化对过去城乡之间以及中央与地方之间紧张关系的取代；超级高速公路庞大网络的发展和驾驶文化的来临——这些特点似乎都可以标志着一个和战前旧社会的彻底断裂，那里高等现代主义还是一种地下力量。"① 但詹姆逊认为，与文化生产一样，通信技术一旦与经济结合也同样要服从经济生产的特点与规律。

既然通信技术与文化的发展都服从经济生产的规律，那么，它又给全球化文化生产带来怎样的后果呢？詹姆逊认为最重要的后果就是思想彻底物质化。人们追求思想自由，是因为思想是物质财产，它的出售可以带来大量的赢利。他说："形象社会和广告无疑能记载商品向其自身力比多形象的逐渐改造，即是说，改造成近似的文化产品；而高雅文化的消解和与此同时对大众文化商品的密集型投资也许足以表明，在资本主义的早期阶段和时期，不管实际情况如何（审美领域恰恰是逃避商业和国家的避难所），今天，不受商品形式统治的飞地（无论审美与否）都已经不存在了。"②

---

① [美] 詹明信：《晚期资本主义的文化逻辑》，陈清桥等译，三联书店 1997 年版，第 418 页。

② 王逢振主编：《詹姆逊文集：现代性、后现代性和全球化》，中国人民大学出版社 2004 年版，第 403 页。

文化生产服从经济生产的规律，那么，通信技术的广泛应用是否真的为不同民族提供了自由展现民族文化的平台呢？对此，詹姆逊的回答是否定的。他认为，不同民族与国家有了自由展现自身文化的平台，但并不意味着它们真的能实现这种自由，真的能掌握文化生产与传播的话语权。就像不同民族与国家都可以在世界交流中用自己的语言，但在当今世界普遍流行的则是英语一样。

要说明上述现象存在的原因，詹姆逊认为就必须进入当前世界经济、政治发展的体系之中。他指出，当今世界仍然是不平等的世界，帝国主义仍然操纵着世界的发展。在此，他首先对帝国主义发展做了新的说明。在他看来，帝国主义的发展经过了三个阶段：一是一次世界大战之前以殖民为主的帝国主义，二是冷战期间以经济封锁与威胁为主的帝国主义，三是今天以推广人权、民主与自由市场经济为基本特征的帝国主义。詹姆逊指出，今天的帝国主义主要是指美国与它的卫星国——英国。由于强大的经济与军事力量，詹姆逊认为美国操纵着全球经济与文化的发展。自第二次世界大战以来，美国通过各种条约和一揽子的援助计划将代表美国文化的电影等输入其他国家，尽管其他各国采取了不同的抵制方式，但仍然无法从根本上抵挡美国文化在全球的横行。他说："美国这种试图摧毁所谓'文化保护主义'政策的系统努力，只是一种更普遍的、日益全球性的兼并战略的组成部分（现在这种兼并战略在 WTO 及其所做的类似流产的 MAI 计划的努力中备受推崇），它极力以有利于美国公司的国际机制代替地方法律，无论在知识产权方面还是在专利方面无不如此"；后现代帝国主义"通过北大西洋自由贸易区、关税和贸易总协定、国际销售协定和世界贸易组织等发生作用。这并非因为这种形式的帝国主义提供一种关于不加区分的教科书似的范本（一种新的教科书！），说明经济、文化和政治独特的不同层面之间的汇聚融合，尽管它们是后现代性的基本特征和全球化的基本构成"。① 另外，詹姆逊还认为在经济全球化的过程中金融资本市场的巨大扩展是其重要特征，而美国又正是利用这一特征进一步加强了对世界各国的文化输入与干预。因为，在全球化的过程中，资本的瞬间转移可以汲干一国国民劳动力多年生产积累的价值，使其经济立刻瘫痪或处于贫困化。

詹姆逊认为，在当今世界有两种力量可以抵挡美国霸权：一是跨国公司，二是欧盟与日本。但他又惋惜地提出这两者都未能发挥其应有的作用。跨国公司因利益方面的原因与美国政府存在着共谋关系，而日本与欧盟也因复杂的国家关系卷入了美国全球自由市场计划之中，最终只能通过关税、保护、专利和其他贸易问题的争论来维护它们自己的利益。

退一步讲，詹姆逊认为即使当今世界真的存在一种力量可以与美国抗衡，但要想抵挡美国文化在世界的流行，这种力量还必须能生产出足以对抗美国文化的新的文化。在这一问题上，跨国公司是无能为力的，而日本与欧盟虽然经过了种种努力而最终只能是无功而返。他说："日本最终的战略措施是吞并美国的娱乐业——索尼购买哥伦比亚影业公司、松下买进 MCA……尽管拥有巨大的财富和技术与工业生产，甚至拥有所有制本身与私有财产，日本人都不能掌握本质上的文化生产，而这又是任何特定的竞争者为稳定全球化过程所必需的。"而欧洲尽管在经济上比以往更加富有，在文化上比以往更加高雅，是现代主义的一座闪光的博物馆，但"它未能生产出自己的大众文化生产形式乃是一个不祥的迹象……由欧洲经济共同体激发的构想一种新的欧洲文化综合的努力，以米兰·昆德拉（Milan Kundera）取代 S.T. 艾略特（T.S.Eliot），也同样是不祥的，即使是更具有同情心的表征。整个欧洲地方性大众和

---

① 王逢振主编：《詹姆逊文集：现代性、后现代性和全球化》，中国人民大学出版社 2004 年版，第 369—370 页。

弱势民族或对抗性文化的出现在世界各地都是后现代性的一个受欢迎的奖赏，但在定义上却拒斥旧的欧洲霸权规划"①。詹姆逊认为，一种文化要在世界广泛流行，它的生产就必须能融入日常生活的生产之中，它必须能不断为日常生活生产出新的形象；而美国文化的流行，也正是因为美国制度能成功吸纳多种异样文化元素的结果。

由于通信技术与经济、文化之间存在着交互作用，其结果是消费文化在强大的政治力量推动下在全球的广泛流行，而消费文化又直接关涉到人们的日常生活，即技术、经济、文化、政治与社会已融为一体，这样的文化在全球的盛行必然会带来不少负面影响。詹姆逊认为，它至少会带来对第三世界国家经济基础的摧毁与价值观的破坏。这必然会激起第三世界国家（包括一些西方发达国家）的反对与抵抗。在詹姆逊看来，当今世界民族主义的兴起正是这种反抗与抵制形式的具体表现。在对待民族主义问题上，詹姆逊通过对两个理论案例的批判来阐明自己的立场与观点。第一，他批判了亨廷顿的观点。他认为尽管亨廷顿看到了全球化过程中因传统价值观的不同而带来的民族主义文化冲突，但由于其缺乏经济维度的思考而流于空洞的政治理论分析，因而不能真正揭示当前民族主义文化冲突的根源与实质。第二，他批判了格雷（Richard Gray）的观点。尽管格雷对美国进行了公开的谴责，揭露了当今美国社会存在的各种问题，设想通过新技术发明而带来利润的方式最终建立中国侨民的家庭式资本主义、日本武士精神的资本主义、韩国集权资本主义等多种带有民族精神的资本主义，但詹姆逊认为其技术决定论立场最终使之陷入了模糊的乌托邦理论之中。

在詹姆逊看来，任何民族主义的文化保护都不能从根本上解决全球化过程中民族主义的冲突，它的解决需要有强大的文化动力。他认

---

① 王逢振主编：《詹姆逊文集：现代性、后现代性和全球化》，中国人民大学出版社 2004年版，第 400 页。

为，自国际共产主义运动影响减弱之后，只有伊斯兰"原教旨主义"才能真正有计划地抵制西方文化，至少抵制西方的"文化帝国主义"。但他又不对这种文化寄予希望。因为，它明显缺乏解决全球化过程中民族主义冲突的另一动力——经济力量。在詹姆逊看来，如果文化与经济放在同一平台上，后者的作用更加明显。因为，世界民族主义斗争的事实表明：尽管许多民族与国家在战后走上了独立的道路，可它们又在全球化的进程中陷入了新的被统治之中，服从于金融市场和外国投资的统治。想借超越全球化的方式解决民族主义问题，更是于事无补。因为，"南斯拉夫和伊拉克这两个当前似乎处于那个轨道之外的国家，在追求纯粹的民族主义的道路上并不鼓舞人心"①。

如此说来，面对美国全球化过程中的文化霸权，人们是否就束手无策，坐以待毙呢？对此，詹姆逊的回答也是否定的。他认为全球化过程中问题的解决必须将目光从经济转向社会，探求新的社会政治斗争形式。在他看来，美国在世界上的强权也不是坚不可摧的，若干迹象已经表明美国与跨国公司之间已出现利益上的松动，国际金融体系发展的自治性已有明显的表现；一旦美国与跨国公司出现利益分裂，国际金融体系难以被美国控制，那么，美国的末日就会来临。在詹姆逊看来，更为可喜的是，当今美国内部也出现了反对全球化的政治运动。现在问题的关键是：人们应采取何种策略对抗乃至推翻全球化中的资本主义？简单地采用对高利盘剥的批判是无济于事的，而一味地停留在对西方跨国公司掠夺地方矿产资源和剥削地方劳动力的批判上，则仍是将斗争置于旧的反帝国主义的民族主义范围之内，难以与新的全球化资本的巨大侵略力量抗衡。詹姆逊认为，真正的斗争策略应该是将全球的劳工组织起来，以一种"松散"的组织形式实现真正的乌托邦理想。他说："实际

---

① 王逢振主编：《詹姆逊文集：现代性、后现代性和全球化》，中国人民大学出版社 2004 年版，第 380 页。

上，表示劳工组织的旧术语'联合'，对于最终在社会层面上的争论，提供了一种绝好的象征意义；各地劳工运动的大量实例表明，在积极的政治工作中可以形成新的团结形式。这样一些集体并不总是受到新技术的左右：相反，新的抵制全球化的政治（例如反对 WTO 的游行）无论在什么地方出现，电子信息交流似乎一直非常重要。当前，我们可以用乌托邦一词来表示一切表达集体生活要求的计划和表征——无论它们以多么扭曲或无意识的方式表达出来——并在对全球化所作的真正进步或创新的政治反应里，确认社会的集体性是最重要的核心。"①

三、评 论

从广义上说，人类自从有了较为广泛的交往，就出现了全球化的过程，因此，全球化现象可以说早已有之。但真正全球化的运动则开始于资本主义时期。由于资本主义的生产方式向全球的渗透，世界的交往越来越频繁，全球化也就成为一种普遍现象。马克思恩格斯在《共产党宣言》中指出："资产阶级，由于开拓了世界市场，使一切国家的生产和消费都成为世界性的了……过去那种地方的和民族的自给自足和闭关自守状态，被各民族的各方面的互相往来和各方面的互相依赖所代替了。物质的生产是如此，精神的生产也是如此。各民族的精神产品成了公共的财产。民族的片面性与局限性日益成为不可能，于是由许多种民族的和地方的文学形成了一种世界的文学。"② 到了后工业社会，由于电子技术的发展及其在全球的广泛应用，全球化的进程就进一步加快了；由于后工业社会出现了消费文化现象，因而，在全球化的过程中文化全

① 王逢振主编：《詹姆逊文集：现代性、后现代性和全球化》，中国人民大学出版社 2004 年版，第 383—384 页。

② 《马克思恩格斯选集》第 1 卷，人民出版社 1995 年版，第 275—276 页。

球化也就进一步凸显出来。就此而言，客观地讲，詹姆逊抓住了问题的实质。

那么，究竟如何看待文化全球化，文化全球化的实质又是什么呢？从现象上看，文化全球化既是各民族的文化在世界舞台上平等展现的过程，又是一国文化不断向其他国家传播与推广的过程；文化全球化既有令人鼓舞的方面，又有令人担忧的方面。于是，面对这一进程，各种理论粉墨登场，纷纷发表自己的观点。赫尔德等在《全球大变革》中指出，当代关于文化全球化的性质和影响的争论主要有极端主义者、怀疑论者和变革论者三种。极端主义者认为，在美国大众文化或西方消费主义支持下的世界是同质性的世界；怀疑论者认为，与民族文化相比较的全球文化具有空洞性和暂时性，由于世界主要文明的地理政治隔阂，文化差异和文化冲突具有持续的重要性；变革论者认为，文化与人口的相互融合与交流将产生混合文化和新的全球文化网络。其实上述三种观点都只是抓住了文化全球化问题的一个方面，只是看到了文化全球化中的现象，而忽视了文化全球化问题的其他甚至实质方面。相比而言，詹姆逊的理论是较有深度的，他始终从经济、政治、文化与社会互动关系的角度去探讨文化全球化问题。詹姆逊不仅看到了文化全球化中的表面现象与特点，而且还掌握了其实质。表面上看，文化全球化是由文化的特点决定的，而实际上文化在影响经济的同时，更多地受到经济发展规律与政治格局的影响。这种影响一方面加强了民族关系和不同国家之间的联系，一方面也导致了不同民族与国家之间的冲突。消费文化的发展必须导致全球文化出现同一趋势，这种同一不是单纯的同一，而是包含了差异性的同一。因为世界市场需要满足人们不同层次的需要，因而文化产品也必须像物质产品那样做到多样性、丰富性。同样，全球文化也有多样性的特征，各民族的文化都可以利用信息平台向世界充分展现自己，但也必须意识到这种多样性是包含了同一性的多样性。因为民族文化必须利用市场规律、用类似于物质生产的方式包装自己。一国文化得到另一国的认可，有时并非因为其独特的文化价值与魅力，而是因为它满足了别国人民审美与消费的猎奇心理。美籍印度人赛义德提出的后殖民主义文化理论正是说明了这一现象。因此，在文化全球化的过程中"同一性"应是其根本特征。怀疑论与变革论的观点是有失偏颇的。

詹姆逊文化全球化理论价值还表现在，它不同于当今十分流行的英国汤林森提出的文化帝国主义论、美国福山提出的资本主义终结论、美国亨廷顿提出的世界文明冲突论和德国哈拉尔德·米勒提出的世界文明共存论。尽管这些理论观点不一，但其实质基本相同：他们都是在维护西方资本主义制度与美国文化。即使表面上看重视其他民族文化价值的哈拉尔德·米勒也这样说道："在21世纪，人类将走向何方，文化的差异是成为划分界限的原因，还是会演化为促进合作的动力，这一切都取决于我们西方对待文化的态度。美国作为西方的领头羊，理所当然应该承担自己的责任，我们在此只能对美国抱以极大的期望，保佑它可以履行这项责任……至于21世纪是否会和20世纪一样，到处充满血腥的战争和暴力冲突事件，或是这些争端成为建立在合作基础之上的世界新秩序的边缘现象，在很大程度上，情况的发展并不取决于'中国的挑战'、日本的威胁或伊斯兰的原教旨主义，而是首先取决于我们——沐浴在民主、自由空气中的、开放的西方多元文明社会。"① 而詹姆逊则把矛头指向美国的经济、政治与文化制度。

更值得一提的是，在西方资本主义终结论呼声不绝于耳的情况下，詹姆逊仍在孜孜不倦地寻求解决当今世界冲突的方式，仍在诉求一种乌托邦的精神，并通过组织国际劳工的方式兑现这种精神。这是一种其他文化全球化理论家所不具备的弥足珍贵的精神。

当然，詹姆逊的文化全球化理论也有一定的局限。第一，他对消

---

① ［德］哈拉尔德·米勒：《文明的共存——对塞缪尔·亨廷顿"文明冲突论"的批判》，郦红等译，新华出版社2002年版，第298—299页。

费文化的分析还不够全面、深刻。不可否认，消费文化的产生和发展与后工业社会密切相关，它也加速了文化全球化的进程，但消费文化的盛行除了有它与资本主义经济、政治的密切关系外，还与高雅文化影响力下降紧密相关。高雅文化影响力的下降既有它难以纳入市场轨道的原因，也有西方社会理想缺失方面的原因。随着苏联与东欧社会主义制度的解体，新的与资本主义意识形态抗衡的理论迟迟不能登场，这使相当多的西方人在看到西方社会种种弊端时，因焦虑而走向麻木，最终默认消费文化的流行。因此，要抵制消费文化的横行，建构新的意识形态是当务之急。第二，他对西方社会的对抗还流于乌托邦的理想。正如詹姆逊自己所言，要真正对抗美国霸权，就必须开展有组织的社会政治斗争，进行经济、政治与文化多向度的斗争，但他设想这些斗争要依靠"松散"的国际劳工组织来完成，其最终愿望是难以实现的。这也正是他作为一个后现代主义者的理论弱点。与其他文化一样，全球化的文化发展也有自律与他律的特点，但在经济与政治制度不合理的情况下，想实现全球化文化的自律是不可能的。只有解决了经济与政治上的不平等，才能实现真正平等的世界文化交流与对话。

下 编

哲学中的文化

后现代主义：晚期资本主义的文化主导

——佩里·安德森《后现代性的起源》评析

佩里·安德森是英国著名的马克思主义史学家、新左派理论家与政论家，被特里·伊格尔顿（Terry Eagleton）称为"不列颠最杰出的马克思主义知识分子"。《后现代性的起源》本是安德森为当代美国文论家弗雷德里克·詹明信《文化转向》一书写的序言，但由于篇幅过长而单独出版。作为当代西方新左派运动的著名代表，安德森介入后现代主义的讨论是一个重大事件，它不仅有利于人们进一步认清后现代主义这一在当代国际社会有重大影响的社会思潮的发展和思想实质，而且有利于人们进一步了解西方马克思主义的近期发展及其走向。

一、后现代概念的历史考察

在安德森那里，后现代主义是一个十分复杂的概念，它有四层不同的含义，即作为词源的后现代主义、作为艺术形式的后现代主义、作为历史现象的后现代主义与作为思想观念的后现代主义。在他看来，后现代主义的四层含义之间既有区别，也有联系。从发生学的角度看，首先应该有作为词源的后现代主义概念，然后才有作为艺术形式的后现代主义；当作为艺术形式的后现代主义渐渐成为一种较为普遍的现象时，便出现了作为历史现象的后现代主义；而随着作为历史现象的后现代主义的进一步发展，也就有了作为思想观念的后现代主义。当然，在安德森看来，上述四个概念尽管存在时间上的关系，它们的内涵却并非一致。因为，每一依次产生的后者都有可能跟前者有着不同的含义，特别是作为思想观念的后现代主义与作为历史现象的后现代主义之间会存在若即若离的后现代主义：晚期资本主义的文化主导关系。因此，安德森为《后现代性的起源》确定了一个写作目标，即重点分析作为历史现象的后现代主义与作为思想观念的后现代主义以及它们的关系。

安德森认为，作为词源的后现代主义首先由西班牙作家弗里德里科·德·奥尼斯（Federico de Onis）在 20 世纪 30 年代提出，他把后现代主义当成现代主义内部一股保守的逆流来看待，并认为它将昙花一现；在英语世界最早运用后现代一词的是英国著名历史学家阿诺尔德·约瑟·汤因比（Arnold Joseph Toynbee），他在 1954 年出版的《历史研究》第 8 卷中把后现代当成一个历史时期的概念来使用。在汤因比那里，后现代是一个对立于现代的概念，它是指由西方社会内部的工人阶级与西方世界之外的知识分子开始质疑并反对西方社会的时期。安德森认为，奥尼斯特别是汤因比提出的后现代概念十分重要，他们把后现代主义理解为一个空间与政治概念的想法对把握以后的后现代主义发展尤有启迪意义，但遗憾的是奥尼斯仅限于文学，而汤因比又因第二次世界大战后世界形势的变化而未能深化发展这一思想，再加上战后反共思潮的猖獗，使人们渐渐忘却了他这一有意义的思想。

与此同时，安德森认为后现代主义的探讨却逐渐进入北美世界，其早期代表是美国诗人查尔斯·奥尔森（Charles Olson）。1951 年，奥尔森从墨西哥尤卡坦回到美国时提出了"后现代世界"概念，并把它理解为地理大发现和工业革命、帝国主义之后的一个时代，他要求人们应该把"现在"当成"后现代、后人道主义与后历史主义"加以体验。由于奥尔森像汤因比那样把后现代理解为一个空间历史概念，并用西方之外国家的发展质疑西方世界且对此充满乐观情绪，因而他受到美国联邦调查局的讯问，最终被撤销职务，由他领导的、在当时有一定学术影响的黑山学院也随之被解散。自此之后，在北美世界，后现代一词在相当长的一段时间内被左派知识分子当成"不够现代"的贬义词使用，他们认为后现代是自由主义与社会主义现代理想毁灭的时代。直到20世纪60年代，该词才被另一帮知识分子当成褒义词使用，它被用于指称第二次世界大战以后西方国家工商巨子和名门望族力量的衰退、新青年一代的兴起及随之带来的社会可以真正进入自己做主的民主政体时代。

安德森认为，对后现代主义的理解仅仅凭词源考察及对词源意义理解的不同分析是不能从根本上把握后现代主义的实质的，要深入了解后现代主义，就必须进入历史现象的分析与研究。在他看来，后现代主义上述四个层面的关系错综复杂，按正常规律来看，上述四者应该是依次展开的关系，但由于后现代主义在词源考察时就已经萌发了某种观念，而且从后现代主义事后发展来看，这些观念确实有一定程度的预见性，因而，后现代主义的发展就给人们留下一个印象："后现代观念史的开端，远远早于一切被称为后现代形式的事物的来临。对后现代理论化的顺序与后现代形式出现的顺序并不一致。"①

其实，在安德森看来，若再作认真的分析与研究，还是能看出作为艺术形式的后现代主义、作为历史现象的后现代主义与作为思想观念的后现代主义依次呈现的关系的。他认为，作为艺术形式的后现代主义大约出现在20世纪60年代，首先发端于绘画领域。他说："早在符合后现代标准的小说或建筑物出现之前，后现代的所有特征差不多都出现在绘画艺术之中。"绘画投入成本低与回报率高是它成为"测量更广泛

---

① ［英］佩里·安德森：《后现代性的起源》，紫辰、合章译，中国社会科学出版社2008年版，第98页。

的文化变迁最敏感的地动仪"①。由于此时绘画领域已经出现明显的与现代艺术断裂的风格，再加上这些风格不断向雕塑、文学等领域渗透，安德森认为后现代主义也就渐渐成为一种重要的社会现象，与此相关的观念化总结也就随之出现。

在此，他认真分析了将后现代主义观念化的五个重要人物。伊哈布·哈桑（Ihab Hassan）是其中第一人。他认为哈桑于1971年通过对视觉艺术、音乐与技术等领域的系统考察，提出了把后现代主义理解为"要么将现代主义主要观点激进化，要么拒绝承认现代主义"的思潮，并在随后的时间内用福柯的知识论断裂观点去说明自海森堡（Werner Karl Heisenberg）与尼采（Friedrich Wilhelm Nietzsche）之后科学与哲学领域内发现的类似转变。安德森认为，哈桑在把后现代主义扩大到艺术领域并对它的特征进行总结方面是作出了一定的贡献，但当他感知到后现代主义艺术特征在日常生活中表现得越来越明显的时候却开始不知所措，不知如何驾驭这种思潮，最后甚至对它产生厌恶心理。正当哈桑裹足不前之时，后现代主义在他关注最少的领域——建筑领域突飞猛进，并一下子让公众接受了这个术语。在这一过程中，查尔斯·詹克斯（Charles Jenks）起了关键作用。对此，安德森也进行了分析。他认为建筑学是无所不能与无能为力的混合体，就建筑师设计理念而言，它可以自由驰骋、无所不能，而就它的实际应用来看，它又是无能为力的。"一座重要建筑群的成本和影响总比其他艺术媒质要大得多，一般说来，建筑师自由选择（结构或地址）的余地比其他艺术领域小得多：委托公司或官僚机构的决策是主要考虑因素。"② 正因为如此，建筑特别是重大建筑一旦采用了后现代风格，自然会产生重大的社会影响。而詹克斯在

---

① ［英］佩里·安德森：《后现代性的起源》，紫辰、合章译，中国社会科学出版社2008年版，第98页。

② ［英］佩里·安德森：《后现代性的起源》，紫辰、合章译，中国社会科学出版社2008年版，第114页。

正面评价并推广后现代主义建筑风格方面起了十分重要的作用。

不过，在安德森看来，真正使后现代主义概念享誉全球的还是利奥塔（Jean Francois Lyotard）于 1979 年在巴黎出版的《后现代状况》。这本书原本是利奥塔为魁北克政府的大学委员会作的一个"关于当代知识状况"的报告，但一经出版便被推向全球并成为后现代主义理论的标志性成果。安德森认为，事实上，利奥塔这本书根本撑不起整个后现代主义理念，更没有对后现代主义现象进行过全面、科学的总结，它只是从哈桑那里借来了后现代主义术语并用它概括了后现代科学知识的状况。且不说利奥塔对后现代知识状态的总结是否准确以及他对后现代主义的界定的前后矛盾，安德森认为，单就它对"共识"与"解放叙事"的批判就存在明显的误导，它的旨趣同利奥塔本人的思想状况存在明显的落差。安德森认为，利奥塔一生十分关注政治并为此乐此不疲，但这本书明显不是在正面论述政治问题。事实上，从利奥塔在《后现代状况》之后相继发表的文章来看，他不反对一切大叙事，只是反对共产主义大叙事。"利奥塔在《后现代状况》中宣称，所有的宏大叙事都已经死亡。当然他首先要证实的是经典社会主义的死讯……那么，怎么看待资本主义呢？在利奥塔写作《后现代状况》之际，正值卡特时代的尾声，当时西方正进入严重的衰退时期，意识形态情绪还没有到喧嚣直上的程度。因此，他可以带着一副貌似合理的样子指出，证明当代资本主义合理性的仅是一种述行（performance）原则，述行原则只是真实合法化的影子。"[1]

不同于利奥塔，另一个西方重量级哲学家——哈贝马斯对后现代主义的理念化有着明显的批判资本主义的性质，但安德森认为哈贝马斯也同样未能对后现代主义社会现象进行科学的理论总结。在他看来，哈

---

[1] ［英］佩里·安德森：《后现代性的起源》，紫辰、合章译，中国社会科学出版社 2008 年版，第 34 页。

贝马斯看到了现代主义的局限并部分认同后现代主义对现代主义的批判，也看到了资本主义的国家权力与市场发展对日常生活的殖民状况，但他的做法是想通过重建现代性的方法来确保日常生活的自由状态并由此进一步影响政府的决策与社会的发展。在安德森看来，这是一种明显的理论脱离实际的做法，不通过触动资本主义经济与政治制度而想通过文化领域的改造来完成社会变革的方法完全是"不合时宜"的。由此，他把哈贝马斯也纳入跟前三者同样的行列。他说："后现代领域的确表现出另一种统一性：它在意识形态上是一致的。在这种情况下，有关后现代的观念总是或多或少具有右派属性……尽管哈贝马斯依然从'左派'立场抵制效忠后现代，但在观念上，还是向右派让了一步，把它认定为新保守主义中的一员。他们共同的做法是，把利奥塔——这位当年最激进的人物——所说的自由民主的原则视为当代无法逾越的界限。除了资本主义之外不可能有其他制度。后现代是对其他取代资本主义幻想的判决。"①

在安德森那里，他认为自奥尼斯、汤因比与奥尔森提出后现代主义概念以来，后现代主义一直有两种取向：一是从现代主义内部反对现代主义，二是从现代主义外部（即非西方国家）反对现代主义。也就是说，在他看来，后现代主义自概念提出时起，就有着空间与政治上的内涵，它是现代主义由内到外扩展的结果。但遗憾的是，后现代主义上述理论家只是更多看到后现代主义的文化内涵，而未能看到后现代主义的空间政治内涵。

安德森认为詹明信的后现代主义文化理论为此作出巨大贡献。在他看来，詹明信不仅仅把后现代主义现象当成一种文化思潮，更把它当成一种重要的社会现象，并从资本主义生产方式发展的角度去揭示它的

---

① ［英］佩里·安德森：《后现代性的起源》，紫辰、合章译，中国社会科学出版社 2008 年版，第 48 页。

实质。他认为，詹明信通过五个步骤完成了这一艰巨的工作：其一，詹明信把后现代主义固定在资本主义自身的经济秩序的客观变化中，认为后现代性不仅仅是美学断裂或认识论转移，而是占有支配地位的生产方式发展新阶段的文化标志；其二，詹明信根据资本主义生产方式的变化来探索由此引起的主体重大心理变化；其三，詹明信通过实证考察具体分析了包括绘画、雕塑、建筑、音乐、文学等在内的几乎所有的艺术领域与相关的主要话语领域艺术风格或知识形态的变化；其四，探索后现代主义的社会基础与地缘政治模式，进一步探寻后现代主义产生与发展的阶级原因与国际背景；其五，对后现代主义现象与后现代主义观念进行非单纯道德谴责与文化批评，而是作出符合马克思主义经济基础与上层建筑关系的中肯评价。

对詹明信这种高屋建瓴、既对资本主义社会有总体把握又对它有分层研究的思想与方法，安德森给予了高度评价。他说："对后现代主义的真正批判不可能是意识形态上拒斥。相反，辩证的任务要求我们透彻地研究它，这样一来，我们对这个时代的理解将呈现另一番面貌。对新的无限制的资本主义的全面理解，一种足以阐释其在全球范围内联系与分离的理论，依然是无法摈弃的马克思主义规划。它排除对后现代二元论的回应。对于怀疑他是搞调和的左派批评家，詹明信泰然处之。应对这种无序状态的集体能动性仍然缺少；但它出现的条件是从内部把它作为一个制度来把握的能力。"① 不但如此，安德森还把詹明信这一思想放在整个西方马克思主义发展史上进行评价，认为他使西方马克思主义发展达到了一个新的高度。他说："詹明信的著作达到了西方马克思主义传统的顶峰。这个传统不倦追求的是美学，而詹明信正是在这方面作出了出色的贡献。但是，在这些一脉相承的思想家的美学探索中，当

---

① ［英］佩里·安德森：《后现代性的起源》，紫辰、合章译，中国社会科学出版社 2008 年版，第 68—69 页。

然还有一套衍生于《资本论》的经济学范畴，引导他们研究的焦点和方向"，"20 年之后——正值战后繁荣的顶峰——当詹明信开始著述时，左派文化的美学维度与经济学维度的分离达到最严重的程度。他本人的著作拾起了这个伟大的美学传统。但是，当经济学传统在 20 世纪 70 年代初复苏时，正值世界资本主义开始滑向长期衰退，令人注目的是，他对此做的反响是多么积极，多么富有创造性。"①

二、后现代主义与晚期资本主义

安德森认为，要弄清后现代主义的思想实质，就必须弄清其对立面——现代主义思想实质以及它们各自产生的社会条件。他说："如果我们要更准确地确定出后现代主义出现的时间，有一种办法，那就是看一看是什么东西取代了现代主义的主要决定因素。"② 在他看来，现代主义是三种并列因素共同调节的结果，即半工业性质的经济和社会，统治阶级主要还是农业地主或贵族；产生重大发明的科技，其影响方兴未艾；一个开放的政治视野，普遍期待或恐惧现行统治制度。而这些条件随着资本主义的发展逐渐发生了变化，到 20 世纪 70 年代，全新形态所需要的场地渐渐准备就绪并对现代主义产生的三个条件进行了彻底置换。由此，他把这个年代作为后现代主义全面代替现代主义的分水岭。对此，他从以下三个方面做了分析。

首先，统治秩序自身命运发生了变化。安德森认为，资本主义的发展需要一定的精神动力并以此维护社会秩序。在此，他借用了经济学

① ［英］佩里·安德森：《后现代性的起源》，紫辰、合章译，中国社会科学出版社 2008 年版，第 132—133 页。

② ［英］佩里·安德森：《后现代性的起源》，紫辰、合章译，中国社会科学出版社 2008 年版，第 88 页。

家熊彼特（Joseph Alois Schumpeter）的观点加以证明。他说："熊彼特一直认为，资本主义本质上是一种非道德的经济制度，驱动它的是追求利润、化解通向市场算计的一切障碍的驱动，它主要依靠前资本主义的——实质是贵族的——价值观和风尚，以便维系自己作为社会和政治秩序的存在。"① 在他看来，现代主义价值观恰恰能维持这种道德并得到社会两大阶级——贵族资产阶级与无产阶级的认可。他说："现代主义可以诉诸其他两个价值世界，两者对市场的商业逻辑和资产阶级的家庭崇拜都持有敌视态度，如果从对立的立场出发的话。传统的贵族秩序提供了一套理想，可用来衡量利润和假道学的要求，这些理想蔑视庸俗的精打细算和狭隘的抑制。新兴的劳工运动体现了另一类理想，它同样敌视物神和商品的统治，但它是在剥削中寻找自己的基础，在平均主义的未来而不是等级森严的过去寻找解决方案……现代主义艺术实际投入或假想投入的两个主要地带却是：有头衔的有闲阶级所在的上层社会环境和体力劳动者所在的地位低下的底层社会。"② 但随着社会的发展，资本主义社会内部出现了阶级重组和新的阶级分层，马克思"所认识的资产阶级已成为过去。取代坚固的竞技场的是浮动式的水族馆——当代资本的规划人和经理，审查者和看护者，提供者和投机者；不知社会固定性或稳定属性为何物的金融世界在发挥作用"③。另外，工人阶级也出现了明显的"资产阶级化"的趋势。这些变化带来的结果：现代主义及其维护的反商品化的道德渐渐失效，有产阶级普遍道德堕落，资本主义需要新的文化以重新维护其统治秩序。所以，他说："传统意义上的资产阶级道德规范一旦完结，就好像扩音器突然被关掉一样……后现代主义是

---

① [英] 佩里·安德森：《后现代性的起源》，紫辰、合章译，中国社会科学出版社2008年版，第88—89页。

② [英] 佩里·安德森：《后现代性的起源》，紫辰、合章译，中国社会科学出版社2008年版，第108—109页。

③ [英] 佩里·安德森：《后现代性的起源》，紫辰、合章译，中国社会科学出版社2008年版，第89页。

在敌手已消失、未取得任何胜利的情况下产生的。"①

其次，科技价值发生了变化。安德森认为，在现代主义产生与流行时期，科学技术的正面作用是十分明显的，现代主义也正是依靠且利用科技的作用取得了长足的进步并坚持历史进步的信念。但是，随着第二次世界大战原子弹的应用及其威胁人类生存的效果，人们渐渐改变了对科技价值的看法，不少人也由从对科技的推崇走向了对科技的批判。由此，与科技正面价值密切相关的现代主义命运也就前途未卜。不过，在安德森看来，单从后现代主义的产生来看，20世纪70年代的一项重要科技发明——彩色电视起到了十分关键的作用。因为，彩色电视在以它生动的形象深深吸引人们听觉与视觉的同时，还传递着来自世界各方的信息，它承担着将时间"空间化"的职能。一时间，世界仿佛凝固，人们可以将发生于现在甚至过去与将来的事情一览于"当下"。这种感觉的出现一开始就挑战以"时间"为向度的现代主义文化。更为重要的是，在安德森看来，电视传输着"如洪水般倾泻出来的图像"，其数量之大是任何艺术无法匹敌的，而它们又传送着无所不在的意识形态话语。由此，他说："作为信念而不是艺术，后现代主义的知识氛围从这个领域的压力中吸收了它的许多冲动力。因为后现代主义也是先进技术与大众想象之间的关系发生重大变化的标志。"②

再次，时代政治发生了变化。如果说前两个条件是后现代主义产生的西方社会背景的话，那么，在安德森看来，这个条件就是后现代主义得以盛行与广泛传播的国际背景。从他在前面提到的现代主义产生的三个因素来看，第三个因素十分重要。按照他的看法，尽管当前资本主义社会出现了这样那样的问题，但如果人们还能找到希望，仍然可以确

---

① [英] 佩里·安德森：《后现代性的起源》，紫辰、合章译，中国社会科学出版社 2008 年版，第 90—91 页。

② [英] 佩里·安德森：《后现代性的起源》，紫辰、合章译，中国社会科学出版社 2008 年版，第 93 页。

立一种现代主义文化上的"普遍期待"。但遗憾的是，安德森认为，尽管 20 世纪 60 年代从西方到东方出现了一系列的政治运动（如法国和意大利共产党人的政治斗争、赫鲁晓夫的改革、中国的"文化大革命"、法国的"五月风暴"和意大利的"炎热之秋"以及拉美的游击战争等），但它们的相继失败使人们一个又一个政治梦想破灭了。更为严重的是，到了 20 世纪 80 年代，里根（Ronald Wilson Reagan）和撒切尔夫人推行的新自由主义在全球的横行则从根本上破灭了现代主义的"普遍期待"。所以，他总结说："资本的全面胜利，对于曾经联手反对它的那些力量而言，不仅意味着失败，虽然这也是失败。其深层意义在于取消了政治选择……探索其他社会制度的可能性是现代主义一个基本视阈。一旦这种可能性消失了，后现代主义之类的事物便取而代之。"①

三、后现代主义的价值取向

既然不是后现代主义确立并建构晚期资本主义社会，而是晚期资本主义确立并巩固后现代主义，那么，后现代主义究竟代表何种价值取向？是为晚期资本主义辩护，还是反对晚期资本主义？对此，安德森也做了深入探讨。

在解决后现代主义价值取向问题上，安德森综合了奥尼斯、汤因比等人关于后现代主义对立于现代主义的看法，特别是借鉴了法国资产阶级革命家罗伯斯庇尔（Maximilien François Marie Isidore de Robespierre）在分析革命时的相关思想和方法。罗伯斯庇尔曾在法兰西共和国成立后的一次演讲中，将法国革命区分为"前革命"（citra-

---

① ［英］佩里·安德森：《后现代性的起源》，紫辰、合章译，中国社会科学出版社 2008 年版，第 96 页。

revolutionary）与"超革命"（ultra-revolutionary）两种同时存在的力量，前者属于温和派，希望法兰西共和国收回拯救共和国所采取的一些措施以保证其平稳发展；后者属于激进派，希望法兰西共和国采取更加激进的措施以推进其快速发展。安德森认为，这种"前"与"后"同属一体但又对立的"二分体"划分"更贴切地传达了后现代内含的截然对立特性"，也能让人更加明白后现代主义与现代主义之间存在的内在关系。由此，他把后现代主义也区分为同时存在的两种力量，即"前"现代主义（citra-modernism）与"超"现代主义（ultra-modernism）。他说："'前'这个前缀表现出的一切倾向，在与盛期现代主义断裂的同时，往往恢复装饰性的和更便于利用的东西，而'超'这个前缀可以被解读为超越现代主义的一切倾向，它们进一步推进现代主义对直接的可理解或感官满足的否定。"① 其实，在《后现代性的起源》中，"前"现代主义与"超"现代主义是两个重要概念，但意思却又十分含混，不能简单根据其中文内涵加以理解（这里也有翻译的问题）。通观上下文，安德森所谓的"前"现代主义并不是指现代主义之前，更不是指现代主义早期，而是指跟现代主义断裂之后又试图重新恢复它之前一些事物样态的文化立场；同样，"超"现代主义也不是指简单地超越现代主义，而是在保留现代主义基本特征的基础之上采取比它更加激进的文化立场。

就"前"现代主义而言，它带来的直接社会后果就是"平民化"。安德森认为，后现代主义文化的盛行空前扩大了现代文化的社会基础；而由于"前"现代主义具有明显的重视视觉形象的特点，这就使它很容易与重视视觉文化消费的市场机制联结起来，从而加强其空前的影响力。而一旦市场与文化创作接轨，那么，后现代主义带来的"平民化"趋向又使它承担了社会区分化的功能。因为，一旦人们从事文化创作，

---

① ［英］佩里·安德森：《后现代性的起源》，紫辰、合章译，中国社会科学出版社 2008 年版，第 107 页。

就会带来利润，而利润又会改变人们在社会中的生存位置，即改变或取消人们之间的社会差异。不过，社会差异的改变或消除并不意味着阶级差别的根本改变或消除。在安德森看来，文化创作市场化的结果还进一步加深了阶级差别。因为，文化创作一旦进入市场，就丧失了独立性，受资本的控制。从这个意义上看，"前"现代主义带来的文化市场化的结果更有利于有产阶级的生存与发展。

如果说对"前"现代主义价值取向的分析在《后现代性的起源》中是清楚可见的话，那么，对"超"现代主义价值取向的分析则显得模棱两可。不过，我们从这本著作中还是可以总结出以下两点：一是自后现代主义产生后，"超"现代主义一直没有停止过发展，在后现代主义流行的任何领域都可以看到这种力量，如绘画中的极简抽象艺术和概念主义艺术，哲学中的德里达解构主义，等等；二是"超"现代主义具有反"资产阶级"倾向。

安德森认为，后现代主义中这两种力量针锋相对，各不相让，任何一方都不怀疑自身的存在价值。"在这种困境里，当代艺术被拉向两个方面：一个方向是渴望重新评估现代主义传统，重新整合它的成分，以矫正新的后现代视觉文化，另一个方向是奋力全身心扑入名流、商业主义、轰动刺激这个具有诱惑性的新世界……与万事万物一样，哪一条几乎都不怀疑自己能承担更多的运载量。"[①] 不过，从现实层面来看，安德森认为，"前"现代主义不可避免地支配着"超"现代主义。"因为市场创造自己的供应，其规模之大是任何抵制市场的实践无法控制的。根据定义，这奇观就是使绝大多数社会成员为之着迷的事物。"[②]

至此，安德森仍没有结束对后现代主义内部并存的两种力量的分

---

① [英] 佩里·安德森：《后现代性的起源》，紫辰、合章译，中国社会科学出版社 2008 年版，第 112 页。

② [英] 佩里·安德森：《后现代性的起源》，紫辰、合章译，中国社会科学出版社 2008 年版，第 111 页。

析，他进一步挖掘出深藏在它们背后的意识形态。在他看来，隐藏在"前"现代主义背后的意识形态力量十分清楚——它显然是以利奥塔为代表的解构宏大叙事思想以及与之相关的"历史终结论"，但深藏在"超"现代主义背后的意识形态力量则有点模糊不清。在此，他积极评价了当代西方马克思主义的重要代表——伊格尔顿和詹明信的思想。他认为，伊格尔顿在《后现代主义的幻象》中揭穿了后现代主义幻象并深刻说明了"后现代的信念受制于它与市场所规定的套路之间直接的密切关系"，但遗憾的是他未能进一步揭示后现代社会内在的矛盾。"后现代的意识形态矛盾可与一种历史对照联系起来：粗略来看，有组织的劳工和学生造反的失败，其结果是在经济上适应市场，受侮辱的和受损害的群体的兴起，向道德和国家提出政治性质问。"① 安德森认为，晚期资本主义实际上在用两套矛盾的方法维护其社会系统：一方面在经济上借助于后现代主义思维，强调求新、求变；另一方面在政治上又避开后现代主义思维，仍然利用宏大叙事为其永恒存在进行合理性辩护。在他看来，既然晚期资本主义社会可以把后现代主义推崇的不断变化的力量引向经济，那么，为何不能把这种力量引向政治？若一旦如此做，资本主义社会内部只重视经济上的变化而强调政治上稳定这种内在矛盾也就暴露无遗。不过，他认为，若要真正揭穿晚期资本主义社会的真相，还不是一件容易的事，它既需要有能力跳出后现代主义制造的种种社会幻象，又需要有能力从整体上把握并驾驭整个资本主义社会包括其不同阶段的发展。"实际上，只有在气势上压倒这个制度，才能开始抵制。"② 这是一项十分艰巨的理论任务，一般的"超现代主义文化对于前现代的同时存在感到无所适从，而早先又没有与前现代相对应的术语，所

---

① [英] 佩里·安德森：《后现代性的起源》，紫辰、合章译，中国社会科学出版社 2008 年版，第 122 页。
② [英] 佩里·安德森：《后现代性的起源》，紫辰、合章译，中国社会科学出版社 2008 年版，第 124 页。

以，'超现代主义'没有对时代作出自信的叙述，或者感觉到它的总体方向。"而詹明信在《晚期资本主义文化逻辑》等著作中，以生产方式作为重要的理论参考，准确描述了资本主义不同时期的文化发展，并在深入揭示晚期资本主义矛盾的基础上重构社会主义意识形态，因而完成或正在完成这项理论任务。

四、结　语

一般认为，后现代主义是 20 世纪中叶产生于西方发达国家的文化思潮，它自产生后在国际范围内引起了很大的反响，但究竟如何评价它有着重大分歧，褒贬不一。这里我们更关心西方马克思主义特别是西方新左派的态度与立场，这也许对我们深化后现代主义的研究更有借鉴意义。自后现代主义产生以后，西方马克思主义者与新左翼人士就参加了争论，其中有影响的著作是卡利尼科斯（Alex Callinicos）的《反后现代主义》、戴维·哈维的《后现代性的状况》、伊格尔顿的《后现代主义的幻象》和詹明信的《晚期资本主义文化逻辑》。尽管安德森不是后现代主义研究专家，文化研究也不是其专长，但其深厚的文化底蕴与敏锐的政治嗅觉，使其在综合卡利尼科斯关于后现代主义与整个资本主义发展的关系，戴维·哈维关于后现代主义与后福特制的关系，伊格尔顿关于后现代主义与左派政治运动的关系以及詹明信关于后现代主义与晚期资本主义关系等思想基础之上，又增强了后现代主义与政治维度的深层研究，特别是凸显了后现代主义的国际政治视角。具体而言，表现在两个方面：一方面，他让人们清楚地认识到后现代主义的产生与发展不仅仅是西方发达国家的产物，更是全球左派政治运动与梦想失败的产物。随着资本主义在全球的渗透，后现代主义已成为一种国际性文化。单从这方面来看，他与众不同地把后现代主义的产生与发展定位在 20 世

70 年代是有深层含义的，因为这一时间正是西方甚至全球左派激进运动走向衰弱的开始。另一方面，他还让人们清楚地看到后现代主义与晚期资本主义的"单向"关系。在他看来，不是后现代主义论证了晚期资本主义，更不是后现代主义引领晚期资本主义的发展，而是晚期资本主义发展才滋生了后现代主义，后现代主义是晚期资本主义的寄生物。他说："在过去的四分之一世纪里，虽然全世界范围发生了重大政治变化，但是，这些变化很少是群众性的政治斗争艰苦争来的结果。自由民主是通过经济榜样的力量或压力——马克思的'商品大炮'——而不是通过道德剧变或社会动员得以传播的……时代精神鼓动不起来"①，"后现代主义是在敌手已消失、未取得任何胜利的情况下产生的。"② 这提醒我们，必须对后现代主义这个晚期资本主义文化"主导"有清醒的认识。这里的"主导"并不是引导、引领的意思，也不代表核心价值，只是指附属的主要形式。由此，我们在研究与分析当代资本主义社会时，也不能由对"主导"概念的误解而把注意力集中到后现代主义文化形式上，更应该集中力量研究当代资本主义社会的主流与核心价值观念。除此之外，安德森的后现代主义研究还有如下两点意义。

其一，他对后现代主义概念的考证及对后现代主义理论系统化过程的考察有利于我们更全面地了解后现代主义。一般学者在对后现代主义进行词源考证时，都从后现代主义概念的出现及其与现代主义关系角度入手，如道格拉斯·凯尔纳（Douglas Kellner）与斯蒂文·贝斯特（Steven Best）在那本有影响的著作——《后现代理论——批判性的质疑》中就是这样做的。而安德森则一开始就从现代主义内部以及现代主义与西方之外国家关系的角度考证后现代主义概念的产生。虽然他如此

---

① ［英］佩里·安德森：《后现代性的起源》，紫辰、合章译，中国社会科学出版社 2008 年版，第 120—121 页。

② ［英］佩里·安德森：《后现代性的起源》，紫辰、合章译，中国社会科学出版社 2008 年版，第 91 页。

做时略显粗糙（安德森认为后现代主义概念最早出现于20世纪30年代，而道格拉斯·凯尔纳与斯蒂文·贝斯特则认为1870年前后就出现了"后现代绘画"一词①），但这一思路对我们准确把握后现代主义的产生和发展还是十分有益的。如果用逆向思维来考察（即从后现代主义发展的结果来看），后现代主义实质上是现代主义内含的"他者"，即它是现代主义一开始就规避了的东西，如现代主义强调理性，那后现代主义就要重视与理性相对的非理性，等等。这种"他者"表现为两个方面：一是现代主义在西方内部的"他者"，二是现代主义在非西方国家的"他者"。所以，汤因比认为后现代是由西方社会内部的工人阶级与西方世界之外的知识分子开始质疑并反对西方社会的观点，是有一定道理的。从这个意义上说，后现代主义应该包含于现代主义之中并与现代主义处于"同期"。所以说，许多西方马克思主义者把后现代主义思维理解为"空间化"是有一定道理的。另外，从后现代主义发展过程来看，的确先有后现代主义艺术形式，当这种形式普遍化以后，后现代主义就成为一种社会现象，随后对其理论化的要求才提上日程，即出现了后现代主义思想观念。由于现代主义本身就产生于资本主义时期，而今天西方社会仍然处于资本主义时代，尽管晚期资本主义已有不同于早期资本主义的明显特点，但它们的总体政治与经济框架还是基本雷同的。由此，必然会产生三种对后现代主义观念化的思想体系，即强调后现代社会不同于以往的完全不同论（如利奥塔）、强调后现代性对现代性重新修正启示意义的重新修正论（如哈贝马斯）和将现代性与后现代性与整个资本主义发展联系起来加以分析与批判的彻底批判论（如詹明信）。这些都是安德森《后现代性的起源》给我们的启迪。

其二，他对后现代主义两种并存力量的分析有利于我们更加深入

---

① 参见［美］道格拉斯·凯尔纳与斯蒂文·贝斯特《后现代理论——批判性的质疑》，张志斌译，中央编译出版社1999年版，第7页。

地把握后现代主义的思想实质。人们评价后现代主义的时候一般总喜欢把它当成一个整体来看待，或加弘扬，或加批评，但安德森这里提出的"二分法"却使我们意识到后现代主义思潮的复杂性。后现代主义具有很强的批判精神，这种批判精神表现为强烈的"超越"意识，但这种超越的确如安德森所说可以投向两个方向：一是投向视觉形象，要求视觉形象常新、常变；二是投向某种精神，要求通过不断更新个人或社会现状，在变化中兑现人生意义与人生价值。前者很容易与市场相结合（因为市场的发展也是以求新、求变为动力的），产生安德森所说的"前"现代主义，而后者则不满足于市场不断寻求的感官刺激，甚至表现出明显的批判市场的倾向（德里达在《马克思的幽灵》中表现出的思想就是例证），这种思潮便是安德森所说的"超"现代主义。只有认真分析并区别对待后现代主义内部的两种并存力量，才能更好地把握后现代主义的思想实质。

如果说安德森对后现代主义的评价是深刻的话，那么，他对现代主义的评价就不太令人满意了。现代主义的产生自然跟安德森所分析的社会条件有关，但现代主义思想实质并不简单等同于他所说的"反资产阶级"。从历史上看，现代主义思潮的确具有明显的反叛精神，它重视人的精神维度，不愿意与市场同流合污，但这一现象并不意味着它不能跟市场经济和资本主义制度共存、共谋。现代主义思潮十分复杂，其内容鱼目混珠，价值取向也是多元的（有些现代主义思潮甚至为法西斯主义辩护），但总的来说它跟资本主义发展的特定阶级——垄断资本主义是密切相关的。正如詹明信所说："在西方现代主义中可以窥见帝国主义的遗迹，事实上，帝国主义构成了西方现代主义。"① 从表面上看，现代主义不像后现代主义那样可以直接进入市场，它总跟市场保持一定的

---

① ［美］詹明信：《现代主义与帝国主义》，参见王逢振主编《现代性、后现代性和全球化》，中国人民大学出版社 2004 年版，第 201 页。

距离并对其进行无情的批判，但现代主义那种不断要求创新的精神及其产品的生产方式和社会作用却证明它摆脱不了市场的缠绕，甚至还间接地为市场服务。现代主义"正是在这种环境中产生的：总的来说，这确实是形式和文化变化与我们所说的社会'决定因'的关系，这些决定因表现了一个发生了根本变化的环境（一种社会、心理或物质类型的新素材），对此，要求在形式、结构和语言方面予以新的、前所未有的审美反应。但是，从文化或审美生产的角度来看，现在需要对这个新的帝国主义环境加以描述，而且似乎最好是通过将其问题与正在实现现代化的宗主国的内部工业化和商品化的问题区别开来。这最后一点往往似乎（自相矛盾）依赖于普遍的意义丧失，仿佛其主体随着传统和宗教绝对值的衰落而否定地迎合了人类权力的增长，同时实践和生产的事实又极易受到商品形式的物化逻辑的扭曲和掩盖"①。

总之，尽管《后现代性的起源》还存在着一些问题，但它依然是一部分析和批判后现代主义的力作。

---

① ［美］詹明信：《现代主义与帝国主义》，参见王逢振主编《现代性、后现代性和全球化》，中国人民大学出版社 2004 年版，第 188 页。

作为大众文化意识形态的后现代主义

后现代主义是 20 世纪 60 年代前后产生于西方发达国家的一种文化思潮，自产生后便在国际范围内形成了巨大影响。后现代主义涉及的问题较多，有经济、政治与文化问题，也有哲学、历史与伦理等问题。本文试就后现代主义与大众文化之间的关系作出浅显分析。

一、大众文化是后现代主义产生的实践前提

所谓大众文化（mass culture），就是由文化工业生产，通过书报、广播、电视、因特网等现代大众传媒传播，按商品市场经济规律去运作，以具有基本的文化接受和参与能力的大众为主要消费对象，旨在使普通大众获得感性愉悦，并融入生活方式之中的日常文化形态。它不同于民间文化，也不同于以往的通俗文化，是资本主义发展到一定阶段的产物。对此，当代美国文论家詹明信有深刻的论述，他说："如果不是知识分子的不诚实，后者的商业产品绝不会被纳入过去的所谓通俗艺术，更不用说民间艺术了，因为过去的通俗艺术就其产品而言是反映并依赖于极不相同的社会现实的，它们事实上是对多种不同社会群体或阶级的'有机'表达……晚期资本主义对所有这些群体的历史性的、独特

的趋势的影响，就是通过普遍商品化和市场体系的腐蚀行为，分解并破坏或分裂它们，使它们成为独立的、同等个体的结合。因此，除非在非常特殊和边缘化的条件下（资本主义世界体系里所谓不发达的内在的和外在的小区），这样的'民众'本身不再存在：当代或工业的大众文化的商品生产，与旧的通俗或民间艺术的形式毫不相干，也没有任何共同之处。"①

严格来讲，大众文化是作为精英文化的对立面出现的。资本主义的发展在给资产阶级带来物质财富与政治权力的同时，也客观上促进了社会中下层人民大众个人自由的发展，这种自由为平民大众创立满足自身需要的文化（即大众文化）提供了空间。事实上，大众文化与现代精英文化几乎是同时出现的，但在文化性质上却又是相对抗的：现代精英文化采用的是标准化与专业化的生产方式，而大众文化采用的则是反标准化、群众化的生产方式（精英文化是由少数精英人物创造与掌握的，而大众文化则是为满足大众生活需要并由他们自己创造的）。早在 19 世纪 30 年代，法国著名学者托克维尔在论述美国民主和工业化社会时，就已经注意到了大众文化问题，并对商业文学的性质和社会影响做了深刻分析。他认为在日趋工业化社会的美国，商业精神进入文化领域并正在成为文化发展的基本精神，作家视作品为商品并把作家自己转变为商品的供应者。他说："作家所追求的目的与其说是使读者快慰，不如说是使读者惊奇；作家们努力的方向，与其说是使人感到美的感受，不如说是使人兴奋激动。"② 但大众文化真正走上历史舞台并产生巨大影响则是晚期资本主义时期。由于这一时期信息化发展加速，科学技术发展加快，这些都为大众文化提供了生产与传播手段。

大众文化的迅猛发展必然会向社会提出为之正当化的理论需求。

---

① 王逢振主编：《詹姆逊文集——文化研究和政治意识》，中国人民大学出版社 2004 年版，第 59 页。

② ［法］托克维尔：《论美国的民主》下卷，董果良译，商务印书馆 1988 年版，第 580 页。

但由于大众文化与精英文化是对立的，因此，这种正当化的理论形成过程并非一帆风顺。在大众文化产生的初期，它就受到了来自社会上层意识形态的抵制，后来又进一步受到精英知识分子的批判。在文化精英们看来，大众文化不仅破坏了传统的社会秩序和人际关系，也危害到作为人类精神文明核心和支撑的"高等文化"。"大众"（masses）一词虽不同于传统的"暴民"（mob），但仍包含了愚蠢、善变、庸俗、无知、冲动、偏见、非理性的含义。大众文化也自然是对这个阶层粗俗文化状态的贬称。尼采就曾从大众及其文化需求对高级文化的威胁来论述大众文化。他认为高级文化乃是由少数强有力的超人、精英创造和欣赏的，这些人的自然本能就在于控制和征服，而一般社会群体则是绝大多数的凡人，他们动摇不定、易受支配和控制，缺乏足够的智慧和能力来欣赏文化。但随着社会发展，这些凡人也开始有了不稳定的文化需求和意识形态追寻，这些大众化的非高级的文化形式严重冲击了高级文化。直到20世纪50年代以后，情况才有所改变。美国的后工业社会理论家基于大众社会理论的基础提出了乐观而保守的大众文化理论。他们认为后工业社会的大众生活是多层面的，其文化需求也是多样性的，大众文化作为现代社会的一种文化形式，它的存在有其合理性，它以其通俗性、趣味性迎合了社会大众的一部分文化需求，在后工业社会是完全必要的。随后，英国与德国学者也对大众文化的政治影响进行了积极的评价。英国著名的大众文化研究学者费斯克（John Fiske）等认为大众文化是一种具体的生产性的公共领域或公众空间，大众在消费大众文化的过程中具有自主性、能动性；大众文化和公众生活的其他形式相互联系、相互作用，促进和推动其他公共领域的发展并形成了一种自下而上的政治力量，这种政治力量在政治领域产生了强大的民众监督能量，有效地阻止了政治领域中的极权主义倾向。

尽管如此，大众文化正当性的理论诉求并未完成，因为人们很难在大众文化与精英文化孰优孰劣之间作出准确的判断。这一艰巨任务自然是由后现代主义来完成。

二、后现代主义是大众文化进一步发展的理论基础

1. 后现代主义反深度思想为大众文化平面写作提供了思维基础

针对精英文化的深度基础，德里达指出这是一种子虚乌有的"逻各斯中心主义"。德里达认为传统形而上学与传统文化的深度性是靠追求各种同一性及其中心来完成的，而这些同一性与中心又是通过逻辑中心主义的手段与形式来实现的，即通过确立一个中心，然后再用逻辑证明的方法保证这个中心。而这种方法在德里达看来却包含不可克服的悖论：既然哲学体系要有中心，那么这个中心必然在体系之外；而一旦这个中心果真在体系之外，那它又不能成为这个体系的中心。他说："这种中心也关闭了那种由它开启并使之成为可能的游戏。中心是那样一个点，在那里内容、组成成分、术语的替换不再有可能。组成部分（此外也可以是结构所含的结构）的对换或转换在中心是禁止的。至少这种对换一直都是被禁止的（我有意使用这个词）。因此人们总是以为本质上就是独一无二的中心，在结构中构成了主宰结构同时又逃脱了结构性的那种东西。这正是为什么，对于某种关于结构的古典思想来说，中心可以悖论地被说成是既在结构内又在结构外。中心乃是整体的中心，可是，既然中心不隶属于整体，整体就应该在别处有它的中心。中心因此也就非中心了。中心化的结构这种概念——尽管它再现了连贯性本身，再现了作为哲学或科学的认识之前提——却是以矛盾的方式自圆其说的。"① 不仅如此，德里达还指出了传统哲学"语音中心主义"的局限及其维护霸权的性质。

---

① ［法］德里达：《书写与差异》（下册），张宁译，三联书店 2001 年版，第 503 页。

如果说德里达解构了精英文化的深度基础，那么利奥塔与福柯则摧毁了精英文化赖以宣扬历史进步、重建人类精神家园的历史理论基础。在传统哲学看来，历史并不是一盘散沙的种种事件的堆积，而是相互联系的一个整体；正是通过历史整体的分析，人们才寻找到历史发展的规律并预测着人类发展的未来。可这种分析方法却遭到了后现代主义的猛烈抨击。利奥塔在《后现代状况》中明确提出了"向同一性宣战"和"向所谓人类解放观点宣战"的后现代宣言。他认为任何要确定历史连贯性的努力注定是要失败的，因为人们不可能真正了解已过去的历史，所谓历史连贯性的论述实际上都是以"现在"为基点并把"现在"作为其历史分期的正当化标准。也就是说，在他看来，所谓历史连贯性的论述表面上看讲述的是历史过去、现在与未来，而事实上说明的却仅仅是"现在"本身；所谓的"过去"与"未来"只不过是"现在"在这两个维度的展开。福柯则通过对历史知识考古学的深入研究，指出：历史知识不仅不是连贯的，而且存在着若干断裂。他说："过去一向作为研究对象的线性连续已被一种在深层上脱离连续的手法所取代，从政治的多变性到'物质文明'特有的缓慢性，分析的层次变得多种多样：每一个层次都有自己独特的断裂，每一个层次都蕴含着自己特有的分割；人们越是接近最深的层次，断裂也就随之越来越大。透过这部动荡的由各届政府、无数次战争和饥饿写成的历史，我们可以看到另外一种几乎静止的历史——缓坡历史，诸如航道史、麦子或金矿史、旱灾和灌溉史、轮作史、人类的饥荒与繁育的平衡史。"[1]不仅如此，福柯还在《词与物》等著作中考察了历史知识构成方式的变化过程及其原因。在他看来，从表面上看不同知识构成方式的变化似乎意味着历史的进步，但实际上它们的变化反映出的却是不同时期统治阶层对社会发展所需要的"主体"规训和建构方式的不同。他认为不同社会往往都要通过知识

---

[1] 杜小真编选：《福柯集》，上海远东出版社 1998 年版，第 130 页。

论述的生产与再生产机器的运作而训练出符合该社会正当化标准的"主体",并以此方式来实现统治。

2. 后现代主义游戏思想为大众文化提供了灵活多样的叙事方法

后现代主义夷平了精英文化的深度内涵,为大众文化的顺利发展铺平了道路。但大众文化的发展并不由此而一帆风顺,它仍然还存在着叙事方法等方面的障碍。与精英文化那套严格、规范和科学的叙事方法相比,大众文化平俗化的叙事方法似乎也难登大雅之堂。对此,后现代主义仍然采取对精英文化叙事方法的批判来为大众文化叙事方法正名。利奥塔在《后现代状况》中专门比较了"科学知识"与"叙事知识"的不同,并认为科学知识与叙事知识在古代是两种不同的知识表现形式,它们之间没有地位高低之分;但随着社会的发展,前者渐渐被确立为主导地位,并出现了前者挤压后者的状况。为此,他对"科学知识"进行了批判。在他看来,科学知识的呈现方式不仅存在着"讲话者"与"听话者"之间的权力关系,而且还存在着内在矛盾。表面上看,科学知识不同于叙事知识,它有一套能够自我证明的程序,但事实上科学知识最终仍然是建立在一种不证自明的叙事知识——传统西方哲学的基础之上。不仅如此,利奥塔认为科学知识的非合法性更是通过它与当今社会知识快速发展不相适应表现出来的。他说:"科学知识并不是知识的全部,它曾经是多余的,它总是处在与另一种知识的竞争和冲突中。为了行文的方便,我们把后一种知识称为叙述性知识,它的特征将在以后得到说明。这并不是说叙述性知识比科学知识更具优势,但叙述性知识的模式涉及内部平衡与界面友好的概念,与此相比,当代科学知识显得黯然失色,尤其是如果它必须接受比昨天更强烈的、相对于知者而言的外在化和相对于用户而言的异化,那就更是如此。随之而来的研究者和教师的沮丧情绪是不可忽略的。我们知道,20 世纪 60 年代在所有最发达社会中,这种沮丧情绪通过那些准备将来从事上述职业的人,即通过大学生爆发出来,这使得那些没能避免传染的实验室和大学生在这段时间明显降低了效率。"①

利奥塔此番论证当然不能令人信服地彻底否定科学知识的合法性，但他至少否定了后者作为知识合法性的唯一代表身份。批判了科学知识合法性之后，利奥塔并未把与它相对的知识——叙事知识当成知识合法性的真正代表，而是与其他后现代主义哲学家一样选择了后期维特根斯坦（Ludwig Josef Johann Wittgenstein）与伽达默尔（Hans-Georg Gadamer）共同感兴趣的知识形式——游戏。由于理想语言不能解释丰富多彩的生活世界，后期维特根斯坦选择了生动活泼的日常语言；由于不满意传统哲学把真理看成是主体独立认识世界、把握世界的过程，伽达默尔提出了游戏真理观。在伽达默尔看来，获得真理的过程不是主体独立完成的过程，而是主体参与游戏的过程；在真理游戏过程中，参与者——"人"并不是主体，而游戏才是真正的主体。也许正是因为游戏规则的灵活性、变动性以及参与游戏过程的愉悦性，才使后现代主义哲学家选择了"游戏"这一呈现知识的合法形式。

后现代主义关于知识游戏性的观点无疑给大众文化的创作松绑，使大众文化的创作者在无垠的知识海洋中自由驰骋。自此以后，文化已无高雅之分，人们也不用学习甚至故意模仿他人的创作风格或创作方法，只要是让人愉悦的文化知识自然也就算是成功的文化知识。用句流行的话来说，文化已经无法"把玩"人们，只有人们"把玩"文化。

3. 后现代主义注重差异思想为大众文化提供了不断发展的动力

大众文化与后现代主义之间不只是相互影响，还存在着互动关系。正是因为大众文化的发展将文化引向了生活，才是后现代主义思想家看到了"符号"的意义与价值；而正是因为后现代主义思想家对符号意义的深刻论述，才为大众文化输入了无尽的发展动力。鲍德里亚曾对符号

---

① ［法］利奥塔：《后现代状况——关于知识的报告》，车槿山译，三联书店1997年版，第12—13页。

意义的发展过程进行过总结。他认为符号最早是为了表征物的，但随着资本主义的发展它的意义却离物越来越远，渐渐变成符号之间的追逐与戏耍，到了后现代社会终于形成了完全脱离物的拟像文化。他说："这种模拟文化，经历自然的阶段、商品的阶段、结构的阶段以及价值破裂的阶段。在最初的自然阶段，模拟还对应着一种自然的参照系列，在这一阶段中，价值的发展过程始终同利用和改造自然世界的参照系列相对应。在第二阶段，模拟对应着对等的普遍因素，而价值的发展是对应着商品的逻辑。到了第三阶段，模拟所参照的符码或各种信号构成的密码系统，价值则围绕某种模式的体系而发展。到了后现代的阶段，即第四阶段，就是价值破碎、甚至完全取消价值的阶段，根本就不存在参照系统，价值在所有各个方面都被取消，完全靠纯粹的偶然性和几率而从事模拟活动。"① 正是在这符号无孔不入甚至操纵社会发展的后现代社会，德里达才提出了著名的"文本之外无它物"的思想。

面对充满符号的后现代社会，后现代主义思想家自然不会坐而不管，他们积极提出自己的理论，并想以此引领社会的发展。利奥塔借此进一步完善了他的知识理论。他认为真理性知识的获得不完全在于一次知识的自由与愉悦的应用，而在于它永久的自由与愉悦的应用；而要达到这个目标，知识游戏得不断改变规则。因为知识游戏规则一旦形成并固定下来，必然会形成某种"共识"，而"共识"的形成在利奥塔看来必然存在打压异己力量、形成霸权的倾向。因此，为了反对霸权，继续延续知识的自由与愉悦的应用，就必须不断发现已有知识规则的"反例"，进行知识规则的创新。在此，他特意区分了"革新"（innovation）与"谬误推理"（paralogy）两个概念。在他看来，后者才是他提倡的创新。因为前者是在与知识原有规则同一逻辑下的创造，不能给原有知识规则带来冲击，只有后者以不同于知识原有规则的创造才能给原有知

---

① 转引自高宣扬《后现代论》，中国人民大学出版社 2005 年版，第 232 页。

识游戏带来冲击。德里达则从更深层次上论证了利奥塔这一思想，并提出了"延异"概念。他借助于数学家哥德尔（Kurt Gödel）的"不完备定理"来论证所有知识规则的不完备性。① 他认为，任何知识规则都存在着内容与形式两方面的不完备性，因而在知识形式上会出现"反例"，在知识内容上会出现多种解释的可能。在他看来，知识生产的真正意义正是在于发现反例，让知识在永恒的延异中不断涌出新意。而这种延异与利奥塔的谬误推理一样，都是在与原有知识系统异质逻辑下进行的。

大众文化是满足大众需要的娱乐形式，由于这种需要缺乏深度，更多是一种感觉追求，因而它必然需要通过不断制造新的视觉形象来满足人们不断变化的娱乐需求，而后现代主义恰好为大众文化的"求新"输入了不尽的文化动力。

三、大众文化与后现代主义之间的内在矛盾

大众文化的创作与实践催生了后现代主义并为后现代主义各种反传统原则和策略的确立提供了丰富的历史经验，同时，后现代主义在理论与策略上的创造也为大众文化正当化铺平了道路。大众文化与后现代主义从各自产生起就存在着价值取向上的趋同，它们都反对资产阶级的霸权统治，都想维护中产阶层的利益；而从结果上看，它们的目标在某种意义上说，的确也已经达到至少是部分达到，因为当今的资本主义社会中产阶层的队伍在不断壮大。不过，这种价值上的雷同并不说明大众文化与后现代主义之间没有矛盾。事实上，大众文化与后现代主义从各自产生起就存在某种价值上的差异：大众文化反对资产阶级霸权，维护中产阶层的利益，但它并不把矛头指向资本主义社会，而后现代主义则

---

① 参阅杨生平《遗迹与替补》，中国社会科学出版社 2007 年版，第 192—193 页。

在此基础上把矛头直指资本主义社会。福柯一生做了大量的理论研究，其内容通古涉今，但他真正的用意与理论指向却是批判资本主义社会。他认为资本主义社会采用了一种特殊的方法——规训身体与培育主体的方法来实施对人们的统治，表面上看资本主义是自由民主的社会，而实际上却是一个庞大的监狱，人们生活在其中极不自由，随时受到严格的监视。德里达则公开声明他所主张的"解构"就是一种政治，它随时准备对资本主义制度进行偷袭。在《马克思的幽灵》中，德里达一下子列举了资本主义的"十大罪状"，并对为当今资本主义社会辩护的福山的"历史终结论"进行了猛烈的抨击。这些价值取向上的不同必然埋下大众文化与后现代主义之间矛盾的种子，一旦种子发芽，后现代主义就会转向批判大众文化。

另外，随着大众文化与后现代主义的发展，资本主义社会内部也出现了一些新的变化：一方面，经过后现代主义的批判以及资本主义新发展的需要，一些从事精英文化创作的人们也转向大众文化，精英文化与大众文化之间的界限逐步模糊；另一方面，出于政治统治与自身考虑，资产阶级也加强了对大众文化的渗透与利用。这些情况的出现使大众文化慢慢脱离自身发展的轨道，逐步转变为资产阶级赚取更多商业利润的工具。大众文化原本就具有商业特性，但这种商业特性在大众文化发展的初期更多是通过满足大众基本与正常的文化与审美需要来实现的，而一旦资产阶级进入了大众文化领域，这种商业特征就更浓了，甚至它已成为大众文化最重要的特性。资产阶级像制造与销售物质商品那样生产并销售着大众文化，大众文化已成为晚期资本主义社会资产阶级赚钱的主要工具。为了使大众文化产品有更好的销路，他们甚至不惜代价不断制造新的大众娱乐形象，生产出新的大众文化需求。而这种需求也渐渐超出了大众基本与正常的文化与审美需要，变得畸形发展，甚至最终变成压制人生、玩弄人性的控制力量。为此，鲍德里亚对大众文化进行了深刻的批判。他认为，大众文化的空前泛滥，一方面造成了西方人精神想象力的不断重复与回流，人们不厌其烦地重新拾起曾经重复多遍的旧文化观念，并去尽量消耗现实社会中的一切过剩文化产品，导致了一种空虚感与无能为力感，整个社会文化生产也处于无目的的消耗之中；另一方面也带来了人类精神的不断自我摧残，使人们的精神面貌出现了一种奇特的自我虐待狂的状况，人们以这种不断自我摧残为乐。在鲍德里亚看来，大众文化的这种畸形发展，再经过晚期资本主义社会政治权力的动作，最终使人们彻底丧失了政治判断力与批判力。他说："在政治方面，可以说各种观念都丧失殆尽，而政治的游戏却在一种毫无关心其政治活动用意的情况下继续动作。而在电视方面，也是在对于其自身的图像毫不在乎的情况下继续动作，电视甚至可以在假定人的完全消失的情况下继续动作。也许，在所有的系统中以及在所有的个人中，几乎都存在着一种秘密的推动力，试图从其自身的观念和从其自身的本质中解脱出来，以便能够朝向各个方面无止境地增殖，并无限地渗透到所有的方向的尽头。所有这一分离过程的结果只能是一种命定的、不可抗拒的。所有的一切事物都失去其观念，就像人失去其身影一样，使事物和人都陷入迷失方向的一种罪恶深渊之中。"①

　　尽管后现代主义与大众文化在政治取向上有所不同，尽管后现代主义对大众文化被资产阶级操纵进行了批判，但从最终发展结果上看，它们的政治宿命仍是一致的。由于后现代主义反对宏观政治，只强调微观政治，由于后现代主义只重视文本运动，而不注重现实革命，因而，它提出的政治目标与政治策略都是难以实现的。退一步说，即使某个微观政治团体取得了政治运动的成功，那么它们也难以实现后现代主义提出的不断变革现实的政治夙愿。因此，没有一个政治团体愿意把后现代主义当成它们的终极意识形态，即使它们愿意选择后现代主义作为一时的行动指导，这也只不过是逢场作戏；一旦它们的政治目标得以实现，

---

① 转引自高宣扬《后现代论》，中国人民大学出版社 2005 年版，第 228 页。

它们会立刻放弃后现代主义。因为，此时的后现代主义会转向批评它们自身。相反，尽管后现代主义批判资本主义，但由于它没有明确的政治纲领，更不主张采取积极的行动去推翻资本主义制度，因而，资本主义社会可以容忍后现代主义的存在，并在适当时候，像收编大众文化那样收编后现代主义，最终再佯装以不断进行改革来兑现后现代主义的不断运动的政治愿望。

论后现代主义及其对中国文化影响

后现代主义是 20 世纪中叶产生于西方发达资本主义国家的广泛文化思潮，涉及政治学、法学、历史学、社会学、文学、艺术、伦理学等众多领域，产生后有广泛的国际影响。后现代主义影响深：它既涉及对近现代西方哲学（基本包括整个西方哲学）批判与反思，又涉及对资本主义、现代性等问题的批判与反思；后现代主义影响广：它不仅对西方发达国家有很大影响，还对像中国这样发展中国家有较大影响；不仅影响观念形态领域，还影响人们日常生活领域。正由于这种影响的"深"与"广"，决定着这一问题研究有着十分重要的理论与现实意义，它既可以促进我国文化事业的繁荣，也可以促进我国大众文化的发展。

一、后现代主义概念及其来源

后现代主义是一个十分复杂的概念，对它的研究要区分四层不同的意义，即作为词源的后现代主义、作为艺术形式的后现代主义、作为历史现象的后现代主义与作为思想观念的后现代主义。"'后现代主义'一词最早出现于 1934 年出版的《1882—1923 年西班牙、拉美诗选》中，用来描述现代主义内部发生的'逆动'。在 1947 年出版的英国著名历史学家汤因比的《历史研究》一书也出现过这个词。汤因比用'后现代'指称西方文明中一个新的历史周期——西方统治告终，个人主义、资本主义和天主教权衰落，非西方文化抬头、壮大。"[①] 20世纪60年代，后现代主义出现于绘画、建筑等艺术领域，用以表达一种新的风格。由于这种艺术风格影响越来越大，伊哈布·哈桑把它作为与现代主义艺术不同风格加以系统研究。真正使后现代主义走向世界舞台，还要归功于利奥塔。利奥塔在《后现代状况》中通过对后现代社会知识特点的系统描述，使"后现代主义"一词声名鹊起。随着此书在北美公开出版发行，作为历史现象的后现代主义与思想观念的后现代主义两个问题也浮出水面。不少思想家断言当代西方社会已经步入一个新的时期，出现了明显的"后现代转向"，并纷纷开始对这种现象进行学术研究与理论追溯。在此过程中，哈贝马斯与詹明信的观点是影响力较大的。哈贝马斯认为尽管后现代主义提出了不少合理问题，但现代性仍然是一项未竟的事业，可以通过重建理性与提倡主体间性的方法来弥补现代性的缺陷。而詹明信则公开提出后现代主义是晚期资本主义文化逻辑的观点，并通过对后现代主义"消解深度""强调平面感"和"取消历史意识"等主张的分析，提出通过认识绘图的方法倡导一种新的乌托邦。

从理论源头上看，后现代主义的哲学基础是以德里达、福柯为代表的后结构主义（或解构主义）、伽达默尔的哲学解释学和罗蒂（Richard Rorty）、蒯因（Quine，Willard Van Orman）为代表的新实用主义。德里达通过对传统西方哲学内在问题的分析，指出了其存在"逻格斯中心主义"的局限，并提出了延异哲学思想。福柯通过对西方自文艺复兴以后知识构成和发展进程的分析，提出知识型理论并宣称整个西方知识史是断裂历史的观点。伽达默尔通过对海德格尔"在"与"在者"以及前理解等观点的继承，颠覆了西方哲学关于真理是对客观世界

[①] 王治河主编：《后现代主义辞典》，中央编译出版社2004年版，第9页。

正确反映的结论，提出任何解释活动都离不开主体的视界，解释过程就是主客体视界融合的过程。罗蒂等通过对传统实用主义反本体论立场的继承，主张没有核心、没有标准的后哲学多元文化。由于以上后现代哲学流派在反传统哲学时存在明显矫枉过正现象，后来逐步出现了以大卫·格里芬（D.R.Griffin）与小约翰·科布（J.B.Jr.Cobb）为代表的建设性后现代主义。建设性后现代主义批判传统西方哲学把人与外部世界确定为外在关系的人类中心主义局限，提出有机体与内在关系学说，以试图改变现代性带有的灾难性后果。随着全球化加深与后现代主义影响力增强，后现代主义逐步向社会其他领域发展，并逐步衍生出许多次生态的后现代主义流派。鲍德里亚通过对西方社会新特点的研究，提出了消费社会理论；布尔迪厄通过对西方社会与个人实践研究，提出了文化资本理论等。后现代主义与殖民文化研究结合形成了后殖民主义理论，与女权主义研究结合形成了新女权主义，与历史研究结合形成了新历史主义，与马克思主义研究结合形成了后马克思主义。另外，后现代主义还与生态等问题研究结合产生了生态社会主义等等。

二、后现代主义本质及其价值取向

从现实实质来看，后现代主义是晚期资本主义社会的综合反映。20世纪初期，是资本主义矛盾总爆发也是资本主义寻求新增长的时期。20世纪二三十年代，一场经济危机几乎把所有的资本主义国家都卷入其中，这一时期西方资本主义国家经济出现了大萧条，各种社会矛盾总爆发，紧跟着发生了第二次世界大战。但正如马克思所言资本主义在其生产关系还能容纳生产力发展的情况下不可能就此死亡，更不会甘于灭亡，它必然要用新的方法刺激经济增长与社会发展，并以此克服经济危机，确保其持续发展。二战结束后，西方国家逐步进行改革，引入了凯恩斯主义与福特制，加强了国家干预能力，这在某种程度上缓解了资本主义社会矛盾，带来了一个较长时期的经济增长。但好景不长，到20世纪70年代前后，国家干预资本主义出现了滞胀危机等新问题。后现代主义正是体现了反对宏观调控与整体控制，追求个性增长与发展的需求。另外，后现代主义也反映了当代资本主义社会一个特殊群体——中产阶级发展需要。跟手中掌握"资本"的传统资本家阶级不同，中产阶级作为一个新生阶层，他们手中掌握的是"符号"，他们通过所接受的教育和从事的工作性质获得应有社会地位。中产阶级的专长是处理文字工作、金钱与人，他们是处理商业、技术问题和人际关系的专家；他们不是依靠"物"，而是依靠组织与协调制造"物"的人们的社会机器而生存，依靠"智能"。大多数中产阶级不是以买卖资产赢得利益，而是通过在劳务市场出卖服务，从职业而不是从资产中获取直接收入。所以，中产阶级是为拥有资产的他人而工作的人们。这一性质特点就决定他们同大资本家阶层有着明显的区别。当然，从工作性质来看，中产阶级也不同于以蓝领为代表的社会下层。因为，他们不直接从事物质生产活动，社会地位和收入也明显高于蓝领阶层。中产阶级这一社会"中间"性质决定了他们需要一套既不同于蓝领阶层又不同于大资产阶层的文化观念与生活方式。由于中产阶级不像大资本家阶层那样一开始就是为了使自己拥有的资本增值而毕生奋斗，因而他们对资本的热衷程度以及对资本主义制度的捍卫程度就不像大资本家阶层那样热情高涨，甚至还可能存在着明显反资本乃至反资本主义制度倾向；他们不像大资本家阶层那样遵守资本主义的一切道德规则和规章制度，甚至还有着明显的叛逆倾向。但他们又不可能公开阻击资本逻辑发展，更不会推翻资本主义制度。因为，他们的工作、生活和社会地位都必须依靠大资本家手中掌握的资产来巩固。失去了大资本家手中强大资产的支撑，他们就会面临失业的危险，甚至最终可能失去所拥有的一切。因为，他们毕竟不像大资本家那样靠拥有强大资本维系生存，而是靠拥有的工作能力和智慧生存，而所有这些要想变成现实，就不能不依附于大资本家阶层。这种复杂的两难处境迫使中产阶级形成了既服从又反抗的扭曲心理，而这种心理自然会随着这个阶层逐渐壮大而不断变成某种观念形态的文化。当然，中产阶级也不可能苟同蓝领阶层的生活方式、消费习惯和价值追求。因为，他们毕竟享有较高的社会地位并受过良好的高等教育，他们不会为满足简单物质生活而操劳，他们有更高的追求，他们需要游戏文化、享乐文化，享受着一种不同于嬉皮士生活的雅皮士生活。

正如安德森所说，后现代主义内生着反对资本主义以及与资本主义共谋两种力量。[①] 后现代主义中不少思想家曾猛烈抨击过资本主义制度（如德里达），但由于他们找不到代替资本主义的更好制度，因而他们的批判更多化为与资本主义的共谋关系。当然，这种转化也跟 20 世纪 60 年代发生在西方许多发达国家的激进运动失败有着密切关系。对激进运动失败的影响，伊格尔顿这样总结说："想象一场遭受重大失败的激进运动。事实上，失败如此重大，以至于它在有生之年已不大可能重新兴起，即使曾经有过这种兴起。我心中的这个失败不仅是政治左派所熟悉的那种令人沮丧的受人冷淡，而且是一种如此明确的招致拒绝，以至于似乎使得这类政治学说传统上赖以动作的那些范式名誉扫地。现在这些概念不是受到激烈竞争，而更多的是被人怀着古物收藏家的宽容趣味加以观照，就像人们看待托勒密宇宙观或邓斯司各脱经院哲学那样。它们和常规社会的语言，现在看来不是非常不一致，更多的是完全不可通约——是不同星球的话语，而不是邻国度的话语。"[②] 后现代主义与资本主义共谋关系，明显表现在它与当代资本主义大众文化发展关系上，它成了大众文化发展的意识形态。这表现在以下方面：其一，后现代主义反深度思想是大众文化平面写作的思维基础。大众文化要想正当

---

① 参阅 [英] 佩里·安德森《后现代性的起源》，紫辰等译，中国社会科学出版社 2008 年版，第 107 页。

② [英] 特里·伊格尔顿：《后现代主义的幻象》，华明译，商务印书馆 2000 年版，第 5 页。

化，首先要解决的就是它存在的哲学基础问题。因为，跟它不同的精英文化有着几千年的文化底蕴和哲学基础。对此，后现代主义是通过消解精英文化正当化理由的办法来实现大众文化正当化的。其二，后现代主义游戏思想是大众文化灵活多样叙事方法的无尽源泉。后现代主义削平了精英文化的深度内涵，为大众文化迅猛发展铺平了道路。但大众文化的发展并不可能是一帆风顺的，它还存在着叙事方法等问题的障碍。与具有一套严格、规范和科学叙事方法的精英文化相比，大众文化平俗式的叙事方法似乎难登大雅之堂。对此，后现代主义同样是采用对精英文化叙事方法的批判来替大众文化叙事方法正名。其三，后现代主义注重差异思想是大众文化不断发展的动力。大众文化与后现代主义之间既相互影响，又相互促进。正因为大众文化将文化引向了生活，才使后现代主义者看到了"符号"的意义与价值；而后现代主义者对符号意义的深刻论述，又为大众文化向纵深发展输入了无尽的动力。

从理论特征上看，后现代主义具有反一切体系哲学、宏大叙事与深度哲学的特征，弘扬小叙事与边缘叙事，具体表现是用非本体论代替本体论，用协同论取代反映论，用断裂历史观代替连续历史观，用内在性取代客观性，用不确定性代替确定性，等等。

从价值取向上看，后现代主义的社会价值取向十分复杂，其中既有激进因素，也有保守因素，因而不能一概而论，必须把它放在特定历史背景中加以分析。但总体概括而言，后现代主义具有反主体的主体价值、尊重差异的自由价值和反宏大叙事的文化价值等显著特点。后现代主义始终强调个人与边缘群体的价值，主张用发展和开放眼光看待人的价值问题，强调为给他者与未来留有足够的价值空间。这无疑都是有积极意义的。但由于这种价值主张以反对群体价值与共识价值为基础，因而很难找到实现它的正确路径。正如伊格尔顿所说："后现代主义历史终结的思想并没有为我们想象出一个与现在十分不同的前途，那种它奇怪地视作一项值得颂扬的事业的前途。但是在几种前途中的确存在着这样一种可能的前途，它的名字叫法西斯主义。后现代主义的最大考验，或者对于任何其他政治信仰来说是最大的考验，它是如何发展到那一步。它的有关种族主义和族性特点，有关同一性思想的偏执，有关总体性的危险和对他者的恐惧的大量著作：所有这些，连同它对应的狡诈的深刻见解，无疑具有相当大的价值。但是它的文化相对主义和道德的约定主义，它的怀疑主义，实用主义和地方主义，它对团结和有纪律组织的观念的厌恶，它的缺乏任何关于政治中介力量的适用理论：所有这一切都将对它极为不利。……因为这个理由，后现代主义是处于问题的最后部分而不是解决办法的最后部分。"①

三、后现代主义对中国文化的影响

改革开放以后，由于路线调整、西方现代化对我国的影响、社会主义市场经济体制的确立以及知识经济崛起与全球化进程的影响，后现代主义逐步传入中国。虽然中国缺乏后现代主义产生的土壤（后现代主义只是西方发达国家进入后现代化社会的产物），但这并不影响后现代主义在中国影响的速度与广度。自20世纪80年代传入中国以后，后现代主义在中国迅速发展，并在某些领域形成了具有明显后现代特征的新思潮。后现代常用的一些词汇，如"话语""文本""叙事""解构""颠覆"等等，成了好些人的口头禅。一时间，"人人皆话语，个个谈文本，解构不离手，颠覆不离口"，成了当代中国文化景象的一大景观。以《大话西游》为代表的解构与重叙历史经典的风潮一浪高过一浪，不少青少年以"解构"与"叛逆"作为人生价值的重要坐标。20世纪90

---

① ［英］特里·伊格尔顿：《后现代主义的幻象》，华明译，商务印书馆2000年版，第152页。

年代，随着大众文化在中国的兴起，后现代主义也渐渐纳入中国大众文化发展的轨道。在中国大众文化追逐利润与票房的同时，也增加了"穿越"与"玄幻"等明显的后现代元素。当然，要全面总结后现代主义的影响是一项十分复杂的工作，在此只能就文学、哲学与重点文化问题研究做一简单考察。文学是时代发展的晴雨表，对此领域考察有利于从前沿把握后现代主义对当代中国文化建设的影响；哲学是时代精神的精华，是黄昏时代起飞的猫头鹰，对此领域考察有利于了解后现代主义对当代中国文化建设影响的深度；文化前沿问题研究是文化建设与发展的直接表现，对此问题考察有利于直接把握后现代主义对当代中国文化建设的话语状况与话语结构。20 世纪 90 年代前后，中国文学形成了带有明显后现代特征的新思潮，如新写实主义、先锋派文学等。这些小说有一个共同特点，即质疑历史真实性和历史决定论的合理性，强调突出文学的虚构性质，并希望通过文学的名义去对抗历史合理性。余华的《古典爱情》、格非的《迷舟》、马原的《旧死》以及苏童的《一九三四年的逃亡》等等，就是明显的例证。在一些小说家们看来，文学需要反对任何深度。他们主张文学应当走向生活，但又不完全赞同现实主义的创作方法。他们强调文学作品要真正返回到生活的真实中去，纯粹客观地对叙述生活的原始生态，主张叙述时应该是一片透明，一片真空，不带任何偏见，不掺入半点属于作家自己的杂质，只原原本本把生活具象原始地描绘出来，以便达到一种现象的而不是理念的、绝对完整的而不是支离破碎的真实。池莉的《烦恼人生》和王安忆的《小鲍庄》就是代表。当代一些小说家消解了文学的深度，取消了理想，主张作者从情感和思想的零度开始写作，从某种意义上说好像使文学更反映了生活中的原貌，更贴近了生活，但事实上恰恰相反，它使文学彻底归入市场经济的轨道，加速文学商品化和世俗化发展，某种意义上还会导致使文学庸俗化的危险。如果说后现代主义对当代中国文学创作起到了直接影响的话，那么，它对当代中国哲学的影响是间接的。这种影响是通过对后现代主义提出的哲学问题认可或走向的肯定表现出来的。跟后现代主义哲学一样，国内有不少哲学家公开否定本体论，认为本体论是旧哲学思维模式，甚至有人干脆用后现代主义思想家批判思路去指认本体论与唯心主义的关系，对之加以彻底否定。还有一些哲学家通过对哲学史的考察，提出后现代主义哲学与马克思主义哲学有着同样重要的变革意义，并以后现代主义哲学思维重新注解和解释马克思主义哲学的方式，加强对后现代主义哲学的宣传与推广。近些年来，由于本体论现实意义逐步明显，有一些哲学家又改变了以往批判本体论的思路，用从海德格尔与一些后现代主义哲学家那里借鉴过来的主体理论提出生存本体论等观点。如果说后现代主义对当代中国文学与哲学的影响主要是通过思维方式表现出来的话，那么，它对当代中国一些重要文化问题研究的影响则表现在直接"话题"上。作为后现代主义次生态流派之一——后殖民主义主要探讨的问题就是全球视域中不同民族与国家的文化关系。作为全球最大的发展中国家，中国文化自然是他们探讨的主要问题之一。作为中国学者，加入全球化与不同民族文化关系的讨论本属正常现象，但由于这些讨论都是由后殖民主义理论引发出来的，因而自然带有明显的后现代特征。后殖民主义对中国文化问题研究话题的影响主要通过中国文化的后殖民、后殖民中的中国文化和后殖民主义与现代启蒙话语三类问题表现出来的。客观上说，后殖民主义视域中的中国文化问题研究有着十分重要的意义，它既加强了中国文化与世界文化关系的比较研究，推动全球文化交流，又促进了当代中国文化发展。但由于相关问题的争论往往是在缺乏对后殖民主义理论本身充分反思基础上进行的，因而无论是后殖民主义的推进者还是反对者都有一定思想局限性。尽管后殖民主义提出的文化殖民思想是有创新意义的，但后殖民主义理论本身只讲话语殖民不讲话语外的经济与政治殖民，是有明显局限的。文化关系的殖民思考只有把文化自律与文化他律结合起来，才能得出客观、准确的结论。

　　要寻求后现代主义对当代中国文化建设影响的对策，首先就必须客观、准确评价后现代主义。后现代主义起源十分复杂，流派、观点也多种多样，但从总体上看它是与对现代性的批判与反思联系在一起。要把握后现代主义思想实质，就必须先把握现代性实质。就现代性而言，也有多种不同看法。如，哈贝马斯认为现代性是一项未竟的事业，利奥塔认为现代性是关于理性、自由、解放的允诺等宏大叙事的知识体系，吉登斯（Anthony Giddens）认为现代性是一种制度安排，卡林内斯库（Matei Calinescu）认为现代性是资产阶级现代性与文化现代性的混合物，等等。笔者认为现代性是由资本、科技与理性等因素组合而成的、包括政治经济制度、知识理念体系和文化制度在内的完整制度体系，这个完整制度体系从某种意义上可以用"资本主义"去指称。这个制度体系，在经济上是资本与科技结合，在政治上是民主与法制结合，在文化上是理性与主体结合。文化上的理性与主体既是这个制度体系中的经济、政治派生物，又是它们合理性基础与内在组织机理，甚至是整个制度体系的黏合剂。后现代思想家虽然也涉及现代性中的经济与政治问题，但大多涉猎的是文化上的理性、主体等问题。客观上说，现代性中的理性与主体是有进步意义的，它们在向封建神学讨战中弘扬了人的地位与价值，但也存在有一定问题。就理性而言，它过分强调自身的霸权地位，看不到外部世界的决定作用，忽视自身的弱点（哥德尔不完备定理证明再完美的理性体系都不可能是自洽的）；过分强调工具价值，忽视人的自身。就主体而言，过分强调理论主体、理性主体，忽视现实鲜活主体、非理性主体；过分强调人的主体地位，忽视世界与人的有机联系；过分强调封闭主体，忽视开放主体。就此而言，后现代主义对现代性理性与主体的理论基础、思维方式、价值取向和功能效果的批判是深刻的，并由此给整个现代性体系带来了巨大震撼。但后现代主义在对现代性批判上有两个明显缺点：一是思维方式的偏颇。后现代主义在批判现代性时往往从一个极端走向另一个极端，他们最初是要批判理性、主体和宏大叙事弱点，可最终却变为对整个理性、主体与宏大叙事的批判。这一点与正在西方兴起的复杂性科学相反。复杂性科学反对还原论中的片面性，却不抛弃还原论，主张整体论与还原论的统一。二是忽视对现代性制度体系的批判。知识体系、文化制度在现代性体系中占有重要地位，却不构成现代性体系的核心，现代性体系核心应是经济、政治制度以及整体社会制度。要改变现代性体系的整体性质，就应该从这些制度入手。可对此，后现代主义是无奈与无能为力的。而以实践为根本特征、强调人的本质是现实关系总和的马克思主义理论是可以做到的，它完成了对现代性意识形态、形而上学与资本逻辑的多重批判，并从根本制度角度对现代性体系进行了彻底改造。资本与科技在经济层面的结合，民主与法制在政治层面的结合以及理性与主体在文化层面上的结合，对现代性体系构成的确重要，但它们还不是现代性体系的根本。现代性体系的根本还在于这些因素以根本制度的形式嵌合在一起。当资本与科技以产权形成固定下来后（即资本主义私有制），现代性的众多因素就有了凝固特征。而当这一特征与政治统治、意识形态论证与宣传相契合，现代性体系就像牢笼一样稳固。马克思恩格斯正是通过对资本主义社会经济、政治与意识形态关系的透彻分析，才解开了现代性体系之谜，并以新的制度形式——社会主义制度解放现代性体系中的合理因素，改造其不合理因素。因此，对现代性体系的深刻理解与改造是离不开对资本主义根本制度的理解与改造的。当然，对现代性体系的解剖光有宏观根本制度的分析与研究还是不够的，还需要深入到其中观、微观与内在肌理方面，而这些正是后现代主义带给我们的启示。

以苏联模式为代表的社会主义制度确实存在不少问题，但这并不意味着社会主义制度已丧失其优越性。社会主义制度仍是好的社会制度，关键是它需要在实践中不断创新，充分吸收资本主义现代性体系中的合理因素，改造其不合理因素，实现社会与人的同步协调发展。因此，对当代中国文化建设来说，坚持并发展马克思主义、坚持社会主义根本制度，是根本前提与重要保障。在此基础之上，对后现代主义正确思路与思维加以辩证吸收，认真处理好前现代、现代与后现代各项因素的关系，以开放式思维加大文化创新，实现社会主义文化大发展大繁荣。

作为现代社会意识形态的大众文化

——约翰·B.汤普森现代文化理论评析

约翰·B.汤普森（John B.Thompson，1940— ）是英国著名社会学家和传媒研究专家，其在《意识形态与现代文化》中以文化社会学为理论视角，将大众传播置于现代社会发展的核心位置，根据大众传播的发展重新思考现代文化与意识形态的关系。他开创性地提出现代文化传媒化的观点，并以象征形式为研究焦点，运用深度解释学方法分析了信息全球化时代大众文化所具有的意识形态性质。

一、意识形态的演变

为了准确把握现代社会意识形态的性质，汤普森首先分析了现代意识形态的三种形式及其嬗变。

其一是关于文化转型的宏大叙事理论，这是他基于马克思和韦伯的观点总结得来的。马克思和韦伯都认识到了工业资本主义的兴起和发展与传统价值和文化转型之间的关联。"社会生活和政治权力的世俗化，为'意识形态'的兴起和扩散创造了条件。在这一背景下，'意识形态'首先被理解为一种世俗信仰体系，它具有进行调动和使之合法的作用。"① 18 世纪晚期与 19 世纪初期标志着这个意义上的意识形态时代的开始。意识形态作为世俗信仰体系为传统生活方式已被破坏和传统文化已经陨落的人们提供一个意义架构，使其能够在一个迷茫的世界中为自己找到方向。汤普森认为这种宏大叙事理论有两个主要缺点：一是忽视了现代文化的传媒化这个重要的文化转型。因为现代社会的文化经验在根本上由多种现代传媒的文化象征形式的传播所形成；二是这种宏大叙事容易产生意识形态是单一和明确的意向误导。汤普森认为如果将意识形态概念局限于现代社会或者将意识形态等同于世俗信仰体系，那就会使意识形态概念具有历史局限性，某些人会借助于世俗信仰体系的衰弱而宣称意识形态终结论。他说："社会与政治行动越来越不受号召激进社会变革的世俗信仰体系所鼓动。因此，这种观点的一些主张者认为，我们不但看到了意识形态时代的终结，而且看到了意识形态本身的终结。"②

其二是关于意识形态调控的社会复制理论。这是汤普森总结阿尔都塞（Louis Althusser）和普兰查斯（Nicos Poulantzas）的思想基础上提出的，它指社会秩序的遵守和维持依赖集体共有的价值观与信仰的复制。社会复制理论强调意识形态的社会凝聚剂作用，即意识形态作为象征凝聚剂能把人们粘在同一社会秩序上，所以其生产和扩散至关重要，而大众传播机构则承担着此项社会聚合和复制的功能。汤普森认为没有证据证明某种价值观和信仰是现代工业社会中全体成员所共有的，而且没有证据表明社会稳定必须依赖共识。社会稳定同样可能来自于价值观的多样与差异。所以，社会胶合剂理论只突出了意识形态运作的某些方式。"它突出了象征形式可能达到使社会关系统一化和物化的某些方式，但是

---

① ［英］约翰·B. 汤普森：《意识形态与现代文化》，高铦等译，译林出版社 2012 年版，第 88 页。

② ［英］约翰·B. 汤普森：《意识形态与现代文化》，高铦等译，译林出版社 2012 年版，第 85 页。

它忽略了合法、虚饰和分散的方式。意识形态不是统治关系复制所涉及的唯一因素，统一化和物化也不是意识形态运作所涉及的唯一方式。"①

其三是法兰克福学派提出的文化产业理论。汤普森认为法兰克福学派的早期批判理论家虽然认识到大众传播的重要性，并在此基础上进行意识形态分析，但他们的分析是有缺陷的。文化产业批判在启蒙与统治的总逻辑下进行，明显受到理性化主题的影响，也属于宏大叙事范畴。尤其是他们没有考虑接收者的主动性一面，从而过于强调现代社会凝聚力，最终导致对现代人的命运持悲观的态度。法兰克福学派虽然考虑到大众传播对于意识形态分析的意义，但研究的焦点有偏颇，不能为大众传播时代的意识形态概念和分析提供一个令人满意的基础。

尽管以上三种意识形态形式已经过时，但汤普森反对意识形态终结论，并强调意识形态在现代社会仍然是很重要的分析领域。他将大众传播的发展视为现代信息社会的一种社会控制的新机制，主张通过大众传播所调动的象征形式的意义用于确立和维持统治关系的方式来分析意识形态。他说："意识形态分析不应集中于有组织政治集团所制定和信奉的世俗信仰体系，而应首先面向象征现象在社会领域中流通并与权力关系相交叉的多种复杂方式。"②

二、现代文化及其传媒化

汤普森认为在现代信息社会中，现代文化表征为符号信息，而现代传媒对信息的形成、传播和接收起到了关键作用。他指出，从广义上

---

① [英] 约翰·B. 汤普森：《意识形态与现代文化》，高铦等译，译林出版社 2012 年版，第 117 页。

② [英] 约翰·B. 汤普森：《意识形态与现代文化》，高铦等译，译林出版社 2012 年版，第 286 页。

看，符号即象征形式，就是文化。"我认为各种符号形式的产生、传播和接收使文化构成了一个十分活跃的领域，所以我们当今所做的一切都是一种文化形式，因为我们都在创造、传播和交流各种符号形式。在我看来，这就是文化。"① 汤普森认为美国人类学家格尔茨文化象征性概念的吸引力在于其文化分析目的是研究意义和象征符号，而其文化分析的不足在于他对权力和社会冲突问题缺乏应有的关注。所以汤普森提出了文化的结构性概念，即文化可视为象征形式的意义构成和社会背景化。而文化分析可以界定为"研究象征形式——即各种有意义的行动、物体和表述——关系到历史上特定的和社会上结构性的背景和进程，而这些象征形式就在其中和从中产生、传输和接收"。② 其中"结构"并不是指象征形式本身的结构，而是指其所处的结构性社会背景。"通过联系象征形式在其中产生与接收的结构性社会背景来观察象征形式，文化的结构性概念提供了一个基础，使我们能开始思考大众传播兴起与发展中包罗了什么。因为大众传播以某些方式和某些方法关系到象征形式的生产与传输。"③

汤普森将大众传播置于现代社会发展的核心位置，认为大众传播与现代文化的崛起是现代社会的显著特征，表现为信息产业和文化产业的迅速崛起和发展。"界定我们的文化为'现代的'事实在于象征形式的生产与流通从 15 世纪晚期以来就愈益和不可逆转地卷入商品化和现已成为全球性的传输进程之中。"④ 汤普森将大众传播定义为象征商品通

---

① 王杰、徐方赋：《"我的文化社会学视角"——约翰·B.汤普森访谈录》，《文艺理论与批评》2009 年第 5 期。

② ［英］约翰·B.汤普森：《意识形态与现代文化》，高铦等译，译林出版社 2012 年版，第150 页。

③ ［英］约翰·B.汤普森：《意识形态与现代文化》，高铦等译，译林出版社 2012 年版，第136 页。

④ ［英］约翰·B.汤普森：《意识形态与现代文化》，高铦等译，译林出版社 2012 年版，第137 页。

过信息的传输与储存而进行的体制化生产和普遍化传布。"'大众'一词源于传媒产业所传输的信息一般都到达相对大量的受众这一事实。"① 所以，大众不是一个狭义的数量词，而是指原则上信息可以被多数接收者所获得。在这点上，他与麦克卢汉（Marshall McLuhan）的观点相同，"大众媒介所显示的并不是受众的规模，而是人人同时参与的事实。"② 同时，汤普森强调不要把大众理解为一群被动的信息接受者，因为他们实际上是一定社会背景下主动的、活跃的、具有批判性的信息解释者。大众传播的"传播"是单向的、基本分离的、基本不对称的和跨越时空的，即信息传输者和接受者的交往呈一种准互动的方式，接收者对传播交往的进程和内容相对而言不起作用，接收者对传播者的回应方式是严格受限的。汤普森归纳了大众传播的四个显著特点：第一，象征物品的体制化生产与传布；第二，它在象征物品的生产与接收之间设立一种基本的分离；第三，它扩展了象征形式在时间与空间上的有效性；第四，它涉及象征形式的公共流通。他说："大众传播肯定是一个技术问题，一个生产与传输的强大机制问题，但它也是一个象征形式的问题，是依靠传媒产生部署的技术来生产、传输和接收各种意义表述的问题。因此大众传播的兴起与发展可以被视为象征形式在现代社会中生产与流通方式的一种基本的、持续的转型。正是在这个意义上，我谈到了现代文化的传媒化。"③

汤普森所谓的"现代义化的传媒化"是指现代文化的象征形式生产和传播越来越多地依赖大众传播技术与传媒产业体制机构的中介。

---

① [英] 约翰·B. 汤普森：《意识形态与现代文化》，高铦等译，译林出版社 2012 年版，第 239 页。

② [加] 马歇尔·麦克卢汉：《理解媒介——论人的延伸》，何道宽译，译林出版社 2011 年版，第 397 页。

③ [英] 约翰·B. 汤普森：《意识形态与现代文化》，高铦等译，译林出版社 2012 年版，第 136—137 页。

"现代社会中象征形式的生产和流通是与传媒产业的活动不可分的。"①
大众传播作为文化传输方式，利用现代信息技术对信息编码和传输，决
定了信息生产、传输和接收的方式，而其所传播的信息是符号化了的文
化，所以现代信息技术的发展和文化的符号化是大众传播的基础。而推
动大众传播迅速发展的则是文化的商品化，即法兰克福学派所批判的文
化产业。可见，文化的技术化、符号化和商品化是汤普森大众传播理论
的必要前提。大众传播作为一种信息传播方式，带来了社会文化变迁，
改变了人的互动交流方式，影响了人的日常生活、社会生活和政治生
活。麦克卢汉提出了"媒介是人的延伸"，并预言了全球化信息社会将
把世界变成一个地球村。他认为"任何媒介的使用或人的延伸都改变着
人际依存的模式，正如它改变着我们的各种感觉的比率一样"②。对此，
汤普森也持相似观点，"技术媒介的部署不应视为仅仅是预先存在的社
会关系的补充，而是我们应把这种部署视为服务于产生新的社会关系、
新的行动与互动方式，新的表达自己与回应他人的方式。"③ 传播技术对
时空的超越使得传播者可以影响远距离的接受者，同时传播者也处于媒
体可见性的监督之下。大众传播带来媒体新视界，改变了公私生活的界
限，造成政治上的新的可见性。大众传播作为一把双刃剑已成为影响社
会和政治生活的一个关键因素。汤普森认为现代文化传媒化进程伴随着
工业资本主义的发展与现代国家的兴起，这些进程以复杂的方式叠加，
并日益彰显其全球性质。汤普森将大众传播置于现代社会发展的核心位
置，把大众传播的发展理解为文化领域的一种发展和现代社会的重要文
化转型，并在此基础上思考现代文化与意识形态问题。

---

① ［英］约翰·B.汤普森：《意识形态与现代文化》，高铦等译，译林出版社 2012 年版，第
180 页。

② ［加］马歇尔·麦克卢汉：《理解媒介——论人的延伸》，何道宽译，译林出版社 2011 年
版，第 111 页。

③ ［英］约翰·B.汤普森：《意识形态与现代文化》，高铦等译，译林出版社 2012 年版，导
论第 17 页。

三、现代文化的意识形态性质

汤普森认为现代文化包括两个层面：第一个层面指文化的象征意义，即格尔茨文化象征概念所表征的意义世界，需要运用解释学方法对象征形式的意义进行阐释。意义性是文化的独特属性。第二个层面指文化与权力的关系，是格尔茨文化概念忽略的部分，揭示文化符号如何为权力服务，需要运用深度解释学进行分析。意识形态性是现代文化的潜在属性。他认为研究现代文化第二个层面就是要揭示象征形式的社会背景化所反映的文化与权力的关系，其关注的焦点是现代信息社会日常生活中大众文化所具有的意识形态性质。"象征形式的社会背景化"指象征形式的生产和接受是发生在结构性社会背景内的过程，包含时空背景、互动场所和社会机构的结构性因素。汤普森用"社会结构"一词来指互动场所与社会机构所特有的相对稳定的不对称与差异。汤普森认为象征形式的社会背景中所体现的权力和社会关系会随着象征形式的生产、传输和接收进行社会复制。"社会背景的象征性复制是一种特定的社会复制：这种社会复制是通过对象征的日常理解作媒介的。它不是唯一种类的社会复制，甚至不一定是最重要的。社会关系也通过使用或威胁使用武力以及通过日常生活的常规化来典型地加以复制。但是，社会背景的象征性复制是一个重要的现象，其本身就值得分析。正是在这一点上，我们对象征形式的讨论再次遇到了意识形态的问题。"①

汤普森指出："当意识形态现象成为现代文化传媒所带来的象征形

---

① ［英］约翰·B.汤普森：《意识形态与现代文化》，高铦等译，译林出版社 2012 年版，第169—170 页。

式广泛流通的一部分时，它具有了新的范畴和复杂性。"① 在此，他认为必须阐明三个问题：第一，意义的观念；第二，统治的概念；第三，意义可以服务于建立和支撑统治关系的方式。意义是指在特定社会背景下流通于社会领域中的象征形式可以调动的意义，象征形式的意义性质包含意向性、常规性、结构性、参照性和背景性五个方面；统治指权力关系的"系统的不对称性"；权力是一种获取和支配资源的力量，不同的人在社会结构背景中所处的地位不同决定了他可以获得和支配资源的差异。"当既定权力关系是'系统的不对称'时，那就是说，当特定代理人或代理人团体被长期赋予其他代理人或代理人团体被排除的以及很大程度上得不到的权力（不论这种排除的基础何在）时，我们就谈到'统治'。"② 汤普森总结了意义可以服务于建立和支撑统治关系的五种运行模式，即"合法化""虚饰化""统一化""分散化"和"具体化"。他同时强调这五种象征谋略在现实中是否能够起到建立和支撑统治关系的作用，还必须进一步研究象征形式在特定社会背景中的运行，特别是象征形式如何在日常生活的特定背景下被产生和接收它的主体所使用和理解。

汤普森强调意识形态分析是阐释象征形式所调动的意义与该意义所服务于建立和维持的权力关系之间的联系，所以文化分析的深度解释学方法可以用来解释意识形态。他指出分析象征形式的意识形态性质时，必须考虑大众传播的全过程，即象征形式的生产、传输和接收等，并且强调要特别关注大众传媒文化产品的日常占用，因为只从传媒信息本身来试图推测接收者占有传媒信息后的结果是不充分且带有误导性的。信息的意义并不是信息本身所固有的特性，而是信息接收者在日常占用过程中对信息不断理解和解释的结果。汤普森强调大众传媒化产

---

① ［英］约翰·B.汤普森：《意识形态与现代文化》，高铦等译，译林出版社 2012 年版，第 356 页。

② ［英］约翰·B.汤普森：《意识形态与现代文化》，高铦等译，译林出版社 2012 年版，第 66 页。

品不仅仅是供消费的产品，也是供理解的信息。接收者作为日常生活的主体对信息有一个不断理解和再理解的渐进过程，这个过程是潜移默化的。信息接收者在先期理解信息之余，会谈论信息，也会向别人复述信息，并在这个过程中重新占有信息。象征形式的研究离不开认识和理解。深度解释学承认和考虑到象征形式是一个先期解释过的领域，但是必须超越它进入深度解释学的阶段。汤普森将意识形态解释的深度解释学概括为三个阶段，即社会——历史分析阶段，正式的或推论性分析阶段，解释/再解释阶段。在第一阶段中应注意象征形式生产和接收的具体时空背景、互动领域和社会结构；第二阶段集中于对象征形式的符号学分析；第三阶段的再解释是对前两个阶段的超越，它依靠综合进行，依靠可能意义的创造性建构来进行。"理解为深度解释学程序的一个版本，意识形态解释吸收了社会——历史分析和正式的或推论的分析的各个阶段——但它也超越这些阶段：它提出有关意义与权力之间相互关系的一种解释，一种创造性和综合性的主张。"①

　　日常生活的意识形态解释既是一个涉及大众的自我理解与自我塑造过程，又是一个引发大众批判与自我批判的过程。汤普森主张证明一项解释有理且要保证它不是靠强加而被动接受的，而是要保证其不用强加而证明有理，即无强加原则。他强调人们所进行意识形态解释是对能够理解的主体所生产和接收的象征形式的解释，此时的象征形式已经被这些主体在日常生活中所理解。在解释一个由主体理解所构成的客体领域时，解释过程必然联系到这一领域的主体，并在实际上起到激发这些主体反思的作用，即自我反思原则。"正是在这个意义上，解释过程，特别是意识形态解释，意味着日常理解的解释性转型的可能性。"② 这也

---

① [英] 约翰·B.汤普森：《意识形态与现代文化》，高铦等译，译林出版社 2012 年版，第 346 页。

② [英] 约翰·B.汤普森：《意识形态与现代文化》，高铦等译，译林出版社 2012 年版，第 349 页。

证明了深度解释与构成其解释客体领域的主体的自我理解之间的联系。意识形态解释既可以促进日常理解的解释性转型，同时又与统治性批判有着内在联系。"我已指出：关于象征形式解释是意识形态的，这涉及对意义建构的分析，也涉及对生产和接收这些象征形式的具体社会关系和背景的分析。通过突出这些社会关系与背景，通过表明象征形式如何能在这些背景下服务于支撑某种社会关系，意识形态解释就会对社会生活所特有的权力与统治关系激发一种批判思考。"①

汤普森认为意识形态解释阐明了大众文化潜在的意识形态性，揭示了隐蔽在日常生活中的非对称性社会关系，必定会触动权力的神经，引起这些关系中的主体的反思和批判，最终会引发主体思考"这些社会关系是否公平"等问题。汤普森将解决社会公平问题寄希望于"非排他原则"，即"有关特定机构和社会安排是否公正和是否值得支持的审议，应当是所有受到这些机构和安排影响的个人原则上都有权参与的审议"。②汤普森认为现代文化传媒化产生的单向传递、时空距离和传媒准互动在一定程度上提高了信息接收者的主动性，现代媒介在一定意义上建构了主体。在一个所有人都能作为理解和思考的主体的社会中，那些在社会关系中处于从属地位的个人和群体都是信息的主动参与者而不是被动接受者，都有权参加审议并拥有话语权，他们的利益和需要在审议过程中都应被考虑。只有个人和群体充分参加民主评议，才能最终消除不平等社会关系。"现代文化传媒化的过程与另外两种构成走向并驾齐驱：一方面是工业资本主义的发展和发展非资本主义（或国家社会主义）形式的工业组织的有关尝试；另一方面是现代国家的兴起以及用对政治机构发挥影响和增加参与为取向的群众政治运动的相应出

① ［英］约翰·B.汤普森：《意识形态与现代文化》，高铦等译，译林出版社 2012 年版，第 351 页。
② ［英］约翰·B.汤普森：《意识形态与现代文化》，高铦等译，译林出版社 2012 年版，第 352 页。

现。"① 最终，汤普森寄希望通过群众性的政治运动发展现代社会的民主政治，大众文化的民主化最终会带动西方社会走向真正民主和平等的社会。

四、评 价

汤普森的现代文化研究具有如下积极意义：第一，开辟了依据大众传播理论研究大众文化与意识形态的理论新视角，对信息社会的大众文化发展和日常生活意识形态解析具有重要意义。在信息化的全球社会，经济、科技、政治、文化相互影响并集中表现在文化领域，文化问题凸显使其成为相当多西方学者关注与研究的焦点，与其他西方马克思主义者不同，汤普森开辟了一条将传媒学与社会政治理论研究相结合研究文化的路径。他采取文化社会学视角和方法，通过大众传播全过程对象征形式社会背景复制的深度解释将大众文化与意识形态联系起来。他认真研究过法兰克福学派的文化产业批判理论，也吸收了伯明翰学派关于大众文化的部分观点，例如霍尔的编码—解码理论。汤普森在强调大众传播整个过程的基础上，重点研究了象征形式的意识形态解释，他的现代文化理论建立在文化的符号化、商品化、传媒化基础之上。如果说法兰克福学派和伯明翰学派的大众文化理论分别关注了大众传播的某个侧面，汤普森现代文化研究则关注了大众传播过程的全部，尤其重视象征形式生产、传输与日常占用过程中所涉及的社会背景的象征性复制。这些思想对当今中国大众文化研究与发展有重要启迪意义。②

第二，在全球化信息社会中捍卫并发展了马克思主义意识形态批

---

① ［英］约翰·B.汤普森：《意识形态与现代文化》，高铦等译，译林出版社 2012 年版，第355—356 页。

② 杨生平：《约翰·汤普森意识形态理论评析》，《学习与探索》2015 年第 1 期。

判理论。在这个意识形态终结论不绝于耳的年代，汤普森不但拒绝将意识形态概念中性化甚至彻底消除的思路，而且重新阐释了意识形态并发展了意识形态分析和批判理论。他认识到意识形态理论的过时并不代表意识形态的终结，认为意识形态仍然是一个重要概念，意识形态问题依然是现代社会领域的重要问题，并强调意识形态批判始终是批判理论关注的中心问题。汤普森最终将意识形态重构于象征形式的性质、社会背景特点、权力与统治的组织和复制的理论构架，论证了全球化信息社会中意识形态批判的重要意义。他在价值多元的信息全球化社会坚持意识形态存在的价值，并主张进行意识形态批判，使全球化信息社会的国家、组织和个人时刻对自己所处的社会关系保持警醒，保持批判观念、反思意识和自我理解与自我塑造的潜质。

第三，将解释学理论运用于信息社会日常生活中大众文化的意识形态解析，提出了文化传媒化背景下分析意识形态的新方法，创建了一种以解释意义与权力关系为取向的方法论架构。汤普森所谓的意识形态解释就是阐明大众传播象征形式调动的意义（文化）与该意义所维持的统治关系之间的联系。汤普森利用深度解释学分析了大众传播各个阶段中象征形式所调动的意义与权力和统治之间的联系，尤其强调象征形式的社会背景复制与日常占用所涉及的意识形态解释，将意识形态解释的客观性与主体性结合起来。深度解释学的方法为在复杂性的多元社会中研究意识形态与现代文化理论提供了独特的方法论。他反对对确定性的追求，因为这会使面对复杂的包含主体性的客体领域造成混乱，但他更反对以此为由放弃实践中对确定性的追求。"在社会——历史研究领域，我们正在设法理解一个已经被组成这个领域的主体理解过的客体领域，在此领域内进行合理的判断可能是一种特别有价值的收获。"①

---

① ［英］约翰·B.汤普森：《意识形态与现代文化》，高铦等译，译林出版社 2012 年版，导论第 28—29 页。

汤普森的现代文化理论也有明显不足：第一，它混淆了文化的意识形态性质与文化的意识形态功能。汤普森的现代文化理论重点研究了大众文化潜在的意识形态性，揭示了文化与权力的关系，阐明了现代文化传媒化的政治意义。的确，意识形态在现代信息社会主要通过大众传播和大众文化进行隐形渗透，但这只能说明大众文化承载了意识形态的功能，而不能说大众文化本身具有意识形态性质。"意识形态是反映社会关系特别是生产关系的理论体系，它直接或间接受限于并表现生产关系，而意识形态功能则是指不直接表现社会关系特别是生产关系，但由于受到特定历史条件的制约最终起着维护或建构一种社会关系的功能。"① 意识形态作为观念上层建筑，反映和维护阶级关系和阶级利益，真正的意识形态分析应研究阶级和阶层。意识形态一旦形成，就会通过权力向不同社会领域渗透，使非意识形态的东西带有意识形态功能。文化当然也反映社会关系（包括生产关系），但除此之外它还反映生活世界中人与自然、人与人以及人与精神世界等方面的关系。作为当代流行的大众文化自然也脱离不了对当代社会社会关系（包括生产关系）的反映，但其审美与娱乐性质更决定其是对当代社会生活方式、娱乐方式与价值观念的反映。就前者而言，它具有一定意识形态性质（但它也不同于像经济、政治和法律等直接对生产关系反映的典型意识形态），但就后者而言，它明显不是意识形态。汤普森混淆文化意识形态性质与文化意识形态功能的后果，不仅让他不能进一步理解当代西方社会的意识形态，也使他无法深刻揭示当代西方社会大众文化的政治性质。虽然他看到了大众文化在传播过程中有主客互动、民主性质以及意识形态批判功能，但却忽视大众文化从产生源头上受当代西方社会制度影响的实质。不错，随着大众传媒的发展，普通百姓可以在浩瀚如海的信息中自由选

---

① 杨生平：《深化马克思主义意识形态理论研究应该注意的两个问题》，《江汉论坛》2012年第12期。

择信息并作出一定评论，这些评论也可以影响他人，甚至在一定程度上还可以引起社会信息及其评论的良性互动，并以此影响社会发展。但有两点他却没有看到：其一，不是所有信息与所有人的评论都会在社会上得到广泛传播并产生强烈反响，只有那些被当代西方主流阶层（包括中产阶层）认同或许可的信息与评论才能取得这样的效果。汤普森由他所谓经大众传媒引起的信息互动带来的民主并不是真正的社会民主，至多只是要求由当代西方主流阶层（包括中产阶层）创发的大众文化增加一定程度的包容性而已（从这个意义上，我们也得肯定汤普森所论述的由大众传媒引发西方社会民主的积极意义。毕竟由大众传媒引发的信息的选择性与社会互动使强制性的大众文化传输变得艰难）。其二，大众文化的创发不简单只是一个文化问题，也不简单跟人的需要有关，它更跟特定社会经济、政治特别是社会制度密切相关，而后者对前者的影响往往具有很强的无意识性。表面上看，大众文化是解决人的审美与娱乐需求，而这些审美与娱乐需求似乎跟社会经济、政治等无关，然事实并非如此。当代西方社会大众文化的崛起既跟人们的文化需求有关，也跟当代西方社会经济与政治的发展有关。当代西方社会大众文化如此迅猛发展不能不说跟资本动作与资本逻辑密切相关。资本不仅能创造人的需求，更能不断改变人的需求，以此促进大众文化从内容到形式等方面不断更新，并最终达到实现资本增值的目的。尽管如汤普森批评的那样，法兰克福学派早期学者忽视了大众文化在传输过程中所引发的民主性质，但他们对大众文化所具有的工具理性性质的批判却是有合理性的。事实上除大众文化外，当代文化还具有精英文化等形式，而之所以在当代西方社会大众文化发展一枝独秀而精英文化等得不到长足发展，其重要原因是因为大众文化能够很好地将人的需要、资本增值与社会发展有机结合起来，而其他文化形式则不能很好地做到这一点。就此而言，若说当代西方社会大众文化具有意识形态功能的话，那么这里的功能除了汤普森揭示的批判与民主功能之外，还具有为当代西方社会经济、政治以及根本制度服务的功能。而汤普森明显只看到前者，却没有看到后者。

第二，汤普森不理解意识形态的本质，不能对当代西方社会意识形态发展作出正确分析。正如汤普森在批判文化转型的宏大叙事与意识形态和社会复制理论时所分析的那样，整个西方社会自进入现代社会以来阶级结构发生了变化，传统的制造业日益衰退，信息产业和文化产业迅速崛起，中产阶级逐步壮大，文化影响力逐步增强，价值多元表现得更加突出，由于对以苏联为代表的社会主义的失望与批判，当代西方社会一时找不出能解决所有社会问题并被人们普遍认同的统一理论，一时间"意识形态终结论"喧嚣不止。尽管汤普森不认同这种思潮并对它进行了一定程度的批判，但由于他不懂得意识形态理论的精髓，因而开出的药方显然是乏力无效的。尽管他对马克思意识形态理论进行了深入研究，并提出一些独立见解，但他并没有真正领会马克思意识形态理论精髓。在马克思那里，意识形态的最本质内涵就是作为特定社会观念上层建筑。无论对统治阶级还是被统治阶级来说，为了有效开展他们的实践活动，就必须有一套观念性质的东西来指引，这就是意识形态。一般来说，成熟的阶级特别是统治阶级会有一套系统的观念体系（即汤普森所理解的宏大叙事），但光有这些还是不够的，它们还必须能"有效"地解释世界并在一定程度上说服民众，毕竟意识形态最重要的特性不是理论性而是实践性。可随着时间的推移和社会的变化，原本能"有效"解释世界并说服民众的意识形态渐渐丧失其"合理性"，这就要求意识形态革新。意识形态革新不简单是一项纯粹理论性工作，它更要求做到理论与现实的统一。而这个统一更取决于现实矛盾的性质。如果现实矛盾是非对抗性的或非根本性的，意识形态革新还是容易完成的；若现实矛盾是对抗性的或根本性的，那意识形态革新就难以完成了。汤普森看到的西方宏大叙事的衰弱正是后一种状况在西方社会的表现。宏大叙事的衰弱自然会引起价值共识的下降，由此他对社会复制理论的批判也是有一定合理性的。可有一个根本性问题汤普森却没有看到：宏大叙事的衰弱和价值共识的下降并不意味着西方社会意识形态的丧失，而是意味着西方意识形态在复杂的矛盾中艰难前行、维系与巩固。因为西方的根本社会制度并没有受到动摇，其核心社会价值也没有受到冲击。西方社会所谓的价值多元并不是真正的价值多元，而只是在其根本制度范围内以及核心社会价值统一的基础之上的价值多元，否则也不会有那么多西方学者加入"意识形态终结论"的宣传与更新之中。按理说，真正的价值多元就应该允许不同观点甚至对立观点并存，可西方社会是根本不允许这样做的。西方学者所推行的所谓"意识形态终结论"其实并不是宣称所有意识形态的终结，只是宣称与资本主义对抗的意识形态特别是社会主义意识形态的终结。这其实是另一种形式的意识形态表现。汤普森只看到西方资本主义意识形态的表层，而没有看到其深层。正因为如此，他想通过大众文化传媒化所具有的一定民主性质去促进西方社会全民民主，甚至达到消除不对等权力关系和实现彻底平等的愿望，只能是一种无法实现的良好的乌托邦。

试析格尔茨文化观

克利福德·格尔茨，美国著名人类学家、解释人类学的提出者，被誉为 20 世纪最具原创力和刺激力的人类学家，也是致力于复兴文化象征体系研究的知识运动的前沿人物。在《文化的解释》等著作中，通过对大量原始民族文化的深入田野调查，他提出了"文化是一套由象征有机地结合而形成的意义体系"理论和"深描"等独特研究方法，对西方社会人类学研究以及文化问题研究产生了巨大影响。本文试图通过对其相关文本分析对他独特的文化观做一番梳理与剖析。

一、文化产生的意义与界定

不同于一般文化学家从社会发展的角度研究文化问题，格尔茨关于文化起源问题的研究是借助于进化论与脑科学。通过对启蒙运动以来思想家们对人的定义的一般考虑，格尔茨认为不存在所谓一般的"人类一致性"，存在的只是多样化的人的存在方式，而这些多样化的方式往往是通过不同文化体现出来的。对于文化是如何影响并体现人性的，他说："在试图从人类学方面实施这样一种整合工作，从而得到一个更精确的人的形象的努力中，我提出两个观点。第一个是，最好不要把文化看成是一个具体行为模式——习俗、惯例、传统、习惯——的复合体，直到现在大体上都是这样看待文化的，而要看成是一个总管行为的控制机制——计划、处方、规则、指令（计算工程师将其称为'程序'）。第二个观点是，人明显是这样一个动物，他极度依赖于超出遗传的、在皮肤之外的控制机制和文化程序来控制自己的行为。"① 至于文化又是如何控制人的行为的，他又这样回答说："人的思想基本上既是社会的又是公共的——它的自然栖息地是庭院、市场和城镇广场。思想不是由'头脑中发生的事'构成的（虽然发生的事在这里和其他地方对产生思想是必要的），而是由在被 G.H. 米德（Mead, George Herbert）和其他人称之为有意义的象征性符号之中进行交流构成的，这些符号——绝大多数是词汇，但是也包括姿势、图形、音乐、钟表类的机械装置，或珠宝类的自然物等任何东西，它们与纯粹现实脱离并来将意义赋予经验。从任何特殊的个人观点的角度看，此类符号大部分是后天赋予的。"② 那么，人为何要运用文化或文化是怎样产生的呢？对此，格尔茨引用了相关进化论观点。他认为人与其他动物不同，越是低级动物越靠遗传因素指导行动，而人这样的高级动物不仅靠遗传来指导自己的行为，更靠外在符号源的获得来调节自己的行为。在他看来，正因为人有了有组织、有意义的符号象征体系——文化模式，才使人的行为变得可驾驭、可理解和有意义，否则人的行动就会变成一个纯粹没有意义的行为和突发性情感的混合物。由此，他得出结论说：文化不只是一个人的装饰品，更是人类存在的基本条件。为了进一步论证他这独特的文化意义观点，格尔茨从现代进化论中找到了三条证据。他说："在人类学中，支持这种立场最有说服力的一些论据是最近我们在研究人类的先祖时取得的进展：智人（Homosapiens）是从他灵长目背景中产生的。有这些进展中有三点

---

① ［美］克利福德·格尔茨：《文化的解释》，韩莉译，译林出版社 2008 年版，第 56—57 页。
② ［美］克利福德·格尔茨：《文化的解释》，韩莉译，译林出版社 2008 年版，第 57 页。

很重要：（1）放弃了原来关于人类的身体进化与文化进化之间关系的观点而倾向于互相重叠和互相作用的观点。（2）发现了主要出现在人的中枢神经系统特别是大脑中的，使现代人类区别于他的最近的祖先的大量的生物学变化。（3）认识到人，在身体方面是不完全的、未完成的动物；使他最鲜明区别于非人类的主要不是他的单纯的学习能力（可以说很强），而更多是他必须在发挥社会作用之前学习多少和学习哪些种类的特殊事情。"①

格尔茨认为，文化不仅对刚从灵长目中进化过来的"智人"来说很重要，而且对现代人也不可或缺。对此，他通过对人的"心智"在人的进化过程中变化的历史考察加以证明。通过引用大量相关进化论理论，格尔茨认为在"智人"出现前后人脑与猿脑的确有质的变化，但自从"智人"出现后这种生物学意义上的进化就逐步减弱，而文化进化意义却不断加强。这就是说，在格尔茨看来，自"智人"出现后，因人脑的组织结构变化不大，人对外在信息源的需要不仅没有减弱，而且不断增强。他认为，人天生的（指的是由基因编码的）反应能力的极端笼统性、弥漫性和可变性，决定着他对符号体系的依赖是巨大的甚至是决定性的。在此，他借用苏珊·朗格（Susanne Langer）的观点加以说明。苏珊·朗格曾说，人"能够以某种方式使自己适应他的想象力能处理的任何东西，但是他不能对付混乱无序。因为他的具有特征性的功能，也是他的最高财富，是概念，他最大的恐惧就是面对不能解释的东西——即通常所谓的'神秘莫测'。神秘莫测的不必是新的事物。我们的确遇到了新的事物，只要我们的心智自由地发挥功能，我们很快就用最相近的类推法尝试性地理解它们；但是在精神压力下，甚至是再也熟悉不过的事物也可能突然变成无序的并让我们感到恐惧。因而，我们最重要的

---

① ［美］克利福德·格尔茨：《文化的解释》，韩莉译，译林出版社 2008 年版，第 58—59 页。

财富，永远是我们关于在自然中、在地球上、在我们的社会中、在我们正做的事情中的普遍定位的象征符号，即我们的世界观和人生观的符号。"① 为了防止人因迷茫而失去方向，从而使人的行为更加有力，人类在任何情况下都需要一套能解释世界的模式。对于这套模式是什么以及如何形成的问题，格尔茨引入了 E. 加兰特（E.Galauter）和 M. 格斯登哈伯（Gerstenhaber）的"外在理论"。E. 加兰特和 M. 格斯登哈伯曾经指出："想象思维不多不少是在建构一个环境的形象，比环境更快就运用模型，而且预先判定环境的行为将会像模型一样起作用……解决问题的第一步，在于建构一个（环境的）'相关特性'的模型或形象。这些模型的建构可能依据许多事物，包括人体的器官组织，借助人、纸、铅笔真正的人工制造的东西。一旦一个模型被建构出来，就可以在各种不同的假设条件和限制因素中操作。于是，生物体就能够'观察'这些操作的结果，并且将它们投射到环境中去，使预测成为可能。"② 当然，对格尔茨来说，只建构关于世界的模型对人类存在是不够的，还必须建构关于人的情感控制模型。情感对人类认识世界和改造世界的重要性不仅表现在它是人们认识世界与改造世界的动力源泉，还在于过强或过杂的感情可能使感情崩溃和思维过程彻底破坏。因此，通过禁忌、行为规范或用熟悉的概念迅速将奇怪的刺激"合理化"等方法对惊恐、愤怒和猥亵等刺激进行文化控制，对防止持续的感情不稳定或以极端感情之间摇摆不定是十分必要的。

由此，在格尔茨那里，文化就成了一套由象征意义构成的符号体系，它是人们认知、情感的地图和形成集体良知的母体。他说："我所主张的文化概念实质上是一个符号学的概念。马克斯·韦伯提出，人是

---

① ［美］苏珊·朗格：《哲学新解》，转引自克利福德·格尔茨《文化的解释》，韩莉译，译林出版社 2008 年版，第 122 页。

② ［美］E. 加兰特、M. 格斯滕哈伯：《关于思维：外在理论》，转引自克利福德·格尔茨《文化的解释》，韩莉译，译林出版社 2008 年版，第 256 页。

悬在由他自己所编织的意义之网中的动物，我本人也持相同的观点。于是，我以为所谓文化就是这样一些由人自己编织的意义之网，因此，对文化的分析不是一种寻求规律的实验科学，而是一种探求意义的解释科学。"①"文化概念既不是多重所指的，也不是含糊不清的；它表示的从历史上留下来的存在于符号中的意义模式，是以符号形式表达的前后相袭的概念系统，借此人们交流、保存和发展对生命的知识和态度。"②

二、文化实质与特性

虽然文化是一种解释模型，但这种模型不是随便就能形成的，它有其内在形成机理。格尔茨反对在文化问题研究上的心理主义和结构主义。文化心理主义认为，文化是由社会通行的意义结构组成，人们通过这些结构构成信号领会并相互联系，或者通过这些结构察觉侮辱性从而加以反驳，文化是人们心智、人格和认知结构。结构主义则把文化当成是一个纯粹由符号构成的完整系统，并试图通过区分其要素并确定各要素之间的内在联系去揭示整个系统的性质。格尔茨认为虽然文化会影响或塑造着人们的心理过程，文化也有一定程度的融贯性（即文化是一个体系），但这些都不是文化的首要特征，文化是一种内在于社会的行为，它不可能离开社会而独立存在。在此，他专门划分了义化模式的双重性质——"属于"(of) 和"为了"(for)。就文化模式的"属于"性质而言，它强调的是象征系统的非象征来源，即所有象征系统都是对它之外非象征事物的"比照"和"摹写"，就像人们用发展水力理论或构建一个水流图来获知水坝如何起作用时所做的那样；就文化模式的"为了"性质

---

① [美] 克利福德·格尔茨：《文化的解释》，韩莉译，译林出版社 2008 年版，第 5 页。
② [美] 克利福德·格尔茨：《文化的解释》，韩莉译，译林出版社 2008 年版，第 109 页。

而言，它强调的是根据符号体系表达的关系操作非象征事物，就像人们根据水力理论和取自水流图的结论而得到的专门知识去建造一个水坝时所做的那样。不过，在格尔茨看来，文化的"属于"性质与文化的"为了"性质是不可分割的统一整体，是同一个概念的不同方面，它们的区分只有纯粹研究的意义。在现实生活中，文化模式的双重性质及其相互转换决定：文化既按现实来塑造自身，又按自身塑造现实。

当然，对格尔茨来说，文化最重要的特性还是它的社会性。文化是一种社会事件，它是通过人们的行为去表现并完成的。他说："文化行为，即对符号形式的建构、理解和运用，都是和其他社会事件一样的社会事件；它们就像婚姻一样公开，就像农业一样可视。"[1] 正因如此，要想把握文化的实质就必须深入到人们社会行为及其意义中去。就人们的社会行为而言，文化是认知、情感地图和集体良知的母体。根据"外在理论"，格尔茨认为人们需要的认知地图不仅是一套世界观图式，还包括一套生活方式图式。因为无论是关于世界认识的迷茫，还是关于生活方式认识的迷茫都可能使人们因"无序"而陷入焦虑。他说："无序（事情的混乱缺乏的不仅是解释而且是解释能力）对人造成的威胁至少有三个方面：分析能力有限、忍耐能力有限和内心道德有限。挫折、痛苦和难以克服的伦理困惑，假如已经变得足够剧烈或持续得足够持久，都是对下述命题的挑战：我们的生活是可以理解的，我们能够用思想来将自己有效定位——任何希望坚持存在下去的宗教，无论其多么'原始'，都必须要努力去迎击这些挑战。"[2] 在解决生活方式困惑的问题上，格尔茨认为任何文化除了积极弘扬它正面主张的生活价值观之外，必须着力解释与这类价值观矛盾的社会现象，并努力形成一套能有力解决或控制这些矛盾现象的行为规范。否则，人们会因为这些大量矛盾或无法

①　[美] 克利福德·格尔茨：《文化的解释》，韩莉译，译林出版社 2008 年版，第 112 页。
②　[美] 克利福德·格尔茨：《文化的解释》，韩莉译，译林出版社 2008 年版，第 122 页。

解释现象的出现所怀疑整个生活方式的合理性。他说："某些经验事件的晦涩难解、对强烈而又不留情的疼痛的一所无知，以及谜一样不可思议的大量的不公平，这些都引起了令人不快的怀疑：这个世界，进而在这个世界中的人类生活，也许完全没有真正的秩序——没有经验规律、没有情感的形式、没有道德的约束。"①而这些问题的解决又必须联系世界观图式，将世界观图式与所主张的生活价值观做统一式的综合考量，以此拓展意义世界。在此，格尔茨以宗教为例加以说明，并解释了宗教之所以能长久不衰的原因。他认为宗教不同于常识，宗教在生活的现实之外先假设了一个更广泛的现实，再以这种更广泛的现实完善和纠正日常生活中的现实；宗教又不同于科学，它对日常生活的探究不是怀疑式的，而是以肯定包括日常生活现实在内的更广泛的现实为前提（对于这个更广泛的"现实"，宗教采取的原则是"要知必须先信"），它与日常生活现实的关系不是分析式的，而是强调遭遇与交心；宗教更不同于脱离日常生活现实而去精心制造假象与幻觉氛围的艺术，它努力深化对现实事物的关切，并不断寻求创立彻底实在性的氛围。正是因为这种不断强化的"真正的真实"感，宗教很好地把它设想的超验性与推崇的生活方式有机地结合起来了。他指出："所有的宗教回答这些问题的方法都是相同的：用符号手段系统表述一个秩序真正的世界的形象，它将解释甚至赞美人类体验中的含混、迷惑和模棱两可、所做的努力不是否认不可否认的东西——即一些不可解释的事件、生命痛苦或者是厄运落在公正的地方——而是要否认有不可解释的事件，否认人生是不可承受的，否认公正只是一个幻想"，"正是通过宗教符号系统，人们作出肯定或否定。它将人的生存空间与一个被认为是符号体系存在于其中的更广泛的空间联结起来。"②

---

① [美]克利福德·格尔茨：《文化的解释》，韩莉译，译林出版社 2008 年版，第 133 页。
② [美]克利福德·格尔茨：《文化的解释》，韩莉译，译林出版社 2008 年版，第 133—134 页。

格尔茨认为，建构世界观与生活价值观一致的文化体系对任何民族的生存与发展都是十分重要的。只有这样，人们才会有指导人生与社会的清晰地图，才不会因对世界、社会和人生的迷茫而困惑与焦虑。他说："虽然在理论上我们可以认为一个民族能够独立于形而上学参照物而构建价值体系、一个没有本体论的伦理道德体系，但我们在现实中似乎还没有发现这样一个民族。在某种水平上综合世界观和精神气质的倾向，假如在逻辑上不是必然的，至少在实践上是必需的；假如它不是在哲学上被证实的，至少在实用上是普遍的。"① 对一个民族来说，统一的世界观与生活价值观图式，不仅意味着确定了统一的秩序，还意味着有了统一的精神气质，让特定民族的人们有了一张清晰的情感地图。格尔茨认为，民族文化体系有的不只是抽象思想，还有相当多与之相适应的象征符号。至于何为象征符号，他这样解释说："在某些情况下，它用来指明对某人而言意味着其他什么事情的任何事：乌云是预示即将来临的雨的象征。在另外一些情况下，它仅仅是用来作为一种或另一种事情的明确的习惯性指号：一面红旗是一个危险的信号，一面白旗是投降的信号。在另一些情况下，它限定了一些事情，这些事情以一种曲折比喻的方式表达出来而不能直接按字面意思说明，因而有象征符号而科学没有，而符号逻辑是一种错误的命名。但是也有另外一些情况，它用来表示任何作为概念载体的物体、行动、事件、品质或关系。"② 由于象征符号是概念的可感知的形式，是固化在可感觉的形式中的经验抽象，是思想、态度、判断、渴望或信仰的具体体现，所以，它的普遍存在以及它与抽象思想一起就塑造了特定环境氛围，这种环境氛围持久持续就渐渐培育了一个民族的行为倾向——精神气质。在文化培育民族精神气质问题上，格尔茨抓住了影响人的行为的两个重要因素——动机与情绪。他

① [美] 克利福德·格尔茨：《文化的解释》，韩莉译，译林出版社 2008 年版，第 156 页。
② [美] 克利福德·格尔茨：《文化的解释》，韩莉译，译林出版社 2008 年版，第 111 页。

认为，作为人的行为倾向两个重要因素，动机与情绪的性质是有所不同的，动机是一种相对持久的倾向，具有明确的指向性质，它总会指向特定的、通常是暂时的结果；而情绪则没有明确的指向性，它来自特定环境但缺乏反应的目的性，像雾或气味一样可以四处弥漫和消散，但具有明显的强度。当然，动机与情绪最重要的差别还在于它们对人的行为产生意义的方式不同。动机由于目的而变得有意义，情绪因情景而变得有意义。由于文化是一种世界观图式，推崇的是一套可接受的生活价值观，确定的是一套可行的秩序，呈现的方式是大量可感知的象征符号，这样它就有效地影响了人们动机的目的性与情绪的有效性（特别是在重大节日和重大文化活动中，由于一定程度的渲染，这种影响效果就更加明显）。长期对人们行为动机与情绪进行有效控制，又渐渐形成了一个民族特定的兴趣、嗜好、技能和习惯等心智特性和义务感、趋向等民族性格。他说："一个民族所赞赏及所害怕和仇恨的都为他们的世界观所描述，由他们的宗教来象征，反过来也表达在他们的整个生活特质中。一个民族的精神气质是鲜明的，不仅是因为他们赞颂某种高尚的东西，而且因为他们谴责某种卑劣的东西；这个民族的美德与罪恶都被风格化了。"① 作为世界观与生活价值观统一图式的文化体系塑造了特定民族的精神气质，而特定民族精神气质一旦形成后又会促进社会发展，进一步强化特定世界观与生活价值观统一图式，并以此巩固特定社会的秩序。因此，在他看来，在特定民族文化体系影响下，世界观图式与精神气质是统一并互相印证和互相促进的。

---

① ［美］克利福德·格尔茨：《文化的解释》，韩莉译，译林出版社 2008 年版，第 161 页。

三、评 论

文化是一种歧义丛生、意义复杂的社会现象，据英国著名文化唯物主义思想家威廉斯考察，文化及其含义嬗变在西方经过了三到四个阶段。在 18 世纪以前，文化（culture）是指一种表示程序的名词，基本含义是指对农作物、牲畜和人的心灵等的培育。到了 18 世纪，文化与文明概念可以通用或互换，指某种成就状态的发展，与野蛮对立，有历史进步的意义。随着资本主义内在矛盾（特别是经济矛盾）逐步暴露，文明碰到了它的对立面——贫困、掠夺和战争，文化又逐步从文明中分离出来，表现出与文明相对立的含义，特指一种"主观""想象""创造"和"审美"等"内在"的精神过程。后来到了赫尔德那里，文化又有了代表不同民族生活方式的含义。① 文化含义的嬗变自然意味着文化在人们社会生活中的地位增大和人们对文化问题研究的深入。可过于零散化的状态也使人们对文化问题研究显得棘手。在文化问题的研究上，泰勒的文化定义自然是标志式的成果。按泰勒的说法，文化应该是包括器物、制度、行为和精神等四个层面的概念。虽然这四个层面划分让人们能比较清晰地了解文化存在样态，但如何入手研究不同民族的文化体系、内在关系及其变化又成了新的问题。正如英国学者汤普森所说："由于文化的描述性概念（指像泰勒那样划分出文化在社会存在中的不同层面——笔者注）是在人类学著作中出现的，文化的描述性概念的主要困难更加和那些联系到文化研究的设想而不是联系到文化概念本身相联系。人类学家以及其他关心社会研究的逻辑和方法论的人可以根据许

---

① 参阅［英］雷蒙德·威廉斯《马克思主义与文学》，王尔勃等译，河南大学出版社 2008 年版，第 8—16 页。

多方面来对这些设想提出质疑，那么文化描述性概念就失去了它的许多价值和效用，因为这个概念的主要之点是规定一批可以用系统方法来分析的现象。没有了分析方法的进一步规范，文化的描述性概念可能会流于空转。"① 在此，格尔茨的文化理论就显示出一定的优势。首先，他结合相关科学研究成果，提出文化是"认知、情感地图和集体良知母体"的思想，使文化现象产生与发展问题得到清楚说明。不仅如此，他对文化内涵、作用方式的研究也是非常有见地的。一般而言，人们对文化问题的研究主要是抓住文化的"认知"和"信仰"性质，而格尔茨不仅把这两者紧密结合在一起，还将它们与人的"情感"问题联系起来分析，认为一种文化只有同时解决"认知""信仰"与"情感"问题才是有效的文化体系，这是相当深刻的观点。也许他的相关观点与理论根据还有待于进一步证实与说明，但这些相对于他的文化理论影响而言已不是最重要的了。因为他这一理论已能说明或解释大量文化现象，并对一些民族文化重建有重要的启迪意义。其次，他把文化解释为一种象征符号，这就赋予了那些抽象的文化思想和文化信仰以亲切可感的形式，从而让人们更好地领会和捕捉文化的实质与具体存在。再次，他把文化与人的行动联系起来，进而把文化行为当成一种重要的社会现象，这就可以使人们在清晰的社会发展过程中从文化与社会的互动中把握文化的实质与作用。当然，他对文化体系中世界观图式与精神气质关系的揭示也是有相当理论深度和现实可行性的。

当然，格尔茨的文化理论也有不少值得进一步商榷或深化探讨的地方。表面上看他对他的文化体系问题已经作了能自圆其说的解释，但深究后会发现其中存在不少漏洞。首先，他对文化知识性的说明不如文化意义性说明来得深刻。也许可能像格尔茨所说人们面对无序状态会显

---

① ［英］约翰·汤普森：《意识形态与现代文化》，高铦等译，译林出版社 2005 年版，第 143—144 页。

得焦虑并最终导致行为失范，也许原始人群在形成世界观地图时会更多考虑实用而很少考虑这个地图是否科学，但随着人类进步与科学技术发展，人们在建构世界观地图时是既要考虑到实用更要考虑到科学，并且随着人类的不断进步，作为特定领域世界观图式的知识会从人类整体文化中不断分化出来，形成相对独立的学科（如自然科学和一部分社会科学），这些独立科学的形成都会促进作为整体世界观图式的文化体系的进步与发展。可能是因为在他的文化体系中世界观图式不纯粹是一个知识性问题，还要与特定生活方式这个价值观联系在一起，而在他看来价值观问题又不是一个完全能用科学界定的问题或领域（在《文化的解释》他对"作为文化体系的意识形态"的论述明显是持这样一种观点）。文化虽然没有绝对科学与不科学之分，但肯定有优劣和进步与落后之分。对此，格尔茨的论述明显是成问题的。其次，在探讨特定文化体系建构与作用问题上，格尔茨过多注重的是文化象征体系与人的行为、精神气质和社会发展等问题的研究，而忽视了这些问题背后的权力关系。在特定社会，建构能被众人认可并赋予行动的文化象征体系自然是十分困难的一项工作，但这项工作无论如何也不可能在一个清静而平等的环境下顺利进行，它总是在充满矛盾和利益冲突背景下完成和执行的。对此，约翰·汤普森的批评可谓一语中的。他说，格尔茨方法的难点"在于它对权力和社会中冲突问题未给予足够重视。文化现象首先被视为意义建构、象征形式，文化分析被理解为对包含在这些形式中的意义的原型的解释。但是，文化现象也包含在权力与冲突关系之中。……以这种方式来观察的话，文化现象可以被视为表达权力关系；可以被视为受制于日常生活中接收和理解这些现象的人的各式各样（或许是有分歧的和冲突的）解释。"[①] 再次，他的文化理论有不少自相矛盾之处。他总是谈到文化模式与社会的关系是"属于"与"为了"的关系，认为社会模式

---

① [英] 约翰·汤普森：《意识形态与现代文化》，高铦等译，译林出版社 2005 年版，第 149 页。

塑造着文化模式的同时，文化模式也塑造着社会模式。但在他的文化理论中很难看到社会模式塑造文化模式的问题，更多看到的是文化模式是怎样塑造社会模式的。他一会儿说文化是"历史上传承的体现于象征中的意义模型"，一会儿又说文化是"一套控制机制——计划、方法、规则、指令（计算工程师将其称为'程序'）——用以支配行为"。按这样的逻辑，一个民族的行为特点应该是固定的（因为他的传统文化相对稳定），那又怎么有不同的民族历史变迁与文化变化呢？这里反映出格尔茨的文化观是一种静态文化观，他没有深入考察文化在与社会发生矛盾或与其他文化发生冲突时又是如何应对和重构等重要问题，这不能不说是一个缺憾。当然，对此不能求全责备，格尔茨毕竟不是一个哲学家和社会学家，他只是一个人类学家，对他而言能把文化问题的产生与作用方式说清楚已经足够。就此而言，格尔茨的文化理论不意味着文化研究的结束，只意味着文化深入研究的开始。

试论曼海姆的乌托邦思想

卡尔·曼海姆是德国著名社会学家，他提出的知识社会学与意识形态理论以及对政治科学性质的分析对后人产生了重大影响。本文试图以其相关文本为依据，对其乌托邦思想进行简要分析。

一、乌托邦概念及其规定

曼海姆认为，所谓乌托邦，就是指一种超越现实并改变现实的理想与愿望。在他看来，乌托邦不同于意识形态，尽管二者都是处理现实存在的功能性概念，但前者是以改变现实存在为目的，而后者则是以维护现实存在为指向。尽管意识形态也表现了不同程度的理想状况，但这种理想在现实社会中是根本无法实现的，它也不可能动摇现实社会的存在秩序；而乌托邦则不同，它一开始就着眼于改变某种现实秩序。不过，曼海姆也同时认为要在某种具体理论中明确区分出其意识形态或乌托邦成分却是一件比较困难的工作，因为许多理论特别是上升阶级的理论一开始就是意识形态与乌托邦的混合物。他说："要准确地弄明白在一定时期什么应被看作意识形态，什么应被看作乌托邦，这仍然是另一个困难。这个困难产生于以下事实：乌托邦因素和意识形态因素在历史进程中并不是单独地出现的。上升阶级的乌托邦在很大程度上常常浸透着意识形态因素。"① 要想弄清乌托邦与意识形态的区别，还必须对乌托邦进行进一步的界定。

在曼海姆那里，乌托邦有两种含义：一是指任何社会都无法实现的理想，即他所谓的绝对意义上的乌托邦；二是特定社会可以实现的理想，即他所谓的相对意义上的乌托邦。据此，他认为就可以清晰地区分某种理论中的意识形态与乌托邦成分，即如果某种理论中的某些成分在未来实现了，那它们就是乌托邦，而那些没有实现的理想成分就是意识形态。不但如此，曼海姆还用绝对意义与相对意义的乌托邦概念进一步界定意识形态。在他看来，存在于某一社会以明显理想著称的理论，由于其主张的理想是永远无法实现的（即属于他所谓的绝对意义上的乌托邦），尽管这一理论也有着明显的对抗特定社会以及与这个社会相适应的意识形态，但由于它们无法改变特定社会的现实因而仍然属于这个社会的意识形态。由此可见，在曼海姆那里，乌托邦概念的第一个规定就是超越现实并有望打破现实秩序的理想，而不是泛指一切超越现实的理想。

正因如此，他一再声称他的乌托邦思想研究并不是简单地描绘乌托邦思想史，而是着力研究乌托邦现实史。而这种研究方式决定他必须深入到特定社会具体问题的研究之中，特别是要细致分析特定社会中的阶级状况，并"追溯社会存在的不同形式与乌托邦的相互区别的具体相互作用。"在他看来，一方面，社会存在状况决定着乌托邦形式的变化，不同阶级基于其基本生存需要会形成不同形式乌托邦；另一方面，一种乌托邦思想形成之后又会融入群体思维中从而改变他们对社会存在的看法。这样便形成了他的乌托邦概念的第二个规定，即通过社会存在的具

---

① ［德］卡尔·曼海姆：《意识形态与乌托邦》，黎鸣等译，商务印书馆 2000 年版，第 207—208 页。

体研究去揭示它与乌托邦不同形式之间的互动关系。

如果说曼海姆乌托邦概念还有第三个规定的话，那它就是乌托邦表征的是群体理想和群体思维。在曼海姆看来，乌托邦思想虽然往往是个人提出，但它却不代表个人理想与个人思维。因为个人总是从属于某个群体，他所表达的思想一开始就产生于集体目的，符合群体的集体冲动。另外，个人提出的乌托邦也只有融入群体之中变成群体意志和群体思维，它才能变成一种强大的改变现实的力量。

二、近现代史中不同乌托邦形式及其特征

根据对乌托邦含义的基本规定，曼海姆系统考察了近现代史上四种重要的乌托邦形式，并逐步分析了它们的基本特点与理论特征。

（一）千禧年主义

首先，千禧年主义（Millennialism）不同于千禧年主义思想，也不同于神秘主义的精神体验，它是一种要求变革现实的精神要求。曼海姆认为，千禧年主义是激发人们从事革命行为的精神力量，它扎根于人们心理深处充满活力的和基本的层次之中，因而不同于仅仅立足于精神世界的千禧年主义思想；尽管后者也有一种乌托邦理想，但这种理想并不表现为变革世界的现实要求。此外，千禧年主义也不同于神秘主义的精神体验，尽管后者也跟前者一样往往表现为一种日常生活中的感官要求和冲动，但它更侧重于人的精神世界的体验。其次，千禧年主义乌托邦形式的实现对应于"政治精神化"这个特殊历史转折时期。曼海姆认为，现代政治开始于中世纪以后这个特殊时期，在这个时期，现代政治的运动需要借助于"精神化"来实现，即各种政治力量需要借助于理性化的世界观来实现。而千禧年主义正是处于现代政治这一特殊时期，因

而才成为现代乌托邦的首要形式。再次，千禧年体验是社会最下层阶层的特征。他说："现在变得更明显的是，千禧年的体验是社会最下层阶层的特征。构成其基础的是被压迫的农民、雇工、刚出现的流氓无产者、盲目虔诚的牧师等所特有的精神结构。"①

（二）自由主义——人道主义

首先，自由主义——人道主义具有时间性和具体性。跟千禧年主义认为乌托邦时期的到来没有任何确定时间不同，自由主义——人道主义自开始起就具有明确的时间概念，它认为真正的时间只是从现在开始，而以往则不具有时间性。与千禧年主义把精神看成是现实世界与乌托邦世界质的区分并认为精神是一种充满人们全身且通过他们自身表现出的力量不同，尽管自由主义——人道主义也认为现实世界与乌托邦世界有着质的区分，但它并不把乌托邦世界看成是人们感官世界的表现，而认为它只能存在于人们的精神世界中，是人们通过理智的思考才把它吸入道德良知之中并激发着人们的革命热情。曼海姆认为，自由主义——人道主义是通过"规范"的方法区分现实世界与乌托邦世界的，也正是通过这种从政治领域到文化生活再到哲学领域的理想主义理性规范才将过去与现实存在的一切说成是邪恶的东西并由此弘扬理想世界。其次，它具有进化性。曼海姆认为，刚开始自由主义——人道主义并不具有进化论色彩，正是现实与理想的矛盾才迫使它将进化论引入自身。因为，如果一开始就规定现实世界与理想世界的绝对矛盾，那么，在实现理想世界的过程中也必然存在理想世界与按理想世界实现的现实世界之间的矛盾。只有将进化论引入其中，自由主义——人道主义才可以借助于"未来"这个概念渐渐解决它们之间的矛盾。再次，它反映了中间

---

① ［德］卡尔·曼海姆：《意识形态与乌托邦》，黎鸣等译，商务印书馆 2000 年版，第232 页。

阶层的思想情绪。曼海姆认为，自由主义——人道主义是在反对教士——神学的世界观过程中登上历史舞台的，起先反映的是绝对君主制和资产阶级的思想情绪，后来才慢慢成为资产阶级的专门武器。也正是因为资产阶级作为社会中间阶层的性质，自由主义——人道主义肩负着双重批判工作，一方面它要批判千禧年主义幻想的狂热，另一方面也要批判为当时现实辩护的保守思想。

（三）保守主义

跟上述两种乌托邦形式不同，曼海姆认为保守主义一开始并不是作为乌托邦形式出现在历史上的，是因为上述乌托邦形式的出现才迫使保守主义不得不把乌托邦思想纳入其中并建构与它们不同的乌托邦形式；由于保守主义把过去与现实存在的一切当成已经实现的理想精神，因而它也可以被称为反乌托邦的乌托邦。曼海姆认为，保守主义在反对自由主义——人道主义时也是运用了某种精神理想，所不同的是：自由主义——人道主义认为这种精神理想存在于未来世界，而保守主义则认为这种精神理想在过去早就存在；自由主义——人道主义认为只有未来的现实才具有价值，而保守主义则认为过去与现实存在也具有内在价值。当保守主义将理想精神与过去、现实存在统一起来时，曼海姆认为它必然会碰到精神与现实之间的紧张关系，即精神与现实世界中不同事物之间的矛盾。面对这一矛盾，他认为保守主义是通过区分本质与非本质以及唤醒过去或现在已经存在的精神等方式来解决的。由于保守主义把现实和未来的一切都看成是由过去慢慢培育起来的，因而它就可以把不顾历史与现实存在价值而只立足于未来的自由主义——人道主义批评为一种纯粹可能性的空想。在与自由主义——人道主义思想做斗争的同时，曼海姆认为保守主义也在同时反对千禧年主义。面对千禧年主义的精神狂热，曼海姆认为保守主义采取两个步骤降服它：首先，它将千禧年主义表现为变革现实世界的狂热转向内在精神领域；其次，为了防止过度的精神狂热再次有可能表现为现实行动，保守主义进一步规范精神自由的限度，并以此从根上限制千禧年主义精神狂热的程度。在曼海姆看来，如果说非要指明保守主义对应于哪个阶级的话，那它并不代表一个明确的阶级，它只表明一个社会的阶级状况：只要在一个社会中一个阶级的根本利益和社会地位得到巩固，那么，不管以前他们持有什么乌托邦思想都有可能捍卫保守主义思想。

（四）社会主义——共产主义

曼海姆认为，相对于以上三种形式，社会主义——共产主义是较晚形成的乌托邦形式，这种乌托邦形式是在上述三种乌托邦基础上进行内部综合和创新的结果。在他看来，千禧年主义是社会主义——共产主义乌托邦形式的原始基础并在其内部发展出无政府主义思潮；社会主义——共产主义与自由主义——人道主义都相信自由与平等王国的建立将在遥远的未来得以实现，并共同反对千禧年的狂热，认为狂热能量的发挥必须借助于文化理想得到升华；而社会主义——共产主义与保守主义的共同之处在于都相信决定论，肯定现实存在的意义与价值。当然，曼海姆也同时认为社会主义——共产主义又是在跟这些乌托邦形式斗争中发展的。在他看来，社会主义——共产主义既反对自由主义——人道主义和无政府主义的非决定论思想，又反对保守主义过分强调历史过去的意义而忽视历史未来价值的做法。除此之外，曼海姆认为社会主义——共产主义与上述三种乌托邦形式更为根本的区别是它不像它们重视精神的历史作用，而强调物质因素的历史作用，这是"一场真正哥白尼式的革命"。正是这场革命改变了历史上不同乌托邦形式之间的斗争方法，自此以后，不同乌托邦形式之间的斗争不再把目光放在其他乌托邦形式的内容上而转向它们得以存在的社会基础。他说："社会主义在分析意识形态时，构思出一种一致的、批判的方法，这种方法实际上试图通过显示这些对手的基础存在于现存状况，来消灭他们的乌托邦概念。从这以后，便发生了旨在使论敌的信念根本瓦解的拼死的斗争。因此，我们所讨论的乌托邦思想的每一形式都转而反对其余的每一信念，追究它是否与现实相符，而在每一种情况下，存在的不同构成形式都被作为'现实'而显示给论敌。对于社会主义者而言，经济和社会结构成为绝对的现实。"① 但他也同时认为，由于社会主义——共产主义过分强调社会物质结构的基础作用，因而人们可以自由选择的领域变得越来越小，精神作用日益受到贬低，最终导致乌托邦思想的渐渐衰竭。

三、评 论

"乌托邦"英文词 Utopia 是由两个希腊语词根"ou"和"topos"组成，"ou"是"没有"的意思（一说是"好"的意思），"topos"是"地方"的意思，合在一起是指"乌有之乡"的意思。该词是由英国 16 世纪思想家托马斯·莫尔（St. Thomas More）在《乌托邦》中根据两个希腊词 eutopia（快乐之乡）和 otopia（乌有之乡）创制的。在该书中，托马斯·莫尔描绘了一个完全理性的理想共和国。随着资本主义的兴起、启蒙运动的开展与科学技术的发展，乌托邦渐渐从不可能实现的理想社会转变为可能实现的理想社会。到了 19 世纪，由于社会主义的兴起，它又逐步演变为关于社会主义实现可能性的争论。在马克思主义经典作家文本中，乌托邦几乎是跟空想社会主义联系在一起的，或者从某种意义上讲，它们就是同义词。马克思在《巴枯宁〈国家制度和无政府状态〉一书摘要》中曾用"科学社会主义"以区别于空想社会主义

---

① ［德］卡尔·曼海姆：《意识形态与乌托邦》，黎鸣等译，商务印书馆 2000 年版，第247 页。

（UtopianSocialism），恩格斯在《社会主义从空想到科学的发展》中则进一步确立了"乌托邦／科学"的分析方法。纵观曼海姆的思想，他显然既不是在传统意义上使用乌托邦概念，也不是在马克思恩格斯意义上使用乌托邦概念。在他那里，乌托邦既不完全是一个褒义词，更不是一个贬义词。若先抛开对他的乌托邦概念的价值分析，单就他的乌托邦理论而言，便有如下意义：

首先，他的乌托邦分析方法是有一定合理性的。不同于传统侧重于乌托邦理论或乌托邦构建等思路与方法，曼海姆一开始就以乌托邦的社会应用作为分析的重点，并以此去揭示近现代史上不同乌托邦形式的作用与特征。在此，我们能清楚地看到马克思关于社会存在决定社会意识的唯物史观的思想对他的影响（对此，曼海姆本人也是承认的。他曾清楚地说明过马克思唯物史观的思想对他知识社会学思想形成的影响）。另外，他对绝对意义上的乌托邦与相对意义上的乌托邦的区分以及对乌托邦与群体关系思想的分析也有积极合理意义。

其次，他对近现代史上不同乌托邦形式内容与社会作用的分析有着启迪意义。正如他所说，近现代史上不同乌托邦形式的演变主要源自其社会现实状况与阶级状况的变化，尽管乌托邦的形式、内容与理论基础不同，但它们都有着较为清晰的现实指向与未来指向。在此，他对自由主义——人道主义特别是对社会主义——共产主义思想的分析尤有意义，他所谓的社会主义——共产主义是乌托邦历史上"一场真正哥白尼式的革命"的说法实际上是从另一意义上肯定了马克思主义理论的价值。

再次，他对当时乌托邦思想衰竭的担忧实际上也预见到了20世纪乌托邦的历史命运。在《意识形态与乌托邦》中，他从艺术、政治学等方面分析乌托邦衰竭的表现。他说："这种所有精神因素（乌托邦的和意识形态的）被彻底摧毁的过程，是与最近的现代生活趋势并行的，也是艺术领域中它们的相应趋势并行的。人道主义从艺术中消失，性生活、艺术和建筑中'事实性问题'的出现，以及体育运动中自然冲动的表现，所有这一切，难道我们不应该把它们看作一种征兆，即意识形态和乌托邦因素正日益从控制当前局势的阶层的思想中消退吗？还有，政治学逐渐被归为经济学，这一点至少存在着一种明显的倾向，即有意识地否定过去和历史时间观念，有意识地漠视各种'文化理想'，这一切难道不应该看作是所有形式的乌托邦主义也都从政治舞台上消失了吗？"① 他又说："在这里，某种作用于世界的趋势正在助长一种看法，因为有这个看法，一切思想都受到了怀疑，并且一切乌托邦都已被摧毁。这种现在致命的平淡的看法在很大程度上受到欢迎，它被作为控制当前局势的唯一工具，作为乌托邦主义向科学的转变，作为对与我们当前形势的现实格格不入的欺骗性意识形态的摧毁。"② 如果说曼海姆这一思想在当时还带有一定预测成分的话，那么，20 世纪中叶以后随着资本主义步入后工业社会，这一现象已渐成事实并有愈演愈烈的趋势。在晚期资本主义社会，由于商品经济进一步渗透到文化领域并与人们的日常消费紧密结合，文化世俗化倾向不断加强，精英文化逐步衰退；再加上一些西方学者对意识形态终结论与历史终结论的宣扬和后现代主义对宏大叙事的解构以及向人类解放观点的宣战，文化理想已近枯竭，曼海姆意义上的乌托邦在当今世界也难寻踪影。

尽管如此，曼海姆这一思想也有着明显的局限。因为，他把乌托邦的衰竭归因于马克思的唯物史观，认为正是马克思的唯物史观才使人们把批判的目光从精神领域转移到物质领域，并最终导致人们从物质或身体方面寻找历史发展的动力。更重要的错误是他把马克思的唯

---

① ［德］卡尔·曼海姆：《意识形态与乌托邦》，黎鸣等译，商务印书馆 2000 年版，第 262 页。

② ［德］卡尔·曼海姆：《意识形态与乌托邦》，黎鸣等译，商务印书馆 2000 年版，第 262 页。

物史观思想也理解为一种唯心主义。他说："历史唯物主义只是在名义上是唯物主义，因为经济领域归根到底是精神态度结构上的相互关系，尽管这一事实偶尔被否认。现存经济制度正是一种'制度'，即某种产生于精神领域（如黑格尔理解的客观精神）的东西。"① 不错，马克思的唯物史观思想与科学社会主义理论也的确是一种认识，但这种认识当然不同于黑格尔的唯心主义，它是以历史规律作用为前提的，尽管社会主义制度是以马克思主义科学社会主义理论为指导建立起来的，但马克思的唯物史观思想与科学社会主义理论却是以对历史规律正确反映并经受历史检验为前提的。事实上，曼海姆不仅曲解了马克思的唯物史观与科学社会主义理论，而且他对 20 世纪乌托邦历史命运的预测也只是有着有限的正确性。其实，20 世纪乌托邦的历史命运跟马克思主义的发展密切相关。正是因为 20 世纪中叶以后资本主义的发展与国际共产主义运动的曲折，西方才出现了一股强劲的反乌托邦浪潮。除了那些捍卫资本主义制度的学者外，一些以前信仰马克思主义的学者因为对斯大林时期所犯错误的有限认识也纷纷转向反乌托邦。正如拉塞尔·雅各比（Russell Jacoby）所说："反乌托邦的风潮已经席卷了所有的精神领域。乌托邦已经失去了与迷人的和谐理想的联系并转变成了一种威胁。公众的意见和学者们的博学的看法都将乌托邦观念同暴力以及独裁统治联系起来。但这种联系的历史合法性是值得怀疑的。"②

曼海姆乌托邦理论最重要的错误还在于他没有对乌托邦概念进行科学的定位。虽然乌托邦概念起源于托马斯·莫尔，但乌托邦思想人类早就有之，如柏拉图的"理想国"和中国古代的"大同社会"等。尽管

---

① ［德］卡尔·曼海姆：《意识形态与乌托邦》，黎鸣等译，商务印书馆 2000 年版，第 261 页。
② ［美］拉塞尔·雅各比：《不完美的图像》，姚建彬等译，新星出版社 2007 年版，第 70 页。

乌托邦思想的发展经历了一个漫长的历史过程，但它对社会发展的影响却是有着历史过程的。尽管曼海姆对近现代西方社会乌托邦的发展做了依据于社会存在方面的研究，但他的视角仅局限于现代西方资本主义社会，而没有伸展到整个人类社会，因而他得出的结论自然还是有历史局限性的。事实上，人类社会发展的不同历史时期都有着该社会的乌托邦，只是这些乌托邦的内容与形式有所不同而已。对乌托邦思想的研究，不能简单停留于对其概念的考证上，还应该深入到它与其社会存在的关系以及特定的主体意识之中。从历史发展的角度看，任何社会都会有它的乌托邦思想，并以此影响着该社会的发展，虽然曼海姆不认为宗教是一种乌托邦思想，但实际上基督教在西方封建社会的形成过程中也曾以理想方式起过作用（只不过这种理想作用不同于资产阶级思想的理想作用）。若细究曼海姆乌托邦理论局限性的原因，自然要追溯到马克斯·韦伯主张的"理想类型"研究方法。由于曼海姆不加系统历史分析地将"乌托邦"当成分析近现代西方资本主义社会的一种范畴，而在研究时又将"意识形态"与"乌托邦"完全分割开来，因而必然带来一些思想上的混乱与含混。虽然如他所说意识形态与乌托邦的指向是有所不同的，但从历史上看它们往往是结合在一起、不可分离的：意识形态离不开乌托邦，而乌托邦也往往维系着意识形态。正如当代美国文论家詹明信所言："如果孤立地看待乌托邦的对立的双方，每一种乌托邦立场都不可能没有深刻的意识形态性。假如逐一地看待每一项，它们都是实际存在的；正是每一项的内容反映了由意识形态确定的阶级立场。……这种难以避免的阶级立场隐含了相应的政治判断：就像主人和特权阶层的乌托邦想象一样，充满了愤怒的穷人和下层人民的乌托邦想象也都具有意识形态性。"① 当曼海姆把意识形态定义为用谬误意识的方式维护某阶级的社会地位，又把乌托邦定义为用理想理念的方式改变现实制度

---

① Fredric Jameson，*The Politics of Utopia*，*New Left Review*，Jan/Feb2004，p.50.

时，这不仅导致人们失去对历史理论完整而客观的分析，还给后人带来了一种不正当的理论分析框架，即意识形态是个贬义词，而乌托邦往往是个褒义词（至少是个中性词）。另外，这种乌托邦理想类型的分析方法还存在一个明显的局限，即没有用历史发展的眼光看待历史上各种乌托邦理论。事实上，乌托邦绝不只是一个褒义词，不同乌托邦之间存在着先进与落后、科学与不科学的关系。从历史发展的角度看，新兴阶级的乌托邦一般要比落后阶级的乌托邦先进，因为它往往更能体现大多数人的利益与理想。而所谓科学的乌托邦，它不仅具有明显的先进性，还要正确揭示历史规律并以此为基础展示未来理想社会。从这个意思上讲，我们也可以称马克思主义的科学社会主义为先进、科学的乌托邦。① 由于曼海姆的乌托邦理想类型没有历史发展思维，因而他只是把他所描绘的不同乌托邦形式当成是等量齐观的东西，甚至简单地认为千禧年主义是社会主义——共产主义思想的雏形，这便为后来一些西方学者在社会主义——共产主义与暴力、恐怖之间画等号找到了借口。事实上，如此做也表现出了曼海姆思想内部的矛盾。因为，既然他认为乌托邦的分析与现在存在中的阶级有关，而现实社会中的阶级明显有着少数与多数之分，那么，根据这一思路，他就应该将乌托邦的希望寄托在人数众多的阶级基础之上。但从他的思想内容看，他明显没有把希望寄托在这个占世界人口绝大多数的阶级——无产阶级身上，甚至贬称表现无产阶级阶级愿望的思想家是"极左"集团，并多次把乌托

---

① 马克思恩格斯之所以把乌托邦当成一个贬义词，是由当时的社会条件与语境决定的，就像意识形态在他们的经典文本中也似乎是一个贬义词一样。他们批判空想社会主义（即乌托邦社会主义），是因为空想社会主义者只停留在对资本主义社会罪恶的控诉与未来理想社会的构想上，而这些控诉与构想是不能真正实现社会主义的，因而只是一种空想。而若从乌托邦广义上看（即构建并实现理想社会），那么，科学社会主义也可以说是一种乌托邦，即先进、科学的乌托邦。它的先进性与科学性主要表现为两个方面：一是它是依赖历史发展客观规律的理想预见，二是它是依赖现实主体（即无产阶级）并通过现实可行方法（即革命）去实现的理想社会。

邦衰竭归因于马克思的唯物史观。其实，这既是对马克思唯物史观的一个误解，也是对整个马克思主义的一种保守主义解读。马克思主义的确很重视现实问题研究，而且也正是这种对现实问题的唯物主义研究，才揭示了历史发展的客观规律并由此引发了整个思想史上的一场变革，但马克思主义对现实问题的唯物主义研究并不否定精神因素的作用与主体向度的意义，马克思在《关于费尔巴哈的提纲》中十分重视从主体的角度解释世界，恩格斯在晚年通信中也十分强调意识形态的相对独立性。因此，马克思主义的唯物主义思想并不是曼海姆一再强调的乌托邦衰竭的原因，只能说明曼海姆没有读透马克思的思想。① 不过，若考虑到曼海姆的一贯的政治立场，也不难理解他如此解读的用意所在。若进一步研究曼海姆与马克斯·韦伯的关系，就不难发现前者不仅从后者那里继承了"理想类型"的研究方法，还从他那里继承了"价值中立"的政治立场。曼海姆跟马克斯·韦伯一样反感阶级政治与政党政治，总把希望寄托在游离于阶级与政党之外的自由知识分子身上，而又由于他对现实中所谓自由知识分子理论研究与价值取向的失望，因而最终不得不得出他对乌托邦前途担心的悲观结论。他说："意识形态的衰落其实只对某些阶层来说代表着一种危机，而从揭露意识形态所取得的客观性总是对整个社会表现为自我澄清，乌托邦成分从人类的思想和行动中的完全消失，则可能意味着人类的本性和人类的发展会呈现出全新的特性。乌托邦的消失带来的事物的静态，在静态中，人本身变成了不过是物。"② 但在一个还依然存在阶级、阶级斗争还没有终极的现实社会，我们又怎能发现超阶级的纯乌托邦理论？即使有这样理论，它又怎么可能变成现实呢？事实上，正像詹明信所说：

---

① 对乌托邦与马克思主义的关系，德国西方马克思主义者恩斯特·布洛赫在《乌托邦的精神》与《希望原理》等著作中做了有益的探讨。

② ［德］卡尔·曼海姆：《意识形态与乌托邦》，黎鸣等译，商务印书馆 2000 年版，第 268 页。

"只有当阶级消亡以后，（乌托邦）才可能对社会关系进行真正意义上的重构。"①

---

① ［美］弗雷德里克·詹明信：《乌托邦和实际存在》，王逢振主编《文化研究与政治意识》，中国人民大学出版社 2004 年版，第 386 页。

曼海姆论保守主义思想探析

曼海姆是德国著名的社会学家、知识社会学创始人之一，他在《保守主义》与《意识形态与乌托邦》等著作中，对现代政治中最有影响的意识形态之一——保守主义做了深入细致的分析，其思想有着广泛的国际影响。近年来，随着全球化与资本主义的发展，保守主义在国际政治舞台上发挥着越来越重要的作用。为了进一步理解并分析保守主义的现实根源、理论特征与思想实质，认真研究和系统梳理对保守主义有着深入分析的曼海姆相关思想就有着重要的理论意义与现实价值。

一、传统主义与保守主义

从理论思潮的角度看，曼海姆认为对保守主义问题的研究必须区分两个不同层次，即心理层次与思想体系层次。前者是人们对社会变迁的一种心理反应，是不系统的思想，而后者则是人们对社会变迁的系统认识，它有系统、完整的思想体系。为此，他特意区分了两个重要概念，即传统主义与保守主义。曼海姆指出："我们常常固守旧方式，不愿意接受新发明，这是一种普遍存在的心理倾向。这种特性也被称为'自然保守主义'。但是我们宁愿避免使用'自然'这一危险的术语，而用马克斯·韦伯所喜欢的'传统主义'这个表述方式来取而代之。可以确切地说，这样的保守主义指的仅是一种对旧方式的依恋，它是一种比任何种类的革新主义、比任何刻意的创新尝试更为古老的行为模式"[1]，而保守主义则是"一种可以从历史上和社会学上加以把握的连续性，它在一定的社会历史状态下产生，并在与生活史的直接联系中发展"[2]，它是"一种与孤立个体的'主观性'相对立的客观的精神结构复合体"[3]。也就是说，在曼海姆那里，保守主义与传统主义的区别不仅是思想体系与社会心理的区别，还有一个时间性上的差别，即传统主义是一种永恒的社会心理状况，而保守主义则是人类历史特定条件下的产物。对此，曼海姆还特意论述了保守主义产生的四个社会历史条件，即历史社会总体必须明确成为动态性的；这个动态进程必须以越来越社会分化的方式继续下去，并且在这一社会分化的过程中要产生对历史事件作出反抗的社会阶级；必须对思想体系与社会分化之间的对应关系做深入、细致的分析；社会分化过程中出现的促进改变与促进稳定的要素必须越来越表现出政治的（后来纯粹经济的）特征。

在作为思想体系与社会心理区别的保守主义与传统主义的关系问题上，曼海姆认为它们之间事实上还是存在着某种关联。这种关联体现在作为思想体系的保守主义也会有与之相适应的社会心理，只不过这种社会心理不像传统主义那样深深扎根于每个人的内心之中，而是特定时期某些社会群体心理的综合反映。由此，他认为保守主义一旦形成后会通过影响个体心理并通过个体行动来实现，但由于它又是对超越个体心理之上群体心理的反映，因而往往又不完全等同于个体心理并比个体心理保持更长的持久性。他说："虽然永远也不可能设想它能够独立于其心理载体而存在，因为它只能通过他的经验和自发性而得以产生、再生

---

① ［德］卡尔·曼海姆：《保守主义》，李朝晖等译，译林出版社 2002 年版，第 56 页。

② ［德］卡尔·曼海姆：《保守主义》，李朝晖等译，译林出版社 2002 年版，第 61 页。

③ ［德］卡尔·曼海姆：《保守主义》，李朝晖等译，译林出版社 2002 年版，第 58 页。

和成形，然而它是客观的，因为孤立的个体永远也不可能自生自长，进入其历史存在的某个阶段，还因为它比任何孤立的个体都长寿。"①

由于保守主义既是社会心理与精神内容相统一的思想体系，又表现出一种时间性，因而，曼海姆认为不能把它与自由主义与社会主义等具有稳定内容的意识形态相混同，不能用一种所谓普遍的先验原理推论保守主义，而应该把它放在动态的历史过程上进行考察，它是一种"历史动态结构复合体"。他说："虽然这种意义上的'结构复合体'所展示的问题可能经验和内容的一种当前的客观次序、序列和彼此依赖，但是这种结构上的彼此依赖性却不能被看成是'静态的'。这种彼此依赖的经验和内容的一定形式和一定结构只能在一定的时间交汇点存在，因此只能在大体上展示出来，因为这种结构实体是动态的、变化不居的。"②

不过，在曼海姆看来，尽管保守主义没有稳定的内容，它会随着社会的发展而不断变化，但这一点也丝毫不影响不同保守主义之间的共同性，这种共同性往往是通过不同保守主义理论形式上的相似性（对此，下文将做分析）与社会功能的同一性表现出来的。他认为，从社会功能上看，保守主义往往都要维护过去和现实事物的存在，强调社会稳定，反对全方位的、激进式的社会变革。他指出："保守主义不仅把注意力转向过去，试图使过去不致被遗忘，而且还把整个过去具有的当前性和直接性当作了实际体验"，"保守主义的体验把曾经从远处支配着我们而又由我们给予表达的精神，同已经存在的东西融合在一起，使之变得客观，在各方面得到发展，从而赋予每个事件内在的、固有的价值。"③ 正是在这一点上，曼海姆认为保守主义与传统主义之间存在着十分亲密的关系，甚至从某种意义上说前者就是后者自我反思的产物。

---

① ［德］卡尔·曼海姆：《保守主义》，李朝晖等译，译林出版社2002年版，第58页。
② ［德］卡尔·曼海姆：《保守主义》，李朝晖等译，译林出版社2002年版，第59页。
③ ［德］卡尔·曼海姆：《意识形态与乌托邦》，黎鸣等译，商务印书馆2000年版，第241—242页。

"但是，两者并不是等同的。因为只是在当它成为一种十分明确的、被一贯保持（反对革命经验和思想的）生活和思想态度的表现时，当它作为社会进程总体中一个相对自律的运动发挥作用时，传统主义才呈现出明确的'保守主义'特色。"① 在曼海姆看来，尽管保守主义反对革命，反对全方位社会变革，反对一般意义上的进步观，但也不能由此得出它就不讲变革的结论，甚至认为它始终维护已有的或现存的一切，是一种完全反动、落后的政治观。他认为保守主义为了保证内在体系和政治立场的一致性，当现存事物之间发生矛盾和冲突时，它们也会强调变革或革新。只不过与自由主义等强调彻底变革现实世界的方式不同，保守主义是通过对现存事物"本质"与"非本质"的区别并最终用维护"本质性"事物而改变"非本质性"事物的方式来进行社会革新的。另外，保守主义虽然维护传统与现实，但这种维护不会具有同样的内容，随着社会的发展与时代的不同，保守主义维护的传统与现实内容是不断变化的。因此，曼海姆认为不能用抽象的进步或落后的概念去指称保守主义，因为进步与落后都是一个相对的概念，"今天进步的东西明天可能变得保守"。

二、保守主义分析的知识社会学基础

曼海姆认为，保守主义本来是没有理论化倾向的，它们始终把现存的一切当成是自然的世界秩序的一个部分，只有当受到其他不同意识形态进攻时才开始自我反思并针对对立的意识形态建构自身的思想；保守主义始终以对现存事物的维护来建构相应的理论，只有当现在的事物全方位受到威胁时，它才被迫建立一种思想体系并试图以此干预或扭

---

① ［德］卡尔·曼海姆：《保守主义》，李朝晖等译，译林出版社 2002 年版，第 77 页。

转历史进程。从作为思想体系的角度看，曼海姆认为现代政治有一个鲜明的特点，即现代政治的实现或冲突往往体现为不同思想体系之间的斗争；反之亦然，即不同思想体系的冲突往往表现为不同政治观的冲突。他指出："现代发展的不同特色在于：所有意识形态潮流越来越围绕政治因素这个中心来形成，这一点从 17 世纪开始到 19 世纪达到顶峰。"① 不过，在他看来，如此说并不意味着社会上任何一种意识形态的形成必然精确地对应着一种政治派别或政治观点。因为，意识形态与社会阶层的关系是复杂的，往往需要通过许多中介来完成，意识形态与社会阶层的关系只有大致对应关系。另外，曼海姆强调指出：承认意识形态与社会阶层的对应关系也并不意味着意识形态是完全围绕政治来展开，更不意味着意识形态只是讨论政治问题。在意识形态与政治的关系问题上，与其说政治是意识形态形成的初始原因，不如说政治是现代意识形态汇聚的中心；政治思想不能代表意识形态的全部思想，相反，它只是包含在意识形态广泛的世界设计之中；不同政治派别不仅希望自己利益得到满足，还希望拥有一个自己的利益不受约束的世界。他说："政治因素——这也是我们在研究的这个阶段能够比较明确地加以说明的问题——并不必然是首创性的基本因素。它也不是一种思想潮流产生与发展的初始原因。从研究者的观点来看，政治因素只是在说明某个历史阶段占主导地位的世界设计和思想潮流时最容易明确把握的因素。世界设计比政治设计更加复杂。严格地讲，特殊的政治设计是包含在广泛的世界设计之中的，对我们来说，没有什么比从政治中推演一切更遥不可及。我们之所以将政治因素作为分析的出发点，只是因为存在于理论因素和社会事件之间的至关重要的联系（共存）在政治领域最为明显，而且最终也因为在我们研究的历史阶段，就像我们已经提到的那样，政治事实上的确在很大程度上成了各种世界观的理智立场汇集的

---

① ［德］卡尔·曼海姆：《保守主义》，李朝晖等译，译林出版社 2002 年版，第 29 页。

中心。"①

正是基于上述原因，曼海姆为自己保守主义问题的研究确定了一条思路：不是从政治视角推论保守主义的形成与发展，而是从保守主义思想体系特点的分析中考察它与特定政治之间的关系。这样，他就在保守主义问题的研究中引入了他的知识社会学理论。他认为，在思想体系问题的研究上，知识社会学与纯哲学研究有两点区别：其一，哲学研究是对思想内在性东西的研究，它们始终假设思想性的东西是由某种内在实体决定，思想内在关系跟社会存在没有关联，而知识社会学则始终把思想性东西当成是社会存在决定的产物，并通过社会存在的变化来考察思想的形成与发展；其二，哲学往往倾向于把自己建立在一种无时间性的、永不变化的理性之上，或者假设理性的形式属性是不可改变的，而知识社会学则把任何思想的形成都看成是当时特定社会经验决定的（即把任何思想都看成是思想家对他所面对社会的某种社会经验的理论提升），知识社会学的任务就是要揭示不同思想体系的前理论经验并以此揭示不同思想体系的社会实质。由于思想体系是一个复杂的系统，它一旦形成以后便会影响到人们日常思维与日常经验，而日常生活中的人们也往往是在不同思想体系影响下思维与生活，因而，知识社会学研究的首要工作就是要突破影响人们日常思维的思想体系的干扰，对不同思想体系的前理论经验进行客观、公正的研究与分析。除此之外，还要深入到不同思想体系内部，理解并把握不同思想体系的思想风格，并最终把体系研究与历史研究统一起来。

要做到上述统一，曼海姆认为知识社会学研究还需要完成两项工作：一是通过对整个西方现代史的考察，认识到社会与政治的分裂是区分不同思想潮流的根源；二是联系社会一般进程认真考察不同思想体系的现实命运。进行这两项工作，最终的任务是要发现不同思想体系内在

---

① ［德］卡尔·曼海姆：《保守主义》，李朝晖等译，译林出版社 2002 年版，第 38—39 页。

具有的较为稳定的思想风格。对于如何具体完成这一任务，曼海姆指出："从各种各样的作家的作品中尽可能地抽出这种思想风格所独有的基本概念，同时观察和揭示这种思想风格所固有的基本设计对它们的影响。也就是说，在详尽地考察这种思想风格所依赖的基本概念时，我们发现我们正在处理的是一种逐步形成的独特'逻辑'，这种逻辑如此具有一种内在的一贯性，以至于它能够修正那些从别处引进自己领地的概念。"① 而对思想风格的实质，曼海姆解释道："当思想中可知觉的区别不仅仅指涉理论区别时，而且这种很容易就能弄清楚的理论区别奠基在包罗万象的世界观的区别上时；还有——更清楚地——如果我们能确立一种不同的观点和一种不同的与知识客体的存在性联系；我们就称之为一种'思想的风格'，以区别于纯粹的思想流派的类型。这里的假设是，不是所有的思想都是同一种意义上的思想，而是在这个消除差异的欺骗性概念之后隐藏着最具多样性的存在关系，这些关系需要思想也以最多样的方式来研究，而且，所有活思想都从这种存在作用中获得了自己独特的构成。"②

不过，完成了思想风格的归类后，知识社会学研究的任务还没有完成，前者只是后者开展真正工作的证据手段；其后，知识社会学还需要对这些不同思想及其相应的思想风格进行社会学归因。曼海姆认为，这里的社会学归因主要是研究并分析不同思想体系与思想风格应该归于哪种政治和社会潮流，它也是一项需要认真对待并细致研究的工作。他认为，这里的社会学归因可分为两个阶段：一是揭示这种归因在意义层面的对应物，二是证明这种归因在经验因果性的水平上是充分的。第一个阶段的主要工作是通过对不同概念所表达的意义考察，证明它是否是从保守主义设计中生发出来的；第二个阶段的主要工作则是进一步从社

---

① ［德］卡尔·曼海姆：《保守主义》，李朝晖等译，译林出版社 2002 年版，第 9 页。

② ［德］卡尔·曼海姆：《保守主义》，李朝晖等译，译林出版社 2002 年版，第 7 页下注。

会存在的视角出发分析这些概念是否是保守主义思想家为了特定的政治目的而研发出来的。曼海姆认为，这两个条件缺一不可，只有它们同时具备时，才证明知识社会学归因是完全、充分的。而一旦完成了这项工作，曼海姆认为知识社会学的最终任务也就接近完成了。他说："一旦我们能够确定那些最重要的基本概念以及思想的其他基本形式应该归因于何种社会和政治潮流，我们就能够实现对它们随后命运的认识，因为将意义的可察知的变化和它的'承载'阶层的政治和社会命运联系起来始终是可能的。对思想内容中的因素而言，关于意义的变化与社会政治格局中的变化相关联的假设是相当容易确实的。保守阶层的意识形态（他们的目标、政治信念等等）与他们必须在其中维护自己的总体格局一起变化。而且，所有能被追溯到新阶层是被推到保守主义立场的这个事实的变化，总是能在意识形态中表达自己。相应于'承载'阶层的结构变化，保守主义也具有不同的形式。恰当地说，贵族、小资产者、官僚和君王的保守主义各不相同。根据他们相互关系的形式，根据他们的保守主义与教会的保守主义的关系，他们自己在变化，也一同发生变化。"①

三、保守主义思想的构建基础与理论核心

有了思想体系的知识社会学研究方法，曼海姆就开始着手对保守主义思想的系统研究。他的研究分成了两个部分：一是总结和刻画保守主义的思想风格，二是对保守主义进行社会学归因（由于文章篇幅所限，此部分问题的研究当撰文另述）。不过，在进行这项工作之前，我们必须事先说明一下曼海姆从事保守主义研究的社会背景。正如曼海姆

① ［德］卡尔·曼海姆：《保守主义》，李朝晖等译，译林出版社 2002 年版，第 17—18 页。

本人所说，保守主义是一个不断变化的流派，不同时期、不同政治派别所形成的保守主义思想并不完成相同，而曼海姆本人所研究的则是19世纪上半叶德国流行的种种保守主义思想，而这些保守主义的形成与发展总是与它相对立的意识形态——自由主义密不可分的。因此，曼海姆总是在与自由主义对立与融合中分析那个时代德国保守主义的思想风格。

曼海姆把对保守主义思想风格的分析分成两个部分：首先，从保守主义思想与社会存在关系的角度分析保守主义思想建构方法。他认为，由于保守主义与自由主义的政治立场不同，因而它们建构思想体系的方式方法就不同。前者热衷于研究个别事物，后者则热衷于建构思想体系；前者强调具体思维，而后者强调抽象思维。他认为这些不同表面上看只是一个思维方式不同问题，而实际上是两种不同的政治经验。因为，在他看来，由于自由主义想彻底改变整个现实世界，因而它必须首先建立作为变革世界重要参考系的思想体系，由于这种思想体系是建立在对社会未来发展"可能性"基础之上，因而它必然是抽象的；而保守主义则试图保持现实，维护过去与现实事物的存在价值，他们的思维框架不会超出现实生活的界域，因而他们的思维必须是具体的。为此，他特意列举了保守主义与自由主义都重视的两个重要概念——财产与自由，并通过比较研究进一步证实这一观点。曼海姆认为，与自由主义强调财产的独立性，认为拥有财产就应拥有与之相适应的一切权利不同，等级制保守主义为了维护现实等级的存在，它在说明财产问题时不是泛泛地谈论财产与所有者权利之间的对应关系，更是强调一些特殊财产与一些特殊所有者之间不可互换的互惠关系。同样，与自由主义建立在经济与政治领域平等竞争基础上的自由观不同，保守主义则把自由转向人的内心存在，用人类内心存在上的不平等去攻击自由主义的自由观，并最终形成一种"定性"的自由概念。与此同时，它用秩序原则去解决外在关系。为了使外在秩序与内在自由不发生冲突并保持统一性，曼海姆认为保守主义往往借助于上帝或民族精神去说明它们之间存在着"预定和谐"。除此之外，保守主义还有一些其他思维特征。对此，曼海姆总结说："我们已经致力于罗列保守主义经验和思考事物的方式所特有的一些特征，包括：它对质的东西的经验，它具体的而不是抽象的经验方式，它在本然而不是在应然的基础上对事物的经验，它与对历史发展的直线性经验相对的对想象空间关系的经验，它在历史基础问题上用不动产对个体的取代，它对'有机'联合体高于'阶级'的偏爱，以及其他。"①

其次，从保守主义理论内容分析其理论核心。曼海姆认为，要了解保守主义的理论实质，光从社会存在的角度分析保守主义思想建构方法还是不够的，还必须深入到保守主义的理论内容，揭示其共同的理论核心。由于保守主义是针对自由主义而建构的反向思想体系，因此，要准确揭示保守主义的理论核心，就必须针对自由主义思想主要内容与主要特征逐项分析。在此，曼海姆以自由主义自然法思想为核心比较了自由主义与保守主义理论核心的不同。他认为，针对自由主义提出的"自然状态"说、社会契约说、人民主权说和人权不可让与说，保守主义对它进行逐条反驳并提出与之不同的相应理论。除此之外，保守主义还从思维方式入手在解构自由主义思想思维方式的基础上，提出了不同的建构自身思想的思维方式。他认为，针对自由主义把一切都建立在理性基础之上的理性主义思维方法，保守主义通过赋予"存在"以优先地位给予反驳；针对自由主义从一般原则演绎个体存在的思维方法，保守主义通过强调现实存在的非理性因素给予回击；针对自由主义宣扬的自由民主等思想具有普遍适用性的观点，保守主义通过提出社会有机体思想加以反对；针对自由主义提出的原子论式的个体主义思想，保守主义则通过提出总体性思想加以批驳。此外，针对自由主义把"正确思想"看成

---

① [德] 卡尔·曼海姆：《保守主义》，李朝晖等译，译林出版社 2002 年版，第 98—99 页。

是超越于历史之外并决定历史发展的永恒原理的做法，保守主义起先用"生活"和历史运动加以反对，之后又用一种动态的理性概念对此加以批驳。对于这些不同理论特征，曼海姆认为它没有穷尽保守主义的所有特征，也不认为它会集中表现在任何一个保守主义思想之中。因为，保守主义是在发展的，针对它所"保"的和所"反"的东西不同，保守主义也会不断改变其理论形态。尽管如此，在他看来，保守主义理论核心中的一些基本东西却是会有一定的稳定性的。

四、余　论

正如曼海姆所言，若从传统主义角度看，保守主义早就存在，并可能伴随着人类社会发展的始终。但作为一种独立的意识形态，保守主义的出现则是近代以后的事。一般认为，18世纪英国政治学家埃德蒙·伯克（Edmund Burke）于1790年发表的《对法国大革命的反思》是作为意识形态保守主义的雏形。对此，曼海姆并未否定，但他认为伯克的思想并不是典型的保守主义。因为，在伯克的保守思想中还保留着明显的自由主义因素，这些因素甚至让一些后者的英国自由主义者认为伯克是他们的同路人。据曼海姆的考察，最早赋予保守主义以明确意义的是19世纪德国著名思想家夏多勃里昂（François-René, vicomte de Chateaubriand），他把自己旨在宣传僧侣与政治复辟观念的期刊取名为《保守主义》；保守主义一词直到19世纪30年代才被德国采用，1835年才在英国获得正式认可。尽管伯克的思想是保守主义较早的理论形态，但曼海姆认为由于德国缺乏一个坚强的不妥协的中间阶层，因而它成为保守主义思想最重要的堡垒。他说："德国得到了法国为进步的启蒙运动所实现了的保守主义的意识形态——她最为充分地实现了它的逻辑结局。启蒙运动在英国这个资本主义发展最进步的地方以真实的姿态开

始，然后转移到法国，只是为了在那里实现其最激进的、抽象的、无神
论的唯物主义形式。对法国大革命的反革命批判同样也肇始于英国，却
在德国的大地上得到了最一贯的阐述。比如说，'历史主义'最重要的
理智种子可以在伯克那里发现。但是如我们所知，'历史主义'作为一
种方法却是德国保守主义精神的产物；而当它很久以后确实在英国出现
时，又是德国影响的结果。"① 曼海姆这番论述实际上想说明两个问题：
一是新思想的存在跟特定国度并非存在直接关系；二是他着力研究的虽
然是特定国家的保守主义——德国保守主义，但它却具有历史典型性。
客观地讲，曼海姆这里想说明的两层意思是公正、客观的，他跟马克思
恩格斯的有关论述是吻合的。他所想说明的第一层意思实际上就是恩格
斯所说的意识形态相对独立性问题，而他想说明的第二层意思也符合当
时马克思恩格斯对德国资产阶级及其为之服务的思想家思想的评价。马
克思恩格斯在评价德国古典哲学集大成者——黑格尔哲学时说："黑格
尔是一个德国人，而且和他的同时代人歌德一样，拖着一根庸人的辫
子。歌德和黑格尔在各自的领域中都是奥林波斯山上的宙斯，但是两人
都没有完全摆脱德国庸人的习气。"② 他们在评价同时代的"青年黑格尔
派"时又说："尽管青年黑格尔派思想家们满口讲的都是'震撼世界'
的词句，而实际上他们是最大的保守分子。"③ 既然如此，曼海姆对当时
德国保守主义思想的分析是有重要理论价值的。

　　与其他研究意识形态的方式不同，曼海姆是从对思想体系的解剖
入手去分析保守主义的，其所用的知识社会学方法更值得称道。透视
他的知识社会学理论，有三点是核心内涵：一是强调任何思想体系的建
立都是由环境决定的；二是任何重要的意识形态尽管可能是由个人提出
或创立，但它反映的却是特定群体的思想；三是社会心理不同于思想体

---

① ［德］卡尔·曼海姆：《保守主义》，李朝晖等译，译林出版社 2002 年版，第 23 页。

② 《马克思恩格斯选集》第 4 卷，人民出版社 1995 年版，第 218—219 页。

③ 《马克思恩格斯全集》第 3 卷，人民出版社 1960 版，第 22 页。

系，特定社会心理只有上升到思想体系的高度才能得到准确说明，而特定思想体系建立后必须也会形成与它相适应的社会心理。这三条核心原理应该是基本正确的，它可以经得起历史发展的检验。曼海姆对保守主义思想分析的价值，正是体现在他坚持这三条原则基础之上对不同保守主义思想进行的鞭辟入里的分析。其强调的两种社会学归因，让我们看到了其研究的严肃与严谨；其提出的保守主义思想的前理论经验的统一性与理论核心的统一性，让我们清晰地感觉到了不同保守主义的共同理论实质和现实使命。但是，他的保守主义思想研究也存在着如下局限：其一，缺乏明显的历史发展向度。尽管在保守主义问题研究上，曼海姆多次提到过"历史""历史主义"（他甚至把历史主义当成保守主义独特的研究方法），但他本人却没有深入研究过历史，更没有把历史看成是一个不断进步的过程。由于这种历史进步观的缺乏，他必然把各种不同的保守主义当成等量齐观的东西，这也就自然导致他的研究的第二个局限：缺乏鲜明的价值评价。尽管保守主义有一些共同的理论形态与思维特征，但不同保守主义之间仍然是有区别的。我们不能因为保守主义强调稳定、重视过去与现存事物的价值就一概认为它们都是消极、落后的，关键要看保守主义是"保什么""为什么保"和"怎么保"。这里自然就有一个评价的客观标准问题。若保守主义"保"的东西是有科学根据的，那就不能认为它是消极、落后的；若保守主义想捍卫的社会存在仍有一定的价值，而且其消极方面能通过渐进式的改革来改变，那它反对彻底变革的思想就是有道理的。我们不能仅凭"保"与"变"、"追求稳定"与"追求激进变革"这样的字眼来对它们下价值评判。对它们的评价必然依赖科学历史观作最终的根据。另外，在这里我们还应该理解保守主义与自由主义等意识形态的不同。从理论上讲，保守主义与自由主义等意识形态不是一个层次的问题。由于后者有明确的理论内容，而前者没有明确的理论内容，它只是反映了一种政治状态，因而后者明显要高于前者。因为，自由主义者当他们追求的社会状况已经实现的时候，也可能变成一个保守主义者。其三，缺乏对保守主义思想的全面总结与分析。从曼海姆的思想看，他所分析的保守主义主要是一种哲学形态，尽管哲学形态是一种高层次的理论形态，但这种形态并不能代替经济、政治与文化等保守主义形态的分析。

另外，曼海姆对保守主义分析的最大问题还在于它不能适应时代的变迁。如果说曼海姆所处的时代保守主义激烈反对的是自由主义意识形态的话，那么，当今西方社会出现的所谓新保守主义要捍卫的恰恰正是这种自由主义意识形态。如果说曼海姆所面对的保守主义是想通过和缓式方式追求社会稳定的话，那么，今天西方的新保守主义恰恰是想通过军事方式来干涉并试图改变别国内政。也许今天的新保守主义出现会使曼海姆理论略显尴尬，但我们不能求全责备。毕竟时代不同，保守主义呈现的方式与内容也不完全相同。更何况，曼海姆提出的保守主义要捍卫传统、对保守主义思想要进行前理论分析和社会学归因以及对保守主义的研究要结合它所反对的意识形态进行等观点，对于我们分析与研究新保守主义仍有独特的价值。

利奥塔叙事知识与科学知识及其关系评析

后现代主义是当代西方流行的一种广泛的文化思潮，它对当代西方社会的政治、经济与文化等方面产生了重要的影响。作为后现代主义大师之一的利奥塔，在把后现代主义从法国推向整个世界的过程中无疑起了十分重要的作用。本文试图从利奥塔的后现代主义的代表作《后现代状况——关于知识的报告》入手，着重探讨其中有关叙事知识和科学知识及其关系问题。

一、叙事知识及其基本特征

针对当前流行的对知识的看法，利奥塔在《后现代知识状况——关于知识的报告》中首先对知识做了区分。他认为知识（knowledge）并不等于科学知识（science），科学知识只是知识的一种，而且不是主要的一种。在此，他对"科学"（science）、"学问"（learning）与"知识"（knowledge）做了区分。他说："一般意义上的知识不能归结为科学，更不能归结为学问。学问只是对客体作出界定或描述，涉及真与假的问题，它排除了所有其他陈述。科学是学问的一个子集，它也由指示性陈述（denotative statement）构成，对它的理解有两个附加条件：一是它所涉及的客体必须能够得到理解；二是一个给定的陈述所用语言应能接受同行专家的判定。"① 而在他看来，知识（knowledge）远非是一系列指示性陈述，它还包括"技巧"（know-how）、"对如何生活的了解"（knowing how to live）以及"如何倾听"（how to learning）等等。因此，"知识"的范围是十分广泛的，它超出了对真伪的指示性判断，从单纯对"真实"的关注，扩展到对"具体操作效益""正义与幸福""声音与颜色的美"等等的关注；它是一种总体能力（competence）问题，不仅对是什么，而且也能对为什么作出判断，并最终给出合理的理由。不仅如此，利奥塔还认为对"知识"的认同便构成了一个民族的文化。在此基础之上，他提出了与"科学"不同的另一种知识——"叙事知识"（narrative knowledge）。

那么，什么是"叙事知识"呢？利奥塔首先对神话和原始思维做了一番考察，认为叙事推动人由原始思维到文明的认识能力转化，由口头叙事到图画、文字表达的演进，促进了公认知识的变化与传承。叙事知识是传统话语的典型，它不仅仅由指示性陈述构成，而且包括"知识"中的所有形式。不仅如此，利奥塔还认为它通过不停地传授由讲话者（speaker）、听话者（listen）与指涉物（referent）的关系进一步扩展形成了特定社会的制约关系。在此，他提出了叙事知识的五大特点：

1. 叙事知识的标准是柔性的，它是由能产生特定功能的社会加以动态限定。在他看来，叙事知识的标准不是由外在化的因素决定的，而是由特定社会内部的原因决定的，它往往与特定社会群体的英雄历史事件有关。特定社会或民族的人们根据历史上英雄成功或失败的经验来确定知识标准，并以此为根据来开展自己的日常活动。

2. 在叙事知识中没有一种特殊的语言形式被赋予特权，它们都把

---

① J.F.Lyotard, *The Postmodern Condition*: *a Report on Knowledge*, Manchester university press, p.18.

自己安置在一个变化的语言游戏中。叙事知识由多种形式组成一个整体（如指示性陈述、规定性陈述、效能性陈述等），它们之间分工并不十分明确，彼此也没有统率与被统率之分，它们是平等的关系。

3. 在叙事知识的传送中，讲话者、听话者与指涉物以一种扩展社会关系（social bond）的形式加以进行。叙事中的讲话者、听话者、指涉物的地位是经过特定安排的，讲话者的权力是建立在这样一个基础之上：首先他实际上也是一个听者，其次以自己的名字讲述别人曾经讲过的话语。他置身于许多其他事件转述的交互影响之中，除了需要"说"这个行动，还同时必须决定"说什么"和"怎么说"。叙事知识通过这三种能力的交互作用，展示由原始口述方式演化而来的传统知识体系，并在讲话者、听话者与指涉物三者之间构成了社会制约关系。由此，叙事知识使社会自身内部关系，社会与其环境的关系得到完全呈现。

4. 叙事知识有其独特的时间特性。叙事知识在时间中的流动，形式从未固定，词法、句法也不规则，不断超出常规，最终形成格言等话语形式，使人们承认其合法性。由此，叙事形式主要不是记忆过去的事件，而是传承其表述方式；叙事的意义不在于由几段历史来证明，而在于呈现出其说明的方式。

5. 叙事知识不需要特殊的程序使其合法化。人们不会对自己的叙事提出怀疑，他们会按照叙事所说去做。叙事者不是孤立的，而是执行着综合的功能；参与者则以不同的方式扮演着叙事需求的角色。

二、科学知识及其特征

在利奥塔看来，相比叙事这种传统的知识形式而言，科学则是后产生的，并且是从叙事知识中产生出来的。但科学自从从叙事知识中产生后便得到了长足的发展，到今天已大有代替叙事的势头。在科学知识的不断挤压下，叙事知识最后被沦为"另一种由公认、习俗、权威、成见、无知、空想等构成的思想状态"。那么，究竟如何看待这一现象？让我们再来看看利奥塔又是如何分析科学知识及其特征的。

利奥塔认为，科学知识作为叙事知识的派生物，它以验证真理和修正谬误为根本目的，只是一种指示性陈述，与正义、幸福、美善等无关；它以重复验证为尺度，最终作出真理性的陈述，使人们产生共识。同样，利奥塔也指出了科学知识的五大特征：

1. 科学知识是一种指示性陈述的语言游戏。尽管在这种语言游戏中其他陈述也可能出现，但它们只是作为指示性游戏的一个环节，最终不会影响科学知识指示性陈述的语言游戏性质。

2. 以这种方式产生的科学知识不像叙事知识那样是普遍的社会关系的直接组成部分，而是其间接的组成部分。

3. 在科学知识的研究过程中，竞争仅仅与研究者的能力有关，而与接受者的能力和指涉物无关。

4. 科学陈述通过报告和普及不能增强合法性。任何这样的陈述仅仅作为证据才有价值。

5. 科学知识是积累性的。科学家被认为在他们所从事的领域内知晓全部知识，并当它们与先前不同的时候仅仅增加新的陈述的人。

利奥塔对叙事知识与科学知识的比较研究是想向人们说明如下问题：

首先，科学知识只是一种话语。长期以来特别是从现代以后，人们广泛推崇科学，认为科学是对客观世界规律的正确反映，而利奥塔则认为科学知识实际上只是一种语言游戏，其规则也是约定俗成的。当对世界的观察了解与这些游戏规则发生冲突时，不是游戏规则服从客观的观察，而是观察服从于游戏规则。他说："不是因为现实和我说的一样，所以我能证明；而是只要我能证明，就可以认为现实和我说的一样。"① 他认为，在科学知识这些规则的要求下，它必然就形成了一种独特的历时"进步"观：服从自身统一的逻辑需要，一旦科学知识内部的任何一个陈述出了问题，就必须提出新的证据加以反驳或论证，最终再形成自洽的统一体系。于是，科学就在逐步积累中表现出了不断进步的观点，每一次对旧陈述的反驳或新陈述的提出形成新的科学体系，就意味着科学的进步。

其次，相对于叙事知识的"内在平衡与欢悦"（internal equilibrium and conviviality）的特点，科学知识明显使人们的社会关系外在化。由于叙事知识明显涉及讲话者、听话者与指涉物三者之间的关系，而科学知识几乎只是讲话者的独白，因而后者的应用显然不会像前者那样使人际关系达到欢悦的状态。利奥塔认为，后现代社会中的科学知识越来越要求知者能够对自己所知的一切进行外在化的处理（如输入计算机储存），这一要求使知识变得越来越异化，最终出现了知识中"道德因素解体"（demoralization）的状况。不仅如此，后现代社会这种外在化的科学知识还改变了学者的使命与教育的本质。启蒙学者价值开始失落，知识专家控制着信息；教师不再是传道授业解惑的精神导师，其地位渐渐被电脑信息库所取代；学生也不再是关心社会解放的"自由精英分子"，而是在终端机前面获取新类型知识的聆听者；学校中心场所也不再是教室、图书馆，相反，"数据库成了明日的百科全书，其所存信息，超过了任何听者的容量和接受力。数据库成为后现代人的本性"②。

---

① J.F.Lyotard, *The Postmodern Condition*：*a Report on Knowledge*，Manchester university press，p.24.

② J.F.Lyotard, *The Postmodern Condition*：*a Report on Knowledge*，Manchester university press，pp.51-52.

三、叙事与科学知识的合法化

既然科学知识也像叙事知识一样是一种话语，既然科学知识不如叙事知识那样有人文关怀，那么它为何成为当前社会的一种主流话语呢？在此，利奥塔指出，因为西方社会在不断制造科学知识合法性的理论，这种理论总是把科学知识的规则当成至上的规则，并推广到一切知识领域，它就是西方哲学。那么，西方哲学又有什么根据把科学知识当成唯一合法的知识形式呢？通过考察，利奥塔指出，事实上西方哲学也是在借用叙事的形式去证明科学知识的合法性，它是在用一种关于条件的话语去定义话语的条件。因此，他便把为科学知识作证明的西方哲学称为"大叙事"（grand narrative）。由此，他也顺理成章地否定了科学知识比叙事知识具有的所谓合法性。

否定了传统知识的合法性以后，利奥塔是否要强调叙事知识的合法性？回答是否定的。在利奥塔看来，否定科学知识的合法性不是说科学知识自此以后就真的不合法了，他只是想说明这种传统的证明科学知识合法化的理论与方法的局限以及叙事知识与科学知识具有同等的地位。既然如此，他又有什么理由为传统科学知识辩护的大叙事的合理性进行辩护呢？在此，利奥塔更多是借助于现实层面的事实对此进行反驳的。他认为大叙事要求一种内在的统一性，所有的知识都可以纳入其中，并保持一定的秩序，但当今的科学发展明显证明这已成为不可能。他说：大叙事"危机来自知识合法化原则的内在侵蚀。这种侵蚀是在思辨游戏中进行的，正是它解开了应该定位每门科学的百科全书式的巨网，使这些科学摆脱了束缚"。又说："与此同时，各科学领域的传统界限重新受到质疑：一些学科消失了，学科之间的重叠出现了，由此产生了新的领域。知识的思辨等级制被一种内在的、几乎可以说是'平面'

的研究网络所代替，研究的边界总在变动中。"①

否定了大叙事的合理性，利奥塔并没有完全否定叙事知识的作用。他认为大叙事失效后，小叙事却恢复了活力，它为科学的发展注入了富有成效的想象力。在他看来，任何科学知识都不能对世界进行全部描述，都是由局部信息决定和控制的。由这些局部决定而产生的科学知识及其规则自然是多样、异质的，不同科学知识之间没有内在的逻辑关系，处于一种平面状态。在这些多样、异质的科学话语的形成过程中，创新和想象是十分必要的，而正是在这一点上小叙事却是有帮助的。他说："'小叙事'依然是富有想象力的发明创造特别喜欢采用的形式，这首先表现在科学中。"② 同样，就社会知识而言，大叙事失效后由局部决定的语言游戏也呈现出来，它们和科学知识一样也是多样、异质的。他说："社会主体本身似乎正在这种语言游戏的扩散中瓦解。社会关系是语言性质的，但它并非仅由一根纤维织成。这是一个至少由两类遵循不同规则的语言游戏交织而成的结构，实际上语言游戏的数目是不定的。"③ 不仅如此，新的语言游戏还会层出不穷。大叙事的失效并没有使个体陷入孤立的"布朗运动之中"，此时的个体也不可能是绝对自由的，而是把自身置入由多种多样语言游戏决定的社会关系网络的竞争之中。此时，个体的状况及其现实中的关系完全是由通过并影响他的局部语言游戏决定的。

---

① J.F.Lyotard，*The Postmodern Condition：a Report on Knowledge*，Manchester university press，p.39.

② J.F.Lyotard，*The Postmodern Condition：a Report on Knowledge*，Manchester university press，p.60.

③ J.F.Lyotard，*The Postmodern Condition：a Report on Knowledge*，Manchester university press，p.40.

四、以"谬误推理"（paralogy）为标准的
科学知识的合法性

既然大叙事已经失效，以小叙事激发的多样性的科学知识发展的局面已经形成，那么，这种科学知识合法性又是靠什么来保证的呢？在此，利奥塔提出了以"谬误推理"为特征的科学知识的合法性标准。

在此，利奥塔认为这一观点并不是他个人的凭空想象，而是以大量现代科学重要理论中的发现为据提出的必然结论。他说："通过关注不可确定的现象、控制精度的极限、不完全信息的冲突、量子、'碎片'、灾变、语用学悖论等，后现代科学将自身的发展变为一种关于不连续性、不可精确性、灾变和悖论的理论。"[①] 他认为科学从事的是指示性游戏，而后现代科学知识的碎片化使科学知识指示性的陈述又有了一些共同规则，但这些规则不是指示性陈述，而是规定性陈述。他说："在目前的科学语用学中，区分、想象或误构活动的功能是呈现这些元规定性陈述，即'先设条件'，并要求对话者接受其他规定性陈述。"[②]

在产生新思想的问题上，利奥塔区分了"革新"（innovation）和"谬误推理"（paralogy）两个概念。他认为前者是系统为了改善效率而控制或应用的东西，往往是在系统同一的逻辑结构之内进行的；而后者则是在知识语用学运作中的"移位"（a move），往往表现为与系统异质的逻辑关系。在他看来，知识"产生新思想"的合法化标准不是"革新"，而是"谬误推理"。因为前者不像后者那样能够给系统带来新的冲

---

① J.F.Lyotard, *The Postmodern Condition: a Report on Knowledge*, Manchester university press, p.60.

② J.F.Lyotard, *The Postmodern Condition: a Report on Knowledge*, Manchester university press, p.65.

击和能量。为了进一步说明"谬误推理"的思想，利奥塔对"共识"的观点进行了批判。他指出："如果我们从科学语用学的描述重新开始，重点就应该放在意见的分歧上，共识是从未达到过的远景。总有人来扰乱'理性'的秩序。我们必须假定有一种力量，它使解释能力推动稳定，它通过颁布新的智慧规范而显示出来，或者说通过提出科学语言游戏的新规则而显示出来，这些规则将界定新的研究领域。在新科学行为中，这是与汤姆所说的形态发生相同的过程。这个过程本身并非没有规则（有各种类型的灾变），但它永远只能得到局部的确定。如果我们把这种特性移植到科学讨论中，并且从时间的角度看，它就意味着'发现'的不可预测性。"①

为了进一步重申这一观点，利奥塔还从科学知识语用学的角度对"共识"观点进行批判。针对卢曼（Luhmann）以共识可以提高系统性能的观点，利奥塔认为共识的观点必然会对异质话语进行压制，最终导致恐怖主义。在他看来，在以共识为基础的同质话语中，一旦出现与此不同的异质话语，必然就会进行反驳，当异质话语最终渐渐强大时，甚至可以出现用行政手段剥夺异质话语发言的权利。

论证"谬误推理"是科学知识合法化标准之后，利奥塔进一步把它也确定为社会知识合法化标准。结合批判哈贝马斯的"共识"观点，利奥塔指出，社会知识的语用学比科学知识的语用学要更加复杂，因为它不仅要涉及指示性陈述，还要涉及规定性陈述、性能性陈述、技术性陈述和评价性陈述等等，在这些异质的陈述之间更不可能形成共同的规则。在他看来，哈贝马斯通过讨论达成共识的观点是永远无法实现的，讨论的目的不是共识，而是"谬误推理"。哈贝马斯共识的观点仍然是解放大叙事的残余，它和卢曼的共识观点一样最终也会导致恐怖的状

---

① J.F.Lyotard, *The Postmodern Condition：a Report on Knowledge*, Manchester university press，p.61.

态，尽管前者对后者的观点曾进行过激烈的批判。

为了进一步证明"谬误推理"是社会知识合法化的标准，利奥塔也从开放系统的角度加以了说明。他认为每次"谬误推理"的形成，都会给社会系统一个"打击"，促进社会系统内在人际关系的移位，以此与社会系统中的"熵"做斗争，从而最终导致社会系统的进化。

不仅如此，利奥塔还认为承认"谬误推理"还可以带来一种崇尚公正的后现代政治局面。因为，承认"谬误推理"便必然承认语言游戏的异质性，而一旦承认语言游戏的异质性，又意味着放弃了恐怖。另外，即使在定义每种语言游戏的规则上存在着共识，"谬误推理"标准也必然使它承认这些共识是局部的，并且使它意识到这种共识常常是可以废除的。利奥塔认为在信息高度发达、市场已渗透到知识中的今天，"谬误推理"标准的确立必然使每个人在自由地得到信息的基础上去整合这些信息，最终形成既自由（摆脱恐怖）又可以不断给社会系统补充能量的公正的政治局面。

五、余　论

长期以来，人们一直尊重科学，把科学知识当成神圣不可侵犯的东西，并力图从各方面去证明科学知识的合理性；但随着科学知识的发展特别是它在不同领域中的应用，它的局限性（尤其是传统科学观的局限性）也越来越明显地表现出来。当代科学发展出现的新的状况已经明白地告诉我们：科学知识不单是对客观世界及其规律的正确反映，每种科学理论都会有它自身的规则与逻辑结构，其中有些规则与逻辑结构是科学自身也难以证明的。哥德尔的"不完备定理"已清楚地揭示了这一道理。不仅如此，当代科学的发展也昭示：不同科学知识之间可能存在不同的逻辑关系，它们之间不存在统率与被统率的关系（这也就是利奥塔所讲的科学知识之间存在的"平面"关系），要想在不同科学知识之间建立一种能够统摄它们的统一的理论是十分困难的。另外，科学知识在其应用的过程中也确实存在着非人性化的一面。随着科学知识在社会中的不断应用，人们的物质生活富裕了，但精神生活却越来越空虚，人际关系淡化，社会关系也渐渐出现了疏离人性的倾向。从这些方面来看，利奥塔对叙事知识与科学知识及其关系的探讨是有一定理论与现实意义的。他抓住了当代科学发展的新状况，对科学知识的结构及其应用进行一番由内向外的审视，看看它形成的规则、发展状况以及它在社会中的应用。特别是他对叙事知识以及当前西方社会用"性能"来衡量知识价值问题的分析，显然具有前瞻性，其中不乏发人深省之处。这些都反映了利奥塔作为一个后现代主义思想家始终关注知识及其社会发展的人文因素，想在人文价值日益衰弱的西方社会重整人文雄风。这些都有可取之处，但利奥塔的思想也有明显的局限。

首先，片面否定大叙事的作用，必然会在科学研究与政治两方面都落入无政府主义。按理说，利奥塔对大叙事的批判是深刻的，但他通过对传统大叙事的否定而得出否定一切大叙事的思想却是有明显局限的。传统的大叙事把一切知识都纳入一个封闭的系统中的做法的确已经不起当代知识发展的检验，但不能由此而得出否定一切大叙事的结论。大叙事有两种，一是以强理性（即封闭理性）组织而成的大叙事，另一是以弱理性（开放理性）组织而成的大叙事。前者只能容纳同一的逻辑结构，在不同的知识间形成了封闭的等级结构，而后者则在同一中容纳多样的逻辑结构，在不同的知识中形成了互动的结构；前者是静态的，后者则是动态的，它不仅对知识内部世界开放，而且也对知识外部世界开放。复杂性科学要否定的是第一种大叙事，但它却不否定第二种大叙事。第一种大叙事已不适应当代科学的发展，但第二种大叙事却是当代科学发展的必然要求（特别是复杂性科学发展的必然要求）。另外，从当今社会发展来看，我们不仅不能否定大叙事，而且比以往任何时候更需要大叙事。面对越来越复杂的自然与社会的发展，人们更需要从总体上去把握世界，更需要一种合理的大叙事去指导自己的行动。在此情况下，任何对大叙事的否定必然会落入保守主义的政治立场。这正如詹明信在面对资本主义社会的矛盾时所指出："我们对谬误推理和无政府主义者式的科学（费耶阿本德 Paul Feyerabend）所带来的喜悦便无法再以轻松的心情去面对了。然而，就像对其他私人财产系统一样，我们不能单纯期望信息霸权会通过一群科技精英分子的自觉（不论他们是多么儒雅可亲）而获得改善。只有纯政治上的行动，才能对这一信息霸权的局面提出挑战（象征或原型政治式的行动是无济于事的）。"[1]

其次，片面夸大"谬误推理"在知识形成过程中的作用，最终会否定共识并把科学与神话等置于同等的地位。不错，"谬误推理"在知识形成过程及其影响等方面的作用都是重大的，但也不能由此夸大它的作用。事实上，"谬误推理"是以现有知识的存在为前提的，没有现有知识的逻辑结构，就不可能形成"谬误推理"知识的逻辑结构。另外，谬误推理知识形成后之所以能被人们接受，也证明它与已有知识之间还是存在着一种内在的逻辑相通性。这便证明在"谬误推理"知识与已有知识之间还是存在着广义逻辑上的"共识性"。若果真它们之间没有共识，人类的沟通便成为不可能。从社会发展的角度看，人们之间既有竞争，也有合作。"谬误推理"会带来社会成员之间的竞争，但光有竞争也不能推动社会的进化，还需要一定程度的合作；而要合作，就必须有一定的共识。另外，过分强调知识之间的异质逻辑，也必然会把科学知识掷入与神话、寓言等叙事知识同等的地位。这样科学便失去了"科学"性。不错，叙事知识在维系民族的生存、话语应用以及对科学发展

---

① J.F.Lyotard，*The Postmodern Condition：a Report on Knowledge*，Manchester university press，p.xx.

的启示等方面有其不可低估的作用，但叙事知识毕竟不是科学知识，它经不起事实的检验，也不能广泛地推广；而科学知识在检验和推广的问题上虽也存在一种困境，但至少在一种科学理论内部它是能经得起"事实"的检验并保持内在逻辑一致性的。

作为理性对立面的意识形态

作为西方近代思想史上两个重要的概念——"理性"与"意识形态",虽然一开始没有直接的联系,但它们的关系却是十分紧密的,影响也是十分巨大的。在某种程度上甚至可以这样说,整个西方资本主义发展历史都与这两个概念有着紧密关系。可从 19 世纪末特别是 20 世纪中叶后现代主义盛行以来,这两个概念都成了贬义词并遭到众多思想家的批判。在如何理解这两个概念及其历史遭遇问题上,英国学者乔治·拉伦提出了独特且精辟的看法。本文试就其相关理论做一粗浅分析。

一、作为意识形态对立面的理性历史观及其局限性

乔治·拉伦认为从意识形态最早提出来看,它是一个褒义词,有着反封建神学特点并与理性、科学与进步联系在一起,可后来它渐渐变成一个贬义词,与理性、科学对立。他说:"理性信仰,特别是对工具理性的信仰,与一种批判意识形态观紧密相连。一切看起来传统或落后的东西,一切不能带来进步的东西,都是理性的对立面,都是意识形态。意识形态因此成为反面概念,被用来维护理性,批判所有那些不具

有进步性、不能帮助控制自然、造福人类的观念。"① 可理性却不同，它一直被认为是一个正面概念，与以人为本、科技进步和生产力发展等联系在一起。乔治·拉伦认为理性历史观有不同形式，如古典政治经济学、马克思主义、韦伯的现代化理论和新自由主义等。在这些不同的理性历史观中，马克思主义是最有说服力的。它不仅科学地揭示了资本主义社会的根本矛盾——资产阶级与无产阶级的矛盾，还对种种虚假性的理性历史观进行了有力批判。如马克思就曾有力地批驳了以青年黑格尔派为代表的德意志意识形态，认为他们用自己的空话去反对宗教神学的空话，他们不知道意识形态是对"颠倒世界"反映后的"颠倒认识"，意识形态的本质是对现实世界矛盾和压迫的掩盖与再造。不过，乔治·拉伦认为马克思主义理论与其他理性历史观也有共同之处，它们都相信工具理性的力量与历史进步，只不过马克思将其理性历史观依赖的理性力量从资产阶级转移到无产阶级身上。他说："马克思非常相信理性，但他认为要使人类获得解放，理性的承载者应该是新生的无产阶级而非资产阶级。承载者换了，解放的信念依然未变。这样，马克思完成了意识形态内涵的第一次重要转变，意识形态从科学变为特定形式的歪曲，但保留了对理性和解放的信仰，并且仍然认为有必要批判那些掩盖社会真正问题、阻碍解放力量的观念。"②

尽管马克思主义历史观与其他理性历史观有重要区别，但乔治·拉伦认为，由于都相信普遍性、共同性与本质性的东西，因而都存在着一定程度的"种族中心主义（缺乏对他者的尊重）、极权主义（缺乏对差异性的尊重）、普适主义（缺乏对空间和地域特殊性的尊重）以及非历史主义（缺乏对历史和时间的特殊性的尊重）"等倾向。在他看

---

① ［英］乔治·拉伦：《意识形态与文化身份：现代性和第三世界的在场》，戴从容译，上海教育出版社 2005 年版，第 13 页。

② ［英］乔治·拉伦：《意识形态与文化身份：现代性和第三世界的在场》，戴从容译，上海教育出版社 2005 年版，第 12 页。

来，理性历史观有一个共同特点，即相信普适理论，认为一旦主要障碍被克服，就没有国家能逃脱普遍发展道路。不但如此，理性历史观还将国家、人种等都分为两种，即"高度文明的进步国家"与"文明程度较低的野蛮国家"、"优秀的民族"与"精神软弱的民族"等。在此，乔治·拉伦列举了马尔萨斯（Thomas Robert Malthus）的《人口论》、米勒（Friedrich Max Mueller）的《英国统治下的印度史》和黑格尔的《世界历史讲演录》等众多例证。他认为，如果说在古典政治经济学家那里，非欧洲民族性格上的缺陷以及对欧洲的必然依赖还只不过是一种武断的诊断的话，那么到了黑格尔那里，这种思想已成为支撑其历史哲学的重要部分并深深影响到马克思。在他看来，虽然马克思也对黑格尔和古典政治经济学历史理论进行了系统批判，但他却保留了他们对两种国家与两种民族划分的思想。他举例了马克思对印度人、爱尔兰人以及拉美人等看法，认为尽管马克思无情批判了殖民主义，但他并没有因此改变对这些被殖民地民族的否定性看法，甚至当他与恩格斯在庆祝1862年5月墨西哥对法国的胜利时仍然忍不住将胜利的墨西哥人描绘为"劣等人"。他说："三种理论提出的实现解放使命的主体各不相同，这并不奇怪：对黑格尔来说是绝对精神；对政治经济学来说是资产阶级，对马克思来说是无产阶级。他们都渴望解放，都寻找一个能够完成这一使命的主体。除此之外，还可以找出另外一个共同点：解放的主体在历史和地理上恰好都属于19世纪，都在西欧。……这是欧洲中心主义的另一个侧面：认为西欧的新历史主体所带来的进步天生具有优越性，相信其所肩负的历史使命终将在全世界得到实现。这一共同使命观属于意识形态。它最早证明了殖民主义的合理性，并继续沉积在一些问题的底层，这些问题是所有这些理论在理解第三世界时都遇到的。"①

---

① ［英］乔治·拉伦：《意识形态与文化身份：现代性和第三世界的在场》，戴从容译，上海教育出版社2005年版，第28—29页。

二、非理性主义的批判及其意识形态性

乔治·拉伦认为，对理性历史观局限性认识最早并批判最深刻的是非理性主义，而非理性主义又发源于历史主义。在此，他借 H. 巴特（Roland Barthes）《真理与意识形态》中的思想对历史主义进行界定，认为历史主义有两种：一是作为方法的历史主义，它追求在历史发展独特性中理解人、文化和社会；二是作为哲学的历史主义，它把人理解为历史的存在，否定人类理性在本质上不会改变的看法，主张真理是相对的，每个时代、每个民族都拥有自己的真理。他这里讲的历史主义显然是两种含义的综合。在乔治·拉伦看来，表面上看历史主义强调民族文化的独特性，似乎认为众多民族文化虽然不同，但没有高低贵贱之分，所有民族及其文化都是平等的，但实际上它也带有明显的种族主义倾向。因为，历史主义坚持认为民族文化是不可改变的（即坚持民族文化问题上的本质主义立场），因而有的文化就是文明文化，而另一些文化则是野蛮文化，并由此进一步决定民族的优劣。由于历史主义不相信理性的力量，只相信智性直觉作用，因而它渐渐演变为一种同样具有历史影响的非理性主义历史观。乔治·拉伦认为非理性主义发端于德国哲学家赫尔德、谢林（Friedrich Wilhelm Joseph Schelling）等，但成形于叔本华（Arthur Schopenhauer）与尼采的唯意志主义，到了后现代主义那里它更成为一种强劲的世界思潮。

叔本华把世界分为意志与表象两个部分，认为前者是物自体世界，后者只是现象世界，理性只能把握后者，不能把握前者。不仅如此，他进一步认为理性只是实现意志的手段和工具。这样，在理性历史主义那里被批评的意识形态就转向了理性自身：一方面，理性意识形态为了保存生命意志，它就必须运用欺骗的方式（因为，在叔本华看来，意志的本质是追求与保存生命的意志，而生命意志本质上是形态繁多的痛苦。若人们都认清了意志这一本质特征，他们就会自甘沉沦或灭亡，所以就用理性欺骗的方式让人们存活下去）；另一方面，意志所具有的激情、利益和欲望等特征为了实现自身，又会迫使理性得出错误的知识结论，因而最终使其表现出虚假意识形态性。不过，为了捍卫知识的正确性，不至于把所有知识都看成是不正确的东西，叔本华没有完全堵死理性走向正确知识的通道，只是认为这种情况只有在智识活动最高层面、意志不作干预的条件下才有可能，如在天才身上。尼采总体上认同并继承叔本华思想，但对其所谓理性在其认识活动最高层面可能摆脱意志干预这种自相矛盾之处却进行了批判。在尼采看来，意志干预理性不是一时而是永恒的现象，理性永远是意志实现自身的手段与工具。这样，他就碰到了叔本华所遇到的问题：有没有正确知识——科学？对此，尼采的回答直截了当：不存在所谓科学，传统对科学与谬误划分是一种错误的导向，有时候谬误（甚至谎言）比科学更重要，它更能维护意志的本质——权力。尼采认为，理性在如下意义上承担了虚假意识形态功能：首先，它掩盖了世界的真实情况，世界不像理性所说的有什么真理，而是"虚假、残酷、矛盾诱人堕落的，没有意义的"；其次，它掩盖了这样一个事实，即对生命维系来说，欺骗、歪曲、谎言、攻击和伤害是必需的；再次，它把自己伪装成"真理"，自欺又欺人。在尼采看来，奴隶道德就是理性自欺欺人的明显表现。奴隶道德一方面把奴隶的无能伪装成自愿的和有价值的，另一方面又彻底否定主人追求权力意志，可这一特点恰恰是意志的真正本质。不过，在乔治·拉伦看来，表面上看尼采思想比叔本华更彻底，对理性的批判也更加深刻，但其中的矛盾也是昭然若揭。尼采在批判理性真理观时表现得振振有词，可他没有能解释清楚这样一件事情——既然理性真理观不是真相，那凭什么他自己的权力意志思想就是真相呢？另外，尼采也没有发现他所批判的奴隶道德中存在着这样一种现象：虽然从表面上看奴隶道德是张扬了奴隶的地位，批判了统治阶级的统治，但从结果上看这种光说教，不推翻统治制度的奴隶道德最终维护的恰恰是统治阶级的统治地位。所以，乔治·拉伦说："尼采力图使生活本身从道德的欺骗中解脱出来，但生活必然意味着高等种族的权力意志的胜利，而欺骗似乎是他们取得成功的有效武器。结果似乎是，只有当意识形态欺骗统治者的时候，尼采才加以批判，而当它欺骗被统治者时，尼采则对意识形态的作用持赞赏的态度。这样，尼采的理论既暴露出它自身的意识形态特征，也暴露出它内在的含混性。尼采提出了一种意识形态观，这种意识形态在现实中可以同时服务于主人和奴隶，然而他的意识形态理论却希望只对主人有用。"①

如果说叔本华与尼采的唯意志主义是开辟了非理性主义批判理性历史观先河的话，那么，后现代主义则将这股浪潮推向了顶峰。在此，福柯、利奥塔与鲍德里亚是三个重要代表。顺应尼采知识——权力思想，福柯也同样认为没有什么与意识形态对立的科学，有的只是为权力服务的知识；意识形态并不排斥科学，科学本身也是一种意识形态。他说："意识形态并不排斥科学性。只有极少的像临床话语或政治经济学的话语才如此重视意识形态，因此对它们的陈述整体挑错，指出其矛盾之处，缺乏客观性，这是没有足够理由的。……一个话语在进行自我修正、纠正谬误、加速自身形式化时，并不必然同意识形态脱离关系，而意识形态的作用也不随着严密性的增长和差错的消失而减少。"②他甚至批评马克思主义等理论过分夸大理性的正面作用和意识形态负面作用，认为这些理论所主张的个人之所以屈服于权力，或是因为受了意识形态欺骗，或是因为被意识形态说服，并希望通过理性力量揭穿这些意识形态欺骗等想法都是错误的。在他看来，并不是权力控制着一个预先给定的主体意识，而是主体是权力关系的产物；权力无须借助于主体

---

① ［英］乔治·拉伦：《意识形态与文化身份：现代性和第三世界的在场》，戴从容译，上海教育出版社 2005 年版，第 61 页。

② ［法］福柯：《知识考古学》，谢强等译，三联书店 2007 年版，第 207 页。

自己的表现去控制身体，而是以物质的形式通过深入身体内部的方式控制身体。这样，福柯就以知识——权力平面关系的模式改换了理性、意识形态深度模式问题，以转换问题的方式改变了理性历史观所思考的问题。一般来说，理性历史观与意识形态都主张理论是对现实本质的一种反映（尽管这里有真假之分），而本质与现象之间的关系自然是深度关系，可现在福柯主张的知识——权力理论自然是一个平面作用与反作用的关系；若仅从后者的角度看，前者自然不是问题的问题。可问题是这样的：是不是所有历史中存在的知识与权力的关系问题都是像福柯所分析的那样只是平面关系问题呢？显然不是，连福柯本人也不得不承认有一种特殊的知识与权力关系——法律权力与法律话语。虽然福柯也可以把法律权力与法律话语之间的关系看成是平面关系，但他不得不正视一个社会中法律权力及法律话语对该社会其他知识与权力关系的决定作用。这种决定作用不是意识形态问题，又能是什么？所以，乔治·拉伦指出，福柯发现，"要颠覆权力的新技巧似乎需要一种新的权力理论，从而揭露权力的隐蔽动作。这是为什么他提议'脱离'这一法律的（有人会说，意识形态的）含义，从而'把性与法律分开，把权力与国王分开'。意识形态批评由此获得一种新的重要性，不再只是消除权力运作的神秘性，而且也为建立起对权力的有效抵抗提供前提。这样，至少在这里，福柯很容易遭到反对，这一反对正是他用来攻击那些高估了意识形态功能的人的。"[1]

与福柯主要攻击理性历史观对意识形态问题分析时所表现的模式不同，利奥塔则更多把重点放在对理性本身问题的批判上。他认为理性是宏大叙事的直接根源，而任何宏大叙事都带有极权主义特征，它们不仅过分简单化，以合法化的形式压制差异，而且还导向恐怖主义。他认

---

[1] ［英］乔治·拉伦：《意识形态与文化身份：现代性和第三世界的在场》，戴从容译，上海教育出版社 2005 年版，第 132 页。

为社会不存在一个原因，只有很多原因，它由一系列语言游戏组成，每个语言游戏都有自己的规则和真理标准，每个都不能与其他游戏相互比较，一切从一个语言游戏出发规范其他语言游戏的做法都是恐怖的，并由此走向对他早期推崇的马克思与弗洛伊德（Sigmund Freud）解放叙事的批判。鲍德里亚则走得比他们更远，他不再关注现实问题，而把研究重点转向模拟理论或超现实。在他看来，马克思的生产经济学已经过时，现实社会中有影响的是符号经济学，代码、模型、意象和符号及其相互作用已成为当今资本主义社会生活的组织原则。这些符号和代码不再指向自身之外的任何"真实"事物，超现实和模拟已成为新世界的特征，符号只与符号进行交换，不再与现实发生作用。由此，他得出结论说，决定论与理性历史观已经终结，真实世界人们根本无法认识，而所谓意识形态批判也自然相应随之丧失基础，一切都是幻象。乔治·拉伦认为利奥塔和鲍德里亚理论都是一种极端说法，其中利奥塔在否定宏大叙事合法性的同时却不自觉地确立了自己理论的合法性，可这种合法性明显是另一种独断，他没有也不可能对之进行合理论证。而鲍德里亚则更带有悲观主义色彩，尽管超现实与模拟的作用是十分明显的，但不能不说它仍然是对现实的一种"反映"，对这种现象及其作用的分析也只有深入到资本主义社会现实的内部矛盾之中，才能获得清晰认识和合理解决，而鲍德里亚却以此否认现实作用和对现实认识的可能性并夸大超现实的作用，实际上堵塞了对资本主义社会现实矛盾认识的道路，客观上起到了为资本主义体系辩护的目的。

概而言之，在乔治·拉伦看来，非理性主义在对理性历史观批判的问题上犯了以下三点错误：首先，它们怀疑包括理性历史观在内的其他一切理论的真理性，却拒绝证明自身的合法性，因而带有明显的意识形态特征；其次，它们过度强调差异和断裂，模糊或否定了在他者的构建中所包含的共同的人性因素；再次，它们使人们把注意力集中在所出现问题和矛盾的错误起因及错误解决上，从而帮助缓解了资本主义体系深层危机所带来的变革压力。若究其根本原因，不能不说非理性主义的产生与盛行与当今资本主义社会的发展与矛盾有关。所以，他说："卢卡奇提出，非理性主义是一种国际现象，与重大的社会危机密切相关，这是正确的。第一次动荡出现在18世纪末19世纪初，部分原因是法国大革命和英国工业革命带来的社会动荡。谢林是主要代表。多数非理性主义哲学的背后隐含着重大的危机，比如巴黎公社之于尼采，俄国革命之于帕累托（Vilfredo Pareto）和阿多诺（Theodor Wiesengrund Adorno）、霍克海姆（M. Max Horkheimer）；还可以加上最近的巴黎1968年的五月风暴之于后现代主义。所有这些事件显示出，资本主义体系的主要危机在其策源地之外的地区产生着广泛的国际反响。当然，不应把哲学理论简化为只是个别危机的结果，即使非理性主义理论也不能如此。不过两者也并非毫不相干。对社会主义的反动在尼采、帕累托和后现代主义那里都存在。然后，这一联系并不能决定内容是积极的还是消极的。每一次都需要对其价值进行分析。正是在这一点上我愿意使用意识形态这个概念。"①

三、理性重建与意识形态批判

既然理性历史观含有普适主义、极权主义和种族主义危险，非理性历史观也含有本质主义（将文化特性视为永恒不变的精神）、特殊主义（过分强调差异性）和相对主义（真理变得不可能）危险，那么，究竟应该如何建构人类历史认识的正确理论呢？是不是可以这样说，人类历史发展本身就没有客观规律可寻，其根本性的认识本就不可能？对

---

① ［英］乔治·拉伦：《意识形态与文化身份：现代性和第三世界的在场》，戴从容译，上海教育出版社2005年版，第19—20页。

此，乔治·拉伦还是坚定地认为历史发展是有客观稳定性可寻的，而且这个客观稳定性也是可以认识的。不过，这里的认识需要以理性历史观为基础兼收并蓄非理性主义历史观的合理因素。在他看来，尽管非理性主义历史观存在着明显自相矛盾，但其对理性历史观的批判还是有许多合理内涵的，理性历史观必须在充分认识到自身局限性并吸收非理性主义历史观合理批评意见后，才可能将自己建构得更好、更科学。在此，他转向了哈贝马斯的交往理性理论。哈贝马斯认为非理性主义历史观在批判理性历史观时犯了两个错误：一是只看到理性压制功能，没有看到理性进步和解放功能；二是把工具理性当成理性的全部，把对工具理性的批判不恰当地转变成对全部理性的批判。在他看来，理性应分工具理性与交往理性。前者建立在意识哲学基础之上，把理性理解为控制世界的工具，这是一种以"孤立的主体与可以被表现和利用的客观世界中某物的联系"为基础的思维模式，它没有看到主体不是单独的而是以群体的形式与客观世界发生关系这一事实；后者是以群体存在以及主体间相互理解或交往为前提的思维模式。非理性主义对理性局限性的批判完全可以通过对交往理性建构方式加以解决。交往理性不是以一个人的理性认识为基础，它是通过若干主体认识的协商与沟通而建立的真理认识，因而它可以避免非理性主义所说的霸权与极权主义。在此，哈贝马斯提出了保证交往理性有效性的几个条件：可理解性（即主体所说的事情能够被理解）、命题真实性（即主体所说的命题是真实的）和主体真实或真诚（主体有资格谈论这些话题，而且态度是真诚的，没有任何欺骗企图）。更为重要的是，哈贝马斯认为所有这些声明都是偶然的、可出错的和可受批判的。所有这些条件共同保证了真理认识的可能性，也避免了超验主义和理性历史观所内含的本质主义。不但如此，哈贝马斯还把交往理性当成其实现意识形态批判的基点。在他看来，统治现象与意识形态主要表现在交往行为领域，正是因为暴力、审查制度或压制的存在，人们才不可能形成真正的认同。换言之，意识形态是伪交往的产物。它可以进一步导致以下两个重要后果：一是新的专家治国思想，不仅与特定的阶级利益相连，而且从根本上影响人类的解放利益；二是让参与者无法轻易看透它的运作，就像精神病人不容易发现他病症背后的真正问题一样。所以，交往理性的另一使命就是要完成对伪交往和意识形态批判，揭露其本质，让和谐自由的乌托邦前景扎根于个人交往和社会化所需要的条件之中。这样，在交往理性基础之上，哈贝马斯再次做到了理性所承担的真理发现与意识形态批判双重功能的统一。

对于哈贝马斯的功绩，乔治·拉伦这样肯定地说："新的理性观使哈贝马斯得以避免把理性化片面地理解为工具理性的持续发展和占据优势。交往的相互作用领域的理性化意味着不受支配的交往日益增多。韦伯、阿多诺和霍克海姆只关心工具理性的扩张，甚至没有考虑交往理性领域的情形，因此给人的印象是，后者已经被工具理性彻底挤垮了。相反，哈贝马斯的叙述更加稳健：'理性的交往潜能在资本主义现代化过程中既得到发展，同时也被扭曲。'假如现代性中确实只包含了理性的若干方面，那些被广泛理解和通过交往行为表现出来的方面，那么，就不能只关注工具理性的势不可挡的扩张；必须也关注交往理性的不彻底：与尼采、韦伯和阿多诺的悲观主义相反，现代性的弊病不是'过于理性化而是理性化不足'，也就是说，缺少足够的交往理性。"① 尽管乔治·拉伦高度肯定了哈贝马斯交往理论的贡献并用它去进一步分析与建构第三世界的文化身份，但还是抱着存疑的眼光对之进行审视与批判。乔治·拉伦存疑与审视的问题是哈贝马斯关于知识旨趣的划分、交往理性适用范围以及与此相关的意识形态领域。根据哈贝马斯，知识有三种旨趣，即技术旨趣、实践旨趣与解放旨趣。技术旨趣是通过获得知识达到对自然与社会的控制，实践旨趣是通过理解与解释达到人们的精

---

① ［英］乔治·拉伦：《意识形态与文化身份：现代性和第三世界的在场》，戴从容译，上海教育出版社 2005 年版，第 182—183 页。

神沟通，解放旨趣是揭示权力动作，带来社会公正，实现人的自由与解放。① 他认为这三种旨趣是不同的，达到这三种旨趣的方法也是不一样的，并批评马克思因把实践概念简化为劳动，从而忽略了人们交往领域中的特点与研究意义。在他看来，由于晚期资本主义社会实现了国家干预与福利政策，原先资本主义在生产关系领域的矛盾逐步得到缓和与解决，相应地马克思以"虚假意识"为基础的资本主义意识形态已经终结，它渐渐被日常意识的"碎片化"所代替。与此相应，"批评理论"不应再被视为意识形态批评，相反，它必须解释日常意识的文化贫瘠和碎片化。也就是说，到了晚期资本主义社会，作为一种对社会整体分析的意识形态已经终结，意识形态仅存留于日常交往领域。进而言之，与意识形态批评密切相关的交往理性也只适用于日常行为领域。对此，乔治·拉伦不能苟同。他说："我认为这一划分没有看到，即使以成功为目的的工具、策略行为，也很少是以自我为中心的个人事业。科技领域的许多行为背后都包含着协调，这一协调包括若干个体之间的一致、双方认可的准则、期望等。追求达成理解并不与若干个体间以自我为中心的算计相矛盾。"② 这里，乔治·拉伦与哈贝马斯争论的不简单是交往理性适用范围问题，更是理性正确应用与意识形态性质问题。在乔治·拉伦看来，意识形态并不像哈贝马斯所说那样仅存于资本主义社会日常行为领域，而像马克思所说的那样仍然存在于整个资本主义社会之中；日常意识的碎片化不仅不代表资本主义社会总体性意识形态丧失，更意味着其加强。资本主义社会正是以其碎片化方式让人们在难以琢磨其存在本质与内在矛盾中得到巩固与加强。同样，对资本主义生产领域问题的认识（即哈贝马斯所说的技术旨趣）也需要交往理性去纠正和发展。只

---

① 参阅［德］哈贝马斯《认知与兴趣》，郭官义等译，学林出版社1999年版，第13、150—151页。

② ［英］乔治·拉伦：《意识形态与文化身份：现代性和第三世界的在场》，戴从容译，上海教育出版社2005年版，第182页。

有那些既符合工具理性，又经得起交往理性检验的社会科学才是真正意义的社会科学。这种社会科学提供的就是一种普适性理论。这样，他就在更广泛的交往理性基础之上建构了其理性历史观与意识形态批评理论。

四、评 论

无论从哲学史还是社会发展史看来，理性对西方都是一个很重要的概念。在历史上，它的地位与作用曾一度得到重视与弘扬。但现代特别是后现代以来对它的批评却不绝于耳且一浪高过一浪。吊诡的是，无论哪一个批评理性的哲学家都离不开理性，用理性批判理性这一事实也再次证明理性是有用的、不可或缺的，问题的关键在于辩证合理地看待理性。理性概念源于古希腊。在古希腊，理性由赫拉克利特（Heraclitus）的"逻各斯"与阿拉克萨哥拉（Anaxagoras）的"努斯"组成。对于逻各斯，赫拉克利特这样解释说：它"虽然万古长存，可是人们在听到它之前，以及刚刚听到它的时候，却对它理解不了。一切都遵循着这个道，然而人们试图像我告诉他们的那样，对某些言语和行为按本性——加以分析，说出它们与道的关系时，却立刻显得毫无经验。另外还有些人则完全不知道自己醒时所做的事情，就像忘了梦中所做的事情一样。"① 关于努斯，阿拉克萨哥拉这样解释说，它是多个存在的结合和分离的造成者，"将来会存在的东西，过去存在过现在已不复存在的东西，以及现存的东西，都是努斯（Nous）所安排的。"②

① 北京大学哲学系外哲史教研室编译：《西方哲学原著选读》，商务印书馆 1981 年版，第22 页。
② 北京大学哲学系外哲史教研室编译：《西方哲学原著选读》，商务印书馆 1981 年版，第39 页。

赫拉克利特的"逻各斯"与阿拉克萨哥拉的"努斯"既有同，也有异。"同"是指它们都是客观的，也是可以被人把握的；"异"是指：逻各斯是规律性、秩序性，而努斯则是超越性、发展性。理性由逻各斯与努斯共同组成的事实说明，希腊哲学家既认为世界是有规律可循的，也认为世界是不断变化发展的。这就是说，在希腊哲学家那里，理性虽有指人的认识能力含义（即主观理性），但更多却指向世界的客观存在（即客观理性）。可到了近代，理性的含义发生了变化，更多从客观理性转向主观理性。洛克（John Locke）曾这样解释理性说："'理性'一词的歧义——在英文中 reason 这个字有几种意义；有时它指正确而明白的原则而言，有时它指由这些原则所推论的明白清楚的演绎而言；有时它指原因而言，——尤其是指最后的原因而言。不过，我这里所将考察的它那个意义，完全与这些不相干。在这里，它是指着人的一种能力而言的；这种能力正是人与畜类差异之点所在，而且在这方面，人是显然大大超过畜类的。"① 尽管洛克把理性锁定为人的一种能力，但他却不完全相信这种能力，认为人的理性达不到对必然知识的认识。与洛克不同，笛卡尔（Rene Descartes）坚决捍卫理性真理性认识功能，认为只有经得起理性检验的知识才是真正必然性知识，并由此把理性上升为人之为人的本质特征。他说："严格来说我只是一个在思维的东西，也就是说，一个精神，一个理智，或者一个理性。"② 康德（Immanuel Kant）在继承洛克与笛卡尔思想基础之上，通过划分"物自体"不可知与"道德问题"可知（即他所说的"道德自律"）后，以提出"人为自然立法"方法全面弘扬理性的作用。黑格尔看到了康德主体性哲学过分强调主观理性的局限，因而通过引入"绝对精神"试图调解主观理性与客观理性关系，力争做到理性的"逻各斯"与"努斯"含义的统一。但"努斯"的超越

① ［英］洛克：《人类理解论》，关文运译，商务印书馆 1983 年版，第 666 页。
② ［法］笛卡尔：《第一哲学沉思集》，庞景仁译，商务印书馆 1986 年版，第 26 页。

性最终还是宣告黑格尔哲学的破产，因为它用一个封闭的绝对精神阻挡了"努斯"的发展要求。尽管如此，理性在近代西方哲学与社会发展中的地位与作用是不能低估的。正如卡西尔（Ernst Cassirer）所说："当18世纪想用一词来表述这种力量的特征时就称之为理性。理性成了18世纪的汇聚点和中心，它表达了该世纪所追求并为之奋斗的一切，表达了该世纪所取得的一切成就。"[①] 理性在整个西方发展过程说明，理性是人的一种认识功能，依靠它可以把握客观世界的必然性与规律，但理性不是万能的。一方面它把握的必然性与规律必须以世界本身的必然性与规律为前提与验证标准，另一方面世界是发展的，理性把握到的知识总会有一定局限性，它必须随着世界的变化而变化。理性在资本主义社会的全面胜利，既意味着人类的进步以及人类掌握世界和改造世界能力不断增强，也意味着像韦伯所说理性像牢笼一样控制着人类发展。导致这一结果的根本原因不在于理性，而在于资本主义社会中的人们把特定时期对世界规律性把握后得到的知识与规范当成永恒的真理事实。于是，自然就会出现了像非理性主义者那样一轮又一轮对理性的猛烈攻击。非理性主义者对理性的攻击不只在于批评理性的霸道与极权，还在于强调理性对意志、情感和本能等非理性因素的从属。表面上看，非理性主义的批判是由一个极端走向另一个极端，但实际上它却包含了一些真理性内容。就人作为一种自然存在而言，其对世界（包括人自身）变化性要求反应最直接与最强烈的往往就是意志、情感与本能等非理性因素。有时当理性顺应这些非理性因素要求而运作时，带来的往往是人与社会的共同发展与进步。所以，当非理性主义者提出理性是非理性因素的工具时是有一定合理性的。但遗憾的是非理性主义者对这一问题没有进行系统说明与彻底反思。说理性顺应非理性因素可以带来人与社会的共同进步，并不意味着理性顺应所有非理性因素而动都会带来这一结果，只是

---

① ［德］卡西尔：《启蒙哲学》，顾伟铭等译，山东人民出版社1988年版，第3—4页。

说当理性顺应合适历史发展趋势的非理性因素而动才能带来这一后果。理性与非理性因素之间的关系不是简单谁决定谁的问题，而是一个谁能更直接把握与顺应历史发展规律问题。就此而言，我们才说理性更根本一些。理性的更根本性不是由理性与非理性作为人的两种精神存在性质决定的，更是由它们作为两种认识世界的方式决定的。尽管理性在认识世界时也会出错，但从最终意义上看它还是可以把握包括非理性因素在内的世界一切事物性质的。非理性因素虽然也有一定认识作用（如直觉与顿悟等），但光靠它是无法全面把握世界的。由此，对理性历史观的重建根本还得依靠历史发展与实践检验。只有经得起历史发展检验的理性历史观，才是科学的历史观（尽管它还需要接受以后历史发展的不断检验）。所以说，乔治·拉伦借助于哈贝马斯交往理性重建理性历史观的做法还是有一定局限的。当然，不可否认其中也有一些科学成分。因为历史检验是一个复杂过程，往往需要多个回合且时间很长，因此，用交往理性的方法去改进历史检验自然有一定优势。不同人从不同角度对同一问题进行解释、辩解与争论，这既可以让人们明白自己理论的盲点与局限（尽管理性可以把握真理，但不等于每次把握到的都是真理。不同人对历史认识都会表现出程度不同的局限），更可以让人们认识到每个理论的利益视角（任何历史理论都会受到利益、立场与观点的制约），因而在利益最大化中达成共识。可这里有一个哈贝马斯交往理性难解的问题，即在阶级矛盾与阶级利益依然存在甚至有可能激化的情况之下人们如何才能达成共识。哈贝马斯对此的解释是，在伪交往情况下，由于人们思想受到统治权力影响因而不可能达到真理性共识，至多达成"虚假性"共识；要达到真理性共识，必须在自由交往的前提下才有可能。而他所谓的自由交往又是一种目前还达不到的理想状况。这样，面对哈贝马斯建立在理想性自由交往基础之上的交往理性的真理性，人们就自然不得不有所怀疑。虽然乔治·拉伦也看到了这一问题的严重性，但他却没有进一步回答这个问题，更没有努力解决这一问题。这不能不说是他意识形态理论的一个重要缺憾。面对阶级矛盾与阶级斗争依然存在的社会，我们可以借助交往理性，却不能完全依赖于它，更不能把它作为唯一的建构历史真理性认识的基础。我们还是需要回到客观理性，回到承认历史发展客观规律，并把历史发展当成检验理性认识科学性标准上来。尽管历史检验需要通过人的实践，不同人对实践的检验与回答有可能不一样，但我们依然相信历史实践最终对真理性认识检验的可能性与成功性。尽管目前国际社会有不少人批评马克思主义，但我们认为马克思关于历史发展阶级斗争思想依然具有合理性。既然承认阶级与阶级斗争的客观存在与作用，那么，交往理性就必须立足于此，就必须做到将它与阶级共识与阶级分歧结合起来。当然，阶级性认识不等于真理性认识，后者除了有前者决定的内容外，还有对客观世界认识是否精准以及认识论体系建构是否合理等问题。一个准确认识到认识与阶级利益关系的人并不一定是一个准确掌握真理性认识的人，就像列宁批评工联主义意识不是科学社会主义思想一样。但再怎么将认识论体系建构得"合理""精深"的人，若他否定阶级共识与阶级分歧，那肯定也不是一个真正掌握真理性认识的人。当然，目前社会阶级矛盾与阶级对抗并不十分严重，在这种情况下尽可能考虑到不同阶级的利益与诉求，做到思想公约数与利益最大化也是十分必要的。承认这一思想就使我们在客观理性与交往理性之间建立平衡点有了可能。也就是说，在阶级与阶级矛盾依然存在的条件下，真理性的理性认识只能将客观理性——阶级分析与交往理性思想结合起来才能可能。谈到这里，我们不得不在与哈贝马斯的比较中揭示乔治·拉伦的问题。由于哈贝马斯把交往理性仅仅定位于日常行为领域（他这样做当然也有局限，这需要撰文另述），因而他这样做还是情有可原的。因为，日常行为领域更多受到习惯与文化传统影响。对不同文化来说（这里的文化主要指跟人们信念、信仰、民族情感与行为方式相关的文化，更多指传统文化），我们很难简单做孰优孰劣的评判。因此，不同文化需要在解释、理解中加强交流与沟通，最终形成共识。这里的共识不一定是指一方完全认同另一方观点，只要得到对方承认即可。也就是说，只要对方理解了另一方文化与习俗的意义，虽然他不一定接受这种文化与习俗，但他至少对此表现出一种尊重与理解的态度。这样的事情在不同文化碰撞与交流中常有发生。尽管如此，我们也不能得出一切文化都没有好坏评价的相对主义结论。文化虽无绝对优劣，但却有好坏之分。只有那些适应世界总体发展趋势并能体现这一趋势价值特点的文化，才是真正优秀文化。换言之，文化研究中也有共同价值一说，只有那些体现世界共同价值的传统文化才是经久不衰的好的传统文化。当我们在分析民族文化特别是民族问题时自然不能简单套用"优等""劣等"二分法，但也不能盲目地一视同仁。一些民族文化尽管存在独特魅力，但若不改进其与共同价值不符的文化取向，民族与民族文化自然得不到进步。传统不是固定不变的，也不是一劳永逸的，只有不断改进传统、发展传统，它才能释放出耀眼光芒。当然，在这里我们也反对将一种文化当成共同价值并强制要求别国遵守的做法。文化的共同价值是通过众多不同文化差异性存在方式表现出来的。在这里，乔治·拉伦看到了哈贝马斯单就日常行为领域单独谈论交往理性的弊端，认为日常行为不仅受文化差异影响，更受到政治与资本影响。这本应是很有洞见的看法，可惜他没有在对经济、政治、文化与日常行为综合研究上提出历史理性问题，因而表现出其理论的不彻底性与零散性。也许因为他关注的重心是文化身份问题，似乎认为它跟经济、政治等问题离得较远。可文化身份问题不仅仅是种族、性别等问题，更应包括阶级（或阶层）身份、社会身份（既包括国内社会身份，也包括国际社会身份）等问题。没有对阶级身份、社会身份的综合研究，单独谈论文化身份对问题的解决显然于事无补。

与有着悠久历史的理性概念不同，意识形态则是近代发明。法国哲学家特拉西（Antoine Destutt de Tracy）在《意识形态要素》中首次提出意识形态概念，他试图在感觉经验基础之上通过建立科学认识论体系的方法，为建立科学政治学、伦理学与教育学等奠定基础，并希望以此改造整个社会。换句话说，在特拉西那里意识形态是与科学紧密联系在一起的，是个褒义词。首次以否定性形式指称意识形态的是拿破仑（Napoleone Buonaparte）。拿破仑本想通过推进特拉西的学说实现其政治统治梦想，可惜事与愿违，特拉西的学说未能使拿破仑如愿以偿，结果他就用"空想家"指称以特拉西代表的激进思想家。在马克思《德意志意识形态》等名著中，他的确多次以"虚假意识"指称意识形态。经过曼海姆《意识形态与乌托邦》大肆渲染，20 世纪西方社会许多重要的思想家几乎都把意识形态理解成一个否定性的概念。尽管乔治·拉伦从动机上看一直试图坚持与捍卫马克思思想，但他也把马克思意识形态概念理解为一个贬义词。笼统地说，他这种做法不能说没有道理，而且也方便他对资本主义社会批判。可没有完整理解马克思意识形态概念又使他的理论明显带有不彻底性与空洞性。从乔治·拉伦思想看，只有那些否定自身理论与统治关系的思想（因为在他看来一切思想都跟阶级统治有关）才是意识形态，而那些明显承认这一点的学说就不是意识形态。这表面上似乎在维护马克思阶级斗争理论，但实际上却会带有一些理论上的混乱。因为，许多主张意识形态终结论的学者都把批判矛头直指马克思及其社会主义学说。也许在这些人看来，像乔治·拉伦这样的思想家越是为马克思辩护，他们就越能找到批判马克思的路径或突破口。由此，意识形态问题关键不在于虚假不虚假问题，也不根本在于是否与统治阶级统治密切相关问题，而在于它为什么会存在、怎样存在等问题。这其实已不是一个认识论与道德问题，更是一个关于广义社会存在的问题（狭义社会存在主要指与社会意识相对的社会存在，广义社会存在则指既包括社会存在又包括社会意识在内的人类社会中存在的一切）。马克思意识形态理论主要贡献是通过对整个人类历史存在与发展的研究而揭示了意识形态存在必然性及其本质。在马克思看来，不管是怎样的社会，既要有社会存在，又要有社会意识；阶级社会的社会意识就表现为与统治直接相关的意识形态。也就是说，在马克思那里，不管意识形态虚假不虚假，阶级社会一定有意识形态却是铁的事实。意识形态从认识论上看可能是虚假的，但从存在论上看又是"真实的"。这一问题的论证不光是马克思靠主观理性思索的结果，更是可以接受客观理性检验的事实（其实，"意识形态终结"论也是一种意识形态）。在广义社会存在论上讨论意识形态不仅可以更深刻地揭示其本质，还能以更彻底的反思精神使马克思主义意识形态理论自洽。乔治·拉伦总是批判别人理论虚假，可他又如何证明自己理论的合法性呢？并不是指出别人思想是为某个阶级辩护并对此进行批判，意识形态问题就会完结了，他还必须进一步说明阶级与理论之间为什么存在这种直接关系等问题。若说不出充足理由，别人也同样会否定其理论合理性。可要说明其理论合理性，就必须像马克思那样揭示历史发展规律。换言之，任何一种理论要想彻底说明自身的合理性，就必须进行系统论证与证明。另外，马克思主义不仅是一种方法论，更是社会主义国家建设的指导思想。当马克思主义成为社会主义国家指导思想时，人们自然也会问出这样的问题：马克思主义是不是意识形态，它有没有虚假性？若直接从乔治·拉伦理解的角度看，马克思主义明确提出为无产阶级辩护，自然其中不存在虚假或掩盖阶级统治的问题，即马克思主义不是意识形态。可问题并没有这么简单。先从马克思本人的思想来看，他认为无产阶级利益不等于全人类利益，但它又几乎约等于全人类利益。因为，无产阶级通过解放自身，它就可以解放全人类。可这些思想在西方资产阶级思想家看来就存在着内在矛盾。因为，根据马克思思想，无产阶级在没有解放自身之前，它的思想只有特殊性，没有普遍性，因而不是普遍真理；可当它真正代表全人类利益时，事实上就等于消除了另一个阶级——资产阶级。另外，就目前来看，无论国际社会还是国内社会，阶级矛盾与阶级对抗并不尖锐，阶层分化倒是十分明显，此时的无产阶级又应该如何理解？无论将它定位于哪个阶层（工人、农民或知识分子等），都没有特别的说服力。更何况就同一个阶层来看，它们之间的分化与矛盾也清晰可见。这时也许只能用不同利益的公约数来定位意识形态。但不管怎样的公约数，都不可能让最终利益平均分配，这样事实上也就带来了理论的利益倾向问题。也就是说，某时的理论虽然从初衷上看是为全体人民利益服务，但很有可能导致的暂时后果却使某部分人或某些群体更加受益。这其实也存在一个虚假不虚假的问题。当然，社会主义国家在不同时期采用不同政策更多是策略上考虑，最终还是可以让全体人民共同受益的。就像我国改革开放初期提出"让一部分人先富起来"，后来又提出"共同富裕"思想一样。因为，没有一部分富裕起来，就不可能最终达到共同富裕的目的。这些分析说明意识形态概念并没有像乔治·拉伦想象那样简单，似乎认为只要揭示它与统治阶级利益有关就万事大吉，剩下的只是对其批判。意识形态理论必须是一套关于它为什么存在、如何存在以及怎样解决现实问题等系统理论，而不只是停留于它是否为统治阶级利益辩护等只言片语。对此，乔治·拉伦显然做得不够。尽管如此，乔治·拉伦将马克思主义意识形态拓展到种族、性别与第三世界问题研究上还是有积极意义的，至少它是马克思意识形态理论关注较少而目前迫切需要解决的问题。

作为文化体系的意识形态

——格尔茨文化意识形态探析

　　克利福德·格尔茨，美国著名人类学家、解释人类学的提出者。在《文化的解释》等著作中，通过对大量原始民族文化的深入田野调查，他提出了"文化是一套由象征有机地结合而形成的意义体系"的理论。这一思想对当前深化文化问题研究有着十分重要的意义。在文化问题的剖析中，他特别阐述了文化与意识形态的关系。本文试就此观点做一梳理与分析。

一、意识形态研究困境及其主要功能性观点

　　正如大卫·麦克里兰（Davd Mclellan）所说："意识形态在整个社会科学中是最难以把握的概念。因为它探究的是我们最基本的观念的基础和正确性。因此，它是一个基本内涵存在争议的一个概念，也就是说，它是一个定义（因此其应用）存在激烈争论的概念。"[1] 通过对意识形态自产生后的历史特别是 20 世纪历史短暂考察，格尔茨感叹地说：

---

① ［英］大卫·麦克里兰：《意识形态》，孔兆政等译，吉林人民出版社 2005 年版，第 1 页。

"一个原来只是指一套政治建议的概念，也许有点迂腐和不实际，但至少是理想主义的——某人，也许是拿破仑，称之为'社会浪漫曲'——现在已成为一个很吓人的命题：《韦伯斯特辞典》把它定义为一套构成政治——社会纲领的判断、理论及目标，经常伴随着人为宣传的含义：例如，法西斯主义在德国被改变以适应纳粹的意识形态。"① 通过对大量事例的列举与分析，格尔茨认为流于偏见、过于简单化、情绪化的语言以及迎合公众的意见等几乎成为当代意识形态的主要特征。不仅如此，人们还常常把意识形态与仇恨、欲望、忧虑或害怕等压力下的心理扭曲联系在一起。在一些西方学者看来，意识形态既是二元的，又是孤立的、教条的和专制的。"它是二元化的，以纯粹的'我们'反对邪恶的'他们'，宣布凡不与我一致者就是反对我。因为它宣称独家拥有政治真理并憎恶妥协，它是教条的。因为它想要以它的理想的形象规划整个社会及文化生活，它是专制的。因为它要努力达到秩序在其中能实现的历史的乌托邦顶峰，它是未来主义的。简而言之，它不是任何温良的中产阶级绅士（甚至是温良的民主主义者）愿意承认的话语。"② 若追究出现这一状况的学理原因，格尔茨认为主要是因为不少西方学者认为意识形态是与科学对立的虚假意识。在一些西方学者看来，意识形态的根本错误就在于，它不仅不能全面客观地对待整个社会事实（它只强调某些事实并以此忽视或压制其他事实），而且还往往对它承认的社会事实做有意歪曲。格尔茨认为这些西方学者对意识形态的批判显然有一定合理性，但问题是：承认对社会事实全面客观描述就是所谓"科学"真理吗？科学真理就不带任何价值偏见吗？意识形态概念的提出者特拉西一开始就是以"科学"之名命名意识形态并以此建构自己的思想体系的，而拿破仑也正是因这一点称其为"空想家"的。在此，格尔茨认为碰到

① ［美］克利福·格尔茨：《文化的解释》，韩莉译，译林出版社 2008 年版，第 231 页。
② ［美］克利福·格尔茨：《文化的解释》，韩莉译，译林出版社 2008 年版，第 236 页。

了所谓"曼海姆悖论"。曼海姆是第一位对意识形态进行系统研究的思想家，在《意识形态与乌托邦》中他合理地提出了意识形态特殊与总体概念。在曼海姆看来，任何意识形态（包括自身）都是由特定社会存在决定的，都体现了特定阶级利益、立场与观点，不存在超阶级的意识形态。可吊诡的是，曼海姆最终还是想建立一个超越阶级、价值中立的意识形态——知识社会学。这显然是自相矛盾，不切实际的。格尔茨认为"曼海姆悖论"说明，无论承认与否，意识形态都是一种客观存在的事实；对于这种事实，若一开始就抱着否定的态度去研究（即认为意识形态是贬义的），最终是不可能产生有价值的结果的，意识形态研究最重要的突破就是要发明一套不带价值取向的研究方法。

在没有说明格尔茨如何阐述他的不带价值取向的研究方法之前，对他关于意识形态作用相关观点事先做一分析还是十分必要的。在格尔茨看来，意识形态不仅存在而且必须，这是由它在社会存在中的地位与作用决定的。他认为，概括而言，目前在意识形态作用问题上有两种观点——利益论与张力论，并分析了它们各自优劣。他说："在利益论中，意识形态见解被置于为好处进行的普遍斗争的背景之中；在张力论中，则被看成是为纠正社会心理的不平衡而进行的长期努力。前者把它看作人追逐权力的工具；后者把它看作对焦虑的逃离。当然正如它们有可能同时具备两种特征——甚至借助一个追求另一个——两种理论并不必然矛盾；但是在张力论（它的兴起是对利益论遇到的经验方面的困难的回应），不那么简单化而是更深刻，不那么具体而是更全面。"[1] 他认为利益论把政治思想与政治斗争紧密融合在一起，准确地揭示了意识形态与个人和集团利益之间的关系，这一贡献是永恒。但利益论强大的社会学意义也暴露了其心理学方面的严重缺陷。由于过分强调政治斗争中的利益色彩，利益论中的好战成分使其不断缩小知识范围，从而使人们

---

[1]　[美] 克利福·格尔茨：《文化的解释》，韩莉译，译林出版社 2008 年版，第 240 页。

把注意力从意识形态所扮演的其他角色移开——确定（或模糊）社会分类，稳定（或扰乱）社会期待，维护（或破坏）社会规范，加强（或削弱）社会认同，缓和（或加强）社会紧张。这样，利益论就严重影响了意识形态在社会存在中广度分析。而这一点正被张力论弥补，也是张力论的优势。张力论一开始就有一个前提：无论是社会还是个人都存在大量不一致的地方（如社会会在自由与秩序、稳定与变迁、效率与人道等方面有不一致，企业会在生产与利润等方面有不一致，个人会在理想与现实以及承担的不同社会角色之间等有不一致），需要意识形态加以一致性的整合，即张力论非常精细地探求了意识形态关切的动机。格尔茨认为，概括而言，张力论一般有宣泄型、道德型、团结型与倡导型四种解释形式。所谓宣泄型是指通过提供一个合法的仇恨目标，让人们通过向象征性的敌人发泄而消除情感上的紧张；所谓道德型是指通过彻底否认紧张的存在或给更高价值以合法性理由的方式让个人或集团克服持久的紧张；所谓团结型就指意识形态有力量将社会群体或阶层凝聚为整体；倡导型是指通过表达驱逼着他们的紧张，让公众引起注意的意识形态行为。但张力论也有明显局限。当它们在完成上述类型意识形态解释的同时，也产生着它们意想不到的两个潜在功能：其一，当意识形态让人们走到一起的时候，它同时也让人们之间的不一致因此而暴露得更加精细；其二，当意识形态者的冲突带来引起公众注意的社会问题时，它所带来的狂热也可能使任何理性地解决这些问题的可能性丧失。对此，张力论意识形态主张者只能通过把意识形态理解为"将就着的权宜之计"加以回应。格尔茨认为张力论（利益论也同样如此）最根本的问题还不在此，而在于它们没有正面回答作为符号体系的意识形态与利益、宣泄、团结与倡导等发生关联系的原因。他说："造成这种弱点的原因是，在张力论（利益论也一样）关于符号形成过程除了最粗陋的概念之外，没有更多的东西。关于情绪'发现象征性的宣泄口'或是'成为恰当的象征性符号的附属'，有很多的谈论——但关于这一套把戏实际上是如何动作的，却知之甚少。意识形态的原因与效果之间的联系似乎是偶然的，因为相关的因素——符号形成的自动过程——被无声无息地省略了。利益论与张力论都直接从对来源的分析走向结果的分析，而没有认真地将意识形态作为一个互动的符号体系——当作互相影响的意义模式——来体验。……结果，意识形态如何将情绪转变为有意义的东西，因而使之在社会上流行，这个问题被一个粗糙的装置短路了。这个装置以这样一种方式将特别的符号与特别的张力（或是利益）相提并论；在这种方式中，前者由后者中派生出来的这一事实似乎仅仅是个常识——或者至少是弗洛伊德和马克思主义之后的常识。"①

二、意识形态的文化意义

格尔茨认为尽管相当多西方学者都用贬义指称意识形态概念，但想把意识形态从社会科学术语中彻底清除出来是根本不可能的。因为，眼下似乎没有什么词可以替代意识形态，它在社会科学术语中至少已经部分地被承认，值得建议与探讨的问题是如何使它变得无害。他说："我在本文中将要努力说明这的确是事实：社会科学还没有发展出一套真正非价值取向的意识形态概念；这一失败不是来自方法论上的不规范，而是来自理论上的浅陋；这种自身的浅陋主要表现在将意识形态当成是一个自身内部的实体——是一个有序的文化符号体系，而不是把它从其社会的及心理的情景中区分出来（与此相关，我们的分析机制是非常有效的）；因而逃避曼海姆悖论的办法在于完善概念手段，它们要能够更为灵活地处理意义。直截了当地说，我们需要更精确地理解我们的研究对象，否则我们会发现我们自己正扮演爪哇民间故事人物'傻小

---

① ［美］克利福·格尔茨：《文化的解释》，韩莉译，译林出版社 2008 年版，第 247 页。

子'的角色：妈妈让他去找一个安静的妻子，他却带回来一具死尸。"①

在格尔茨看来，要准确把握意识形态及其实质，就必须从复杂社会背景中揭示作为符号体系意识形态产生的原因、作用方式与意义。对此，他认为又必须进一步借助于对文化体系产生的原因、作用方式与意义的分析才能完成。与众多文化人类学家研究思路不同，格尔茨不是从社会多个层面与文化的关系去研究文化，而是一开始就把文化作为一个系统来研究，并以此来说明它与人的社会行为之间的关系。在此，可以看到他的理论的三个来源：一是卡西尔和苏珊·朗格的符号学理论，认为人是会制造并善于利用符号的动物；二是马克斯·韦伯的意义理论，认为文化是一套意义系统——象征性体系；三是 E. 加兰特和 M. 格斯滕哈伯的"外在理论"，认为文化是对符号体系的建构与操作，是"错综复杂的社会现实的映象（maps）和产生集体意识的母体"②。值得一提的是，"外在理论"在格尔茨整个文化理论中占有十分重要的位置，也是他独特文化观点的理论支撑。至于何为"外在理论"，格尔茨这样解释说："所谓的认知与所谓的表达的符号或是符号体系至少有一点是相同的：它们都是外在的信息源，依靠它们人类的生活才能模式化——感觉、理解、判断及操作这个世界的超人的机制。文化模式——宗教的、哲学的、美学的、科学的、意识形态的——是'程序'：它们为组织社会和心理过程提供了一个模板，非常像遗传机制为组织生理过程提供了一个模板"，"认为这类符号模板是必需的理由是，如人们经常论述的，人类的行为本质上是非常可塑的。这类行为不是严格地而只是非常宽泛地被基因程序或模式——内在信息源所控制，假如它确实有着任何有效的形式，此类行为必须在很大程度上受一个外在信息源控制。……人天生的反应能力的极端概括性、扩散性及变异性说明他的行为所采取的特

---

① ［美］克利福·格尔茨：《文化的解释》，韩莉译，译林出版社 2008 年版，第 234 页。
② 参阅 ［英］大卫·麦克里兰《意识形态》，孔兆政等译，吉林人民出版社 2005 年版，第 122 页。

殊类型主要是由文化的而非遗传的模板指导的。……作为自我实现的主体，他为建构符号模式，从自己的一般能力中创造出定义自身的能力。或者——最终回到我们的题目——正是通过建构意识形态即社会秩序的图解式的形象，人使自己成为难以预料的政治动物"。① 在此，格尔茨用外在理论解释文化现象包括两个要点：其一，作为对外部环境反应的文化是一个体系、一种有内在联系的模式；其二，文化体系不仅是人们认知世界的地图，也是人们情感地图。无论人们在认知还是情感上产生困境，文化都会给人们指引方向。至于这个方向最终正确与否，这已不是文化体系的关键因素。

格尔茨认为把握文化体系这一特点对研究意识形态至关重要。因为，从某种意义上讲，意识形态也是一种特殊的文化体系，只不过它与一般文化体系作用和影响的范围不同而已。在他看来，在传统社会，由于有一套较完成的生活规则，此时意识形态作用不是十分明显，人们只按传统生活规则参与政治活动。只有当传统生活规则成问题的时候（即传统社会出现分裂的时候），对系统意识形态寻求才有可能并迫切。因为，此时人们已失去指导认识、行为与情感的地图，由此产生的不仅仅是社会与心理上的紧张与焦虑，更是一种文化上的紧张与焦虑。解决这些紧张与焦虑的唯一方法，就是引入或建构新的文化地图。他说："正是因为社会心理紧张的交互影响，及缺乏说明这种紧张的意义的文化资源，使得二者互相加剧，终于导致系统（政治、道德或经济）意识形态的出现。反过来，正是意识形态努力要赋予一个不能理解的社会形式以意义，将其解释为可能在其中进行有目的的活动，既说明了意识形态的高度象征性，又说明为什么它一旦被接受后，就抓住接受它的人不放。"② 他认为意识形态有道德的、经济的和美学的等多种形式，但最典

---

① ［美］克利福·格尔茨：《文化的解释》，韩莉译，译林出版社 2008 年版，第 260—261 页。

② ［美］克利福·格尔茨：《文化的解释》，韩莉译，译林出版社 2008 年版，第 263 页。

型还是政治意识形态。因为，绝大多数传统生活规则成问题的原因都是因为传统政治出了问题，需要寻求并建立新的政治体系。当然，其他意识形态也具有政治含义，针对政治意识形态发展起来的论点同样适用于它们。

在格尔茨看来，文化意义的意识形态分析不仅有力回答了利益论与张力论起作用的原因，还从新的视角打破了曼海姆悖论——意识形态不纯粹是认识论和社会学问题，更是存在论与文化学问题；作为一种解决社会和心理焦虑的地图和集体意识的母体，无论是群体还是个人都不可能离开意识形态。西方学者对意识形态带有贬义式的研究不只是出于理论上的肤浅，更是对 20 世纪上半世纪因意识形态渲染而带来的政治大屠杀的反应。他说："正如启蒙时代及其之后的好战的无神论是对由宗教顽固、迫害及斗争引人注目地爆发的真正的恐惧（以及广泛的自然界的知识）的反应一样，社会科学对意识形态的好战的仇恨的做法也是对过去半个世纪政治大屠杀（以及广泛的社会界的知识）的反应。而且，假如这个解释合理，那么意识形态的命运也可能转变为相同的——从社会思想的主流中孤立出来。"①

既然意识形态是客观存在的事实，那么，又如何看待它与科学的关系呢？对此，可以从以下方面总结格尔茨的观点：首先，意识形态与科学有共同性。科学与意识形态都是一套批评性与想象性的符号体系，都是人们在面对形势时缺少必要信息的感觉反应和处理方式，彼此不能互相代替且没有绝对优劣。其次，意识形态与科学有区别。科学对形势的态度是事不关己式的，采取的方式是有节制的、简略的和绝对分析性的，它通过回避道德情感的方法以取得对知识最大限度的清晰；而意识形态对形势的态度则是承诺性的，采取的方式是修饰的、生动的和带有

---

① ［美］克利福·格尔茨：《文化的解释》，韩莉译，译林出版社 2008 年版，第 238—239 页。

启示性的，它通过将道德情感客观化的方法以最大可能激发人们的行动。科学是文化的诊断性和批评性维度，意识形态则是文化的辩护性和辩解性维度；科学努力追求价值中立，而意识形态则努力建立并保卫信仰和价值模式。再次，意识形态与科学有联系。虽然不能用科学方法取代意识形态问题的研究，但保持科学传统并不断加强科学与意识形态对话对建设健康意识形态是十分有益的。在格尔茨看来，虽然不能证明意识形态所反映的社会心理与信仰都是虚假的，但由于意识形态的确存在"我向幻想"（autistic fantasy）倾向，这就使它容易与现实脱节。再加上意识形态具有修饰性语义学特点，这就使它有可能把不同人们想法与需求（甚至包括错误的或无法实现的想法与需求）匹配在一起，从而使整体意识形态表现出一定虚假性。因此，对意识形态保持持久的科学评价与批评是十分必要的。他说："虽然意识形态与科学是不同的事业，但是它们并非是互不相关的。意识形态确实对社会的条件与方向作出了经验论的断言，对之进行评价是科学（在缺少科学知识的地方，是常识）的任务。科学相对意识形态的社会功能是首先要理解它们，——它们是什么，如何起作用，是什么导致它们出现的；然后是批判它们，强迫它们与现实相协调（并不必投降）。存在一个对社会问题进行科学分析的富于活力的传统，是防止意识形态极端主义的最有效的保证，因为它为政治想象与信誉提供无比可靠的实证知识来源。"①

三、评　论

作为文化人类学者，格尔茨在深入田野调查基础之上，通过吸收

---

① ［美］克利福·格尔茨：《文化的解释》，韩莉译，译林出版社 2008 年版，第 277—278 页。

大量自然科学理论和社会科学家思想提出的关于文化象征体系的理论是有很重要的理论与现实意义的。尽管这一观点的科学性还有待于进一步论证与证明，但它以有力的证据说明文化在不同民族中的起源与作用。从意识形态的角度讲，他的理论有如下意义：首先，它科学说明了意识形态存在的客观性以及意识形态起作用的观念原因。相当长一段时间以来，不少西方学者都把意识形态当成一个贬义词并千方百计试图让它从社会科学领域清除出来。格尔茨的理论说明意识形态不仅无法从社会科学领域中清除，更是一种普遍存在的现象。这在强烈主张"意识形态终结论"的西方社会需要很大的理论勇气。另外，的确如格尔茨所说，无论意识形态利益论还是张力论都把意识形态起作用当成一个不证自明的前提，并在这一前提下去证明它如何实现特殊利益或社会整合的，但对意识形态作为一种观念力量如何会在人的行动中起作用问题缺少必要反思，他的关于意识形态是"认知、情感地图和集体意识母体"的思想确实在人的行动、社会环境与意识形态之间搭建了一个可以通达的桥梁。这里表现出的理论创新意义是十分明显的。再次，他较为合理地解释了意识形态与科学之间的关系。的确如格尔茨所言，科学与意识形态是两套不同的符号体系，科学是诊断性与批评性符号体系，它试图保持价值中立，而意识形态则是辩护性与辩解性符号体系，它始终保持某种价值承诺。若用自然科学式价值中立的符号体系去建构或评价价值体系，只能陷入不可克服的两难困境。西方　些学者如此做陷入的逻辑悖论已经证明如此。大卫·麦克里兰指出："关于意识形态的问题的美国主流的研究路径，其基础很自然受到了猛烈的攻击。有些人对信赖理性和科学，并将其作为社会进步动力的整个启蒙传统，提出了质疑。例如，许多法兰克福学派的社会理论家就认为，自然科学与社会科学之间的界线早已被打破。用它最极端的阐释者的话说：'技术理性观念本身也许就是意识形态的。不仅技术的应用，而且技术自身就是一种支配（对自然和人的），实行一种有条理的、科学的、计算好的、深谋远虑的控制。'

因而，既然科学本身就是意识形态的，用科学来反对意识形态，也就成了无稽之谈。即使不这样主张，人们也常常提出，作出经验的和自以为是没有任何意识形态偏见的价值中立的分析，是何其困难。所有关于意识形态的分析，会经常把别人的思想和信仰打上意识形态的印记，而没有认识到，他们自己的分析所根据的框架同样是不可靠的。"①

　　既然意识形态是客观存在，既然无法用所谓"科学"话语评价意识形态，那么，又该如何解释和评论形形色色意识形态的产生、发展和作用呢？这也许才是意识形态研究需要真正解决的难题。面对这个难题，格尔茨的回答是闪烁其词且不令人满意的。他一方面向人们说明意识形态是客观存在，另一方面又认为意识形态具有贬义。他说："我自己的一般意识形态立场（如我坦率地称呼的）大体上与阿隆（Raymond Aron）、希尔斯（Edward Shills）、帕森斯（Talcott Parsons）等人是相同的（即认为意识形态是贬义的——笔者注）"；"而且我同意他们对民众的、稳健的及非英雄的政治的呼吁。而且，应当明确指出：要求一个非价值取向的意识形态概念不是要求一个非价值取向的意识形态，不比非价值取向宗教概念暗示宗教实证主义要求得更多。"② 他一方面认识到了"曼海姆悖论"并提出转换理论框架来解决这个问题，另一方面自己的理论又包含着他无法解决的困境。造成这一状况的根本原因，既跟他面对的西方强劲的"意识形态终结论"思潮压力有关，也跟他理论的不彻底有关。要解决这一困境，自然不能回到曼海姆的思路，而是要把格尔茨自己开引的思路贯彻到底。这里的关键问题仍然是意识形态与科学的关系问题。的确如上所说用自然科学的思路是无法解决意识形态困境的，必须探寻新的意识形态评价框架与方法。意识形态具有主体性，不同人追求的意识形态价值也不同，即使相同的人们在不同时期也会有不

---

① 参阅［英］大卫·麦克里兰《意识形态》，孔兆政等译，吉林人民出版社 2005 年版，第 73—74 页。

② ［美］克利福·格尔茨：《文化的解释》，韩莉译，译林出版社 2008 年版，第 239 页注释。

同价值取向，这些特点并不意味着研究或评价意识形态没有可能，也不意味着评判意识形态没有客观标准。评价意识形态的客观标准只能从历史发展中寻求。一般来说，评价意识形态有两个标准：一是社会历史条件（即"合规律性"），二是人民群众中的绝大多数（即"合目的性"）。一种意识形态若只反映部分人的需求，那它就不是公平公正的意识形态（意识形态反映部分人需求的方法很多，一种是直接反映，另一种是间接反映，即以普遍利益掩盖特殊利益。相比而言，第二种意识形态在历史上出现的较多，这也是马克思恩格斯在批判以往意识形态时用"虚假意识"指称它们的原因。对这种现象必须进行科学合理揭露，完成意识形态批判工作）。一种意识形态若不能根本解决社会出现的问题，就不是有效的意识形态。只有既能解决社会历史问题又能体现绝大多数人需求与利益的意识形态才是最有价值的意识形态。当然，意识形态解决社会历史问题与体现普通群众需求之间的关系也需要辩证历史地看待。一种意识形态虽没有体现绝大多数人需要，但若它对解决当时历史问题有明显的进步作用，那么，它也具有一定历史合理性。也就是说，衡量意识形态科学不科学还有第三个标准，即历史发展标准。只有将意识形态认识功能、实践功能与价值功能有机结合起来的意识形态才是客观、有效的意识形态。这里对意识形态提出的科学要求与格尔茨所论述的意识形态与科学的关系有所不同。他所谓的保持持久科学传统对建构合理健康意识形态有积极作用的观点，虽然有一定的意义，但仅凭此是无法建构或评价合理、科学的意识形态的。他的观点只能从外部去保证意识形态建构有一个较好的环境和合法的程序，但不能确保意识形态实质内容的合理、科学。意识形态是一个统一的体系，不是简单的认知功能与价值功能的拼凑，要保证这个体系的完整、科学（即保证意识形态实质内容完整、科学），就必须依托一种正确的历史观。而只有既能全面把握历史发展，又能科学说明不同历史时期社会各个方面关系的理论，才有可能是正确的历史观。缺少这种正确历史观作基础，意识形态内容就缺乏合理性与科学性。也许格尔茨所说的原始文化模型因当时缺乏科学理论和丰富社会经验指导会有拼凑、匹配之意，但随着科学技术不断发展和人们社会生活经验不断丰富，从中分化出来的经济、政治、道德和哲学等意识形态形式必然会有更系统、更完备认识体系。在这个问题上格尔茨的认识是有明显局限的。他总是把原始文化中的拼凑、匹配构型当成所有意识形态的永恒现象，这也就不难理解他的意识形态为何有内在矛盾之处了，即既把意识形态当成人类不可或缺的现象又同时认为它只具贬义（按他的逻辑，凡是拼凑、匹配的模型都是不完备的，都会有一定的虚假成分）。可既然意识形态是客观存在的现象，那至少应该有一种意识形态是值得坚持的；若把意识形态全部当成贬义，那自然就要人们放弃所有意识形态，这样又等于彻底否定意识形态存在。这是一个格尔茨无法解答的理论困境。对这个理论困境他自己是有觉察的，但却无力解决。他说：在将意识形态与科学有机结合的问题上，"马克思当然是一个突出的个案……但是，大多数这类混合研究明显地不能令人满意。"[1] 可他明显不愿意追逐马克思的研究思路。

抛开意识形态实质内容问题不谈，就看意识形态在现实中的运行，格尔茨的理论也是不能令人满意的。既然意识形态是认识、情感地图和集体意识的母体，那么，为什么在同一个社会会出现不同意识形态？既然意识形态能利于形势的解决，那么，统治阶级是否能接受任何能帮助解决形势的意识形态？这些都是格尔茨不能回答的。对此，约翰·汤普森的批评可谓一语中的。他说，格尔茨方法的难点"在于它对权力和社会中冲突问题未给予足够重视。文化现象首先被视为意义建构、象征形式，文化分析被理解为对包含在这些形式中的意义的原型的解释。但是，文化现象也包含在权力与冲突关系之中。……以这种方式来观察的话，文化现象可以被视为表达权力关系；可以被视为受制于日常生活中

---

① ［美］克利福·格尔茨：《文化的解释》，韩莉译，译林出版社 2008 年版，第 276 页注释。

接收和理解这些现象的人的各式各样（或许是有分歧的和冲突的）解
释。"① 文化是如此，意识形态更是如此。正如格尔茨所言所有意识形态
都跟政治有关，而政治自然是一种权力的斗争与博弈。在目前人与人之
间存在明显不平等和阶级冲突依旧的社会，奢望建构一种统一的、人人
都可以接受的认识和情感地图显然是不可能的。而对权力、统治和阶级
等问题的分析，又需要做超越意识形态的社会关系的深刻动察与剖析，
这更不是格尔茨能做到的。

---

① ［英］约翰·汤普森：《意识形态与现代文化》，高铦等译，译林出版社 2005 年版，第
149 页。

试论哈贝马斯批判解释学

作为法兰克福学派第二代杰出代表，哈贝马斯是声誉全球的哲学家和思想家。他不仅在像历史唯物主义重建与交往理论方面提出了颇有建树的见解，还在像全球化以及世界文化发展等重大理论与现实议题上提出了有影响性的理论。面对同样有着世界影响的德国同籍哲学家伽达默尔哲学解释学理论，哈贝马斯并没有盲从，而是对它进行了深入反思与批判，表现了一个著名哲学家应有的理论勇气与哲学立场。本文试就这一问题做一浅显分析。

一、伽达默尔哲学解释学意义及其限度

作为一门古老的学说，解释学起源于古希腊，本是通过一定方法与技巧的运用以达到对像《圣经》等经典文本理解的技艺学。到了近代，解释学发生第一次转型。德国哲学家施莱尔马赫（Friedrich Daniel Ernst Schleiermache）通过语法方法和心理方法的应用，将解释学变成了一门正式的理解文本的方法论，认为解释学就是一门"避免误解的艺术"，并提出要比作者更好地理解作者的思想。在施莱尔马赫方法论基础上，德国哲学家狄尔泰又把它用于精神科学（即人文科学）研究，使

它进一步成为人文科学研究认识论，解释学得到了深化。到了德国哲学家伽达默尔那里，解释再次发生转型，它由人文科学认识论发展成为人文科学本体论，并进一步提出解释学对人的所有认识活动都普遍适用的观点。伽达默尔根据海德格尔生存本体论，认为人并不是世界主人，而是一开始就处于一种被抛入世界状态，人的被抛状态决定人对世界与人生意义的认识与理解只能永远处于一种"前见"状态之中（即海德格尔的前有、前见和前把握）。"前见"的绝对性决定历史认识只能是主客体视域融合的"效果历史"。面对解释学历史发展进程，哈贝马斯作出了自己独到的分析。他认为应该把解释学与哲学解释学（即伽达默尔解释学）区分开来。他说："解释学探讨一种我们获得的能够'掌握'某种自然语言的'能力'，即理解语言上可交往的意义，以及交往被曲解的各种情况下使得这种意义可被他人理解的艺术"，"哲学解释学不是规则指导下的实用技能，而是一种批判；经过反思式的决定带给意识有关我们语言的经验，这些经验体验是我们在运用我们交往能力的过程中，也就是靠在语言中的运动获得的"。① 在哈贝马斯看来，就理解的熟练程度以及使自己和他人理解和被理解方式的反思而言，哲学解释是对解释的深化与发展，它有益于人们对日常交往结构进行哲学上的思考。

那么，哲学解释学反思益处究竟体现在哪里呢？对此，哈贝马斯认为它主要表现在对日常语言与人们认识及交往关系问题的分析上。伽达默尔曾这样说道："语言并不是意识借以同世界打交道的一种工具，它并不是与符号和工具——这两者也无疑是人特有的——并列的第三种器械。语言根本不是一种器械或一种工具。因为工具的本性就在于我们能掌握对它的使用，这就是说，当我们要用它时可以把它拿出来，一旦完成它的使命就可以把它放在一边"②，"语言是我们在世存在的基本活

---

① ［德］哈贝马斯：《解释学要求普遍适用》，高地等译，《哲学译丛》1986年第3期。

② ［德］伽达默尔：《真理与方法》，洪汉鼎译，上海译文出版社1999年版，第62页。

动模式，也是包罗万象的世界构造形式。"① 哈贝马斯认为伽达默尔这一观点实际上说出了日常语言一个重要特点——灵活性与创造性。在他看来，日常语言是非封闭式的语言体系，它会随人们活动的变化而涉猎不同领域，并在指称事物的同时积累和丰富言语主体的行为经验。人们自然也会根据日常语言去认识、把握和体验这些事物。他说："一个言谈者能够利用自然语言的创造性，自发地向变化着的情境作出反应，并在大都不可预测的陈述中确定新的情境。这一问题的正式前提是一个语言结构，语言结构使我们有可能遵照一般的规则，以及依靠有限数量的因素，创造和理解无限数量的句子。这种创造性不但可扩及在一般情况下直接创造的句子，而且可扩及在日常语言中形式化了的、即使经验形成成为可能，又能预先判断经验形成的解释方案形成的长期过程。导致对实际问题作出决定有一致意见的有效的言语，仅能指出我们在哪一点有意识干预了这种自然的—内在的过程，并试图改变被接受的解释方案，以便学着（和教着）以一种不同的方法去认识我们通过传统预先理解的东西，重新评价这些东西。"② 与伽达默尔不同的是，尽管哈贝马斯也肯定日常语言的变化性与创造性，但他却不否定日常语言的认知功能。因为，在他看来，不管日常语言如何变化，人们在使用与应用日常语言时总是按一定规则行事，这个规则就是日常语言的结构与语法。既然人们用日常语言指称新事物或创造新经验时是按这些规则执行的，那么，后来者自然也会按这些规则认知前行者指称的事物与经验。不过，有一点他倒是十分赞同伽达默尔观点，即：日常语言的灵活性与创造性是由日常语言非封闭状态决定的，而正是日常语言这一非封闭状态的开放性决定任何理解都要根据语境并受到语境的影响，语境不同又决定对事物或经验的理解不同。于是，就有了伽达默尔著名的"效果历史"理论。哈

---

① ［德］伽达默尔：《真理与方法》，洪汉鼎译，上海译文出版社1999年版，第3页。

② ［德］哈贝马斯：《解释学要求普遍适用》，《哲学译丛》1986年第3期。

贝马斯指出："理解的主体不可避免地受到语境预先的影响，在这种语境中，他从一开始就获得了他的解释方案。这种前理解被变成主题，并且一定要在用解释学认识进行每一分析过程中，在与论题的关系中证明它自己。但是，即使纠正这些不可避免的先入之见也不能打破语言对于言谈者的客观性；在改进他的知识的过程中，他只能发展起一种新的前理解，然后，这种新的前理解在他进行新的解释时给予他指导。这就是伽达默尔宣称'效果历史的认识不可避免地比意识有更多的东西'所指的意义。"① 对于"效果历史"理论，伽达默尔自然是津津乐道，自以为他对人类认识过程有了一重大发现，因而不仅把它作为建构其人文科学的理论基础，更是提出了"哲学解释学普遍适用"的观点（即"效果历史"问题存在于人类一切认识过程之中）。

尽管哈贝马斯高度肯定伽达默尔在这一问题上的历史贡献，但他仍是对其进行了冷静分析并提出了不同看法。他认为日常语言虽然跟日常交往紧密相连，但上述问题却跟日常交往没有直接关系，因而认为它对一切认识过程都普遍适用的主张是错误的。因为，在他看来，语言学不直接涉及交往能力，它的目的是重建语言规则系统，这种系统可以允许所有符合语法与有语义学意义的因素得到生成和发展，而哲学解释学的重点则是考虑一切有交往能力的言谈者之基本经验，尽管在这一过程中这些言谈者的语言能力是不可否定的前提条件。若要真正了解交往问题，与其深入到语言中去，不如深入到社会活动与社会实践中去。虽然如此，哈贝马斯还是提出了哲学解释学对其他一切科学研究产生影响的四个方面问题：其一，解释学意识有力冲击了客观主义者对传统人文科学的定义和自我理解；其二，解释学意识进一步引发了社会科学要关注在研究活动前的符号前结构问题；其三，解释学意识虽然没有冲击到自然科学方法论（哲学解释学某种意义上承认这一方法论的正确性），但

---

① ［德］哈贝马斯：《解释学要求普遍适用》，《哲学译丛》1986 年第 3 期。

它却影响着科学主义对自然科学的定义和理解；其四，解释学意识最终会促使社会科学研究在意义巨大的社会问题领域把重要科学信息翻译成社会生活世界的语言。

二、对伽达默尔哲学解释学批判和超越

在哈贝马斯看来，哲学解释学给哲学研究带来的其实是两个问题：一是如何理解包括自然科学在内的科学理论的产生以及它们跟日常语言、日常交往的关系问题；二是如何解释、理解并建构人们合理的日常交往具体过程问题。

对于第一个问题，哈贝马斯借皮亚杰（Ean Piaget）的发生认识论阐述了其中的启迪意义。他说："皮亚杰的发生认识论揭示出作用着的思想有语言的根源。毫无疑问，作用着的思想只有通过各种认知方式同语言规则系统的一体化才能臻于成熟，而认知方式在工具性活动的领域内按前语言的方式显露出来。但是，有足够的证据表明，语言仅仅限于，如空间、时间、因果关系和实体之类的范畴，限于前语言基础的符号之形式的和逻辑的结合规则。由于有了这个假设的帮助，我们有可能理解为什么为了组织有目的的——合理的活动和构造科学理论而利用独白式的办法使用语言；在这些情况下，自然语言不妨说脱离了主体间性的结构；如果没有其对话构成上的要素，如果脱离交往，自然语言仅仅会处于理解活动的支配之下。"[1] 也就是说，在哈贝马斯看来，尽管科学理论的形成离不开自然语言的说明与解释，但其由语境决定的特征并不影响科学理论的形成与发展。换言之，哲学解释学所谓"效果历史"问题在科学理论的形成与发展中并不存在，哲学解释学普适性是有限度

---

① ［德］哈贝马斯：《解释学要求普遍适用》，《哲学译丛》1986 年第 3 期。

的。当然，科学理论形成后也有一个与自然语言调适与转换问题。哈贝马斯认为科学理论只有不断与自然语言调适并进行必要转换，让它们变成日常生活语言，才能真正发挥其人文作用；应该严防科学理论对生活语言单向度影响而发生的生活世界殖民化现象。

对于第二个问题，哈贝马斯则是从对伽达默尔哲学解释学批判论述起。尽管哈贝马斯认同伽达默尔哲学解释学中对话方式、共识观点和强调传统作用等，但他对后者形成共识的方式却进行了批判。在伽达默尔看来，主体的认识活动是主客视域融合过程，尽管不同主体前见不同，但不能由此得出历史认识只是因人而异的相对主义结论。时间距离能区分真假前见，不断剔除影响人们错误历史认识的假前见，而保留历史正确认识的真前见。在区分真假前见的问题上，伽达默尔有一个十分重要的标志，即依靠权威。在此，伽达默尔猛烈抨击启蒙运动对权威的否定，认为传统的权威并不是盲目确立的，而是通过人们对它进行反思以后得到的承认，而这些进行反思并确定权威的人本身就是传统的重要组成部分，他们通过自己的运用和理解渐渐确定并发展了权威。他说："人的根本最终不是基于某种服从或抛弃理性的行动，而是基于某种承认和认可的行动——即承认和认可他人在判断和见解方面超过自己，因而他的判断领先，即他的判断对我们具有优先性。与此相关联的是，权威不是现成被给予的，而是要我们去争取和必须去争取的，如果我们想要权威的话。权威依赖于承认，因而依赖于一种理性本身的行动，理性知觉到它自身的局限性，因而承认他人具有更好的见解。权威的这种正确被理解的意义与盲目地服从命令毫无关联。而且权威根本就与服从毫无直接关系，因而与认可有关系。权威的存在确实是为了能够得到命令和服从，但是这一点只是从某人具有的权威而得到的。"① 面对伽达默尔

---

① ［德］伽达默尔：《真理与方法》，洪汉鼎译，上海译文出版社 1999 年版，第 358—359 页。

振振有词地为权威辩护，哈贝马斯毫不留情地进行了批判，认为伽达默尔是在为压力和强制寻找理由。不错，在哈贝马斯看来，权威在历史上的作用的确不能低估，它有代表正确而被人们认可的含义，但这只能在自由交往与平等对话的基础之上才有可能。可历史从开始到如今却未能实现这种自由式交往与平等对话，更多交流与对话是在权力与压制下进行的。尽管此时人们也可能形成一致的观点或共同认可某个权威，但这种一致不是真正真理条件下的一致，这里的权威也不具有真理性的权威。因为此时人们的意见一致是在歪曲交往或伪交往背景下实现的，可遗憾的是人们对这种伪交往根本没有意识。若要问这种伪交往是怎么造成的，那强力政治自然是首当其冲的原因。与伽达默尔强调语言在哲学解释学中重要地位不同，哈贝马斯则认为语言也为这种伪交往形成与发展起到了帮凶的作用，并由此对语言进行了批判。他说："把语言理解成为所有社会制度都依赖的一种制度，具有一种重要意义，因为社会行为形成于日常的语言交往之中。但是，作为传统的这种元制度，很明显又依赖于不能变成规范联系的社会过程。语言也是统治和社会势力的媒介；它服务于有组织的权力关系的合法化。只要合法化不表达权力关系（合法性使权力关系的制度化成为可能），只要这种权力关系只是表现在合法性中，语言也就是意识形态的。在这种情况下，问题不是语言中包含着欺骗，而是用语言本身来进行欺骗。"①

为了更好地揭示解释学与交往行为之间的关系，也为了更进一步揭示伽达默尔提出的解释学要求普遍适用观点的局限，哈贝马斯列举了精神分析学说相关观点并进行了分析。他认为精神分析学说成功揭示了这样一个道理：病人的言行不仅别人没有清晰意识，连他本身也没有清晰意识。精神分析学说得以成功形成说明：其一，人们所谓的认可或形

---

① ［德］哈贝马斯：《评伽达默尔〈真理与方法〉一书》，郭官义译，《哲学译丛》1986年第3期。

成的共识并不一定代表是在其真实意图下进行的；其二，科学家能对这一现象进行科学分析并形成科学理论，而这一理论却与所谓"效果历史"理论没有关系；其三，精神分析学说可以为揭示伪交往并形成真正自由交往局面提供理论支撑。显然，第三个方面问题是哈贝马斯阐发的重点。在他看来，要科学阐发这一问题，需分三步骤进行。第一步先得假设正常交往必须具备的五个条件：在非畸形语言游戏中，那些用语言进行的符号化表达与那些用行动来体现的表达以及通过有形表示的表达并不矛盾，而且还形成相互补充关系；正常的日常语言遵循主体间有效原则，对一个语言共同体来讲被传达的含义原则上对所有成员都是对等的；在正常言语交往中讲话者意识到了主体与客体是两个不同且有重要区别的范畴，他们能对语言内部用法与外部用法进行严格区分，并且能够把公开的意义与隐藏的意义明显加以区别；关系中的主体间性确保着言谈者彼此之间相互认识的个人同一性，言谈主体明显把交谈双方看成是两个不同且不相容的对话者，从而证实了作为主体"我"的同一性以及他们共同构成的集体的同一性；正常语言的基本特征是，实质与因果性、时间与空间等范畴意义的区别取决于它们是用于表达世界中的客观客体还是用于表达讲话主体语言上讲述的主观世界本身，解释的系统性框架的本质对客体的同一性与主体的同一性有着不同意义，主体的自我同一性是不能够用一些分析上明确的操作获得的。第二步假设涉及人类在研究具体事物时对前语言阶段与语言阶段相互连贯关系的处理。首先，对前语言阶段人类符号特征与组织做一假设性分析。哈贝马斯认为根据弗洛伊德对梦的解析可以推论：人类早期所用符号没有语法条理化特征，缺乏逻辑联系，是一些无序的元素，具有很强的情感特征和情境性质。尽管原始符号构成其集体共存和集体行动的主体间性的前语言基础，但由于它们个人专有的含义所占比例很高，意义稳定性很低，符号标志、语义内容和指称物之间的区别没有被揭示出来，所以，它们仍不适合严格意义上的公共交往。其次，对前语言符号与语言关系作出分析。哈贝马斯认为根据精神分析学说，精神病患者之所以出现无效交往、固定不变的和强迫的行为，是因为心理受到压抑后而导致的"反符号化"结果；若能了解这些压抑并把它消除，"反符号化"过程就会回到"重新符号化"过程，因而实现正常的日常交往。并且，他进一步认为精神病患者行为往往是受原始符号支配的，只有不过分压抑原始符号并通过语言创造性使用过程把与之相联的潜在内容得到公开恢复，正常的日常交往才能得以顺利进行。于是，他说："语言的成功的、创造性使用之日，也就是摆脱束缚之时。"① 第三步，通过对婴儿相互影响模型、个性形成关系与具体社会化过程关系的考察，分析并揭示不正常行为和畸形性格形成的原因。在此，哈贝马斯再次以弗洛伊德关于"本我""自我"和"超我"的理论对此作出假设性分析。他认为，"自我"是个人个性组成的重要部分，它的任务就是考察具体实在以及批评由无意识引起的冲动行为的动机，"本我"是从"自我"当中分离出去并归属于"一个人自身"的那部分，它往往受到防御机制的防护与抵制，"超我"则是受社会责任支配而形成了属于"一个人自身"的那部分。他认为精神病患者不正常行为的出现和婴儿发展过程中畸形性格的形成，是由"超我"与"本我"矛盾以及"自我"调节失败导致的。要想解决这一问题，就必须在"超我"与"本我"之间做调适，让"超我"更能适合"本我"的基本要求，并以此改善日常交往。形成这一理论后，哈贝马斯没有忘记再次指出他主张的解释学与伽达默尔哲学解释学的区别，并把自己的解释学称为"深度解释学"。他说："严格地讲，不能把深度解释学看作普遍的解释那样，与译解模型有什么关系。这是因为，受到控制的'译解'或渗入语言之中的前语言的象征主义可以消除模糊性，模糊性并不出现语言之中，而是通过语言产生的；正是日常交往的结构为'译解'提供了基础，它本身是能够改变的。因此，深层解

---

① ［德］哈贝马斯：《解释学要求普遍适用》，《哲学译丛》1986 年第 3 期。

释学的理解，要求有一种总的来说扩展到语言之上的系统的前理解，而解释学理解总是从一种前理解开始的，这种前理解是根据传统塑造的，而且本身是在语言交往中形成和变化的。"①

虽然哈贝马斯多次声称自己的解释是深度解释学，但根据其内容称其为批判解释学也许更合适。这里的批判不仅表现在他对影响人们日常交往的政治、经济、科技、意识形态和语言等问题的社会批判上，还表现在他对正常日常交往行为的反思与批判上。对于后者，他从对命题以及命题的运用、解释者评判标准、命题与解释者行为关系以及解释者行为规范正当性等方面对人们日常交往行为与对话进行了全方位的批判式审查，并由此形成了其系统的交往行为理论。②

三、评 论

据海德格尔考察，解释学（Hermeneutics，德文 Hermeneutik）一词来源于希腊神话中的信使赫耳墨斯（Hermes）的名字，它有传送和带来消息的含义。正是因为人与神处于不同世界，他们之间难以直接对话，所以才有了信使赫耳墨斯。用 Hermeneutics 指称一门学说，自然有让它达到理解和传送精神的含义。由此，虽然解释学的产生跟像《圣经》这样经典文本的解读有关，但它却不限于仅仅对文本的解读。因为人们解读《圣经》并不仅仅是为了读懂它，更是要通过理解它后达到对某种精神的把握。早期解释学有"寓意解释"与"语法解释"两种方法也说明了这一问题。尽管自中世纪后"寓意解释"渐渐退出了解释学的大舞台，沦为神学解释学的专利，但其蕴涵的意思——理解和把握一种

---

① ［德］哈贝马斯：《解释学要求普遍适用》，《哲学译丛》1986 年第 3 期。

② 参阅 ［德］哈贝马斯《交往行为理论》第 1 卷，曹卫东译，上海人民出版社 2004 年版，第 8—42 页。

客观精神——却没有退出历史舞台，并逐步变成其他解释学家的一种内在精神。客观上说，自施莱尔马赫之后，解释学按两种路向发展：一是专门对文本的研究，成为集中研究文本的认识论与方法论，如意大利解释学家贝蒂（Emilio Betti）、美国解释学家赫斯（E.D.Hir-sch）等；二是将它用于人文科学、人的存在甚至历史科学等问题研究，如伽达默尔哲学解释学、德里达解构解释学等。法国解释学家利科处于两者之间，虽然他重点强调解释学是对文本的研究，但他同时也把人的行为列入文本研究之中。比较这两种路向，后者显然占主导地位。究竟原因，不完全因为后者都是大哲学家因而其学说影响久远，更因为后者的领域既更能把握解释学真谛，又更能解决人们所面对的问题。其实，这两种路向是有关联的。尽管施莱尔马赫把基督教经典的解读方法变成一般文本解读方法，但他所指的文本更多还是人文科学经典文本。像自然科学甚至包括社会科学虽然也有对经典文本解读的问题，但解释学方法显然不适合它们（即如哈贝马斯所说解释学要求普遍适用是有限度的。当然，也不能否定解释学问题对它们有一定程度的影响，至少它们在社会生活领域的运用会碰到解释学问题）。人文科学的建构离不开人的行为，离不开人与世界关系问题的解释，也离不开传统。传统对人们行为的影响自然更多是通过文本达到的。这也是施莱尔马赫的文本解释学之所以能发展成狄尔泰人文科学认识论的原因。按理说，狄尔泰的思想更是拓展了解释学的意义与影响。尽管他存在泛文本倾向（把包括历史、人的存在等一切解读对象都看成文本），但他毕竟从传统、历史与文本更广阔的范围去探讨人的意义与人文精神，这显然意义更大。哈贝马斯批判解释学显然是在这一路径上展开的，因而意义也十分明显。对此，伽达默尔曾这样评价说，这是一件振奋人心的工作，是解释学问题在社会科学逻辑领域内的"一个新的刺激"。①

----

① 参阅［德］伽达默尔《解释学》，《哲学译丛》1986 年第 3 期。

　　从解释学问题的产生到解释学思想的新发展，解释学经过了几千年，为什么它有愈演愈烈的势头呢？对此，美国哲学家罗蒂的思想是有启发的。他说："'解释学'不是一门学科的名字，也不是达到认识论未能达到的结果的方法，更不是一种研究纲领。反之，解释学是这样一种希望的表达，即由认识论的撤除所留下的文化空间将不被填充，也就是说，我们的文化应成为这样一种状况，在其中不再感觉到对限制和对照的要求"，"解释学只在不可公度的话语中才为人所需要"。① 由于启蒙运动理性精神的影响，西方社会在取得长足进步同时也出现了精神失落、生活迷茫等问题。这些问题是解释学特别是哲学解释兴起的根本原因。从解释学进入历史领域开始，它就把矛头直指以理性精神为基础的科学方法。客观上说，哲学解释学提出的问题是有一定合理性的，至少它提出了在人文科学领域内不能直接输入科学主义的理性主义方法。因为人文精神除了理性和知识因素之外，还有意志、感情与心理等非理性因素。只讲理不讲情的社会是不能称之为合理社会的。而对于既讲理又讲情的社会人们又缺少一种合理的认知、评价与建构方法。于是，哲学解释学就反其道而行之，直接抛弃理性在拥抱传统之中建构自己的认识标准（哲学解释学虽然也重视理性作用，但从根本上说它是反理性的）。但由于哲学解释学又怯于人的认识放任自流，于是，就想出了"视域融合""时间距离"和"问答逻辑"等系列方法。客观上说，这种方法若放在真的不可能找到客观标准的社会或地方的确是一种不得已而为之的方法。但我们要问的是人文科学已真的沦落到这一地步了吗？更为要紧的是，伽达默尔认为"效果历史"理论对一切人类经验都普遍适用。若情况果真如此，那不仅人文科学没有客观标准，社会科学乃至自然科学都不会有客观标准。情况果真如此吗？这里不得不回到哈贝马斯的历史贡绩。

---

① ［美］罗蒂：《哲学和自然之镜》，李幼蒸译，商务印书馆2003年版，第315、324页。

与其说伽达默尔"效果历史"理论发现了一个重大的哲学难题，不如说海德格尔生存本体论发现了这个哲学难题。这个哲学难题就是，任何主体都是处于特定关系中去认识世界，主体所处关系不同，认识世界的结果就不同；而主体对自己的处境又很难有清楚认识。于是，人们认识就很难摆脱陷入认识相对主义的窠臼。对此，哈贝马斯从两个方面进行的批判都是有一定说服力的。其一，他让人信服地说明了自然科学甚至包括社会科学的理论建构并不受所谓哲学解释困难处境的干扰，哲学解释学困难处境更明显是表现在日常交往领域。其二，哲学解释学所谓的由真前见和依靠权威得出的真理也并不一定是真理，因为若干历史事实证明许多所谓一致或共识都是虚假一致或虚假共识。这些都是由于哲学解释学因缺少方法论而主张平面认识导致的结果（伽达默尔的代表作虽叫《真理与方法》，其实他是反对科学方法论的）。这些不得不说是哈贝马斯在哲学解释学异军突起时实行的一次成功反攻，其对科学方法论的捍卫也算是有成效的。不过，有一点不能不说是其缺憾，那就是他没有成功解释历史科学（指整个人类发展的科学，不指一般史学）的形成与发展。哈贝马斯对哲学解释学要求普遍适用的批判主要集中在语言的批判与研究上，虽然这也是富有成效的，但却不能从根本上击倒伽达默尔。因为，在伽达默尔那里，影响他"效果历史"理论提出的还是"前见"这一因素。而这里"前见"自然有海德格尔所说的"前见""前有"和"前理解"等多个方面。自然科学（也包括社会科学）能摆脱语言的纠缠而形成独特理论，那它们能摆脱"前见"的影响吗？自然科学（也包括社会科学）真的摆脱"效果历史"影响而成为真正意义上的"科学"吗？这里不得不说只有回到马克思的理论才能得到有效解决。与海德格尔有异曲同工之处，马克思在实践中发现了上述人类认识困难处境（人类只有在实践基础上才能认识世界，实践不同，人类认识方式与认识结果就不相同）。所不同的是，海德格尔对"在"与"在者"关系做了一种非理性方式处理，认为人只有在与世界相处的体验中去筹划自己的活动，而马克思却认为实践是具体历史的物质活动，人们可以在对不同历史时期具体实践的认识中揭示历史和人的活动规律。正是通过对实践活动的深化理解，马克思才形成唯物史观。唯物史观虽然不是具体、直接的科学，但它却能让人大概清晰地认识到有哪些因素影响并限制人的活动。当人们在认识历史或进行自我认识时，应该考虑到这些因素。换言之，在马克思看来，尽管人类的活动要受到伽达默尔所说前见影响，但因为有了唯物史观，我们就可以考虑到认识过程中这些因素的影响，尽量规避和有效利用它们，以达到历史认识的客观性。虽然哈贝马斯对历史唯物主义颇有研究，因他没有达到这种高度，因而对伽达默尔解释学要求普遍适用观点的反驳略显苍白。更为重要的是，由于哈贝马斯把人类认识分成技术的、实践的和解放的三种认知旨趣，又把交往行为理论仅仅定位于关于解放的认知旨趣，并认为后者跟前两者没有直接关系，因而他对交往行为理论的解读也缺少深度科学性。不错，日常交往领域跟技术与社会实践领域没有更多直接联系，但它却不能独立于前两者。日常交往行为既跟传统文化有关，也跟人文科学有关，更跟社会经济、政治等因素有关。特定社会经济、政治对日常交往行为的影响不仅表现在伪交往上，也表现在对特定社会日常交往方式、向度以及人文精神（包括传统）的选择上。让特定社会经济、政治等因素过多干预日常交往显然是不行的（这会导致哈贝马斯所说的日常生活殖民化），但放任日常生活交往自由发展也是不现实的。合理考虑社会经济、政治因素对日常交往的影响不仅可以不导致其殖民化，还能让它对传统文化与人文精神进行合理选择，以历史发展过程的事实告诉人们应该选择什么样的传统、怎么选择传统等。由于哈贝马斯交往行为理论脱离现实，带有过度理想化倾向，因而自然又遭到伽达默尔的反驳。他说："哈贝马斯批判在他分析先验哲学内在论的历史条件时达到了顶峰，其实他自己也依靠这些条件。然而这确实是一个中心问题。每一个认真对待人类存在的有限性，不去构造用为一切事物之追溯终点的'意识本身'、'原形认识'或'先验自我'的人，都将无法避免以下问题，即他自己的先验思维如何在经验上可能。但是在我所发展的解释学领域中我看不到有这类困难出现。"① 可伽达默尔如此不加分析地否定任何"先验思维"的思想是不是又是另一种意义上的先验思维呢?!

---

① ［德］伽达默尔：《哲学解释学》，夏镇平等译，上海译文出版社 2004 年版，第 37 页。

论利科对马克思主义意识形态理论的批判

保罗·利科（Paul Ricoeur，1913—2005）是法国著名哲学家、解释学重要代表，其在《解释学与人文科学》和《历史与真理》等著作中批判吸收了以施莱尔马赫、狄尔泰为代表的近代认识论解释学和以海德格尔、伽达默尔为代表的现代本体论解释学，做到了解释学本体论、认识论与方法的统一。鉴于利科解释学等理论有着深厚的理论积淀与广泛的国际影响，2004 年他被美国国会图书馆授予有人文科学领域诺贝尔奖之称的克鲁格人文与社会科学终身成就奖。按理说，意识形态问题并不是利科研究的长项，但由于它是解释学绕不开的话题且对历史研究有着重要影响，再加上利科把马克思主义意识形态理论作为一个重要问题进行过集中和较系统的研究与批判，故而本文以此为题进行研究与评论。

一、关于意识形态的理解和马克思主义
意识形态理论局限

利科认为尽管马克思主义对意识形态概念理解是至今最有影响的意识形态理论，但对意识形态起源问题的讨论还必须回到马克斯·韦伯

关于社会行为与社会关系理论那里。在马克斯·韦伯看来，当单个人行动时并不产生意识形态，只有当个人行为面对他人时才产生意识形态，即意识形态是社会行为与社会关系的产物。利科指出："社会关系概念使有意义的行为和相互面对的双重现象增加稳定的思想和意义体系的可测性。正是在这个有意义的、相互面对和社会的结合行为特征层次上意识形态现象完全暴露其本来面目。它使用戏剧性语言自立形象、自我描绘和自我认识的社会群体必然地联系着。"① 正因为意识形态一开始是由社会行为与社会意义决定的，而不是由个人行为与个人自我认识决定的，所以利科认为它就有了以下特征：其一，意识形态起一种使社会记忆与必然重复的开创事件之间拉开距离的作用。任何社会都会把先辈开创的事业当成价值坐标并试图超越他们，一旦社会出现问题或倒退，政治人物就会以恢复或回忆先辈事业形象的意识形态方式激发民众，以增强社会发展活力和社会稳定性。其二，意识形态的动力论。利科认为意识形态不是教条，而是增强社会合理性的理由以及激发人们行动的动因，它可以通过学校与企业等部门实现教化功能。其三，意识形态是简化式的纲领。利科认为意识形态不是关于社会全部问题的论述，它是简化式的纲要，往往表现在格言、口号和精确的公式中，它比任何科学更接近于最具说服力的艺术——修辞学；但意识形态一旦形成就会渗透到社会问题的所有领域，让一切事物都打上意识形态的烙印。其四，意识形态具有一般否定性特征。意识形态不是题目式的，而是背后运转式的。因为没有人在思考事物时可以把事物的所有特征都考虑进去，他只能有意无意地按意识形态方式去归纳与思考事物。其五，意识形态具有复杂性。利科认为意识形态一开始就确定了评判事物好坏的标准并规定了社会发展方向，由于意识形态一旦形成后就具有相对稳定性，因而随

---

① ［法］保罗·利科：《解释学与人文科学》，陶远华等译，河北人民出版社 1987 年版，第 234—235 页。

着社会发展意识形态就逐渐表现出惰性与落后性特征。原初不被意识形态接纳的事物渐渐壮大，它与意识形态的矛盾也逐步尖锐，意识形态就必须在不断防止并克服与新事物的摩擦中维护自身，这就决定了所有意识形态都有掩饰特征。

利科认为马克思主义意识形态贡献在于揭示了意识形态与阶级统治特别是统治阶级统治之间的关系，尤其分析了意识形态在其中的掩饰作用。他指出，马克思主义意识形态概念"所提供的新东西是什么？从本质上讲是歪曲的思想，被倒置的畸形儿"[1]。但他认为为马克思主义意识形态也具有明显不足：首先，它没有正确揭示意识形态之所以能起到为统治阶级统治辩护的原因。既然意识形态是通过掩饰作用为统治阶级统治辩护的，那么，为什么人们会接受这种"歪曲"的思想？对此，利科认为马克思没有给出明确的答案，可事实看到他明显是以马克斯·韦伯社会契约论为前提的。他说："马克思提供的新东西显然是以这个先前的一般社会契约和特别权力关系的符号结构的天幕为背景的；而他所增加的是意识形态的辩护作用，优先地适用于基于分裂而转变为社会阶级和阶级斗争的统治关系的思想。我们是感谢他的这个关于阶级统治地位的意识形态作用的具体题目的。"[2] 根据马克斯·韦伯，任何权力都需要合法性作为基础，可靠权力发出的主张和报答它的信任之间的关系却是不对称的。来自权力的主张往往比转向它的信任要多得多，意识形态作为权力供给与民众信任之间剩余价值的传播者，以及同时作为证明统治体系合理性的理由，它是不可抗拒的。正因为意识形态与权力关系早于阶级与阶级统治，所以阶级社会才可能利用并强化意识形态掩饰功能。其次，马克思没有正确揭示意识形态的内容。利科认为，根据马克思思

---

[1] ［法］保罗·利科:《解释学与人文科学》，陶远华等译，曲炜等校，河北人民出版社1987年版，第239页。

[2] ［法］保罗·利科:《解释学与人文科学》，陶远华等译，曲炜等校，河北人民出版社1987年版，第240页。

想，意识形态是对社会关系颠倒的反映，似乎只要克服了这种颠倒现象它就可以与"科学"联系起来。可这明显是存在问题的。因为，在利科看来，意识形态不管如何反映现实都不可能完全摆脱"颠倒"与"掩饰"作用。因为它总要通过符号体系去反映现实，可任何符号体系都是"非透明的"。他说："我们不能谈到前意识形态或无意识形态的能动性"，"马克思主义的标准和其他意识形态的标准的连接能够释放出这个标准的批判的潜力，并且它最终转而反对我即将检验的马克思意识形态的使用。但是这些次要的后果不必遮掩统治这第一部分的基本观点，即意识形态是社会存在的不可逾越的现象，至于社会现实带有符号结构并组合成解释，在反映和说明中，组合成社会契约本身的解释。"①

二、意识形态科学性批判

利科认为在理解马克思主义意识形态时，最关键的问题就是如何解释意识形态与科学的关系。根据马克思主义一般思想，似乎认为最终可能形成与"颠倒"和"掩饰"不同的科学意识形态。② 对此，利科明确反对并用逐步论证的方式一一加以反驳。

首先，关于以实证主义方式建构科学意识形态。在利科看来，若能按实证主义方式建构起科学意识形态，那自然应该是最有说服力的。因为实证主义是目前人们普遍能够接受的关于科学建构的方法。但利科认为社会理论却无法从根本上建立起科学，因为它不像自然科学那样

---

① ［法］保罗·利科：《解释学与人文科学》，陶远华等译，曲炜等校，河北人民出版社1987年版，第241页。

② 在利科看来，意识形态一定具有"歪曲"与"掩饰"特征，不具有"歪曲"与"掩饰"特征的社会理论不能叫科学意识形态，只能叫科学社会理论。换言之，在他那里，科学意识形态是一个不能成立的概念。但为了行文和理解的方便，我们这里把利科称为科学社会理论的东西统一称为科学意识形态。

是跟人的情感等因素无关的纯粹观察，社会理论都带有明显的"道德弱点"。同一种社会理论在一部分人看来是"科学的"，可在另一部分人看来却是"非科学的"。社会理论从来都无法摆脱人们从特定情感或利益角度去评述的"解释性"。由此，他还专门引述了托马斯·阿奎那（Thomas Aquinas）关于"社会学科是靠协议而不是靠本性而存在"的论述。① 不过，在利科看来，有一种解释似乎离"科学"比较接近，那就是结构主义解释方法。因为这种理论把包括人的情感等一切都看成是由一种相对客观的结构决定的，认为只要掌握了这种结构就可以解释一切社会历史现象。但利科显然不赞同这种理论，认为这是用一种让主体沉默或无主体的方法对待历史与社会现象的方法，不符合历史与社会发展是由人来构成并由人去推动的本性。

其次，关于由马克思主义激发的以批判形式建构科学意识形态，这也是利科重点反驳的对象。根据利科的理解，既然意识形态是"歪曲"与"掩饰"，那只要找到它歪曲或掩饰的关键点或找到建构正确认识的支点并对它加以批判，那么，科学意识形态建构还是有理论上的可能。他认为马克思主义就是这么做的，并依三种可能性对其进行诘难。其一是"党派"理论。阿尔都塞曾把马克思主义的历史唯物主义看成是继欧几里得几何学和伽利略物理学之后的思想史上第三次根本性变革，因为它以阶级为基础建构了历史发展科学（即列宁所说的"党派"理论）。但利科认为这一理论显然是经不起历史特别是当代时代发展检验的。一方面，这种"党派"理论无法正确解释当代西方社会出现的新阶层现象；另一方面，它也无法解释社会主义条件下出现的阶级结构。从某种意义上甚至可以说，"党派"理论自形成后就已经变成教条，严重阻碍对当今社会阶级变化与新阶级现象的解释，最终滑向马克思一开始

---

① 参阅［法］保罗·利科《解释学与人文科学》，陶远华等译，河北人民出版社 1987 年版，第 231—232 页。

就加以批判的"歪曲"与"掩饰"趋势之中。其二是回到客观现实的理论。利科认为马克思在批判以往意识形态特别是商品拜物教现象时提出了一个重要观点，即以往意识形态都是对现实或社会关系的颠倒反映，因此，只要超越以往意识形态并对它们实行颠倒的颠倒就有可能客观反映社会现实关系并最终建构科学历史理论（在他看来，客观上说，包括马克思在内的马克思主义者也都是这么做的）。可这同样是不可能的。因为，在他看来，这里不仅会碰到像"起源""终结"和"主体"等概念的形而上学问题，更会碰到上述所说的用符号体系去揭示现实等的"非透明性"等问题。其三是"正确"反映现实的总体理论。利科认为，由于社会历史现象是复杂的，用实证主义相对简约方式无法揭示的东西，从理论上讲确实有可能通过对社会历史总体反映的方式来实现，而且马克思主义也的确是如此做的。可这里也会碰到难以解决的困难。利科认为，根据琼·拉德里莱尔（Joan Adler）解释模式理论，总体理论无外于有两种模式：一是用工程术语（即对象术语）解释现实，二是用系统术语解释现实。就第一种模式而言，它存在着解释者暗含解释倾向的弱点。就像上文论述实证主义方法时所说，由于每个解释者都带有价值取向，因而对同一个对象就可能存在明显不同甚至对立的解释。尽管每个解释者都可能不断论证自己的观点并批驳对方，但想让对方彻底认同或接受自己的观点几乎是不可能的。他说："用对象术语解释必然是一种理解家在其中暗示自己的解释，由此得到：他澄清自己的情况并在对那种情况的关系中澄清自己的对象。就在这儿，非陈述的总体反映前提介入进来。"① 因此，想要通过对象术语建构能得到人们共同认可的历史总体理论几乎是一件不可能完成的工作。就第二种解释模式而言，表面上看它比第一种解释模式更客观、完备，但事实上同样存在着暗含

---

① 参阅［法］保罗·利科《解释学与人文科学》，陶远华等译，曲炜等校，河北人民出版社 1987 年版，第 249 页。

解释者解释倾向的弱点，只是这种弱点更隐蔽一些而已。所以，他说："用系统术语作解释并不比用对象术语作解释更好。对象术语解释仅仅借助心照不宣的能够履行总体反映的前提，能从每一种意识形态情况抽象出历史。用系统术语作解释同样有其前提——虽然在不同的方面——知者能提出能够表述总体性的观点，以及提出关于别的前提的相等于总体反映的观点。这就是为什么社会理论不能完全从意识形态条件下解脱出来的基本理由：它既不能实现总体反映，又不能提出能够表达总体性的观点，而且此后本身不能从包含其他社会集团成员的意识形态中介中抽象出来。"①

　　不过，在利科看来，有一种理论似乎让人们看到建构科学意识形态的希望，那就是曼海姆的知识社会学。根据曼海姆，尽管意识形态是虚假的意识，但对一个社会特别是对一个阶级或阶层而言却是不可或缺的。因为，意识形态是意义与希望的根据，没有它，社会中的一切都会变成碎片。他认为马克思正确揭示了意识形态与阶级、阶层之间的关系，但可惜的是马克思主义只把意识形态指向别人，而从未指向自身。其实，在曼海姆看来，任何阶级、任何政党都离不开意识形态。尽管意识形态都打上阶级利益与阶级意识的烙印，但他认为通过意识形态与不同阶级、政党之间关系的梳理是可以找到建构科学社会理论框架与支点的。那就是通过仔细研究与甄别，让意识形态中科学成分从阶级利益与阶级意识中剥离开来，并将不同意识形态中科学成分按特定方式组合在一起；并且认为有一个阶层可以承担这项工作，即自由知识分子。曼海姆指出："知识社会学研究的动力可以如此加以引导，使它不把'环境决定'的概念绝对化；确切地说它可以以这种方式来引导，即正是通过随手拈来的观点中环境决定的因素，人们将向解决环境决定本身的问

---

① 参阅［法］保罗·利科《解释学与人文科学》，陶远华等译，曲炜等校，河北人民出版社 1987 年版，第 250 页。

题迈出第一步。……不断扩大知识基础的观点，它本身的不断扩张和把各种有利的社会论点结合进知识过程的观念（即所有基于经验事实的观察），以及将要被寻求的无所不包的本体论的观念，所有这些观念都在朝这一方向前进。……但这种在更高层次上的抽象倾向仍然是与环境决定思想的理论相一致的，因为，进行这种思维的主体决不是绝对自主的'头脑本身'，而是一个比以往更包容的主体，他中和了先前特殊的和具体的观点。"① 利科认为曼海姆理论貌似合理，其实是一种幼稚天真的想法。因为，任何人都会受到认识条件的制约，能够不带偏见思考问题的人并不存在。

三、意识形态的解释学性质

既然建构科学意识形态工作是不可能完成的任务，而现实中的意识形态都带有一定"歪曲"与"掩饰"成分，那么，是不是人们只能永远生活在远离真理的虚假意识的迷雾中呢？对此，利科的回答是否定的。他说："在我看来，解决的要素包含在关于全部历史的理解的条件的解释特性的谈话中。……我已经推荐一条认识论方面的反映关于意识形态知识可能的条件的，以及反映关于在社会科学中使解释性谈话有充分根据的条件的漫长而困难的路线。我已经通过总体反映工程的失败或意识形态的差异的完全知识，从另一种类型的谈话的必然性中，如此努力地重新发现历史理解力的解释学。"② 这就需要认真研究与分析由海德格尔开启、经伽达默尔加以拓展的认识过程的性质问题——解释学处

---

① ［德］卡尔·曼海姆：《意识形态与乌托邦》，黎鸣等译，商务印书馆2000年版，第307—308页。
② ［德］卡尔·曼海姆：《意识形态与乌托邦》，黎鸣等译，商务印书馆2000年版，第254页。

境问题。利科认为海德格尔提出的存在论问题是一个十分重要的基础哲学问题，它不仅对以往哲学进行了彻底反思与颠覆，还开启了新的哲学研究路径与方向。海德格尔在《存在与时间》中一开始就提出："根据宣称追问存在的意义是多余的，而且还认可了对这个问题的耽搁。人们说：'存在'是最普遍最空洞的概念，所以它本身就反对任何下定义的企图。而且这个最普遍并因而是不可定义的概念也并不需要任何定义，每个人都不断用到它，并且也已经懂得他一向用它来指什么。于是，那个始终使古代哲学思想不得安宁的晦蔽物竟变成了具有昭如白日的自明性的东西，乃至于谁要是仍然追问存在的意义，就会被指责为在方法上有所失误。"① 可在他看来，"存在"问题并不能用"存在者"问题的研究来替代，前者比后者更根本。因为，任何"存在者"首先必须"存在"。由此，他进一步认为整个西方人文社会科学都是建立在错误的方法论基础之上，即用对"存在者"问题的研究代替"存在"问题的研究。若要把握"存在"，就必须追溯到一种特殊的存在者——人的存在（即此在）。此在虽然具有对存在问题研究的优越性，但他不能由自身随便决定存在的问题与性质。因为，此在是在"被抛"的处境中认识和把握存在的。此在"被抛"的处境决定他只能在"先有""先见"与"先把握"（它们共同组成海德格尔所谓的"前理解"）中认识存在。由此，利科认为海德格尔这一基础存在论思想宣告了以主体为核心的传统知识论的破产，自然也宣告了建构所谓科学人文社会科学的不可能。因为，传统知识论要么把笛卡尔式的"我思"当然建构科学认识论的依据，要么以主体为核心去建构关于世界的所谓"科学"的知识理论。既然海德格尔已经发现任何主体都是带有前理解的，那么，正确的做法就不能把主体建构的一切当成纯粹科学式的，而是要认识到任何主体的认识都会带有"成见"。海德格尔虽然对人文社会科学发展带来了一次根本性变革，

---

① ［德］马丁·海德格尔：《存在与时间》，陈嘉映等译，三联书店 1987 年版，第 3—4 页。

但利科认为他却没有为人文社会科学建设提供具体思路。这一工作是由伽达默尔来完成的。伽达默尔在继承海德格尔事业的同时，发现了人类历史经验的共同性（隶属性）与陌生性的关系，并用"视域融合""问答逻辑"和"效果历史"思想诠释了历史经验的真理性问题。利科认为虽然伽达默尔为人文社会科学建设作出了巨大贡献，但由于他回避因知识论局限而导致的方法论问题（伽达默尔似乎认为只要探讨方法论问题，就必须会陷入知识论逻辑困境），因而他无法正确回答人类历史经验共同性中有没有错误意识以及怎样对待这些错误意识问题。而这一问题却被哈贝马斯抓住不放，并以此为核心提出了批判解释学理论。利科认为伽达默尔哲学解释学最大问题是没有看到人类历史经验的间距性，而这种间距性包括四个方面，即文本与自身的间距、文本与作者意图的间距、文本与它产生的历史条件的间距以及文本与最初读者之间的间距。他认为虽然文本是作者创造的，但它的真实内涵却又不等于作者的原意，更不能说文本仅仅是为当初读者所写。一切文本都是为一切有阅读能力的人所写，文本传达给读者的意义不只是其语言中的意义，而更是其精神意义，它为不同主体提供了理解"世中之在"的存在样态与存在方式。正是因为人类历史经验的疏异间距化，人们对以往历史经验的共同性既熟悉又陌生，而这种陌生性恰好为现实主体重新认识与把握自我提供了条件与基础。这里需要强调的是，在利科看来，读者对文本的阅读既不是自己完全掌控文本的过程，也不是把自己完全交给文本的过程，而是在投射到文本的"世中之在"的同时重新认识与扩大现实自我的过程。他把这一复杂的运动称之为"占有"。他说："占有不再表现为一种拥有，作为一种掌握方式……相反，它包含了一种自恋的自我被剥夺的因素，这种剥夺过程，是那种由说明程序包含的一般性和暂时性的作品。只有那种满足文本内在联系的解释追随意义之箭去努力达到和它'一致的思想'，产生一种新的自我理解。我想把在对文本的理解中出现的'自己'（self）和要求先于这种理解的'自我'（ego）作一比较，正是文本用它的普遍的揭示能力把一种'我自己'（self）给予'自我'（ego）。"① 当然并不是每一个主体的自我占有都是正确的，这其中也有虚假与值得批判的问题。这里就必须借用马克思主义与弗洛伊德理论（在他看来，尽管马克思主义与弗洛伊德理论对批判虚假主体意识有积极作用，但最终主体正确自我占有理论的建设还必须纳入解释学轨道）。他指出："从对主体幻觉的批判中得到的每样东西都必须纳入解释学。我看到，这种批判，不是在弗洛伊德的传统就是在马克思主义的传统指导下，构成了对'偏见'批判的现代形式。按照马克思主义的传统，主体的批判是一般意识形态理论的一个方面，我们的理解是基于与我们在社会力量关系中所处地位（这种地位对我们来说部分是未知的）相关系的偏见。然而，我们的行为被隐藏的利益推动着。由此，而出现了对现实的曲解。这样，对'错误意识'的批判就成了解释学的一个不可缺少的组成部分。……根据弗洛伊德的传统，主体的批判是'幻觉'批判的一部分。……正如弗洛伊德所说的，主体不是他自己房子里的主人。这个批判是针对那种叫作'读者的自恋'的东西：只在文本中寻找自我、强迫自我和重新发现自我。"②

尽管马克思主义与弗洛伊德理论有助于批判虚假主体意识，但它们并不能保证建构绝对正确的主体意识。为此，利科刻意做了如下几点声明：其一，由于人们对他们所从属的社会、阶级与文化等不可能有完全正确的反映，因而就不可能建构科学的人文社会科学；其二，一切关于历史的具体知识都是在"前理解"条件下取得的，因而只具有相对自主性；其三，尽管意识形态批判有助于正确历史主体意识的形成，但每一次批判提出的主体意识并不能保证其绝对正确性；其四，意识形态批

---

① [法] 保罗·利科：《解释学与人文科学》，陶远华等译，河北人民出版社 1987 年版，第200 页。

② [法] 保罗·利科：《解释学与人文科学》，陶远华等译，河北人民出版社 1987 年版，第197—198 页。

判应该是一项经常开展且永无止境的工作。

四、评 论

客观上说，作为一名非专业研究意识形态问题的思想家，利科对意识形态问题（包括马克思主义意识形态问题）的把握还是很精准的，体现了一个著名思想家发现问题和揭示问题本质的能力与水平。总体来看，他揭示了意识形态的如下问题：

首先，关于意识形态性质问题。表面上看，的确如利科所分析的那样，马克思没有全面系统研究意识形态问题，马克思意识形态的主要贡献是集中分析了阶级社会意识形态问题；对意识形态原始雏形的探讨也许应该回到马克斯·韦伯关于社会行为与社会关系的契约论之中。抽象地说，单体个人之间谈不上意识形态问题，只有形成群体意识并要求他人服从与遵守之时才会出现意识形态问题。一旦要求他人服从与遵守的群体意识形成，其中自然就会出现真实与虚假以及权力利益关系问题。而这恰恰是意识形态涉及的核心问题。利科与其他意识形态研究专家一样凸显的也正是这两个问题。但利科却犯了两点错误：一是抽象历史观。历史研究并不能像利科所分析的那样从个人谈起，而必须尊重历史发展规律（也许利科并不承认历史规律问题，那也有一个逻辑与历史统一的问题）。从历史规律的角度看，人们首先产生的并不是个人意识，而是群体意识。群体意识之所以先于个人意识，并不是历史开始时不尊重个人，而是由人类面对的自然压力导致的；只有借助群体力量，才能战胜来自于自然与其他民族的异己力量。个人问题的凸显，那是到资本主义社会才开始的事情。即使此时，个人价值保护与实现也离不开群体力量的帮助。利科不但把个人行为与社会关系的契约论当成意识形态分析的基石，还进一步认为它应该是马克思关于阶级社会意识形态理论的前提。这些显然都是错误的。二是意识形态泛化论。个人行为与社会关系问题从人类一开始就存在并伴随人类社会发展过程始终，这其中自然也存在一定程度的权力关系问题（若过分要求个人行为服从社会并把社会权力让渡给某个人或某个群体，那其中自然就存在利科所说的虚假与权力利益关系问题），但这并不是意识形态的本质。意识形态的本质是对社会关系特别是生产关系的反映，最终维护的是某个或某些阶级的根本经济利益与政治权力。因此，在一个真正无阶级社会中就不存在意识形态，但此时仍然存在个人行为与社会关系问题。在此时个人行为与社会关系的处理过程中也许还存在一定程度不平等现象，但它可以通过民主协商等办法得到解决。

其次，关于意识形态科学性问题。尽管利科承认意识形态存在的必然性，但他与其他意识形态研究专家一样认为它是虚假意识并强调人文社会科学最终建构的不可能。这一点与马克思主义意识形态理论是有本质区别的。尽管马克思恩格斯也认为意识形态与虚假意识有一定的关系，但他们这里的虚假意识是指以往意识形态（因为以往意识形态建立在以社会意识决定社会存在的唯心史观基础上的，因而它们都是错误的），而不是指所有意识形态（列宁就曾提出社会主义"科学"意识形态的说法）。当然，马克思主义意识形态与利科意识形态最根本的区别在于前者认为历史科学建构是可能的，而后者认为是不可能的。要解决这个问题，自然像利科所说那样绕不开海德格尔提出的解释学"处境"问题。与海德格尔类似，马克思也提出一切认识的实践条件问题。在马克思看来，不存在无条件的绝对认识，一切认识都是在一定实践条件下取得的。马克思指出："社会生活在本质上是实践的。凡是把理论导致神秘主义方面去的神秘东西，都能在人的实践中以及对这个实践的理解中得到合理的解决。"① 尽管马克思认为实践是具体的、历史的，但与海

---

① 《马克思恩格斯选集》第 2 卷，人民出版社 2012 年版，第 18 页。

德格尔认为"前理解"是无法彻底澄清是非、正确的做法只能以一定的方式进入解释学循环不同，马克思认为实践的条件是可以厘清的，通过厘清人们可以确定哪些条件是合理的前理解、哪些条件是不合理的前理解，然后再通过对这些认识条件与认识结果关系的分析进一步确定哪些认识是正确的、正确的限度是什么等，最终是可以得到对客观事物相对正确的认识。马克思之所以能破解海德格尔式的解释学"处境"问题，是因为马克思认为实践是物质活动，而物质活动及其条件都是可以通过正确方式得到客观揭示的。正因为马克思又把实践进一步区分为社会实践（处理与改变社会关系的物质活动）和生产实践（征服与改造自然的物质活动），因而他能够在把社会关系归结到生产关系、又把生产关系归结到生产力高度后，发现历史发展的科学——唯物史观。唯物史观发现后，人们就可以更清晰地理解认识条件与认识活动之间的关系，最终得到正确认识。作为历史科学的唯物史观并不像利科所认识的那样只是用一种系统理论的方式解读历史，马克思在把历史当成一个有机体进行研究的同时十分重视对历史经验的深入研究，并认为它是否正确最终还必须不断经受历史发展与历史经验的检验。人类历史发展事实证明，唯物史观不只是一种抽象的系统理论，而是一种被若干次历史实践证明为正确的科学理论。当然，历史现象十分复杂，人们所从事的具体实践活动又会受到多种因素的影响与制约，唯物史观不能穷尽说明所有认识活动的前理解问题，因而在一定条件下被证明为正确地认识到另一条件下也可能被证伪。但这一现象并不说明人们对于具体历史现象不能得到正确认识。随着历史发展，这些问题渐渐会得到解决。至于利科说到的像语言符号体系对认识过程与认识结果影响问题，也需要辩证看待。尽管一开始语言符号体系是人们认识世界的工具，但随着它们不断发展，其相对独立性会越来越强。语言符号体系独立性增强的过程也是它们对认识过程与认识结果影响越来越明显的过程。此时人们的认识过程可能会更受这些符号体系中介的影响，而离它们要揭示的"物"却越来越远。但这并不说明人们无法认识客观事物，只是说明认识客观事物过程的复杂性与艰巨性。随着人们对语言符号体系性质认识越来越深，人们最终会不断提示它们的性质与客观事物的本质。语言符号体系并不像利科所认为的那样是永远无法穿越的"迷雾"。

再次，关于意识形态与人文社会科学关系问题。按理说，意识形态是对社会关系的反映，由于人是社会关系的承担者，因而人的问题（即主体问题）自然是任何意识形态需要正确面对并揭示的问题。主体问题进入意识形态存在人文与社会两个层面，前者主要揭示意义世界（即人的精神世界问题），重点由人文科学来完成，后者主要揭示现实合理世界，重点由社会科学来完成。解释学对主体意义世界建设是有巨大作用的，不同民族的人文传统对民族的生存与发展有巨大影响力（这也就是利科谈到的人文传统的"隶属性"问题），它是民族的精神家园与价值追求。不同民族在维系自己的精神家园的时候确实存在着利科所说的"占有"问题。利科在这里将"占有"理论与意识形态批判思想结合起来是颇有价值的。但有一点他却忽视了，那就是社会关系对主体意识建构的影响。尽管人文世界的建构对主体意识建构十分重要，但相比社会关系而言，它应该属于第二位的。不同的社会关系会要求建构与它相一致的人文世界，甚至在一定条件下社会关系的变化可能会造成传统人文精神的失落或摧毁。

正如德国学者阿佩尔（Karl-Otto Apel）所说："我们不能忽视在关于历史理解是对传统的阉割这种谈论中所包含的真理性因素。当然在这里，我们关心的并非一种作为传统之中介化本身的对历史的阉割而是对前工业或前科学时代的某种在内容上共同的'传统'的阉割的划时代的过程。在这一时代危机中——这个危机对20世纪的非欧洲文化所起的作用显然要比对19世纪的欧洲文化所起的作用重要得多——包含着

（虚无主义的）历史主义的实质性问题。"① 利科之所以在意识形态问题的分析上否定建构科学意识形态的可能，跟他只看到主体意识的人文性而看不到主体意识的社会性有关。因为，若单从人文世界的建设来看，的确很难看到哪个民族的精神世界更好；但若从社会关系上看，人们自然就会看到其中的优劣。因此，正确的主体意识建构必须把先进的社会关系与传统人文世界有机结合起来，在弘扬传统的同时又批判和超越传统。意识形态批判应既包括来自传统人文精神对现实主体生活的批判审视，也包括用先进社会关系对传统人文精神的批判性改造。

---

① ［德］卡尔·阿佩尔：《科学主义、诠释学和意识形态批判》，引自洪汉鼎主编《理解与解释——诠释学经典文选》，东方出版社 2001 年版，第 371—372 页。

马克思主义不只是一种"阐释学"

—— 评詹明信马克思主义历史理论

弗雷德里克·詹明信是当代美国著名文论家和后现代主义思想家，他以宽广的学术视野涉猎了文学、哲学、政治与文化等诸多领域，提出了许多独创性的观点与思想，形成了独具风格的马克思主义理论与立场，是活跃在当今西方社会重要的马克思主义理论家和评论家。本文试就其马克思主义历史阐释学理论做一简要评论，以期引起对此的关注和进一步探讨。

一、历史主义两难困境及四种解决方法

詹明信认为，任何历史主义在研究历史时首要问题就是解决历史过去和历史现在（包括历史未来）的关系；而要解决好这样的问题，就必须在"相同"与"差异"之间做选择。也就是说，要么认为历史过去与历史现在是相同的，要么认为历史过去与历史现在是差异的。可在他看来，无论选择这两者中的哪一种都存在着不可克服的困难。如果当人们认为历史过去与历史现在是相同的，那么，人们必然会把当前的存在经验带入到对历史过去的思考之中，得出的结论与其说是历史的过

去，不如说是历史的现在（即现在人按现在存在方式理解并展示的过去）。这样，历史过去的陌生性依然在人们视野之外。他说："我们可以十分简单地说明这种同时也是令人难以忍受的选择：如果我们赞同我们自身与陌生客体是相同的话……那么，我们已经预先假定将要展示的东西，以及我们对陌生文本的表面'理解'受到了某种困惑的骚扰。我们一直局限在我们自身的存在之中——我们的存在是消费者的社会，有电视机和高速公路，有世界冷战，也有后现代主义和结构主义——我们根本没有离开过家园，我们对'理解'的感觉与心理投射没有什么区别，我们不可能接触与我们的现实真正不同的另一种现实的陌生性和抵抗性。"① 可如果假设历史过去与历史现在存在着巨大差异，那么，"所有导向理解的大门都对我们关闭起来，我们发现自己被我们的整个文化密度与定为异己的客体或文化隔离开来，因此我们无法接近异己的客体与文化。"②

当然，历史主义存在困境并不意味着它无法解决。事实上，人们一直在试图解决这个困境。就此，詹明信总结并归纳了历史上存在的四种典型的解决方法：

1. 文物研究方法。这种方法通过文物（或古迹）考古的形式确定了过去历史客体的客观地位与历史价值，表面上看它以废除主体现在立场的方式恢复了研究客体的本来意义，取消了主体研究历史时所面临的上述困境。但在詹明信看来，文物研究方法既不能取消历史主义困境，也达不到它所要求的恢复历史客体客观意义的目的。因为，文物研究方法得出的只是关于历史文物的一些经验，无论这些经验有多么丰富，它都是第二位的；这些经验不但不能有效地形成系统的历史理论，反而还

① ［美］詹明信：《晚期资本主义的文化逻辑》，陈清侨等译，三联书店 2003 年版，第149 页。

② ［美］詹明信：《晚期资本主义的文化逻辑》，陈清侨等译，三联书店 2003 年版，第149—150 页。

会被某些历史理论所利用或预设着某种历史理论。也就是说，在詹明信看来，历史主义是一种有关历史的系统理论，这种理论是不可能靠文物研究提供的直接经验简单驳倒或证实的。因此，无论文物研究取得多大成绩，它都不可能对历史理论的形成与发展起到绝对作用。当然，这种方法也无助于人们从根本上解决历史主义的困境。

2. 存在历史主义方法。不同于文物研究的经验主义方法，存在历史主义是有一套理论纲领的历史理论，它在关注历史事件的同时，更关注现实历史主体的感受，存在历史主义的历史经验是由历史事件与现实主体感受共同组成。因此，并不是所有的历史事件都构成存在历史主义的历史经验，只有那些引起现实主体强烈感受的历史事件才构成历史经验。而且，在存在历史主义那里，历史经验是借助于某种传统文化在历史事件与现实主体之间实现的。因此，处于不同传统文化中的主体会形成不同的历史经验与历史感受。詹明信认为，存在历史主义这种研究方法对挖掘主体历史价值有十分重要的意义，它可以"探寻活跃于所有现存实践模式中同时又随着过去的逝去而绝迹了的东西"，但也存在着以下问题：其一，这种借助于传统文化的历史经验必然因多种传统文化的存在而导致文化多元主义与文化相对主义。其二，为了反驳由若干历史事实罗列而成的经验主义历史编纂学，存在历史主义不得不假设某种人性论为其理论基础。而不管采用怎样的人性论作为理论基础，都必然碰到阿尔都塞式关于人本主义是意识形态的批判问题，以及"反对与排除其他具有同等独断力量的、关于人类本性的观点"问题。其三，存在历史主义难以回答历史经验主体的基础问题。在存在历史主义那里，主体的感受是依赖于某种传统文化，而面对同一种历史事件与同一种传统文化时，存在历史主义却又把主体的感受交给了历史学家，最终任由历史学家凭个人的主观体验去提炼历史经验。而事实上，"我们面临的不再是个人主体对过去的冥思苦想，而是一个现在的客观境遇，与一个过去的客观境遇之间的关系问题。"①

3. 尼采式反历史主义方法。如果说文物研究方法主要立足于历史事实，存在历史主义方法游离于历史事实与主体感受之间，那么，尼采式反历史主义方法则完全立足于现实主体。这种方法认为，不存在什么历史事实，存在的则是现实以及现实主体对历史的理解。这一思想是由德国著名哲学家尼采提出的。他在《历史用途与滥用》中指出："历史作为昂贵而多余的知识奢侈品，事实上是必须——用歌德的话来说——'痛恨的'。……只有在历史服务于生活的前提下，我们才服务于历史；但若超出某一定点去评价历史研究，就会使生活受到残害与贬损。事实上，我们这个时代某些显著的症结已经要求我们必须用实际经验进行检验，尽管这样做是很艰难的。"② 当代一些后现代主义思想家进一步继承并发展了尼采这一观点，认为："过去的就是过去了，按其定义，所有逝去的就不复存在，准确地说，历史客体就是对曾经存在过的人与事物所做的'表述'。表述的实体是保留下来的记录与文件。历史客体，即曾经存在过的东西，只存在于作为表述的现在模式中，除此之外就不存在什么历史客体……什么可以算作过去要取决于历史知识范畴中动作的意识形态模式的内容。"③ 詹明信认为，这种研究方法在肯定主体现实价值的同时却否定了历史本身的存在。他说，虽然"我们只能了解以文本形式或叙事模式体现出来的历史，换句话说，我们只能通过预先的文本或叙事建构才能接触历史"，但"历史本身在任何意义上不是一个文本，也不是主导文本或主导叙事"④。另外，他还以当代著名后现代主义思想

---

① ［美］詹明信：《晚期资本主义的文化逻辑》，陈清侨等译，三联书店 2003 年版，第172 页。

② ［德］尼采：《历史用途与滥用》，陈涛等译，上海人民出版社 2000 年版，序言第 1 页。

③ Barry Hindess and Paul Hirst, Pre-Capitalist Modes of Prouction。转引自詹明信《晚期资本主义的文化逻辑》，陈清侨等译，三联书店 2003 年版，第 182 页。

④ ［美］詹明信：《晚期资本主义的文化逻辑》，陈清侨等译，三联书店 2003 年版，第148 页。

家利奥塔为例，指出了其思想中存在的自相矛盾：尽管利奥塔一再宣称根本不曾存在过任何原始社会，但他的政治思想却赋予了古老的多元异教以新的生命。

4.结构类型学方法。与前三种方法不同，结构类型学方法重视的既不是现实主体，也不是历史事件，而是历史事物的逻辑，并且认为这种历史事物的逻辑决定了人们对过去关系的理解。结构类型学不关注历史事物的历时性，只关注历史事物的共时性，认为一段历史时期的事物存在着共同的深层逻辑结构，这种深层逻辑结构决定着人们对过去关系的理解；而它的形成方式往往是通过类型学来组织的，类型学的内容与机制随着描写过去或历史时刻抽象程度而变化。詹明信充分肯定了这种方法的合理性，认为它追求对过去历史时刻的客观理解，是一种持"辩证相对立场"的方法。但他同时也指出了这种方法的局限性。首先，任何类型学在研究历史发展问题时，都会存在固定类型结构与丰富多彩历史事实矛盾关系问题，即：它在用固定类型结构把握客观历史深层结构关系的同时也会因此掩盖不少鲜活的客观历史事实。其次，任何类型学都不可能穷尽历史类型结构，特定类型学在用特定类型结构去解读历史时必然同时存在着与它不同甚至相反的类型结构。更为重要的是，结构类型学方法没有考虑到主体在历史研究中的地位与作用。他说："无论是历史学家的位置与自我意识的问题，还是乌托邦时间的问题，都不可能在这系统中得到足够的正视。"①

---

① ［美］詹明信：《晚期资本主义的文化逻辑》，陈清侨等译，三联书店 2003 年版，第181 页。

二、马克思主义历史理论是以生产
模式为基础的开放阐释学

与上述四种方法不同，詹明信认为马克思主义的历史主义既考虑到了历史发展的客观结构，又考虑到了历史主体的地位；既考虑到了特定历史时期相对稳定的结构，又考虑到了历史发展问题。它是在新的理论结构类型上对上述四种方法的超越与辩证吸收。

那么，马克思主义的历史主义究竟提出了什么独到的理论结构呢？詹明信认为这就是马克思主义的"生产模式"理论。马克思主义生产模式理论不同于一般结构类型学，它不是用一种固定的结构去解释历史，而是用一种不断生成的流动结构去解释历史，准确地说它是一种结构历史主义。他认为马克思主义生产模式理论有以下独特性：

首先，它假设了生产模式是差异性的。詹明信认为马克思主义在分析历史发展时提出了狩猎和采集（原始共产主义或游牧部落）、新石器时代的农业（或称古罗马的氏族）、亚细亚生产模式（或所谓的东方专制主义）、城邦、奴隶制、封建主义、资本主义和共产主义等生产模式，这些生产模式之间首要关系是"区别性"，而不是线性进化论所认为的"联系性"。这种"区别性"不仅表现在特定时代经济生产和劳动过程及技术模式上，还表现在特定时代文化与语言生产具体模式上，它是一种以生产模式为核心、通过加强特定时期不同社会结构内在共时关联而表现出来的与其他时代"整体性"的结构差异。正因如此，詹明信认为不能用整个人类生产模式生成方法或特定社会构成方法去分析特定时期经济、政治与文化结构，而必须用福柯系谱学方法去一一具体解释或建构它们。要做到这一点，就必须充分吸纳包括一般结构类型学、心理分析学派等重要理论与方法，甚至可以接受他们提出的一些关于主体方面的非历史假设。

其次，它假设了生产模式是相同性的。詹明信认为，肯定了不同生产模式之间的差异并不等于就会否定它们之间的联系。事实上，不同生产模式之间的联系是明显存在的，对此不能用结构主义断裂式的方法去认识，而必须用非结构主义联系的观点去考察。在他看来，不同生产模式之间的联系主要通过两个方面表现出来：其一是生成性。詹明信认为，任何后一种生产模式都是从前一种生产模式变化而来，当它确定了与其他生产模式差异时，事实上也同时为其他生产模式的生成与发展留下了空间，未来的生产模式正是从现有生产模式土壤中渐渐产生的。其二是包容性。任何一种先进的生产模式都包含着比它更早的生产模式并把它压制在前者发展之中，在特定社会都能找到比它更早生产模式的残存。因此，詹明信认为，在任何社会都不存在所谓纯正的生产模式，有的只是以一种生产模式为主导、多种生产模式并存的复杂、紧张关系。所以，当我们在研究特定社会复杂社会关系特别是思想文化关系时，在考虑到不同历史时期社会结构区别的同时，也要特别重视社会文化结构的物质基础以及对多种思想文化并存问题的合理解释。他说："我们需要相同程度的抽象概念来分析多种生产模式之间的紧张关系、它们的矛盾覆盖层和结构上的共存性。可以把'文化革命'当作这样的抽象概念。文化革命在人类历史的各个时期存在着十分不同的结构体系……文化革命作为新的历史研究的统一范畴，似乎是唯一能使所谓人文科学以物质主义的方式重新组织起来的框架。"①

詹明信认为，正是因为马克思主义假设了一种既差异又相同的生产模式，它才真正超越了上述历史研究的困境，达到对历史过去、现在与将来关系的客观理解。因为不同生产模式是有区别的，因此，我们在

---

① [美]詹明信：《晚期资本主义的文化逻辑》，陈清侨等译，三联书店 2003 年版，第189页。

解释历史现象时就应该考虑到不同历史时期的异质性，不能把当前社会的主要特征以及当代人们思维方式带入对过去或未来社会的思考中，应该尽可能从对特定历史时期社会结构与环境把握中理解并解释其特殊性。因为不同生产模式又有联系性，因此，我们可以通过对过去历史的考察特别是对现有社会中过去生产模式残存的研究达到对其特殊性的客观理解。

在詹明信看来，马克思主义以生产模式为核心的历史主义优越性不单单是因为它为历史研究提供了一套更令人满意的客观逻辑，更在于它合理解释了主体在历史解释中的地位、作用和方式问题。他认为历史解释中的主体问题是历史阐释学中的关键问题，也是当前历史阐释学中争论最激烈的问题，虽然存在历史主义等对这一问题做了有益探讨，但也存在着不恰当夸大主体作用的问题。他认为马克思主义的历史主义十分重视主体在历史解释中的地位与作用，但却有着不同的理论基础与方法。首先，马克思主义历史主义提出了独到的研究历史主体作用的理论框架。他指出，马克思主义历史主义认为不同时期文化关系不是以个体为中心的文化关系，而是以集体为中心的文化关系。考察不同时代的文化关系，虽然往往由个体发动并进行的，但这不等于说不同时期的文化关系就是个体主体之间的关系。事实上，个体文化关系是由集体文化关系决定的，而集体文化关系又是由不同时期生产模式决定的。虽然个体在解释不同历史文化现象时会有个人观点与个人看法，但这种个人观点与个人看法总是在集体文化关系制约下进行的，从总体上它无法超越这个时代的集体文化逻辑。他说："我们必须试图使自己摆脱那种习惯性的看法，认为我们同距离遥远的文化或时代的产物之间的（美学）关系是个人主体关系。这并不是要排除阅读过程中个人主体的作用，而是要理解这个明显和具体的个人关系本身是非个人和集体的过程的中介：两种不同的社会模式或生产模式之间的冲突。我们必须试图适应这种观点，认为每一个阅读行为、每一个局部阐释实践，都是两个不同的生产模式相互冲突和相互审查的媒介物。因此，我们个人的阅读成为两种社会模式的集体冲突的隐喻修辞。"① 其次，马克思主义历史主义提出了与众不同的分析历史主体作用的方法。詹明信认为，历史主体的作用不单独存在于一个特定历史时期，而是不间断存在于过去、现在与未来历史主体的比较与循环之中。历史意义不完全由现实历史与现实主体提供，过去历史与将来历史一起参与着历史意义的构成与发展。过去历史虽然已经过去，其具体存在不会复归，相应主体不可能复活，但过去历史并不是一堆僵死之物，作为过去主体生活世界的全部，它的存在有着强烈的生命意义。过去历史以一种全然不同的生活模式质疑着现实主体的生活模式，给现实主体讲述着他们"所具有的、实质上的和未实现的人的潜力"，迫使现实主体对生命意义与生活世界重新思考，并激发着它对未来世界强烈的乌托邦冲动。同样，也只有不断激发现实主体对未来世界乌托邦冲动，才能不断塑造并改变现实主体，真正发挥过去历史的现实作用。他说："只要我们在对过去进行阐释时牢牢地保持着关于未来的理想，使激进和乌托邦的改革栩栩如生，我们就可以掌握过去作为历史的现在。"②

三、评 论

历史是一个十分复杂的领域，作为历史活动主体的人既是剧作者又是剧中人，而生活在历史中的每一个人又都是有目的、有意识的，这样就进一步加剧了历史研究的难度。长期以来，历史领域一直是唯心主

---

① ［美］詹明信：《晚期资本主义的文化逻辑》，陈清侨等译，三联书店 2003 年版，第190页。
② ［美］詹明信：《晚期资本主义的文化逻辑》，陈清侨等译，三联书店 2003 年版，第193页。

义占统治地位，只到马克思恩格斯创立唯物史观才真正使历史研究走向了科学的道路。尽管马克思恩格斯提出了唯物史观、人民群众和个人的历史作用以及历史合力思想，但他们毕竟不能穷尽历史领域所有真理，大多时候他们只是提出了历史研究的总体真理性框架，许多具体问题还需要随着时代的变化不断丰富与发展。与此同时，自马克思恩格斯提出唯物史观以后，它还不断受到攻击与质疑。20 世纪特别是 20 世纪中叶以后，随着西方社会进入后工业社会，新一轮历史研究又渐渐进入高潮，不少西方著名思想家公开责难包括唯物史观在内的历史客观主义理论。德国著名哲学家伽达默尔就曾这样说过："当今对历史客观主义或历史实证主义的所有批判在以下这一点是共同的：即认为所谓的认识主体具有客体的存在方式，因此主体和客体都属于同一种历史的运动。虽然当客体相对于思维体是绝对的他者，即广袤体时，主体—客体的对立具有它的恰当性，但历史知识却不可能用这种客体和客体性的概念适当地作出描述。"① 如何在新的历史条件下捍卫历史唯物主义，尤其是发展历史唯物主义，这是一个重要的时代课题。客观上说，詹明信在这条道路上迈出了坚实的步伐。作为当代西方著名的马克思主义文论家，詹明信的学术视野是开阔的，理论底蕴是深厚的，他总能在多种多样新思潮中汲取营养，坚持原则，不断丰富和发展自己的思想。具体而言，他的马克思主义历史阐释学理论有如下积极意义：

首先，捍卫了马克思主义历史理论的客观性。面对德里达的"文本之外无他物"和鲍德里亚"符号决定生产"等思想的巨大影响，詹明信通过对历史主义、形式主义以及后结构主义西方三大重要历史阐释学路线的梳理与分析，明确提出历史不可能由主体决定，也不是由若干文本构成，而是由客观物质现实决定。不但如此，他还用历史唯物主义基

---

① ［德］伽达默尔：《真理与方法》（下卷），洪汉鼎译，上海译文出版社 1999 年版，第697 页。

本观点有力批驳各种历史阐释学理论，并提出了独到的理论见解。他说："马克思主义阐释学比今天其他理论阐释模式更具语义的优先权。如果我们把'阐释'理解为'重新的动作'，那么，我们可以把所有各种批评方法或批评立场置放进最终优越的阐释模式之中。……马克思主义对上述阐释模式的'超越'，并不是废除或解除这些模式的研究对象，而是要使这些自称完整和自给自足的阐释系统的各种框架变得非神秘化。宣称马克思主义批评作为最终和不可超越的语义地平线——即社会地平线——的重要性，表明所有其他阐释系统都有隐藏的封闭线。阐释系统是社会整体的一部分，以社会为自己的研究对象，但是，隐藏的封闭线把阐释系统同社会整体分离开来，使阐释成为表面封闭的现象。马克思主义的语义批评可以打破封锁线。"[1]尽管詹明信这一思想还缺少严格论证与细致说明，但其基本思路是正确的，它可以为我们研究新思想、新思潮提供积极的借鉴。其次，坚持了马克思主义历史理论的辩证法。在生产模式问题的分析上，詹明信既坚持了唯物主义，又坚持了辩证法。他对不同生产模式基本特征特别是对生产模式、社会结构与文化结构关系等问题的分析是很辩证的，尤其是他提出的"文化革命"思想与对文化结构系谱学分析的建议是有合理意义的，它为我们对复杂文化关系问题的研究提出了有益的思路。再次，发展了马克思主义历史理论的主体性思想。马克思曾在《关于费尔巴哈的提纲》等文中论述过对现实世界从主体方面理解的观点，并通过对实践问题的深化理解提出了唯物史观，但由于当时条件所限，马克思恩格斯未能从价值论或文化理论等视角进一步阐述主体方面理解的问题。在当代西方社会，随着文化问题的凸显，从主体方面理解历史的历史与文化理论十分流行。客观上说，詹明信用文化集体结构去分析不同时代文化关系的思想是很有见地

---

① ［德］伽达默尔：《真理与方法》下卷，洪汉鼎译，上海译文出版社1999年版，第146—147页。

的，应该说抓到了存在历史主义方法的死穴，也从某种意义上丰富与发展了马克思主义历史与文化理论，他提出的要从"过去、现实与将来"三个方面统一的视角去建构主体的观点对当今社会主义意识形态建设也是有重要参考价值的。

如果说詹明信马克思主义历史理论积极意义十分明显的话，那么，它的局限性也是清晰可见的。他总说马克思主义阐释学比其他理论阐释模式"更具语义的优先权"、马克思主义阐释学"更令人满意"，并多次提出马克思主义假设了生产模式的差异性与相同性，这些提法实际上带来了这样一个问题：马克思主义历史理论的合理性究竟在哪里？马克思主义历史理论与其他理论阐释模式相比是不是五十步与一百步的关系？对此，詹明信未能作出明确的回答。可这个问题如没有肯定答案，詹明信马克思主义历史理论本身也就无法自圆其说。比如：他一开始就提出历史主义两难困境问题，尽管他也在试图用生产模式的差异性与相同性去解决这个问题，但事实上他的这种解决方法是没有太多说服力的。既然历史现象的"相同"与"差异"是难以解决的，那么我们又怎么知道不同历史时期生产模式是"相同"或是"差异"的呢？既然历史上的生产模式与今天是相异的，那么，我们又是怎么能把握到与我们不同的生产模式差异性的呢？事实上，这个问题涉及马克思主义历史理论性质问题，即马克思主义历史理论是不是科学。

我们认为，马克思主义历史理论之所以像詹明信所说"更令人满意"，根本原因在于它是一门科学。马克思主义历史理论是马克思恩格斯通过对复杂历史现象研究与分析后得出的科学理论，它是符合历史发展规律的。客观地讲，詹明信提出的历史主义困境的确存在，但这个问题不是不可能解决。要解决这个问题，首先就必须建立科学的历史认识论。历史现象不仅复杂，而且转间即逝，我们对过去历史的认识与理解的确往往如一些"尼采反历史主义"思想家所说的那样借助于历史文献，对历史文献的认识也确实存在着一个伽达默尔所说的主客体"视界融合"与"效果历史"的问题（由于篇幅所限，对伽达默尔"视界融合"与"效果历史"观点的评析当撰文另述）。但承认认识主体对认识过程与认识结果有影响，并不等于就无法排除这种影响，更不等于就无法形成科学结论。事实上，当主体在开始认识客体的同时，也在不断认识自身。通过不断的自我认识和自我反思，主体会不断消除自身对认识过程的主观影响，最终达到对客体的正确认识（当然，所谓正确认识，也有个相对真理与绝对真理的关系问题）。因此，跟我们"相异"的已经过去的历史现象，我们是可以认识清楚的，也是可以把握它的本质的。另外，对过去历史的认识也不像一些极端的"尼采反历史主义"思想家所认为的那样只能通过历史文献或历史文本，过去的历史还会留下许多历史遗迹，而这些历史遗迹则是以物质方式残存的，它们可以让人们反复观赏、研究与琢磨。对这一历史现象的研究也就是詹明信所说的"文物研究方法"。可惜的是，这一研究方法并没有引起他的高度重视，甚至对之不屑一顾。这自然跟他受阿尔都塞结构主义思想影响而形成的重理性、轻经验研究方法有关。对此，他本人直言不讳。他说："阿尔都塞对马克思历史主义和经典阐释学的批评是本论文的基本参照系数"①，"我只局限于把经验主义立场看成是一个第二等次的、反应式的、批判性的或解除神秘化的立场。"②事实上，经验研究是包括历史研究在内的一切认识的起点，只有建立在大量经验基础之上的理性认识以及由此形成的思维类型，才有充分的说服力与科学根据。另外，在经验基础之上形成的理性认识与思维类型是否真的有科学性，还有待以后大量经验的检验；只有经得起长时间且大量经验检验的理性认识与思维类型才是科学理论。马克思恩格斯也正是通过对以一定方式了解到的历史经验

---

① ［德］伽达默尔：《真理与方法》下卷，洪汉鼎译，上海译文出版社 1999 年版，第 146 页。

② ［德］伽达默尔：《真理与方法》下卷，洪汉鼎译，上海译文出版社 1999 年版，第 153 页。

的大量研究，才得出唯物史观结论的；而唯物史观之所以是科学，也因为它经受了大量历史经验的检验。没有历史经验的研究，就没有唯物史观；而没有唯物史观，又怎么可能有詹明信提出的"生产模式"理论？

詹明信马克思主义历史理论只是把马克思主义当成一种阐释学，而没有把它当成一种科学理论，这是他这一理论的最大局限。若究其原因，一方面跟他的研究视野和理论功力有关，另一方面跟他的后现代主义理论立场有关。事实上，若认真研读詹明信其他著作，便会发现他对马克思主义历史理论有着许多不同的、不连贯的看法。比如，他在《后马克思主义五条论纲》就明确提出："马克思主义是关于资本主义的科学，或为了给资本主义和马克思主义这两个术语以更深刻的含义，我们还可以说马克思主义是关于资本主义固有矛盾的科学。"[1]可在这里，他却一直不提马克思主义历史理论是科学的问题，甚至还朝相反方向引导。细致分析不难发现，这是由他反本体论、反基础主义的后现代立场决定的。在《后马克思主义五条论纲》等著作中他研究的是关于资本主义与社会主义等现实问题，而在这里他研究的是历史理论基础性问题。在现实问题的研究中，他的确相信马克思主义是关于资本主义矛盾的科学，只要资本主义还存在，马克思主义就有它的旺盛生命力。而在历史研究基础理论问题上，他却深深陷入了后现代主义窠臼，不能自拔。在他看来，一旦进入历史问题的深度思考，就必然要带出某种历史宏大叙事，而任何历史宏大叙事都难逃本原历史主义或目的论历史主义的厄运（在他的相关论著中，对这两种观点进行了猛烈批判）。如果说不懂历史认识论导致了詹明信历史理论缺少深刻说服力的话，那么，不懂历史本体论则导致其历史理论有了更多非科学成分甚至自相矛盾。马克思主义历史理论不是詹明信所说的本原历史主义，也不是什么目的论历史主义，但马克思主义认为历史是有本体的，它就是生产力与生产关系辩

---

[1]　王逢振主编：《詹姆逊文集：新马克思主义》，中国人民大学出版社2004年版，第308页。

证统一构成的社会存在本体。这种社会存在本体不是像詹明信想象的那样是一种固定实体（或本原），而是由复杂社会现象共同作用形成的物质关系，它既是相对稳定的，又是不断变化发展的；它既决定着其他社会现象的生成与发展，又离不开其他社会现象的存在。正是因为这种社会存在本体的存在，才有了詹明信所说的不同生产模式的变化发展；正是因为这种社会存在本体的决定，才有了人类对未来社会发展的科学预测以及詹明信所说乌托邦渴望的合理性。可詹明信不仅不承认这一点，还把它当成一种"社会构成"观点随意打发掉。可若没有社会存在本体论做支撑，那詹明信马克思主义历史阐释学与所谓"马克思主义是资本主义矛盾的科学"观点还究竟有多少科学性与说服力呢？答案是可想而知的。

参 考 文 献

一、经典文献

1. 《马克思恩格斯选集》第 1—4 卷，人民出版社 2012 年版。

2. 《列宁选集》第 1—4 卷，人民出版社 1995 年版。

3. 《毛泽东选集》第 1—4 卷，人民出版社 1991 年版。

4. 《邓小平文选》第 1—2 卷，人民出版社 1994 年版。

5. 《论语·子张篇》，影印十三经注疏，中华书局 1979 年版。

6. 《论语·阳货篇》，影印十三经注疏，中华书局 1979 年版。

7. 《论语·先进》，影印十三经注疏，中华书局 1979 年版。

8. 《论语·雍也》，影印十三经注疏，中华书局 1979 年版。

9. 《孟子·告子下》，陈浦清，四书注译，花城出版社 1998 年版。

10. 《孟子·离娄上》，陈浦清，四书注译，花城出版社 1998 年版。

11. 《孟子·公孙丑上》，陈浦清，四书注译，花城出版社 1998 年版。

12. 《孟子·尽心上》，陈浦清，四书注译，花城出版社 1998 年版。

13. 《孟子·梁惠王上》，陈浦清，四书注译，花城出版社 1998 年版。

14. 《王文成公全书》，影印文渊阁四库全书，第 12655 册，台湾商务印书馆 1984 年版。

二、学术著作

1.《孙中山全集》第 9 卷，中华书局 1981 年版。

2.《康有为全集》第 5 卷，中国人民大学出版社 2007 年版。

3. 黎靖德编：《朱子语类》，山东友谊出版社 1993 年版。

4. 费孝通：《费孝通文集》第 15 卷，群言出版社 2001 年版。

5. 方克立：《现代新儒家与中国现代化》，天津人民出版社 1997 年版。

6. 李泽厚：《中国现代思想史论》，东方出版社 1987 年版。

7. 郑家栋编：《道德理想主义的重建——牟宗三新儒学论著辑要》，中国广播电视出版社 1992 年版。

8. 朱高正：《中华文化与中国未来》，华东师范大学出版社 2004 年版。

9. 黄楠森等：《有中国特色社会主义文化研究》，山东人民出版社 1999 年版。

10. 李鹏程：《当代文化哲学沉思》，人民出版社 1994 年版。

11. 北京大学哲学系外哲史教研室编译：《西方哲学原著选读》，商务印书馆 1981 年版。

12. 杜小真编选：《福柯集》，上海远东出版社 1998 年版。

13. 高宣扬：《后现代论》，中国人民大学出版社 2005 年版。

14. 王逢振主编：《詹姆逊文集：文化研究和政治意识》，中国人民大学出版社 2004 年版。

15. 王逢振主编：《詹姆逊文集：现代性、后现代性和全球化》，中国人民大学出版社 2004 年版。

16. 王逢振主编：《詹姆逊文集：新马克思主义》，中国人民大学出版社 2004 年版。

17. 王宁主编：《全球化与文化：西方与中国》，北京大学出版社 2002 年版。

18. 河清：《现代与后现代》，中国美术学院出版社 1998 年版。

19. [英] 洛克：《人类理解论》，关文运译，商务印书馆 1983 年版。

20. [英] 爱德华·泰勒：《原始文化》，连树声译，广西师范大学出版社 2005 年版。

21. ［英］阿诺德·汤因比：《历史研究》上卷，郭小凌等译，上海人民出版社 2010 年版。

22. ［英］雷蒙·威廉斯：《关键词：文化与社会的词汇》，刘建基译，三联书店 2005 年版。

23. ［英］雷蒙德·威廉斯：《马克思主义与文学》，王尔勃等译，河南大学出版社 2008 年版。

24. ［英］雷蒙德·威廉斯：《文化与社会》，吴松江等译，北京大学出版社 1991 年版。

25. ［英］佩里·安德森：《后现代性的起源》，紫晨等译，中国社会科学出版社 2008 年版。

26. ［英］约翰·汤姆林森：《全球化与文化》，南京大学出版社 2002 年版。

27. ［英］乔治·拉伦：《意识形态与文化身份：现代性和第三世界的在场》，戴从容译，上海教育出版社 2005 年版。

28. ［英］戴维·赫尔德等：《全球大变革：全球化时代的政治、经济与文化》，杨冬雪等译，社会科学文献出版社 2001 年版。

29. ［英］汤林森：《文化帝国主义》，冯建三译，上海人民出版社 1999 年版。

30. ［英］乔治·拉伦：《意识形态与文化身份》，戴从容译，上海教育出版社 2005 年版。

31. ［英］乔治·威尔斯等：《全球通史》，李云哲译，中国友谊出版公司 2017 年版。

32. ［英］特里·伊格尔顿：《后现代主义的幻象》，华明译，商务印书馆 2000 年版。

33. ［英］特瑞·伊格尔顿：《文化的观念》，方杰译，南京大学出版社 2003 年版。

34. ［英］约翰·B.汤普森：《意识形态与现代文化》，高铦等译，译林出版社 2012 年版。

35. ［英］大卫·麦克里兰：《意识形态》，孔兆政等译，吉林人民出版社 2005

年版。

36. ［法］笛卡尔：《第一哲学沉思集》，庞景仁译，商务印书馆1986年版。

37. ［法］伏尔泰：《风俗论》上册，梁守锵译，商务印书馆1994年版。

38. ［法］孟德斯鸠：《论法的精神》上册，张雁深译，商务印书馆1961年版。

39. ［法］托克维尔：《论美国的民主》下卷，董果良译，商务印书馆1988年版。

40. ［法］亨利·列斐伏尔：《都市革命》，刘怀玉等译，首都师范大学出版社2018年版。

41. ［法］亨利·勒菲弗：《空间与政治》，李春译，上海人民出版社2008年版。

42. ［法］米歇尔·福柯：《知识考古学》，谢强等译，三联书店2007年版。

43. ［法］雅克·德里达：《书写与差异》下册，张宁译，三联书店2001年版。

44. ［法］雅克·德里达著：《论文字学》，汪堂家译，上海译文出版社1999年版。

45. ［法］利奥塔：《后现代状况——关于知识的报告》，车槿山译，三联书店1997年版。

46. ［法］鲍德里亚：《符号政治经济学批判》，夏莹译，南京大学出版社2009年版。

47. ［法］鲍德里亚：《生产之镜》，仰海峰译，中央编译出版社2005年版。

48. ［法］鲍德里亚：《消费社会》，刘成福等译，南京大学出版社2002年版。

49. ［法］鲍德里亚：《物体系》，林志明译，台湾时报出版社1997年版。

50. ［法］魏明德：《全球化与中国》，商务印书馆2002年版。

51. ［法］保罗·利科：《解释学与人文科学》，陶远华等译，曲炜等校，河北人民出版社1987年版。

52. ［德］尼采：《历史用途与滥用》，陈涛等译，上海人民出版社2000年版。

53. ［德］卡尔·雅斯贝尔斯：《历史的起源与目标》，魏楚雄等译，华夏出版社1989年版。

54. ［德］马丁·海德格尔：《存在与时间》，陈嘉映等译，三联书店1987年版。

55. ［德］卡尔·曼海姆：《意识形态与乌托邦》，黎鸣等译，商务印书馆 2000 年版。

56. ［德］卡尔·曼海姆：《保守主义》，李朝晖等译，译林出版社 2002 年版。

57. ［德］卡西尔：《启蒙哲学》，顾伟铭等译，山东人民出版社 1988 年版。

58. ［德］恩斯特·卡西尔：《人论》，甘阳译，上海译文出版社 2004 年版。

59. ［德］伽达默尔：《真理与方法》，洪汉鼎译，上海译文出版社 1999 年版。

60. ［德］伽达默尔：《哲学解释学》，夏镇平等译，上海译文出版社 2004 年版。

61. ［德］哈贝马斯：《交往行为理论》第 1 卷，曹卫东译，上海人民出版社 2004 年版。

62. ［德］哈贝马斯：《认知与兴趣》，郭官义等译，学林出版社 1999 年版。

63. ［德］汉斯－彼得·马丁、哈拉尔特·舒曼：《全球化陷阱》，张世鹏译，中央编译出版社 2001 年版。

64. ［德］哈德尔拉·米勒：《文明的共存——对"文明冲突论"的批判》，郦红等译，新华出版社 2002 年版。

65. ［美］克利福德·格尔茨：《文化的解释》，韩莉译，译林出版社 2008 年版。

66. ［美］弗罗姆：《在幻想锁链的彼岸——我所理解的马克思和弗洛伊德》，张燕译，湖南人民出版社 1986 年版。

67. ［美］弗洛姆：《逃避自由》，陈学明译，工人出版社 1987 年版。

68. ［美］弗洛姆：《人的新希望》，车文博主编《弗洛伊德主义原著选》下卷，辽宁人民出版社 1989 年版。

69. ［美］刘易斯·芒福德：《城市发展史》，宋俊岭等译，中国建筑工业出版社 2005 年版。

70. ［美］丹尼尔·贝尔：《意识形态的终结》，张国清译，江苏人民出版社 2001 年版。

71. ［美］塞缪尔·亨廷顿：《文明的冲突与世界秩序的重建》，周琪等译，新华出版社 2002 年版。

72. ［美］塞缪尔·亨廷顿：《我们是谁：美国国家特性面临的挑战》，程克雄译，新华出版社 2005 年版。

73. ［美］詹明信：《晚期资本主义的文化逻辑》，三联书店 1997 年版。

74. ［美］詹姆逊：《文化转向》，中国社会科学出版社 2000 年版。

75. ［美］杰姆逊：《后现代主义与文化理论》，北京大学出版社 2005 年版。

76. ［美］詹姆逊：《快感：文化与政治》，中国社会科学出版社 1998 年版。

77. ［美］弗雷德里克·詹姆逊、［日］三好将夫主编：《全球化的文化》，南京大学出版社 2002 年版。

78. ［美］阿里夫·德里克：《后革命氛围》，王宁等译，中国社会科学出版社 1999 年版。

79. ［美］阿里夫·德里克：《跨国资本时代的后殖民批评》，王宁等译，北京大学出版社 2004 年版。

80. ［美］罗蒂：《哲学和自然之镜》，李幼蒸译，商务印书馆 2003 年版。

81. ［美］拉塞尔·雅各比：《不完美的图像》，姚建彬等译，新星出版社 2007 年版。

82. ［美］诺姆·乔姆斯基：《新自由主义和全球秩序》，徐海铭等译，江苏人民出版社 2000 年版。

83. ［美］理查德·N.哈斯：《"规制主义"——冷战后的美国全球新战略》，陈遥遥等译，新华出版社 1999 年版。

84. ［美］爱德华·W.赛义德：《东方学》，王宇根译，三联书店 2011 年版。

85. ［美］约瑟大·奈：《软力量——世界政坛成功之道》，吴晓辉等译，东方出版社 2005 年版。

86. ［美］弗朗西斯·福山：《美国处在十字路口——民主、权力与新保守主义的遗产》，周琪译，中国社会科学出版社 2008 年版。

87. ［美］弗兰西斯·福山：《历史的终结》，远方出版社 1998 年版。

88. ［美］罗伯特·戈德曼：《新马克思主义传记辞典》，赵培杰等译，重庆出版社 1990 年版。

89. ［美］道格拉斯·凯尔纳、斯蒂文·贝斯特：《后现代理论——批判性的质疑》，张志斌译，中央编译出版社 1999 年版。

90. [美] 本尼迪克特·安德森：《想象的共同体——民族主义的起源与散布》，吴叡人译，世纪出版集团、上海人民出版社 2011 年版。

91. [意] 安东尼奥·葛兰西：《狱中札记》，曹雷雨等译，中国社会科学出版社 2000 年版。

92. [加] 马歇尔·麦克卢汉：《理解媒介——论人的延伸》，何道宽译，译林出版社 2011 年版。

三、期刊论文

1. 李大钊：《自然的伦理观与孔子》，《甲寅》日刊 1917 年 2 月 4 日。

2. 费孝通：《反思·对话·文化自觉》，《北京大学学报》1997 年第 3 期。

3. 张世英：《中国传统哲学与西方后现代主义哲学》，《社会科学战线》1994 年第 2 期。

4. 汤一介：《"现代"与"后现代"》，《中国社会科学季刊》1994 年秋季卷。

5. 陶东风：《从呼唤现代性到反思现代性》，《二十一世纪》1999 年 6 月号。

6. 张颐武：《阐释"中国"的焦虑》，《二十一世纪》1995 年 4 月号。

7. 金观涛、刘青峰：《多元现代性及其困惑》，《二十一世纪》2001 年 8 月号。

8. 张宽：《文化新殖民的可能》，《天涯》1996 年第 2 期。

9. 杨乃乔：《后现代性、后殖民性与民族性》，《东方丛刊》1998 年第 1 期。

10. 徐友渔等：《后现代主义与中国文化建设》，《中国社会科学季刊》1997 年(春季夏季号)。

11. 吴晓明：《文明的冲突与现代性批判》，《哲学研究》2005 年第 4 期。

12. 李德顺：《全球化与多元化——关于文化普遍主义与文化特殊主义之争的思考》，《求是学刊》2002 年第 2 期。

13. 王杰、徐方赋：《"我的文化社会学视角"——约翰·B.汤普森访谈录》，《文艺理论与批评》2009 年第 5 期。

14. [德] 哈贝马斯：《解释学要求普遍适用》，高地等译，《哲学译丛》1986 年第 3 期。

15. [德] 哈贝马斯：《评伽达默尔〈真理与方法〉一书》，郭官义译，《哲学译丛》1986 年第 3 期。

16. [美] 约瑟夫·奈：《请不要误解和滥用"软实力"》，《文汇报》2010 年 12 月 7 日。

17. [美] 约瑟夫·奈：《最成功的战略是软硬结合的"巧实力"战略》，《中国社会科学报》2010 年 1 月 12 日。

18. [美] 阿里夫·德里克：《全球主义与地域政治》，《马克思主义与现实》1998 年第 5 期。

19. [捷克] 瓦斯拉夫·哈维尔：《全球文明、多元文化、大众传播与人类前途》，《当代中国研究》1999 年第 1 期。

四、外文文献

1. A.L.Krober and Clyde Kluckhohn，*Cultuer：a critical review of concepts and definitions*，New York：Vintage Books，1952.

2. C.Levi-Strauss：*Tristes Tropiques*，Plon，Paris，1955.

3. J.F.Lyotard，*The Postmodern Condition：a Report on Knowledge*，Manchester university press，1984.

4. Frneis Fukuyama：*The End of History and the Last Man*，The Free Press，1993.

5. David Harvey，*Rebel Cites：From the Right to the City to Urban Revolution*，Verso，London·NewYork，2012.

6. Douglas Allen，*Comparative Philosophy and Religion in Times of Terror*，A Division of Rowman & Little field Publishers，Inc.，2006.

7. Francis Fukuyama：*The End of History and the Last Man？ The National Interests*，No.16（Summer），1989.

8. Joseph S.Nye："*The Challenge of Soft Power*"，Time，February 22，1999.

9. Robert Samueison，"*Globalization：Advantages and Disadvantages*"，

International Herald Tribune，January 4，2000.

10. UNESCO：*Universal Declaration on Cultural Diversity*. Paris，November 2，2001.

11. Fredric Jameson，*The Politics of Utopia*，*New Left Review*，Jan/Feb2004.

后　记

一般认为，提到文化与哲学的关系，就是对文化问题进行哲学式的思考与研究。这种看法是有一定道理的。作为有着世界观与方法论之称的哲学，跟其他学科的文化研究不同，它既能对文化问题做整体式的、历史性的和社会性的思考，还可以对其他学科文化研究的理论基础、思维方式与价值取向做深度反思与批判思考，以便充分吸收这些学科研究成果去丰富与深化文化问题研究。不过，文化与哲学之间还存在另一种关系，即对哲学做文化式的思考。也许人们对之不以为然，似乎认为文化的哲学研究是文化的最高层次研究。因为，文化存在与影响的范围再大，它也大不过世界，一旦把它纳入世界范围内的研究，就是进入到最终、最根本性的研究。在文化哲学研究之后再提哲学的文化研究，不仅有恶性循环之嫌，还有将文化问题神性化之弊。其实，这种担心是不必要的。这里提出的对哲学文化式思考与对文化的哲学研究并不矛盾，且以之为前提，只是换个角度看待问题。之所以这样做，理由有三：一是人类所涉及的世界几乎都是与人相关的世界，这个世界既是客观的，又是文化的，对于它的研究既要从客观的世界发展的角度去理解，又需要从人类文化精神的角度去理解；二是与一般的哲学研究与哲学理解不同，哲学的文化思考不只是对世界（特别是对生命）做知识性、逻辑性层面的思考，更是对生命意义与生命价值的文化精神思考；

530

三是不同哲学因产生的背景与研究的类型不同，因而体现的文化精神与文化意义也不相同（如中西方哲学体现的文化精神与文化意义就不完全相同，西方哲学更多凸显的是对生命意义与价值的认知，而中国哲学更多凸显的是对生命意义与价值的体验）。换言之，这里提到的对哲学的文化思考，实质上是一种以文化精神为指导的更高层次的哲学研究，即元哲学研究。这里需要重点提一下哲学研究方法与文化的关系问题。就多数人类学家的理解而言，文化主要体现的是一种象征意义，而这种象征意义是不能简单用知识推理与逻辑分析方法（即知识论方法）进行的，必须用解释学的方法加以研究与揭示。若将这种理解反过来看，则意味着知识论哲学不能更好地反映文化的意义，只有解释学哲学才能更好地反映文化的意义（其实，这种观点是有偏颇的，文化既要体现意义世界，又要体现知识世界）。可是，且不说人类的确存在"人同此心，心同此理"的"理解通性"，即使就解释学的"理解"与"解释"而言，也存在着知识论分析的问题和必要。解释学的确能生动说明不同文化的人对同一文化现象有着不同的解读，但它却说明不了为什么同一个人或同一个群体在不同时期内对同一文化现象可能作出不同甚至相反的解读。这自然需要进入到解释学背后的知识论层面研究与分析。正是因为文化与哲学存在着双向关系，故而将此文集取名为"文化中的哲学与哲学中的文化"。

本文集共收集了我在这方面研究的38篇文章，并将它分为"文化理论与文化实践""文化中的哲学"与"哲学中的文化"三个部分。其中，"文化理论与文化实践"部分重点讨论了文化基本特征、中国文化建设路径和全球化文化发展问题；"文化中的哲学"重点讨论了不同文化思潮、文化问题与文化理论背后的哲学问题与哲学分析；"哲学中的文化"则重点探讨了不同哲学思潮、哲学理论与哲学方法背后蕴含的文化问题。既然是文集，自然会存在理论系统性方面的欠缺，但希望通过序论的论述与三部分问题的确立尽量弥补这一局限。写作专著是一项费时、费力与费脑的工作，遴选论文并把它们编辑成册其实也不是一项简单的工作，同样也需要费时、费力和费脑。本著作也是中宣部文化名家暨"四个一批"人才自主选题项目"马克思主义意识形态理论与文化问题研究"阶段性成果。博士生张晶晶在文集格式编排等方面做了大量工作，人民出版社王萍编审为此书顺利出版倾注了大量心血，在此一并表示感谢！

2020 年 1 月